REALSCHULE 2016

Original-Prüfungsaufgaben mit Lösungen

Deutsch

Baden-Württemberg

2010–2015

STARK

30. neu bearbeitete und ergänzte Auflage
www.stark-verlag.de

Inhalt

Jeweils im Herbst erscheinen die neuen Ausgaben
der Abschlussprüfungsaufgaben mit Lösungen.

Autoren:

Lösungen zu den Prüfungsaufgaben 2015: Anja Engel/Sandra Wagner
Lösungen zu den Prüfungsaufgaben 2014: Anja Engel
Lösungen zu den Prüfungsaufgaben 2010–2013:
Erich Beer (Aufgabe 1, 2), Anja Engel/Sandra Wagner (Aufgabe 3, 4)
Vorspann A–D: Anja Engel/Sandra Wagner

Vorwort

Liebe Schülerin, lieber Schüler,

dieses Buch will dir helfen, die Angst vor dem Prüfungsaufsatz zu überwinden. Es möchte dir zeigen, dass ein gelungener Aufsatz keine Glückssache ist, sondern etwas, das erlernt werden kann. Das Verfassen eines Prüfungsaufsatzes verlangt bestimmte **Techniken** und **Vorgehensweisen**, die du bereits aus dem Deutschunterricht kennst und die in den Kapiteln A bis D dieses Buches dargestellt werden.

Im Kapitel C findest du Informationen zur Prüfungsaufgabe „**Texte lesen, auswerten und schreiben**". Sie verlangt von dir einen argumentativen Aufsatz, in dem du aus deiner eigenen Sichtweise heraus diskutierst. Diese Diskussion basiert auf einem langfristig erworbenen Wissen. Da die Thematik schon ein Jahr vor der Prüfung bekannt gegeben wird, kannst und sollst du dich durch das Anlegen einer „Themenmappe" (**Kompendium**) gezielt auf diese Aufgabe vorbereiten.
Zum Rahmenthema für die Prüfung 2016 „**Arbeiten um zu leben – leben um zu arbeiten?**" bietet der Stark Verlag ein Textkompendium an, das du zum Erstellen deiner eigenen Themenmappe nutzen kannst (Bestell-Nr. 814414). Für den Einsatz im Unterricht, aber auch zum selbstständigen Üben zu Hause ist ein Arbeitsheft zum Thema erhältlich (Bestell-Nr. 8154017).

Das Kapitel D behandelt die Prüfungsaufgabe „**Produktiver Umgang mit Texten**", die sich in diesem Jahr auf den **Roman „Ins Nordlicht blicken**" von Cornelia Franz oder auf die **Dokumentarerzählung „Abschied von Sidonie**" von Erich Hackl bezieht. Ausführliche Hinweise zum Erschließen der Werke unterstützen dich bei der Vorbereitung auf den produktiven Umgang mit der jeweiligen Ganzschrift. Weitere Informationen und Anleitungen zum Verständnis der Lektüren findest du in den Arbeitsheften zu „Ins Nordlicht blicken" (Best.-Nr. 8154023) und zu „Abschied von Sidonie" (Best.-Nr. 8154025).

Im zweiten Teil des Buches befinden sich die **Prüfungsaufgaben** der letzten Jahre mit ausgearbeiteten Lösungsvorschlägen, die dir als Orientierung dienen sollen, was in der Prüfung verlangt wird. Die vielen ✎ **Tipps und Hinweise** helfen dir bei der Bearbeitung der Aufgaben.

Sollten nach Erscheinen dieses Bandes noch wichtige Änderungen in der Abschlussprüfung 2016 vom Ministerium für Kultus, Jugend und Sport bekannt gegeben werden, findest du aktuelle Informationen dazu im Internet unter:

www.stark-verlag.de/pruefung-aktuell

Wie lerne ich mit diesem Buch?

Jeder kann individuell mit dem Buch arbeiten und sich auf die schriftliche Prüfung in Deutsch vorbereiten.

- Wer sich noch unsicher fühlt, vor allem auch in der Aufsatzform, arbeitet den ersten Teil (die Kapitel A bis D) mit den Beispielen dazu durch und sucht sich anschließend Prüfungsthemen zum Üben aus.
- Wer sich sicherer fühlt und mehr Übung im Aufsatzschreiben hat, wählt aus den Prüfungsaufgaben der letzten Jahre Themen aus und bearbeitet sie.

Es können schwerpunktmäßig Einleitungen, Stoffsammlungen mit Gliederung, einzelne Aufsatzteile oder ganze Aufsätze geübt werden. Mit dem Buch kann man sowohl alleine als auch in Lerngruppen arbeiten, es kann aber auch im Unterricht eingesetzt werden. Die Lösungsvorschläge ermöglichen es dir, die eigene Arbeit zu kontrollieren und zu korrigieren.

Versuche dabei stets, die Aufgabe zunächst **eigenständig** zu lösen, und sieh nicht gleich in der Lösung nach. Solltest du nicht weiterkommen, helfen dir die **Tipps und Hinweise** vor der jeweiligen Lösung. Wenn du sie gelesen hast, solltest du unbedingt selbstständig weiterarbeiten.

Wir wünschen dir viel Erfolg und Spaß bei der Arbeit.

Die Autoren

Stichwortverzeichnis

A. Texte beschreiben (Lyrik)

1. Beschreibung der Aufsatzform

> Aufgabe 1
>
> **Texte beschreiben (Lyrik)**
>
> Gedichte, Balladen, Liedtexte, …

Vorlage für die Textbeschreibung bei Aufgabe 1 ist ein lyrischer Text, also ein Gedicht oder auch ein Liedtext.
Ziel bei dieser Aufgabe ist es, bei dem vorliegenden Gedicht Thema, Inhalt, Form, Sprache usw. zu untersuchen und die gewonnenen Erkenntnisse zu beschreiben und zu deuten. Die Gesamtaussage des Gedichts soll abschließend verdeutlicht und auf andere Lebensbereiche, z. B. persönliche Erfahrungen, übertragen werden.
Gehe bei dieser Aufgabenstellung folgendermaßen vor:

2. Lesen und Verstehen des Gedichts

Nimm dir ausreichend Zeit für das Lesen und Verstehen des Gedichts. Mache dir Notizen zu spontanen Ideen und markiere Auffälligkeiten. Schlage wenn nötig Unklarheiten im Wörterbuch nach. Versuche, ein umfassendes Textverständnis zu bekommen, indem du dir folgende Fragen stellst:

- Welches Thema/welche Themen wird/werden im Gedicht behandelt?
- Was passiert wem, wann, wo?
- Erkennst du eine Gesamtaussage?

3. Untersuchung der Form

Hier untersuchst du das Gedicht im Hinblick auf Strophen, Verse und Reime.

Strophen / Verse
Als Vers bezeichnet man eine Zeile eines Gedichts.
Eine Strophe ist ein Abschnitt eines Gedichts, der meist aus mehreren Versen besteht.

Reime
Man unterscheidet folgende Reimschemata:

Paarreim:	aa bb cc
Kreuzreim:	ab ab
Umarmender Reim:	a bb a
Schweifreim:	aab ccb
Verschränkter Reim:	abc abc

Besonderheiten:
Binnenreim: Zwei Wörter in derselben Verszeile reimen sich.
Identischer Reim: Die Reimwörter werden wiederholt.
Kehrreim: Refrain (letztes Element der ersten Strophe wird immer als letztes Element aller weiteren Strophen wiederholt)
Mehrfachreim: Reim über drei oder mehr Verszeilen (auch **Haufenreim** genannt)
Reicher Reim: Nicht nur ein oder zwei Silben, sondern mehrere reimen sich, z. B. *Sing und Sang / Kling und Klang.*
Unreiner Reim: ungenauer oder unvollständiger (aber doch erkennbarer) Gleichklang der reimenden Silben bzw. Wörter, z. B. *küssen – gerissen, müde – Tüte*
Waise: reimlose Zeile in ansonsten gereimter Dichtung

4. Elemente der Textbeschreibung

Deine Textbeschreibung zu einem lyrischen Text sollte bestimmte Elemente enthalten. Der Beginn der Textbeschreibung ist immer die Inhaltsangabe:

Inhaltsangabe (Einleitung)

- Formuliere einen **Basissatz:** Dieser enthält Titel, Autor/Autorin, Textsorte (Gedicht, evtl. Sonett, Ballade etc.) und Thema des Textes. Zusätzlich können z. B. biografische Angaben zu Autor/Autorin, Quelle des Textes usw. genannt werden.
- Schildere möglichst knapp und in eigenen Worten die Handlung des Gedichts. Achte dabei auf eine logische und nachvollziehbare Anordnung.
- Schreibe grundsätzlich im Präsens. Musst du auf Vergangenes Bezug nehmen, so verwendest du das Perfekt (z. B. *ist gewesen*).
- Formuliere möglichst sachlich und verwende keine wörtliche Rede.

Im Folgenden werden die einzelnen Elemente dargestellt, die du bei dem vorliegenden Gedicht untersuchen sollst. Halte deine Erkenntnisse dazu unbedingt schriftlich fest.

Form

- In wie viele Strophen und Verse ist das Gedicht unterteilt?
- Ist diese Einteilung regelmäßig? Steht sie in Zusammenhang mit dem Inhalt des Gedichts?
- Gibt es Reime? Besteht ein durchgehendes oder wechselndes Reimschema?
- Gibt es Besonderheiten bezüglich der Reime?

Aufbau

- Entspricht der inhaltliche Aufbau des Gedichts dem formalen Aufbau?
- Gibt es Sinnabschnitte?
- Gibt es einen Höhe- oder Wendepunkt?
- Gibt es sonstige Auffälligkeiten, z. B. einen Perspektivwechsel?
- Welche Wirkung erzielt dieser Aufbau?

Ort und Zeit

- Sind Orts- oder Zeitangaben im Text vorhanden?
- Kann man durch Hinweise Vermutungen zu Ort oder Zeit anstellen?
- Über welchen Zeitraum erstreckt sich die Handlung (= erzählte Zeit)? Gibt es Rückblenden?
- Haben Ort und/oder Zeit eine besondere Bedeutung?

Personen und Personenkonstellation

- Welche Personen kommen im Gedicht vor?
- Was erfährt man über sie (z. B. Aussehen, Lebenssituation, Alter, Charakter, Einstellungen, Denk- und Verhaltensweisen, Entwicklung im Verlauf des Textes, …)?
- Welche Handlungsmotive (Beweggründe für ihr Verhalten) haben sie?
- Was erfährt man über die Beziehung der Personen zueinander?

Perspektive

- Ist das Gedicht aus Sicht eines lyrischen Ichs geschrieben?
- Wechselt die Perspektive?
- Welche Wirkung hat diese Perspektive?

Sprache und Stil

- Welche Stilmittel oder sprachliche Bilder werden in den verschiedenen Strophen verwendet (z. B. Metaphern, Ellipsen, Wiederholungen, Hyperbeln, Enjambements usw.)?
- Gibt es Auffälligkeiten bei der Wortwahl? Sind manche Wortarten z. B. besonders häufig vertreten?
- Gibt es vollständige Sätze?
- Gibt es Auffälligkeiten bei der Zeichensetzung oder bei der Wahl des Tempus?
- Kommt wörtliche Rede vor?
- Welche Wirkung hat dies jeweils?

Stimmung / Atmosphäre

- Wie lassen sich Stimmung und Atmosphäre im Text beschreiben?
- Verändern sich diese im Textverlauf?

Titel

- Welche Assoziationen löst der Titel beim Leser zunächst aus?
- Ändert sich die Deutung des Titels nach dem Lesen des Textes?
- Gibt es Besonderheiten?
- In welcher Beziehung stehen Titel und Inhalt zueinander?

Autoren- / Zeitbezug

- Was weißt du über die Entstehungszeit des Textes / die Zeit, in der die Handlung spielt?
- Was weißt du über den Autor / die Autorin (Lebensumstände, politische Gesinnung, ...)?
- Lassen diese Informationen Rückschlüsse auf die Deutung des Textes zu?

Zum Schluss deines Aufsatzes geht es darum, deine Ergebnisse aus der Untersuchung der einzelnen Elemente zusammenzufassen und zu deuten. Dies erledigst du in der persönlichen Stellungnahme:

Stellungnahme (Schluss)

- Welches Thema / Problem hat der Autor / die Autorin (beispielhaft) aufgegriffen?
- Ist die Einstellung des Autors / der Autorin zum Thema erkennbar? Woran?
- Welche Intention könnte der Autor / die Autorin mit dem Gedicht verfolgen? Soll es z. B. informieren, unterhalten, auf Missstände aufmerksam machen, etwas oder jemanden auf die Schippe nehmen, ...?
- Was spricht dich persönlich in dem Gedicht an?
- Was macht dich nachdenklich? Was irritiert dich? Welche Gefühle löst das Gedicht in dir aus?
- Kannst du das Thema / das Geschehen auf dein eigenes Leben, die heutige Gesellschaft übertragen?
- Kannst du das Thema / das Geschehen auf andere Lebensbereiche übertragen?

Stilmittel / sprachliche Bilder

Bei der Textbeschreibung zu einem Gedicht ist es besonders wichtig, dass du Stilmittel und sprachliche Bilder wie z. B. Personifikationen und Metaphern erkennen, benennen und erklären kannst. Achte darauf, diese auch im Zusammenhang mit dem Thema / Inhalt des Gedichts zu deuten. Aber auch der sichere Umgang mit weiteren Fachbegriffen ist wichtig, wenn du eine gute Textbeschreibung verfassen möchtest.
Auf Seite 8 ff. findest du eine Aufstellung der wichtigsten Stilmittel und Fachbegriffe.

5. Erstellen eines Schreibplans

Bevor du mit dem Schreiben deines eigentlichen Aufsatztextes beginnst, solltest du einen detaillierten Schreibplan entwerfen. Dieser dient dazu, deine Erkenntnisse in eine sinnvolle Ordnung zu bringen und deinen Aufsatz für die Leser nachvollziehbar zu strukturieren.
In deinem Schreibplan legst du stichwortartig fest, an welcher Stelle im Aufsatz du welche Erkenntnisse aus deiner Textarbeit anbringen möchtest.
Bei Gedichten bietet es sich an, deinen Aufsatz nach Strophen zu gliedern, d. h., du schreibst für jede Strophe einen eigenen Absatz, in welchem du Inhalt, Sprache und Stil und sonstige Besonderheiten behandelst.
Es gibt jedoch Elemente der Textbeschreibung, die nicht unbedingt den einzelnen Strophen zugeordnet werden können und die du in einem eigenen Absatz behandeln kannst, z. B. Form, Titel, Autoren- und Zeitbezug und natürlich die Stellungnahme.

6. Formulieren deines Aufsatzes

Auf der Grundlage eines gut gegliederten und bereits ausführlich vorformulierten Schreibplans wird dir die Verschriftlichung deiner Erkenntnisse und Gedanken nicht mehr schwer fallen.
Arbeite dich an deinem Schreibplan entlang und formuliere zu deinen Beobachtungen oder Untersuchungsergebnissen Sätze/Abschnitte.

- Leite deine Abschnitte so ein, dass der Leser deines Aufsatzes nachvollziehen kann, womit du dich nun beschäftigst. Denke aber daran, trotzdem abwechslungsreiche Einleitungen zu verwenden.
- Achte auf klare Verknüpfungen und Überleitungen. Verbinde Sätze oder Satzteile z. B. durch Konjunktionen oder Relativpronomen, greife bereits erwähnte Aspekte nochmals auf, um Verbindungen deutlich zu machen, usw.
- Denke daran, Vermutungen auch als solche deutlich zu machen, indem du z. B. Wörter wie „vermutlich“ oder „könnte“ einarbeitest.
- Hake auf deinem Schreibplan diejenigen Punkte ab, die du bereits „abgearbeitet“, also im Text beschrieben hast.

7. Überprüfen des Geschriebenen

In der Prüfung musst du in der Lage sein, nach der Fertigstellung des Aufsatzes deinen eigenen Text nochmals kritisch zu lesen, mögliche Leichtsinns- und Rechtschreibfehler, fehlende Kommas oder unvollständige Sätze zu finden und gegebenenfalls unglücklich oder unlogisch formulierte Textstellen zu überarbeiten.
Gönne dir zwischen dem Fertigstellen des Textes und dem Korrekturlesen eine kleine Verschnaufpause (wenn es die Zeit zulässt); sonst fallen dir mit dem sogenannten „Tunnelblick“ die meisten Fehler vielleicht gar nicht auf.

B. Texte beschreiben (Epik/Prosa)

1. Beschreibung der Aufsatzform

> Aufgabe 2
>
> **Texte beschreiben (Epik/Prosa)**
>
> Kurzgeschichten, Fabeln, Sagen, Satire, …

Vorlage für die Textbeschreibung bei Aufgabe 2 ist meist eine Kurzgeschichte, denkbar sind aber auch andere kurze Prosatexte.
Ziel bei dieser Aufgabe ist die Untersuchung von Thema, Inhalt, Sprache, Aufbau, Personenkonstellation usw. und die Beschreibung und Deutung der gewonnenen Erkenntnisse. Die Gesamtaussage des Textes soll abschließend verdeutlicht und auf andere Lebensbereiche, z. B. persönliche Erfahrungen, übertragen werden.

Um diese Aufgabenstellung gut umsetzen zu können, gehst du am besten folgendermaßen vor:

2. Lesen und Verstehen des Textes

Nimm dir ausreichend Zeit für das Lesen und Verstehen des Textes. Lies gründlich und konzentriert, ggf. mehrmals, mache dir Notizen (z. B. zu spontanen Gedanken), markiere Auffälligkeiten und schlage bei Unklarheiten im Wörterbuch nach. Versuche, ein umfassendes Textverständnis zu bekommen. Stelle dir dazu folgende Fragen:

- Welches Thema/welche Themen wird/werden im Text behandelt?
- Was passiert wem, wann, wo?
- Erkennst du eine Gesamtaussage?

3. Elemente der Textbeschreibung

Deine Textbeschreibung sollte bestimmte Elemente enthalten. Der Beginn deines Aufsatzes ist immer die Inhaltsangabe.

> **Inhaltsangabe (Einleitung)**
>
> - Formuliere einen **Basissatz:** Dieser enthält Titel, Autor/Autorin, Textsorte und Thema des Textes. Zusätzlich können z. B. biografische Angaben zu Autor/Autorin, Quelle des Textes usw. genannt werden.
> - Schildere möglichst knapp und in eigenen Worten die Handlungsschritte. Achte dabei auf eine logische und nachvollziehbare Anordnung.
> - Schreibe grundsätzlich im Präsens. Musst du auf Vergangenes Bezug nehmen, so verwendest du das Perfekt (z. B. *ist gewesen*).
> - Formuliere möglichst sachlich und verwende keine wörtliche Rede.

Im Folgenden werden die einzelnen Elemente dargestellt, die du bei dem vorliegenden Text untersuchen sollst. Halte deine Erkenntnisse dazu unbedingt schriftlich fest.

Titel

- Welche Assoziationen löst der Titel beim Leser zunächst aus?
- Ändert sich die Deutung des Titels nach dem Lesen des Textes?
- Gibt es Besonderheiten?
- In welcher Beziehung stehen Titel und Inhalt zueinander?

Aufbau

- Gibt es sichtbare Abschnitte, Sinnabschnitte, Erzählschritte?
- Besteht ein Zusammenhang zwischen Textabschnitten und dem inhaltlichen Aufbau des Textes?
- Wie sind Anfang und Ende gestaltet?
- Gibt es einen Wendepunkt/Höhepunkt? Wenn ja, wo?
- Gibt es sonstige Auffälligkeiten, z. B. eine Rahmenhandlung oder Zeitsprünge?
- Welche Wirkung erzielt dieser Aufbau?

Textsorte

- Welche Textsorte liegt vor?
- Welche in diesem Text vorhandenen Merkmale hat diese Textsorte?
- Welche Textstellen kannst du als Belege dafür nennen?

Ort und Zeit

- Sind Zeitangaben im Text vorhanden?
- Kann man durch Hinweise Vermutungen zur Zeit anstellen?
- Über welchen Zeitraum erstreckt sich die Handlung (= erzählte Zeit)? Gibt es Rückblenden?
- Sind Ortsangaben im Text vorhanden?
- Kann man durch Hinweise Vermutungen zu Handlungsorten anstellen?
- Haben Ort/Zeit eine besondere Bedeutung?

Erzählperspektive

- Handelt es sich um einen **Ich-Erzähler**, einen **personalen Erzähler** oder einen **allwissenden Erzähler**?
- Woran erkennt man die Erzählperspektive?
- Welche Wirkung hat diese Perspektive?

Personen und Personenkonstellation

- Welche Personen kommen im Text vor?
- Welche sind die Hauptpersonen?
- Was erfährt man über sie (z. B. Aussehen, Lebenssituation, Alter, Charakter, Einstellungen, Denk- und Verhaltensweisen, Entwicklung im Verlauf des Textes, …)?
- Welche Handlungsmotive (Beweggründe für ihr Verhalten) haben sie?
- Was erfährt man über die Beziehung der Personen zueinander?

Sprache und Stil

- Wie sind die Sätze aufgebaut? (Haupt- und Nebensätze, nur Hauptsätze, …)
- Sind die Sätze vollständig oder eher abgehackt?
- Kommt wörtliche Rede vor?
- Gibt es Auffälligkeiten bei der Wortwahl? Sind manche Wortarten z. B. besonders häufig vertreten?
- Welche Stilmittel oder sprachlichen Bilder werden verwendet (z. B. Metaphern, Ellipsen, Wiederholungen, Hyperbeln usw.)?
- Gibt es Auffälligkeiten bei der Zeichensetzung oder bei der Wahl des Tempus?
- Welche Wirkung hat dies jeweils?

Äußere und innere Handlung

- Welche Handlungen passieren als Aktionen? (= äußere Handlung)
- Welche Handlungen spielen sich im Inneren von Personen (als Gedanken oder Gefühle) ab? (= innere Handlung)

Autoren / Zeitbezug

- Was weißt du über die Entstehungszeit des Textes / die Zeit, in der die Handlung spielt?
- Was weißt du über den Autor / die Autorin (Lebensumstände, politische Gesinnung, ...)?
- Lassen diese Informationen Rückschlüsse auf die Deutung des Textes zu?

Stimmung / Atmosphäre

- Wie lassen sich Stimmung und Atmosphäre im Text beschreiben?
- Verändern sich diese im Verlauf des Textes?

Den Abschluss deiner Textbeschreibung bildet die persönliche Stellungnahme:

Stellungnahme (Schluss)

- Welches Thema / Problem hat der Autor / die Autorin (beispielhaft) aufgegriffen?
- Ist die Einstellung des Autors / der Autorin zum Thema erkennbar? Woran?
- Welche Intention könnte der Autor / die Autorin mit dem Text verfolgen? Soll der Text z. B. informieren, unterhalten, auf Missstände aufmerksam machen, etwas oder jemanden auf die Schippe nehmen, ...?
- Was spricht dich persönlich in der Geschichte an?
- Was macht dich nachdenklich? Was irritiert dich? Welche Gefühle löst der Text in dir aus?
- Kannst du das Thema / das Geschehen auf dein eigenes Leben, die heutige Gesellschaft übertragen?
- Kannst du das Thema / das Geschehen auf andere Lebensbereiche übertragen?

Stilmittel / Fachbegriffe

Für eine gute Textinterpretation musst du sicher mit Fachbegriffen umgehen können, erst dann kannst du sie gewinnbringend in deinen Aufsatz einbauen. Du musst Stilmittel und sprachliche Bilder erkennen, benennen und erklären. Achte darauf, diese auch im Zusammenhang mit dem Thema / Inhalt des Textes zu deuten. Aber auch der sichere Umgang mit weiteren Fachbegriffen ist wichtig, wenn du eine gute Textbeschreibung verfassen möchtest.
Auf Seite 8 ff. findest du eine Aufstellung der wichtigsten Stilmittel und Fachbegriffe.

4. Erstellen eines Schreibplans

Auch bei der Textbeschreibung zu einem epischen Text ist es wichtig, einen Schreibplan zu erstellen, um deine Erkenntnisse in eine sinnvolle Ordnung zu bringen und deinen Aufsatz für die Leser nachvollziehbar zu strukturieren.
Du kannst deine Textbeschreibung auf zwei unterschiedliche Arten aufbauen:

- Nachdem du die Inhaltsangabe geschrieben hast, untersuchst du die einzelnen Elemente der Textbeschreibung und schreibst zu diesen jeweils einen Absatz (natürlich ist es auch einmal möglich, zwei Elemente, die sich gut ergänzen, zusammenzufassen).
- Du folgst dem Verlauf des vorliegenden Textes und bringst Absatz für Absatz deine Beobachtungen und Deutungen unter.

5. Formulieren und Überprüfen deines Aufsatzes

Die Verschriftlichung deiner Erkenntnisse und Gedanken wird dir mit einem gut angelegten Schreibplan nicht mehr schwerfallen. Vergiss nicht, deinen Aufsatz nach Fertigstellung Korrektur zu lesen und ggf. zu überarbeiten. Lies dazu nochmals die Tipps auf S. 4.

6. Wichtige Stilmittel und Fachbegriffe für die Textbeschreibung

Ellipse	Weglassen von Satzteilen, z. B.: *Nachts auch. Immerzu.*
Wiederholung	Wörter, Satzteile oder ganze Sätze tauchen im Text mehrfach auf.
Personifikation	Etwas eigentlich Unbelebtes wird mit menschlichen Fähigkeiten dargestellt, z. B.: *… die Sonne lachte …*
Figuren-konstellation	Verhältnis / Beziehungsgeflecht, in dem die Figuren eines literarischen Werkes zueinander stehen.
Allegorie	Abstrakter Sachverhalt, der in einer Person bildlich dargestellt werden soll, z. B. Tod als Sensenmann oder Gerippe.
Intention	Der Beweggrund/die Absicht, weswegen ein Autor einen Text schreibt.
Dialog	Ein Gespräch zwischen zwei oder mehreren Personen, abwechselnde Rede.
Vergleich	Verknüpfung zweier Bedeutungsbereiche, erkennbar am Wörtchen „wie", z. B.: *Er singt wie ein Engel.*
Stilmittel	Mit diesen sprachlichen Ausdrücken verschlüsseln Autoren Aussagen oder verbessern die Vorstellung des Lesers. (sprachliches Gestaltungsphänomen, rhetorische Figur)
Zitat	Eine wörtlich (direkt) aus einem Text übernommene Stelle, z. B.: „Es begann zu regnen." (Zeile 6)
Symbol	Ein Sinnbild, das auf etwas Allgemeines verweist, z. B.: Taube = Symbol für Frieden, Herz = Liebe.
Innerer Monolog	Gedankenrede einer Figur; Wiedergabe auch unausgesprochener Gedanken; Gedankensprünge sind möglich.
Akronym	Aus den Anfangsbuchstaben mehrerer Wörter zusammengesetztes neues Wort, z. B.: *AIDS* (= Acquired Immune Deficiency Syndrome)
Höhepunkt	Der Handlungsverlauf einer Geschichte spitzt sich zu, spannendste Stelle des Textes; Pointe.
Wendepunkt	Die Handlung bewegt sich in eine andere Richtung. Dinge ändern sich (meist unerwartet).
Hyperbel	Starke Übertreibung, z. B.: *… ein Meer von Tränen …*
Protagonist	Hauptperson; zentrale Figur.

Metapher	Ausdruck, der im übertragenen Sinn zu verstehen ist, z. B.: *ein Auge auf jemanden werfen* (= an jemandem Gefallen finden); *Wüstenschiff* (= Kamel); *Mauer des Schweigens* (= Ablehnung)
Gattung	Literarische Form der Dichtung; es werden Lyrik, Epik und Dramatik als die drei Grundformen unterschieden.
Ballade	Längeres Gedicht, das eine Geschichte erzählt und dabei lyrische, epische und dramatische Elemente enthält.
Deutung	Das „Übersetzen“ und „Entschlüsseln“ von Textstellen, damit sie verständlich werden.
Parallelismus	Gleiche Satzbauelemente werden wiederholt, z. B.: *Sie sehen fern. Sie hören weit.*
Umarmender Reim	Reimschema abba, z. B.: *Es war Liebe* a *Doch im* Herz b *Blieb der* Schmerz b *Der sie traf wie Hiebe* a
Euphemismus	Beschönigende Beschreibung, z. B. *Nullwachstum* für Stillstand oder *Einschlafen* für Sterben.
Anapher	Wiederholung eines Wortes oder einer Wortgruppe am Vers- oder Satzanfang, z. B.: *Er sah nicht in die Ferne, er sah nicht in die Höh'.*
Waise	Ein reimloser Vers in ansonsten gereimter Dichtung.
Ironie	Verfremdende Äußerung, die das Gegenteil dessen meint, was eigentlich gesagt wird, z. B.: *Du bist mir ja ein schöner Freund!*
Elision	Auslassen eines unbetonten Vokals (z. B. um das Reimschema oder den Rhythmus beizubehalten), z. B.: *Wand'rer* statt Wanderer; *Ich geb'* statt ich gebe.
Zeilensprung / Enjambement	Fortführung einer Satzeinheit über das Ende der Verszeile hinaus, z. B.: *Was tut er, dass* *er nicht mit Schuld belade*
unreiner Reim	Annähernder Gleichklang von Lauten, aber kein wirklicher Reim, z. B. *Gewissen – küssen.*
Synonym	Ein Wort, das die gleiche (oder eine sehr ähnliche) Bedeutung hat wie ein anderes, z. B.: *verstecken – verbergen.*
Lyrisches Ich	Der fiktive, also erfundene Sprecher in einem Gedicht, der von sich als „ich“ spricht. Wichtig: Es ist nicht der Autor!
Lyrik	Eine der drei Literaturgattungen (Dramatik, Epik, Lyrik) und Sammelbegriff für Gedichte.
Vers	Zeile eines Gedichts, mehrere Zeilen ergeben eine Strophe.
Rhetorische Figuren	Überbegriff für ungewöhnliche, auffällige Sprachformen, z. B.: Anapher, Alliteration, Ellipse, …

Alliteration	Klangfigur, bei der mehrere Wörter denselben Anlaut bzw. Anfangsbuchstaben haben, z. B.: *Milch macht müde Männer munter.*
Inversion	Umstellung eines Satzes, um etwas in den Vordergrund zu rücken, zu verdeutlichen und auf es aufmerksam zu machen, z. B.: *Aufsteigt die Sonne* statt „Die Sonne steigt auf"; *Dich sah ich* statt „Ich sah dich".
Gegensatz	Widersprüchliche Angaben werden einander gegenübergestellt, z. B.: *nur wer Dunkel kennt, kennt Licht*
Lautmalerei	Mit Worten und Buchstaben werden (Natur-)Laute bzw. Geräusche nachempfunden oder nachgeahmt, z. B.: *miau, piff paff, kuckuck*; oft bei Comics verwendet (auch Onomatopoesie genannt).
Rhetorische Frage	Eigentlich keine Frage, sondern eine Aussage in Frageform, auf die man keine Antwort erwartet, z. B.: *Seid ihr nicht mehr ganz sauber?*, *Machen wir nicht alle manchmal einen Fehler?*
Kreuzreim	Reimschema abab, z. B.: *Es war Liebe* a *Doch im Herz* b *traf sie wie Hiebe* a *der ewige Schmerz* b
Oxymoron	Verbindung zweier sich widersprechender, sich gegenseitig ausschließender Begriffe, z. B.: *bittere Süße*; *sachliche Romanze*; *Sommerschnee.*
Binnenreim	Reimwörter innerhalb eines Verses, z. B.: *als ob es tausend Stäbe gäbe.*
Paarreim	Reimschema aabb, z. B.: *Es war Liebe* a *Die sie traf wie Hiebe* a *Doch im Herz* b *Blieb der Schmerz* b
Synästhesie	Verbindung verschiedener Sinneswahrnehmungen, z. B.: *ein kaltes Blau* (kalt = fühlen, Blau = sehen).
Verdinglichung	Menschen oder Tiere werden mit Eigenschaften oder Fähigkeiten von Dingen dargestellt.
Prosa	Literarische Texte, die im Gegensatz zur Lyrik nicht in besonderer Form (Verse, Strophen usw.) dargestellt sind (ungebundene Rede).

C. Texte lesen, auswerten und schreiben

1. Aufbau und Ablauf der Prüfungsaufgabe 3

Aufgabe 3 **Texte lesen, auswerten und schreiben:** **Sachthema** Rahmenthema, Mindmap, Kompendium

Für die **Aufgabe 3** ist ein übergeordnetes **Thema** vorgegeben, in das du dich im Laufe des 10. Schuljahres möglichst intensiv einarbeiten musst. Zu den verschiedenen Themenbereichen und Unterpunkten, die in einer vorgegebenen **Mindmap** aufgeführt sind, sollen weitere aussagekräftige und informative Texte/Materialien gesucht und ausgewertet werden.

Alle Texte, die du bearbeitet hast, sowie deren Auswertungsergebnisse werden in einer Textsammlung, die **Kompendium** genannt wird, abgeheftet.

Deine gesammelten und ausgewerteten Texte kannst du in die Prüfung mitnehmen und in dieser nutzen. So bist du am Ende als „Experte" zu diesem Thema selbst in der Lage, einen Text zu verfassen, in den du passende Inhalte, Informationen und auch Formulierungen aus den zuvor ausgewerteten Texten einarbeiten kannst.

Gesucht, gesichtet, gelesen und ausgewertet werden können thematisch passende:

- Zeitungsartikel, Berichte aus Zeitschriften, …
- Zeitungskommentare, …
- Sachtexte aus Büchern, dem Internet oder Nachschlagewerken, …
- Zitate
- Schaubilder, Grafiken, Diagramme, Statistiken, …
- Karikaturen, Cartoons, Zeichnungen, Fotos, …
- Gedichte, Kurzgeschichten, Romane, Erzählungen …
- Talkshows, Fernsehberichte, …

Mögliche Textsorten, die in der Prüfungsaufgabe 3 dann von dir gefordert sein könnten, sind:

- Rede/Vortrag
- Informationstext für eine Homepage, einen Flyer oder eine Broschüre
- Zeitungsartikel
- Kommentar
- Brief
- E-Mail

Die Aufgabe 3 „Texte lesen, auswerten und schreiben" ist als längerer Prozess, also mehrschrittig angelegt. Verschiedene Vorgehensweisen sind für das erfolgreiche Umsetzen notwendig.

Texte	Eine vorgegebene Mindmap steckt den ungefähren Rahmen des Themas ab. Dazu müssen verschiedene (Sach-)Texte und andere Materialien gesucht werden, die als Informationsgrundlage für die spätere eigene Textproduktion dienen.
lesen	Die recherchierten Texte und Materialien werden intensiv und unter Anwendung von Lesestrategien gelesen.
auswerten	Durch die Textbearbeitung gewinnt man vielfältige Informationen zum Thema. Die verschiedenen Informationen aus den Materialien werden miteinander verknüpft. Im Kompendium werden alle brauchbaren Texte, Bilder usw. sowie deren Auswertungsergebnisse übersichtlich geordnet, damit sie in der Prüfung sinnvoll genutzt werden können.
schreiben	Die Prüfungsaufgabe ist eine Schreibaufgabe, die verlangt, das erworbene Wissen zum Thema in einem neuen Text innerhalb eines situativen Rahmens wiederzugeben.

2. Lesen und Auswerten von Materialien zum Rahmenthema

Ideensammlung

Mache dir zunächst Gedanken zum Rahmenthema und überlege, was du mit diesem verbindest. Halte deine Einfälle z. B. in einem Cluster fest und komme in deiner weiteren Arbeit am Kompendium darauf zurück.

Sammeln, Lesen und Auswerten von Texten und Materialien zum Thema

Die thematischen Schwerpunkte des Rahmenthemas sind in der Mindmap bereits vorgegeben. Überlege aber auch, in welche zusätzlichen Denkrichtungen die weitere Textsuche gehen könnte. Suche zu den verschiedenen Aspekten des Themas/der Unterthemen weitere Texte. Damit deine Suche nicht in einer Text- oder Materialflut endet, suche zu jedem Bereich zunächst nur zwei weitere Materialien (Sachtexte, literarische Texte, Tabellen, Grafiken, Bilder, Zitate, …).

Textarbeit

Bei der Textarbeit für dein Kompendium kannst du auf ganz unterschiedliche Weise an die Texte herangehen und je nach Bedarf verschiedene Strategien anwenden. Folgende Arbeitsschritte sind sinnvoll, um die Texte gewinnbringend auszuwerten:

- Unterstreiche Begriffe, die du nicht verstehst, und kläre deren Bedeutung mithilfe von Lexikon, Wörterbuch oder Internetrecherche.
- Unterstreiche Schlüsselwörter und wichtige Textstellen.
- Stelle sicher, dass du die vollständige Quellenangabe des Textes notiert hast.
- Finde heraus, um welche Textsorte es sich bei dem Text handelt.
- Benenne die im Text vorkommenden Themen oder Themenbereiche.
- Welches sind übergeordnete Themen, welches Unterthemen?
- Notiere die Kernaussagen/Argumente des Textes. Stelle dir dazu folgende Fragen:
  - Wird im Text eine bestimmte Position vertreten? Wenn ja, welche Pro- oder welche Kontra-Argumente werden aufgeführt?
  - Was will der Autor oder die Autorin vermutlich mit dem Text erreichen?

Umgang mit dem Kompendium

Für die Bearbeitung der Schreibaufgabe in der Prüfung ist es wichtig, dass du die Informationen, die du deinen Texten entnehmen kannst, schnell findest. Strukturiere dein Kompendium, indem du einzelne Kapitel zu den verschiedenen Aspekten des Rahmenthemas anlegst. Deine Auswertungsergebnisse, also z. B. Zusammenfassungen von Texten, kannst du direkt bei den jeweiligen Artikeln einsortieren oder in einem gesonderten Kapitel sammeln. Letzteres bietet dir die Möglichkeit, verschiedene Aspekte miteinander zu verknüpfen, also z. B. Ideen aus verschiedenen Materialien in einer Mindmap oder einem Flussdiagramm zu ordnen.

Zur Nutzung während der Prüfung darf dein Kompendium enthalten:

- alle gesammelten und bearbeiteten Texte, Abbildungen, Diagramme, ...
- verschiedene Arten von Textzusammenfassungen
- kurze Texte zu Artikeln, Abbildungen, Schaubildern

Das darf dein Kompendium auf keinen Fall enthalten:

- eigene Texte, die Beispielaufsätze oder Ergebnisse von Schreibaufgaben sind
- Anleitungen (Regieanweisungen) zum Schreiben von Texten
- Anleitungen zum Umgang mit dem Kompendium
- unbearbeitete Texte
- Materialien zu anderen Prüfungsaufgaben

3. Mögliche Textsorten in der Prüfung

In den letzten Jahren waren in der Prüfung häufig Rede und (Zeitungs-)Artikel als Schreibaufgaben gefordert. Im Folgenden findest du die wichtigsten Merkmale dieser Textsorten.

Rede / Vortrag

- *Situation:* Eine Rede ist eine schriftlich vorbereitete Ansprache, die sich an ein bestimmtes Publikum wendet. Der Redner möchte seine Zuhörer mit dem Text überzeugen bzw. für sich oder sein Anliegen einnehmen.
- *Perspektive:* Grundsätzlich verlangt die Rede eine umfassende Übersicht über den Inhalt des vorgegebenen Themas. Wichtig ist der Bezug auf die Situation, in der die Rede gehalten wird, sowie eine Stellungnahme des Vortragenden (Darlegung der eigenen Meinung) zum Thema.
- *Stil:* Gestalte in deiner Rede das Anliegen aus. Gehe auf Einzelheiten ein, veranschauliche anhand von Beispielen und ziehe Schlussfolgerungen. Von großer Bedeutung ist der Adressatenbezug. Dabei ist es wichtig, dass du dich in die Situation der Zuhörer hineinversetzt, sie immer wieder direkt ansprichst und einbeziehst. Verwende eine eher sachliche Sprache, setze aber rhetorische Mittel und Figuren wie Anaphern, rhetorische Fragen, Appelle, Wiederholungen usw. ein, wo es dir sinnvoll erscheint.
- *Sprache:* Die Rede sollte gut gegliedert sein und einen „roten Faden“ haben, damit das Publikum folgen kann. Wähle die für deine Zuhörer passende Sprachebene. Setze Appelle und Fragen eher spärlich ein, damit sich ihre Wirkung nicht abnutzt.

(Zeitungs-)Artikel/Beitrag

- *Situation:* Textform, die über Inhalte von öffentlichem Interesse informiert. Zeitangaben und Zeitabläufe, Orte, vollständige Namen, Beziehungen zwischen Personen etc. müssen korrekt wiedergegeben werden.
  Beim Zeitungsartikel gibt es verschiedene Formen. Achte genau darauf, welche in der Aufgabenstellung von dir verlangt wird (z. B. Bericht, Reportage, Kommentar, Glosse).
- *Perspektive:* Da diese Textsorte eine journalistische Form ist, kommt es auf eine objektive Darstellung an. Im klassischen Zeitungsbericht oder in einem Informationstext für eine Broschüre sollen Allgemeingültigkeit und Nachprüfbarkeit erreicht werden (Ausnahmen sind z. B. Kommentar oder Glosse, in denen Meinungen dargestellt werden).
- *Stil:* Gefordert ist ein sachlicher Stil. Ausschmückungen wie Attribute müssen wohlüberlegt sein. Wesentliche Zusatzinformationen können aber in verkürzter Form einfließen. Die Ausdrucksweise ist eher gehoben. Wähle eine passende Schlagzeile, die die Neugier und das Interesse des Lesers weckt.
- *Sprache:* Der Satzbau ist einfach gehalten. Werden Äußerungen wiedergegeben, können diese direkt zitiert werden; besser ist es aber meistens, wenn sie in indirekter Rede formuliert sind. Zu Beginn gibst du einleitend einen kurzen Überblick über die Fakten, wobei du auch den Ausgang der Geschehnisse bzw. das Resultat der Ausführungen vorwegnimmst. Beachte, dass die Wichtigkeit der Inhalte im Textverlauf abnimmt. Das Kürzel oder der vollständige Name des Verfassers steht am Ende.

4. Vorgehensweise in der Prüfung

Analyse der Schreibaufgabe

Kläre:

WER soll laut Aufgabenstellung Informationen zu **WAS** an **WEN** weitergeben?

- WER → Verfasser des Textes
- WAS → inhaltlicher Schwerpunkt
- WEN → Adressat

- Lies die Aufgabenstellung gründlich durch und finde heraus, welche Textsorte von dir verlangt wird.
- Erstelle eine Liste der Merkmale oder Vorgaben für den Aufbau der geforderten Textsorte oder mache sie dir zumindest gedanklich nochmals bewusst.
- Finde in der Aufgabenstellung heraus, welche Perspektive du als Verfasser des Textes einnehmen sollst und welche sprachlichen Vorgaben dies beinhaltet.
- Kläre, an wen sich der zu schreibende Text richten soll (Adressatenbezug) und wie dementsprechend die Sprache oder Anrede gewählt werden muss.

Auswahl geeigneter Texte

Kläre, welche Inhalte die Schreibaufgabe verpflichtend für deinen Text vorgibt, und entscheide, welche Textelemente/Zitate/Textbausteine du dafür heranziehen willst.

Erstellen eines Schreibplans

Bevor du nun mit dem Schreiben deines eigentlichen Aufsatztextes beginnst, solltest du einen detaillierten Schreibplan entwerfen. Dieser dient dazu, deine Erkenntnisse stichpunktartig in eine sinnvolle Ordnung zu bringen, damit dein späterer Aufsatz für die Adressaten nachvollziehbar strukturiert ist.
In vielen Fällen kann ein gut ausgearbeiteter Schreibplan das Verfassen eines Konzept-Textes ersetzen bzw. überflüssig machen.
Achte dabei immer wieder auf

- den passenden **Adressatenbezug** *(Wen spreche ich mit meinem Text an? Wende ich mich an Erwachsene oder Jugendliche?)*,
- die richtige **Perspektive** und Intention *(Mit welcher Absicht verfasse ich den Text? Will ich informieren, aufklären, kritisieren, zu etwas aufrufen?)*,
- die der Situation angemessene **Sprechhaltung und Sprachebene** *(Schreibe ich als SchülerIn, als VertreterIn der Schule, als KlassensprecherIn?)*,
- den logischen **Aufbau** des Textes sowie
- die **sinnvolle Einbindung** von Fakten, Informationen, Zitaten, Textauszügen (zum Zitieren von Textinhalten siehe unten).

Formulieren des Aufsatzes

Formuliere mithilfe deines Schreibplans nun einen zusammenhängenden Text. Streiche zu deiner eigenen Sicherheit alle inhaltlichen Punkte auf dem Schreibplan durch, die du bereits in deinem Text verarbeitet hast. Achte auf passende und ansprechende Verknüpfungen und Überleitungen, die sprachliche Ausgestaltung, korrekte Zitate, nachvollziehbare Argumente und eine erkennbare Gliederung deines Textes.

Überprüfen des Geschriebenen

In der Prüfung musst du in der Lage sein, nach der Fertigstellung des Aufsatzes deinen eigenen Text nochmals kritisch zu lesen, mögliche Leichtsinns- und Rechtschreibfehler, fehlende Kommas oder unvollständige Sätze zu korrigieren und gegebenenfalls unglücklich oder unlogisch formulierte Textstellen zu überarbeiten.
Gönne dir zwischen dem Fertigstellen des Textes und dem Korrekturlesen eine kleine Verschnaufpause (wenn es die Zeit zulässt); sonst fallen dir mit dem sogenannten „Tunnelblick“ die meisten Fehler vielleicht gar nicht auf.

Zitieren

Wörtliche Übernahmen aus Texten (= direkte Zitate) werden in Anführungszeichen gesetzt und mit einer Fußnote versehen.

Beispiel:
„Die Einführung des Mindestlohns zum 1. 1. 2015 ist eine der größten Sozialreformen der Nachkriegsgeschichte.“[1]

Die Quellenangabe steht im Quellenverzeichnis am Ende des Aufsatzes. Dazu übernimmst du jeweils die Nummer der Fußnote und gibst dann die Quelle an. Wenn du direkt hintereinander mehrfach dieselbe Quelle verwendest, schreibst du die Quellenangabe beim ersten Mal aus, bei den folgenden Fußnoten schreibst du stattdessen: Ebenda.
Achte bei deinen Quellenangaben auf eine einheitliche und übersichtliche Anordnung der Informationen. Folgende Anordnungen bieten sich an:

- Aus dem Internet (mit genauem Datum und – wenn bekannt – dem Verfasser des Artikels):
  Name des Autors: Titel des Textes. In: genaue Internetadresse (gesehen am x. x. 20xx)
- Aus Zeitungen/Zeitschriften:
  Name des Autors: Titel des Textes. Name der Tageszeitung vom x. x. 20xx, ggf. Seite.
  Beispiel:
  1 *Thomas Öchsner, Hanna Maier: Mindestlohn. Geschummelt, gestrichen, gemogelt. Süddeutsche Zeitung vom 9. 2. 2015*

Befinden sich im zitierten Text **bereits Anführungszeichen**, werden diese in deinem Zitat nur mit einfachen (nicht doppelten) Anführungszeichen wiedergegeben.

Beispiel:
„Horst Seehofer spricht von einem ‚Irrsinn an Bürokratie', Arbeitgeberpräsident Ingo Kramer von ‚überflüssiger Bürokratie in Reinkultur'." [2]

Wenn du etwas aus einem direkten Zitat **ausgelassen** hast, so setzt du an diese Stelle Auslassungspunkte in eckigen Klammern, um dies zu kennzeichnen:

Beispiel:
„Noch vor gut einem Monat hat die 19-Jährige [...] 6,75 Euro in der Stunde verdient." [3]

Wenn du etwas in einem direkten Zitat **hinzufügen oder austauschen** musst, damit es im Kontext verständlich oder grammatikalisch richtig wird, dann setzt du das nötige Wort/die nötigen Wörter an die passende Stelle im Satz in eckigen Klammern ein.

Beispiel:
„Doch damit haben [die Sportler als Angestellte des Vereins] nun Anspruch auf den Mindestlohn." [4]

Sinngemäße Wiedergaben, also **indirekte Zitate**, werden ebenfalls mit einer Fußnote gekennzeichnet, jedoch nicht mit Anführungszeichen versehen. Achte bei indirekten Zitaten aber darauf, auch wirklich eigene Worte zu verwenden, ansonsten musst du direkt zitieren. In der Quellenangabe wird bei indirekten Zitaten „*vgl.*" vorangestellt.

Beispiel: Statt dem im Text vorliegenden Satz (direktes Zitat) ...
„Tatsächlich schreibt das Arbeitszeitgesetz schon seit Jahren vor, dass Betriebe jede Überstunde eines Mitarbeiters notieren und die Unterlagen 24 Monate aufbewahren sollen." [5]

... zitierst du indirekt:
Laut Arbeitszeitgesetz ist es vorgeschrieben, dass alle Überstunden eines Mitarbeiters vom Arbeitgeber erfasst werden müssen. Diese Daten sind 24 Monate aufzubewahren.[5]

In deiner Quellenangabe schreibst du dann:
5 *vgl. Thomas Öchsner, Hanna Maier: Mindestlohn. Geschummelt, gestrichen, gemogelt. In: www.sueddeutsche.de/wirtschaft/mindestlohn-geschummelt-gestrichen-gemogelt-1.2339313 (gesehen am 13. 4. 2015)*

5. Mindmap zum Rahmenthema 2015/2016: „Arbeiten um zu leben – leben um zu arbeiten?“

Das Rahmenthema zur Prüfungsaufgabe 3 im Schuljahr 2015/2016 lautet: „**Arbeiten um zu leben – leben um zu arbeiten?**“ Als Arbeitsgrundlage dient eine Mindmap, die das Ministerium für Kultus, Jugend und Sport bereitgestellt hat:

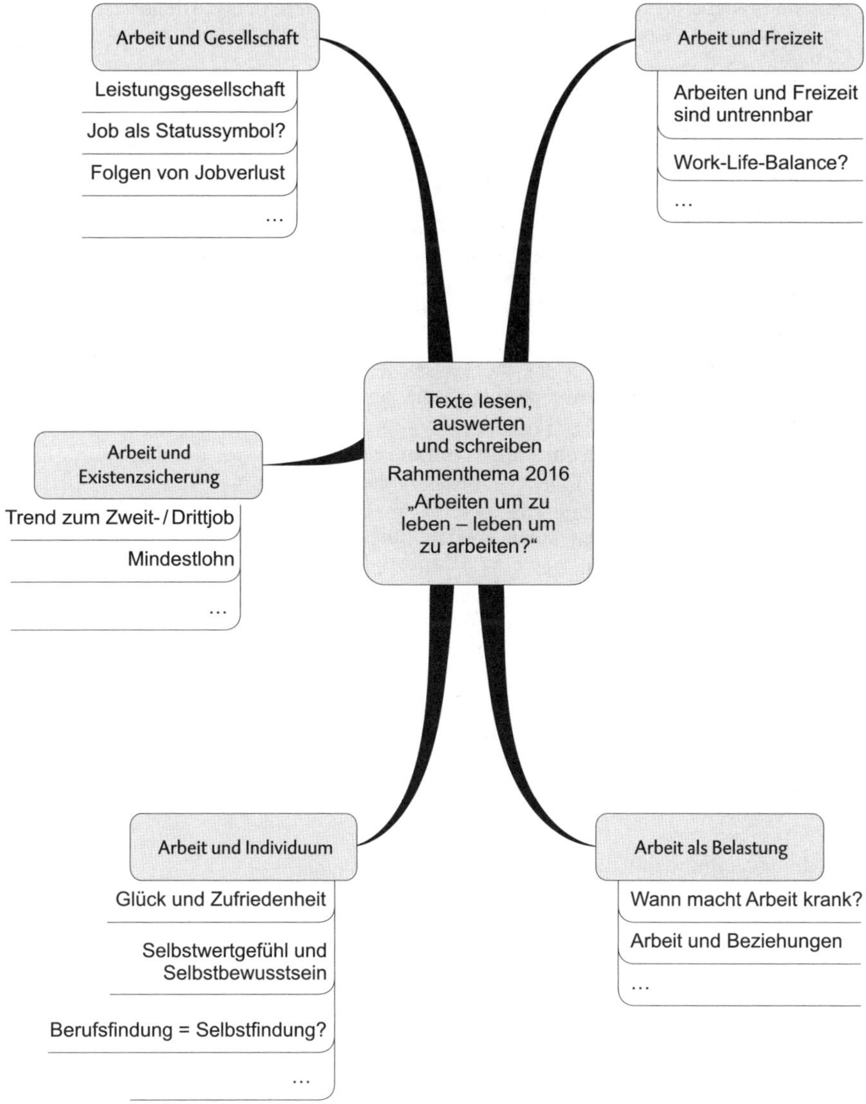

6. Einstieg in das Thema

Im Mittelpunkt des diesjährigen Rahmenthemas steht die durchaus philosophische Frage danach, wie du dir dein zukünftiges Arbeitsleben vorstellst:

- Willst du leben, um zu arbeiten oder arbeiten, um zu leben? Kann man die Bereiche überhaupt voneinander trennen?
- Welche Modelle für den Umgang mit Arbeit finden sich in deiner Umgebung, bei deinen Eltern, bei Bekannten und Verwandten? Was spricht dich dabei an und was stößt dich ab?
- Inwiefern wählst du deinen Beruf danach aus, welche Rolle die Arbeit später in deinem Leben spielen soll?

Sicher hast du im EWG-Unterricht schon einige gesellschaftliche, aber auch persönliche Aspekte zum Thema „Arbeit" kennengelernt und dir Gedanken zu deiner Berufswahl gemacht. Auf dieses Vorwissen kannst und sollst du nun aufbauen.
Als Schüler/in fällt es dir unter Umständen schwer, dir ein fundiertes Urteil zu bilden, denn du hast ja noch keine eigenen Erfahrungen mit der Arbeitswelt, auf die du zurückgreifen kannst. Deshalb ist es umso wichtiger, dass du dir unterschiedliche Modelle, Erfahrungen und Meinungen zum Thema anschaust. Sie werden dir sicher bei der Meinungsbildung helfen.

Behalte während der Arbeit mit dem Rahmenthema die Mindmap im Blick und denke an die **Fragestellungen bzw. Denkrichtungen**, die diese vorgibt:

- Welchen Stellenwert hat Arbeit in unserer Gesellschaft? Sind wir eine reine **Leistungsgesellschaft**, in der der **Job ein Statussymbol** ist? Definieren wir uns nur über unseren Beruf? Wie fühlen sich Menschen, wenn sie ihre Arbeit verlieren?
- Mit Arbeit **sichern** wir unsere **Existenz**. Viele Menschen sind aber gezwungen, einen **Zweit- oder Drittjob** anzunehmen, weil sie nicht genug verdienen, um sich und ihre Familie ernähren zu können. Kann der **Mindestlohn** hier Abhilfe schaffen?
- Welche Rolle spielt die Arbeit für unser **Glück und unsere Zufriedenheit**? Wie stark beeinflusst sie unser **Selbstwertgefühl** und Selbstbewusstsein? Ist Berufsfindung gleichzeitig auch **Selbstfindung**?
- Was ist, wenn Arbeit zur **Belastung** wird, wenn sie regelrecht krank macht oder die Beziehung zu Familie oder Partner negativ beeinflusst oder gefährdet?
- Wie gelingt eine ausgewogene **Work-Life-Balance**? Inwiefern kann man dies selbst aktiv gestalten und wo unterliegt man den Rahmenbedingungen, die das Arbeitsleben vorgibt?

7. Übungsaufgabe mit Lösungsvorschlag

Schreibaufgabe

Eine Jugendzeitschrift möchte sich in der kommenden Ausgabe mit den Vorstellungen von Jugendlichen zu ihrem zukünftigen Berufs- und Arbeitsleben auseinandersetzen.

Du bekommst hierfür den Auftrag, in einem Beitrag der Fragestellung nachzugehen, ob ein Leben ohne Arbeit überhaupt vorstellbar oder erstrebenswert wäre. Gehe in deinem Text auch darauf ein, inwiefern Arbeit nur Mittel zur Existenzsicherung oder vielmehr Lebensinhalt ist.

Schreibe den Artikel.

Gehe folgendermaßen vor:

Analyse der Schreibaufgabe
Wer (Verfasser des Textes) soll Informationen zu **Was** (inhaltliche Schwerpunkte) an **Wen** (Adressat) weitergeben? Welche **Textsorte** wird verlangt? Welche **Perspektive** soll der Verfasser oder die Verfasserin des Textes einnehmen? An wen soll sich der zu schreibende Text richten (**Bezug auf Adressat/en**)? Sammle die wichtigsten Informationen z. B. in einer Tabelle:

Verlangte Textsorte und ihre Merkmale	Artikel in einer Jugendzeitschrift (→ Aufbau ähnlich wie ein Zeitungsartikel, Variation möglich): • ansprechende Überschrift • Thema (Anlass und thematische Vorgabe) sollte zum besseren Verständnis für den Leser zu Anfang genannt werden • sachliche Argumentation zur Themafrage
Adressat	jugendliche Leser der Zeitschrift, Gleichaltrige
Deine Rolle	Du sollst aus deinem Blickwinkel als Jugendliche/r die Fragestellung erörtern. Du bist selbst Teil der Zielgruppe der Zeitschrift und sprichst als Jugendliche/r zu Jugendlichen. Deine persönliche Meinung ist gefragt und es ist wichtig, dass du sie gut begründest; achte also auf eine korrekte Argumentation.
Übergeordnete Thematik/ Ausgangspunkt	**Fragestellung 1:** Ist ein Leben ohne Arbeit vorstellbar bzw. erstrebenswert? **Fragestellung 2:** Ist Arbeit Mittel zum Zweck oder Lebensinhalt? Inwiefern ist Arbeit Mittel zum Zweck oder Lebensinhalt?
Denkbare thematische Schwerpunkte	• Definition des Begriffs „Arbeit" (→ der Begriff war in der Geschichte lange Zeit negativ besetzt) • Einstellung zum Thema Arbeit hat sich im Lauf der Geschichte verändert (→ Darstellung des Wandels) • Gibt es Menschen, die nicht arbeiten … … wollen? → Wie gelingt es, dennoch zu überleben? … müssen? → wenn Geld z. B. keine Rolle spielt … können? → bei Arbeitslosigkeit oder Ähnlichem – Wie geht es den Menschen damit? • Beispiele für verschiedene Lebensentwürfe: Arbeit zur Existenzsicherung – Arbeit als Lebensinhalt • Auseinandersetzung mit dem Begriff „Work-Life-Balance" • Schlussfazit: Antwort auf die Frage, ob für dich selbst ein Leben ohne Arbeit denkbar wäre
Mögliche Materialien aus dem Kompendium, die herangezogen werden können	**Texte**: • Was bedeutet Arbeit für den Menschen? In: www.wissen.de/was-bedeutet-arbeit-fuer-den-menschen • Pia Schneider; Beatrice Warken (Red.): Ist Arbeit das halbe Leben? In: www.dw.de/ist-arbeit-das-halbe-leben/a-17879875 • Tobias Häfele: Ich will nicht arbeiten. In: Zeit Online vom 10. 10. 2012; www.zeit.de/karriere/2012-10/leserartikel-zu-viel-arbeit

(z. B. Inhalte, konkrete Schaubilder etc.)	• Lothar Seiwert: „Die Deutschen leben, um zu arbeiten". In: www.gesundheit-braucht-vielfalt.de/node/348 • Heinrich Böll: Anekdote zur Senkung der Arbeitsmoral. (Kurzgeschichte) In: Ders.: Aufsätze, Kritiken, Reden. Köln/Berlin: Kiepenheuer & Witsch 1967, S. 464 – 466. **Zitate**: • *„Wenn du nicht arbeiten willst, musst du arbeiten, damit du genug Geld verdienst, um nicht arbeiten zu müssen."* (Ogden Nash) → Widerspruch zur Aussage der Kurzgeschichte „Anekdote zur Senkung der Arbeitsmoral" • *„Nicht unsere Arbeit macht uns zu dem, was wir sind, sondern das, was wir aus unserer Arbeit machen."* (Walter Böckmann) • *„Was ist Arbeit? Lebensunterhalt? Beschäftigung? Oder das, was das Leben ausmacht? Es ist alles das und mehr […]."* (Henry Louis Mencken) • *„Von Arbeit stirbt kein Mensch, aber von Ledig- und Müßiggehen kommen die Leute um Leib und Leben […]."* (Martin Luther) • *„Zwanghaftes Arbeiten allein würde die Menschen ebenso verrückt machen wie absolutes Nichtstun […]."* (Erich Fromm) • …

Schreibplan zur Vorbereitung des ausformulierten Textes

Überschrift + Untertitel

Einleitung
- persönliche Situation: Berufseinstieg steht kurz bevor, eigene Vorstellungen von zukünftigem Arbeitsleben

Hauptteil
- Definition „Arbeit", Wandel des Verständnisses von Arbeit im Laufe der Zeit
- Zitat Martin Luther: Mensch ist zum Arbeiten geboren
- Arbeitsverständnis der Gegenwart: Arbeit dient der Selbstverwirklichung
- Auswirkungen von Arbeitslosigkeit
- Zusammenfassung des Leserartikels von Tobias Häfele: das Leben soll nicht nur aus Arbeit bestehen, Wunsch nach mehr Zeit für Hobbys; Zitat Charles de Gaulle
- Zusammenfassung der Kurzgeschichte „Anekdote zur Senkung der Arbeitsmoral" (Heinrich Böll): Einstellungen zur Arbeit und Auswirkung auf die Lebenszufriedenheit
- Zitate Walter Böckmann, Erich Fromm: Kombination von Arbeit und Leben wichtig → Überleitung zum Thema Work-Life-Balance
- Kritik am Begriff Work-Life-Balance: Arbeit und Leben sind untrennbar (Artikel Mathias Priebe)

Schluss
- Fazit: gewisses Maß an Arbeit für erfülltes Leben wichtig; Zitat: Aufteilung der Lebenszeit
- Bitte um Feedback

Beispielaufsatz

Arbeiten, um zu leben? Leben, um zu arbeiten?

Überschrift

Philipps philosophischer Blick in die Arbeitswelt

Untertitel

Einstieg
persönliche Situation

Wir als Schüler haben ja noch nicht so viele Einblicke ins „echte" Arbeitsleben bekommen. Doch da der Schulabschluss bald geschafft ist, steht der Eintritt ins Berufsleben unmittelbar bevor. Bei unseren Eltern, während eines Praktikums und im persönlichen Umfeld bekommen wir mit, wie das Arbeitsleben aussehen kann und wie es von unterschiedlichen Menschen erlebt wird. Arbeiten diese Menschen, um zu (über-)leben, also weil sie müssen, um ihre Existenz zu sichern? Oder leben sie, um zu arbeiten, weil ein Leben ohne Arbeit für sie nicht vorstellbar wäre?

Fragestellung

Und was ist mit mir (und vielen anderen Jugendlichen)? Wenn ich bei einer guten Fee drei Wünsche frei hätte, was würde ich mir für mein zukünftiges Arbeitsleben wünschen? Wäre für mich ein Leben ganz ohne Arbeit erstrebenswert? Für euch und für mich werde ich zu diesen Fragen mal meine Fühler ausstrecken …

persönliche Vorstellungen für das zukünftige Arbeitsleben

Hauptteil
Definition „Arbeit"

Wo fange ich an? Also, im Lexikon wird Arbeit als „zielgerichtetes, bewusstes Handeln des Menschen zum Zweck der Existenzsicherung und Bedürfnisbefriedigung" beschrieben. Das, was wir heute unter dem Begriff Arbeit verstehen, hat sich jedoch erst im Laufe der Zeit entwickelt. Beim Recherchieren habe ich gemerkt, dass ein Blick in die Vergangenheit hier ganz spannend sein kann.

Verständnis von Arbeit: Wandel

Zunächst habe ich mir die Frage gestellt, wie sich das kulturelle Verständnis von Arbeit im Laufe der Zeit gewandelt hat. In der Antike (also im Zeitraum von etwa 800 v. Chr. bis ca. 600 n. Chr.) bedeutete das Wort „Arbeit" für den freien Bürger nämlich noch Unglück, Jammer und Mühsal und war in der Regel den Sklaven „vorbehalten". Wer nicht zur Arbeit gezwungen war, nannte das, was er tat, Müßiggang. Nicht arbeiten zu müssen, war also ein Privileg der Reichen (die andere für sich arbeiten ließen).[1]
Das deutsche Wort „Arbeit" hat seinen Ursprung übrigens im Mittelalter. Das althochdeutsche Wort „arabeit" stand hier synonym für „Mühe" und „Plage". Beim Wort „Klassenarbeit" zeigt sich das heute noch ganz deutlich … ☺
Mit der Reformation im 16. Jahrhundert (ihr wisst schon, Martin Luther und seine Thesen …) zeichnete sich dann ein Wandel ab. Der Sinn der Arbeit ging nun auf einmal über die bloße Zweckerfüllung hinaus; Arbeit wurde zum Lebensinhalt. Wer arbeitete, tat dies nicht mehr nur zur Existenzsicherung, sondern auch, um „gut" zu sein.[2] Der Ausspruch „Ora et labora" („Bete und arbeite") der Benediktiner-Mönche bezeichnet zum Beispiel den Glauben, dass der Weg zu Gott letztlich nur über das Gebet und die harte Arbeit führt. Martin Luther hat selbst einmal zu diesem Thema gesagt:

Von Arbeit stirbt kein Mensch, aber von Ledig- und Müßiggehen kommen die Leute um Leib und Leben; denn der Mensch ist zum Arbeiten geboren wie der Vogel zum Fliegen.[3]

Zitat Martin Luther: Mensch ist zum Arbeiten geboren

Mit der bürgerlichen Revolution und der Industrialisierung vollzog sich nochmal ein Wertewandel; Arbeit wurde nun zum sogenannten rationalen Element, das heißt, sie wurde von nun an nach Effizienz

(Wirkkraft) und Effektivität bewertet. Der Mensch musste sich arbeitsteiligen Prozessen unterordnen, Produktivität ging über alles, Selbstfindung und Spaß an der eigenen Arbeit spielten nur eine sehr untergeordnete Rolle.
In der Gegenwart schließlich gibt es ein ganz neues Arbeitsverständnis. Aufgrund der sozialen Sicherungssysteme des Staates (wie Arbeitslosengeld oder Sozialhilfe) steht der Selbstversorgungsaspekt bei der Arbeit nicht mehr im Vordergrund. Der lebenserhaltende Zwang zur Arbeit scheint dadurch aufgehoben zu sein. Niemand, so sieht es der Staat vor, muss in Deutschland verhungern oder auf der Straße leben. Theoretisch muss man also nicht arbeiten, um überleben zu können, zumindest auf den ersten Blick wirkt das so.

neues Arbeitsverständnis in der Gegenwart

Aber auch das psychologische Verständnis von Arbeit hat sich gewandelt: vom bloßen Broterwerb zur Aufgabe mit tieferer Bedeutung. Menschen definieren sich immer mehr über ihre Arbeit; nicht nur das Konto, sondern auch die Seele soll glücklich werden. Das leuchtet ein! Die Auswahl eines Berufes oder einer Arbeitsstelle ist also oft gleichzeitig eine Suche nach Selbstverwirklichung. Darüber hinaus ist Arbeit Grundlage für gesellschaftliche Anerkennung.

Beruf dient der Selbstverwirklichung

Wenn in unserer Gesellschaft die Arbeit also Lebensaufgabe und Lebensinhalt ist, was bedeutet dann z. B. Arbeitslosigkeit für den heutigen Menschen? Arbeitslosigkeit ist aus den oben genannten Gründen oft weniger eine existenzielle Bedrohung als eine der sozialen Integration und der psychischen Stabilität. In unserer Gesellschaft wird vieles über Arbeit und Leistung definiert, sodass sich derjenige, der, von außen betrachtet, keine Leistung bringt, schnell ausgegrenzt fühlt. Langzeitarbeitslose verlieren zusammen mit ihrer Arbeit oft ihr Selbstvertrauen und das Gefühl, nützlich und wertvoll zu sein. Nur wenige hartgesottene Faulenzer können eine solche psychische Belastung auf Dauer aushalten.[4]

Folgen von Arbeitslosigkeit

Auf den ersten Blick scheint es, als gehöre Tobias Häfele in diese Kategorie, denn in einem Leserbeitrag auf der Internetseite der *Zeit* beschreibt er seinen Lebensentwurf mit den Worten: „Ich bin 20 und ich will nicht arbeiten." Wir arbeiten zu viel, meint er in seinem Beitrag. Dabei gebe es seiner Meinung nach viel wichtigere Dinge als Karriere, Erfolg und Wettbewerb. Seinen Beitrag fand ich wirklich erstaunlich, weshalb ich euch einige Auszüge daraus vorstellen will:

Leserartikel Tobias Häfele: „Ich will nicht arbeiten."

„Ich bin 20 und ich will nicht arbeiten. Die meisten halten das für einen schlechten Scherz, für jugendlichen Übermut oder für asozial. Einige reagieren noch negativer. Die Aussage ‚Ich möchte nicht arbeiten' ist für viele nicht nur politisch inkorrekt, sondern schlichtweg asozial. Arbeit war nie wichtiger als heute. Der Beruf definiert den sozialen Status, Menschen ziehen für Jobs um die halbe Welt, 80-Stunden-Wochen dienen als Beweis des eigenen Erfolgs und bei MTV werden Praktika verlost – Arbeiten als Hauptgewinn! Arbeit ist zentraler Dreh- und Angelpunkt unserer Gesellschaft; je mehr, desto besser. Dabei ist Arbeit in ihrer jetzigen Form eine relativ moderne Erscheinung. […]
Ich möchte, dass im Zentrum meines Lebens Dinge stehen, die ich gerne mache, die mich bewegen oder begeistern. Davon gibt es mehr als genug. Klavier spielen, kochen, Squash, Theater und Konzerte be-

Wunsch nach mehr Zeit für Hobbys

suchen, Tanzen, Freunde treffen, lesen, schwimmen, auch mal gar nichts tun, mich bilden und persönlich weiterentwickeln – man könnte auch sagen: leben. Zeitlich betrachtet ist Arbeit aber wichtiger als alle Interessen meines Lebens zusammengenommen. Ich verteufle Arbeit nicht per se und bin weder faul noch ein Leistungsverweigerer. Arbeit ist wichtig und viele Annehmlichkeiten unserer Zivilisation sind nur möglich, weil Arbeit geleistet wird. Was mich stört, ist der Umfang und der Stellenwert, den Arbeit in unserer Gesellschaft einnimmt. Wenn ich arbeiten muss, um zu leben, einverstanden. Aber leben um zu arbeiten – nein danke!"[5]

Kritik am Stellenwert von Arbeit in unserer Gesellschaft

Der in Frankreich viel zitierte Satz „Das Leben darf nicht nur aus Arbeit bestehen, wer zu viel arbeitet, wird verrückt!" stammt vom ehemaligen französischen Staatspräsidenten Charles de Gaulle[6] und passt im Grunde ganz wunderbar zu Tobias Häfeles Beitrag.

Zitat Charles de Gaulle

Häfeles Beitrag hat mich auch an die Kurzgeschichte „Anekdote zur Senkung der Arbeitsmoral" von Heinrich Böll denken lassen, die wir einmal im Unterricht behandelt haben. Darin widersetzt sich ein Fischer dem zwanghaften Karrieregedanken und erreicht, dass ein Tourist seine Einstellung zur Arbeit überdenkt.

Kurzgeschichte „Anekdote zur Senkung der Arbeitsmoral"

In einem Hafen an der Westküste Europas döst ein ärmlich gekleideter Fischer in seinem Boot zufrieden vor sich hin, nachdem er am Morgen bereits einen guten Fang gemacht hat. Ein gut gekleideter Tourist kommt hinzu und stört den Fischer bei seinem Schläfchen durch das Geräusch des Auslösers seines Fotoapparats. Der Fremde spricht den Fischer an. Er kann nicht verstehen, weshalb dieser bei den guten Fangbedingungen nicht noch einmal aufs Meer hinausfährt. Aber der Fischer ist glücklich mit seinem Fang, von dem er mehrere Tage leben kann. Daraufhin erläutert ihm der Tourist, dass er es in seinem Leben zu viel mehr bringen könnte, wenn er fleißiger und ehrgeiziger wäre. Er könnte sich bald einen Motor kaufen, dann einen kleinen Kutter und sich so weiter emporarbeiten, bis er sich im Alter sorglos in den Hafen setzen und auf das Meer hinaus schauen könne.
Nachdem der Fischer ihn in aller Ruhe darauf hingewiesen hat, dass er das ja bereits tue, geht der Tourist nachdenklich weg. Das Mitleid, das er dem Fischer gegenüber zuerst verspürt hat, verwandelt sich in Neid, da er erkennt, dass der Fischer sein Ziel bereits erreicht hat. Der Fischer ist mit seinem Leben zufrieden, ganz ohne große Karriere und finanziellen Erfolg.

Gleich zwei Zitate bringen die Aussage dieser Kurzgeschichte meiner Meinung nach gut auf den Punkt. Walter Böckmann, ein deutscher Autor, Soziologe, Psychologe, Führungstheoretiker und Logotherapeut, sagte zum Beispiel:

Zitate Walter Böckmann, Erich Fromm:

Nicht unsere Arbeit macht uns zu dem, was wir sind, sondern das, was wir aus unserer Arbeit machen.[7]

Das heißt, dass ich diese Zufriedenheit des Fischers aus vielen verschiedenen Berufen gewinnen könnte.
Und Erich Fromm (1900–1980), ein deutsch-US-amerikanischer Psychoanalytiker, Philosoph und Sozialpsychologe, sagte:

Zwanghaftes Arbeiten allein würde die Menschen ebenso verrückt machen wie absolutes Nichtstun. Erst durch die Kombination beider Komponenten wird das Leben erträglich.[8]

Da ist was dran! Doch wie kann diese gute Mischung denn aussehen?

Begriff Work-Life-Balance

Sucht man nach einer Antwort auf diese Frage, trifft man unweigerlich auf den Begriff „Work-Life-Balance". Man versteht darunter die gelungene Balance zwischen der Arbeit und dem Privatleben. Doch alleine das gibt ja auch keine Auskunft darüber, wie man so ein Gleichgewicht erreichen kann. Bücher zu diesem Thema gibt es unzählige, wenn man sich in den Buchhandlungen umsieht. Der Autor Mathias Priebe ist jedoch der Meinung, dass es keine „Work-Life-Balance" geben kann, und nennt dafür drei Gründe, die mir sehr eingeleuchtet haben:

Kritik an der sogenannten Work-Life-Balance: Bereiche sind nicht zu trennen

Als Erstes kritisiert Mathias Priebe die Wortschöpfung „Work-Life-Balance" an sich, weil damit begrifflich zwischen Arbeit und Leben unterschieden wird. Seiner Meinung nach ist dies nicht möglich, weil die beiden Bereiche sich nicht trennen lassen.
Als Zweites kritisiert Priebe die Tätigkeit des „Ausbalancierens", da er das als große Anstrengung wertet. Er findet, es sei eine Zumutung, wenn man immer zwischen Familie und Job, zwischen Stress und Erholung ausgleichen soll.
Als dritten Grund dafür, dass es eine „Work-Life-Balance" nicht geben kann, führt Priebe an, dass im Leben eben nicht alles planbar ist und dass Zufriedenheit sich nicht erst mit dem Erreichen eines bestimmten Ziels einstellen darf. Ein glückliches Arbeits- und Berufsleben beruht auf einem seelischen Gleichgewicht, das nicht hauptsächlich von äußeren Faktoren abhängig ist.[9] Diese Argumentation finde ich persönlich sehr gut nachvollziehbar.

Schluss
Fazit

Aus all den vorgestellten Aspekten konnte ich für mich herausfiltern, dass es im Grunde niemanden gibt, der ganz auf Arbeit verzichten kann, und dass ein richtiges Maß an Arbeit zu einem erfüllten Leben dazugehört.
Ich glaube, am besten wäre es wohl, wenn man so leben könnte, wie im folgenden Zitat beschrieben:

Zitat: Zeit für Arbeit, Familie, Freunde, Engagement und für sich

Willst Du glücklich und zufrieden in Deinem Leben werden, dann drittel Dein Leben: Nutze ein Drittel der Zeit Deines Lebens, um zu arbeiten, schenke ein Drittel der Zeit Deines Lebens Deiner Partnerin/Deinem Partner und Deinen Kindern und Freunden und verwende dies Drittel auch dazu, um anderen Menschen zu helfen, und das letzte Drittel der Zeit Deines Lebens ist für Dich bestimmt, damit Du Zeit hast, Dich zu erholen, Deinen Hobbys nachzugehen, die Seele baumeln zu lassen, neue Kraft zu schöpfen.[10]

Und wie denkt ihr darüber? Lasst es mich wissen und schreibt mir unter:

www.blick-ins-berufsleben.de

an

Philipp Schlüter

Quellenverzeichnis
1 Was bedeutet Arbeit für den Menschen? In: www.wissen.de/was-bedeutet-arbeit-fuer-den-menschen (gesehen am 13. 4. 2015), © Konradin Medien GmbH
2 vgl. ebd.
3 www.zitate.de/kategorie/Arbeit?page=6 (gesehen am 16. 6. 2015)
4 vgl. Was bedeutet Arbeit für den Menschen? In: www.wissen.de/was-bedeutet-arbeit-fuer-den-menschen (gesehen am 13. 4. 2015), © Konradin Medien GmbH
5 Tobias Häfele: Ich will nicht arbeiten! In: Zeit Online vom 10. 10. 2012; www.zeit.de/karriere/2012-10/leserartikel-zu-viel-arbeit (gesehen am 12. 1. 2014)
6 zitiert nach: Nina Frauenfeld: Leben um zu arbeiten oder arbeiten um zu leben? In: www.successacross.com/fileadmin/user_upload/pdfsdernews/2.11.2010_Leben_um_zu_arbeiten.pdf (gesehen am 6. 5. 2015, gekürzt)
7 www.zitate.de/autor/B%C3%B6ckmann,+Walter (gesehen am 16. 6. 2015)
8 www.zitate.de/kategorie/Arbeit?page=2 (gesehen am 16. 6. 2015)
9 vgl. Mathias Priebe: Drei Gründe, warum es keine Work-Life-Balance gibt. In: http://priebshow.mathias-priebe.de/2011/03/30/3-gruende-warum-es-keine-work-life-balance-gibt/ (gesehen am 6. 5. 2015)
10 Werner Forneberg; www.das-eselskind.com/2011/06/leben-wir-um-zu-arbeiten-oder-arbeiten.html (gesehen am 6. 5. 2015)

Eine weitere Möglichkeit, dich auf die Schreibaufgabe in der Prüfung vorzubereiten, bietet das folgende **Aufgabenbeispiel:**

Eine Jobbörse in der Stadt, in der du wohnst, möchte bei einem Informationstag Jugendlichen in der Phase der Berufsorientierung verschiedene Perspektiven aufzeigen.
In der Auftaktrede zur Veranstaltung soll zunächst dargestellt werden, dass Arbeit bzw. der Beruf ein wesentlicher Teil des Lebens ist, der es sowohl positiv als auch negativ beeinflussen kann. Die anwesenden Jugendlichen sollen einerseits informiert und andererseits angeregt werden, sich über ihre persönliche Einstellung zur Arbeit und zu dem, was sie erreichen wollen, Gedanken zu machen. Die Veranstalter erhoffen sich, damit Anreize zu schaffen, dass sich die Jugendlichen für ihren Traumberuf ins Zeug legen.

Schreibe diesen Redebeitrag.

D. Produktiver Umgang mit Texten

1. Beschreibung der Aufsatzform

> Aufgabe 4
>
> **Produktiver Umgang mit Texten:**
>
> **Ganzschrift**
>
> Roman, Drama, Novelle, ...

Die **Aufgabe 4** bezieht sich auf eine sogenannte Ganzschrift, also meist auf einen Roman, eine Novelle oder ein Drama.

Die Aufgabe des produktiven Umgangs mit Texten erfordert von dir eine „freie Schreibform". Die Aufgabenstellung knüpft an eine Leerstelle im Text an, z. B. wird in der Ganzschrift ein Brief oder ein Gespräch nur erwähnt, ohne im Einzelnen ausformuliert zu sein.

In der Prüfung wird beispielsweise von dir verlangt, dass du dich in eine Figur (oder mehrere Figuren) hineinversetzt und einen erwähnten Brief oder ein angedeutetes Gespräch mit geeigneten stilistischen Mitteln eigenständig formulierst. Es kommt also darauf an, dass du die vorgegebene Leerstelle im Text gestalterisch füllst. Mögliche Textsorten hierbei sind:

- ein Tagebucheintrag einer der handelnden Figuren,
- ein Brief, den eine literarische Figur an eine andere schreibt,
- ein innerer Monolog einer Figur,
- eine Rede,
- ein Monolog,
- ein Interview mit einer literarischen Figur,
- ein Gespräch zwischen zwei Figuren.

Erlaubt ist in der Prüfung die Benutzung der an deiner Schule eingeführten Buchausgabe der entsprechenden Ganzschrift. Du darfst dein eigenes Exemplar mit den von dir während des Lesens und der Unterrichtsarbeit eingetragenen Randnotizen verwenden. Die Ganzschrift wird aber rechtzeitig vor der Prüfung von deinem Lehrer eingesammelt und geprüft werden. In der schriftlichen Prüfung darfst du außer der Lektüre auch ein Rechtschreibwörterbuch verwenden.

2. Mögliche Textsorten in der Prüfung

Voraussetzung für die Bewältigung dieser Aufgabe ist die genaue **Textkenntnis**. Schon während der Lektüre solltest du in deiner Textausgabe systematische Notizen zu den Handlungsorten, Zeitabschnitten, Figuren und deren Beziehungen untereinander anfertigen. Damit erarbeitest du eine grundlegende Textübersicht und erleichterst dir während des Schreibvorgangs die Suche nach „Fakten".
Entscheidend ist auch, dass du die **Merkmale** der möglichen Textsorten kennst und die zu ihrer Produktion nötigen **Anforderungen** umsetzen kannst.

Innerer Monolog

- *Situation:* In dieser Textsorte werden Gedanken und Gefühle der Figur wiedergegeben. Die Umstände der äußeren Handlung geben dafür den Impuls.
- *Perspektive:* Im inneren Monolog wird die Innensicht einer Figur dargestellt, daher ist er aus der Ich-Perspektive geschrieben. Den Anstoß gibt ein äußeres Geschehen aus dem Text, das du aufgreifen musst. Die Figur, die über ihre subjektiven Erinnerungen reflektiert, kann dabei auch Aussagen anderer Personen wiedergeben oder kommentieren. Du solltest von dieser Möglichkeit aber nur sparsam Gebrauch machen.
- *Stil:* Orientiere dich an der Ausdrucksweise der jeweiligen Figur. Allerdings muss der Stil, in dem du die Gedanken wiedergibst, nicht zwangsläufig mit dieser identisch sein, denn Gedanken sind sprunghaft, brechen ab, beginnen unvermittelt. Allgemein bleibt der Stil jedoch auf der Ebene der Textvorlage, sodass nur in dem Maß saloppe oder umgangssprachliche Formulierungen verwendet werden, wie sie auch im Original zu finden sind.
- *Sprache:* Satzbau und Grammatik weichen beim inneren Monolog eher von der Norm ab als bei anderen Textsorten. Gedanken können zum Beispiel abreißen. In diesem Fall kannst du Auslassungspunkte anbringen. Zudem können Pausen oder Ellipsen entstehen, die du mit Gedankenstrichen kennzeichnen kannst. Auch Interjektionen und rhetorische Fragen kannst du einsetzen. Da solche Textstellen meist gefühlsbetont sind, sind Ausrufe- und Fragezeichen an entsprechenden Stellen sinnvoll und passend.

Gespräch

- *Situation:* Hintergrund für das Gespräch ist meist ein längerer Zeitraum, auf den die beteiligten Figuren zurückblicken, oder ein einschneidendes Ereignis, über das sie sich Klarheit verschaffen.
- *Perspektive:* Beachte den Kenntnisstand der Figuren zum Zeitpunkt des Gesprächs und berücksichtige auch ihre jeweiligen Eigenschaften und Erfahrungen. Die Sprecher können in ihrem Dialog Wissen, Einschätzungen und Befindlichkeiten austauschen. Dies bietet sehr viele Möglichkeiten: Streit, Versöhnung, Argumentation, Klärung und vieles andere. Die Gesprächspartner beziehen ihre Aussagen aufeinander, was aber nicht heißen soll, dass die gesamte Unterredung aus einer Argumentationskette besteht.
- *Stil:* Entscheide aufgrund der Situation, welche dir die vorgegebene Textvorlage bietet, ob die Unterhaltung formell oder informell ist. Gestalte dementsprechend Wortwahl und Stil des Gesprächs. Berücksichtige das Alter, den Charakter, die Position der Gesprächspartner und ihr Verhältnis zueinander sowie den unmittelbaren Gesprächsanlass. Je nach Rahmenbedingungen sind auch hier Gefühlsausbrüche oder, im anderen Extrem, betretenes Schweigen möglich. Themenwechsel kannst du durch plötzliche Einfälle oder Assoziationen einleiten. Verwende sie nur vereinzelt, damit der Text nicht unstrukturiert wirkt und der Leser das Gespräch nachvollziehen kann.
- *Sprache:* Gesprochene Sprache ist spontan und eher „unvorbereitet". Unvollständige Sätze, Ausrufe und jede andere Form von Gefühlsäußerungen können erzählenden Ausführungen gegenüberstehen. Die äußere Form des Gesprächs ist in der Regel nicht vorgeschrieben. Meist empfiehlt es sich, in der szenischen Dialogform zu schreiben, bei der die Namen der Sprecher jeweils an den Beginn der Zeile/Aussage gestellt werden. Bei diesem Verfahren kannst du auch Regieanweisungen einfügen (etwa für Gefühlsregungen wie *lacht schallend* oder *kann seine Tränen nicht mehr unterdrücken* usw.). Eine kurze Unterbrechung, etwa durch äußere Umstände oder eine weitere Figur, kann dadurch ebenfalls veranschaulicht werden, ohne sie „künstlich" in den Sprechtext einzubauen.

Brief (auch: Leserbrief, offener Brief)

- *Situation:* Aus dem situativen Kontext ergibt sich, ob ein formeller oder informeller Brief geschrieben wird. Der Schreiber wendet sich an einen Adressaten, beide sind in Rahmensituation und Figurenkonstellation eingebettet.
- *Perspektive:* Wie der innere Monolog gibt der Brief die Haltung der schreibenden Figur wieder. Je nach Adressat/en werden Inhalte preisgegeben, andere verschwiegen. Dabei stellt sich die Frage: Was weiß der Verfasser? Auch der Zweck eines Briefes ist von Bedeutung, schließlich setzt die Mitteilung eine Erwartungshaltung voraus.
- *Stil:* Der Schreibstil muss an die schreibende Figur, den Adressaten und die Kommunikationsebene angepasst werden. Die Wortwahl erfolgt bewusst im Hinblick auf Inhalt und Argumentationsziel. Da ein Brief wie ein Zeitungsartikel keine spontane Äußerung ist und eher einem strukturierten Redaktionsprozess entspringt, solltest du Aufbau und Reihenfolge der Argumente genau planen.
- *Sprache:* Verwende nur dann einen Briefkopf mit Adressfeldern, wenn es ein formeller Brief ist. Notiere immer Ort und Datum. Wähle eine passende Anrede in der korrekten Höflichkeitsform und lasse danach eine Zeile frei. Am Ende des Briefes steht ein Wunsch und/oder eine Grußformel sowie der Name (im formellen Brief Vor- und Zuname) des Absenders. Der Satzbau im Brief hängt davon ab, ob eine gefühlsbetonte oder sachliche Ebene gewählt wird. Appelle, Aufforderungen oder nachdrückliche Aussagen kannst du je nach Absicht des Verfassers verwenden. Zu beachten ist, dass der seltene Einsatz solcher auffälliger Formulierungen effektvoller ist als eine übermäßige Häufung.

Tagebucheintrag

- *Situation:* Die größtmögliche Freiheit beim Schreiben hast du beim Tagebucheintrag. Er stellt eine Mischform aus allen selbstbezogenen Textsorten dar. Als privater und intimer gedanklicher Rückzugsort ist ein Tagebuch eine Möglichkeit, Ereignisse, Eindrücke, Situationen und Empfindungen festzuhalten. Der Verfasser kann die Inhalte frei auswählen, sie gewichten und anordnen. Trotzdem solltest du die Situation, in der der Tagebucheintrag vorgenommen wird, nicht aus dem Blick verlieren. Frage dich, wie die Handlung danach weitergeht.
- *Perspektive:* Geschrieben wird aus der Ich-Perspektive. In manchen literarischen Werken finden sich bereits Tagebucheinträge. In diesem Fall muss berücksichtigt werden, was darin bereits erwähnt und wie es geschrieben wurde. Zu beachten ist, was die schreibende Figur in der jeweiligen Rahmensituation weiß und worüber sie schreiben will. Gehe dabei vom Charakter und der psychischen Befindlichkeit der Figur aus.
- *Stil:* Beachte Alter, Charakter, Verhalten, Sprache der Figur – all das gibt Hinweise auf den Stil des Tagebucheintrags. Abgebrochene Sätze, Interjektionen und andere emotionale Äußerungsformen sind möglich, sollten aber den Text nicht überfrachten. Inhalt und Stil sollten einander entsprechen: Je aufgewühlter der Schreiber ist, desto unausgeglichener ist der Stil. Ein besonderer Kunstgriff, um den Leser zum Nachdenken anzuregen, kann ein offener Schluss sein. Vorstellbar ist diese Variante z. B., wenn eine wichtige Entscheidung zu treffen wäre, was der Figur jedoch (noch) nicht gelingt.
- *Sprache:* Wähle ggf. eine Anrede („Liebes Tagebuch") oder eine kurze Schlagzeile für den Text und notiere wie in einem Brief das Datum. Satzbau und Satzarten hängen vom Charakter und von der Aussageabsicht des Schreibenden ab.

Informationen zur Ganzschrift 2015/2016: „Ins Nordlicht blicken“ von Cornelia Franz

Allgemeine Informationen

Über die Autorin

Cornelia Franz wurde 1956 in Hamburg geboren. Sie studierte Germanistik und Amerikanistik, reiste sehr viel, arbeitete in verschiedenen Jobs und machte eine Ausbildung zur Verlagsbuchhändlerin. Mehrere Jahre arbeitete sie als Verlagslektorin für Reiseführer und Kunstbücher.
Seit 1993 ist Cornelia Franz als Schriftstellerin tätig und schreibt Kinder- und Jugendbücher, aber auch Reiseführer und Romane für Erwachsene. Ihr Jugendbuch „Verrat“, eine Geschichte um einen Jugendlichen, der auf ein Familiengeheimnis aus der NS-Zeit stößt, wurde viele Tausend Mal verkauft und ins Französische und Niederländische übersetzt. Auch der Roman „Ins Nordlicht blicken“ aus dem Jahr 2012 war ein großer Erfolg. Das Junge Staatstheater Karlsruhe zeigt in der Spielzeit 2015/2016 eine Bühnenfassung des Romans.

Zum Inhalt

Der 26-jährige Jonathan Querido reist im Sommer 2020 auf der MS Alaska von Hamburg nach Grönland. Damit unternimmt er eine Reise in die Vergangenheit, denn acht Jahre hat er in der grönländischen Hauptstadt Nuuk gelebt. Auf dem Schiff lernt er Shary kennen, die mit ihm später die Orte seiner Vergangenheit erkunden wird.
In einer zweiten Zeitebene, die im Jahr 2011 spielt, geht es um den Jungen Pakkutaq Wildhausen, genannt Pakku, der bei seinem Vater in Nuuk lebt. Er kam erst mit neun Jahren nach Grönland, zuvor lebte er bei seiner Großmutter in Hamburg. Sein Vater ist Alkoholiker und kümmert sich nicht um den Jungen, sondern geht ihm mit seinen missglückenden Versuchen, vom Alkohol loszukommen, und mit verrückten Ideen auf die Nerven. Pakku hat keine Zukunftsperspektive und kann sein Leben in Nuuk nicht mehr ertragen. Seine einzige Ablenkung ist Backgammon, das er im Internet mit einem unbekannten Spielpartner aus Hamburg regelmäßig spielt. Er beschließt, aus Nuuk abzuhauen. Mithilfe seiner Freunde gelingt es ihm, als blinder Passagier auf ein Schiff nach Hamburg zu kommen. Auf der Überfahrt wird er von einem etwa gleichaltrigen Schiffsjungen entdeckt, der Pakkus Anwesenheit dem Kapitän melden will. In der Prügelei mit ihm tötet Pakku den Jungen. Er nimmt dessen Identität an und wird zu Jonathan Querido. In Hamburg kommt er bei dem 50-jährigen Lloyd unter, der sich um ihn kümmert und ihn mit der Bildhauerei vertraut macht. Da Jonathan sehr verschlossen ist, beauftragt Lloyd eine Detektei damit, mehr über den Jungen herauszufinden. Lloyd erfährt, dass Jonathan als Drogenkurier gearbeitet hat. Als ein fremder Mann an Lloyds Wohnung auftaucht, befürchtet Lloyd, es handele sich um einen Drogendealer aus Jonathans Vergangenheit. In Wahrheit ist es jedoch Pakkus Vater, der seinen Sohn sucht. Lloyd geht dem Mann nach, der ihn im Park angreift. Lloyd wehrt sich und erschlägt ihn. Am nächsten Tag meldet Lloyd Jonathan auf einer Steinmetzschule an und bringt ihn noch am selben Tag dorthin.
Im Jahr 2020 macht sich Jonathan/Pakkutaq dann schließlich auf nach Grönland, erfährt dort vom Mord an seinem Vater und hegt den Verdacht, dass Lloyd darin verstrickt ist. Schließlich findet er wieder zu seiner alten Identität zurück. Auf der Rückreise nach Deutschland erzählt er Shary seine ganze Geschichte.
Im Jahr 2025 fahren die beiden, die inzwischen geheiratet und einen Sohn bekommen haben, erneut auf der Alaska nach Grönland.

Interview mit Cornelia Franz

Wie kam die Idee zu Ihrem Roman „Ins Nordlicht blicken"?
Im Vordergrund stand mein Wunsch, eine für mich fremde Umgebung als Hintergrund für meinen Roman zu nehmen, um mich aus dem Alltag heraus zu beamen. Die Fremde, das Andere, das Wegwollen ist ja aber nur die Kehrseite des Vertrauten und des Ankommens. Und so kam die Idee, einen Protagonisten zu erfinden, der aus der Fremde weg will, um zu Hause anzukommen.

Was hat Sie zu diesem Roman inspiriert?
All das, was ich über Grönland erfahren habe, über den Klimawandel, aber auch meine eigene Jugend und meine eigene lange Geschichte des „Wegwollens". Außerdem spielt mein Mann immer Internet-Backgammon – unter falschem Namen.

Wie viel Biografisches steckt in der Geschichte?
Weitaus mehr, als es auf den ersten Blick scheint.

Waren Sie schon mal in Grönland, bevor Sie Ihr Buch geschrieben haben?
Nein, nur per Internet und Film. Aber ich bin dort hingereist, bevor das Buch in die Endfassung gegangen ist.

Warum ausgerechnet Grönland?
Es ist nicht nur ein faszinierendes Land, sondern auch ein Land, das um seine Identität ringt und das einen gewaltigen Wandel erleben wird – und für mich eine Metapher für die Kälte und Einsamkeit, die ein junger Mensch oft empfindet. Grönland erinnert mich an einen Jugendlichen, der sich von Vergangenem, von Autoritäten und Prägungen, befreien möchte, um seinen eigenen Weg zu finden.

Halten Sie Ihre Zukunftsszenerie (Erderwärmung) für realistisch oder haben Sie bewusst „übertrieben"?
Ich halte das, wenn auch nicht in allen Details, für realistisch. Und jede Woche kommen neue Meldungen, die die Szenarien des Buches realistischer erscheinen lassen.

Was glauben Sie: Ist Pakku schuldig/unschuldig?
Pakku ist verantwortlich für Jonathans Tod, also schuldig. Aber irgendwann im Buch sagt er, dass er dem einsamen, unglücklichen Jungen, der er einmal war, seine Schuld vergeben hat. So sehe ich das auch: Es ist eine Schuld, die man vergeben muss. Pakku war auf sich gestellt, seit er mit neun Jahren Deutschland verlassen hat, er war überfordert.

Wie finden Sie die Stimme Ihrer Figur in sich? Vor allem die eines Mannes?
Indem ich beim Schreiben zu dieser Person werde. Ich finde es nicht schwerer, die Stimme eines jungen Mannes zu finden als die eines Kindes oder einer fünfzigjährigen Frau. Für mich ist das Schlüpfen in die Haut eines Anderen eines der wichtigsten Erlebnisse beim Schreiben.

Wie lange haben Sie an der Geschichte geschrieben?
Ich weiß nicht genau, vielleicht ein Jahr, mit Unterbrechungen.

Ihr Lieblingsautor?
Bei den Kinderbüchern Astrid Lindgren. Ansonsten habe ich nur Lieblingsbücher, zur Zeit gerade „Ein Geheimnis" von Philippe Grimbert.

[…]

Was ist außer Schreiben noch wichtig in Ihrem Leben?
Mein Mann und meine Kinder, meine Freundinnen.

Interview: Dorothee Dengel/dtv junior

Quelle: www.dtv-dasjungebuch.de/cornelia_franz_ueber_ins_nordlicht_blicken_1472.html?dram:article_id=136253 (gesehen am 30. 7. 2015) (gekürzt)

Figurenkonstellation

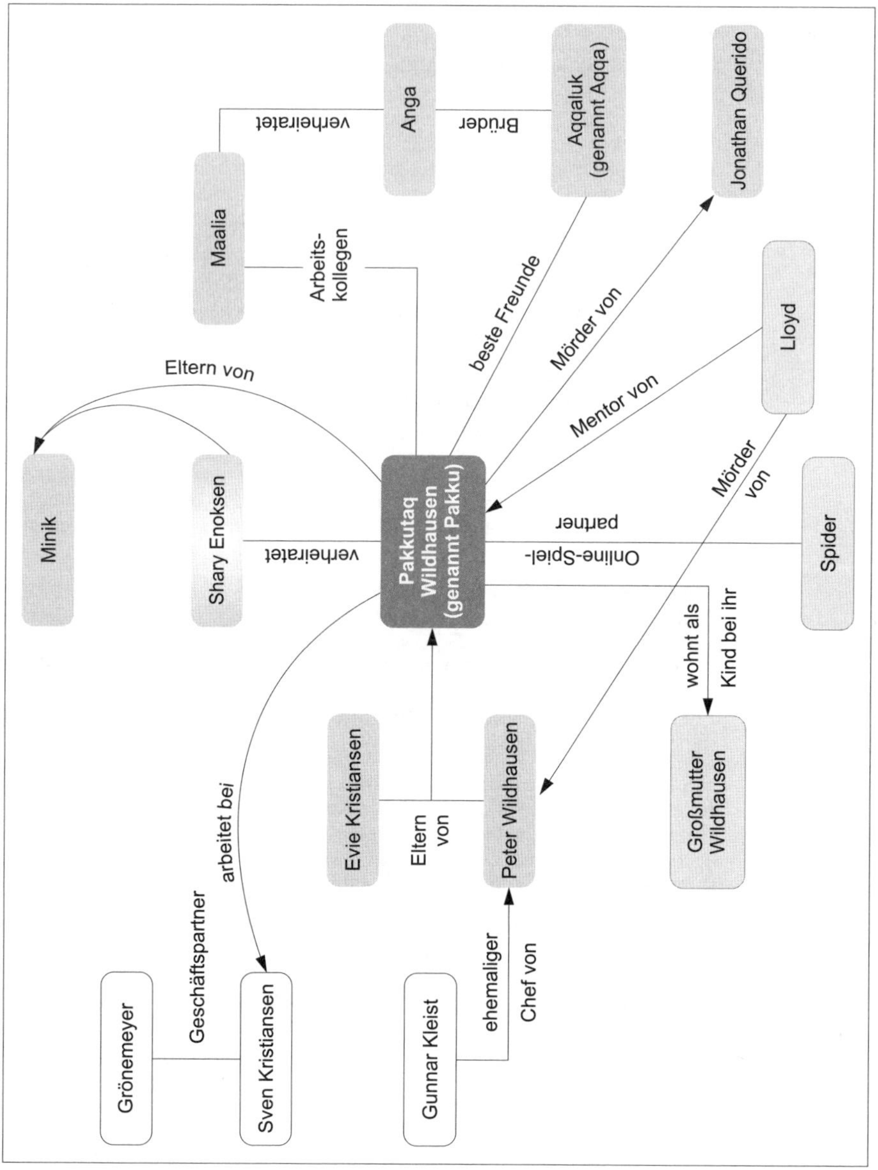

Zusammenfassung der Handlung

Kapitel	Inhalt
1 S. 5–11	**MS Alaska, Nordatlantik, Sommer 2020** Jonathan befindet sich auf einem Passagierschiff auf dem Weg nach Grönland. Ein Geschehen aus seiner Vergangenheit verursacht bei ihm Panikattacken. Er hat Angst, von jemandem als „Grönländer" erkannt zu werden, spricht aber reflexartig das erste Mal seit langer Zeit Grönländisch. Er hat Angst vor dem, was ihn in Grönland erwartet.
2 S. 12–20	**Nuuk, Grönland, Frühjahr 2011** Pakku verabscheut das Leben auf Grönland. Er leidet unter der Alkoholsucht seines Vaters und seiner eigenen Perspektivlosigkeit. Seine Freunde und er haben wenig zu tun, trinken Bier und schauen Internet-Pornos. Seine einzige Fluchtmöglichkeit aus der Realität ist das Online-Backgammonspiel mit einem Spielpartner aus Deutschland.
3 S. 21–25	**MS Alaska, Nordatlantik, Sommer 2020** Jonathan lernt das Inuit-Mädchen Shary kennen. Obwohl sie offensichtlich mit ihm flirtet, weist er sie zurück, da sie ihn an Maalia erinnert. Die beiden unterhalten sich über den Untergang New Yorks im vergangenen Herbst. Ursprünglich hatte Jonathan eine Reise nach New York gebucht. Die Reiseroute wurde nach dem Unglück geändert, deshalb fahren sie nun nach Grönland.
4 S. 26–34	**Nuuk, Grönland, Frühjahr 2011** Pakkutaq spielt mit Spider via Internet Backgammon, sein alkoholisierter Vater erzählt ihm von der Erderwärmung. Er versucht seinen Sohn davon zu überzeugen, dass es Zukunft hätte, auf Grönland Imker zu werden. Pakku hat seine frühe Kindheit bei seiner Großmutter (der Mutter seines Vaters) in Deutschland verbracht. Sein Vater ist ihm daher fremd und seine Mutter hat er nie kennengelernt.
5 S. 35–38	**MS Alaska, Südwestküste Grönlands, Sommer 2020** Jonathan sieht es als Wink des Schicksals, dass das Ziel seiner Reise nun Grönland ist. Er glaubt, dass es seine Bestimmung ist, auf der *Alaska* nach Grönland zurückzukehren, auch wenn das offenbar sein Leben zerstören wird. Er denkt, dass es für Jonathan Querido Zeit sei zu sterben.
6 S. 39–44	**Nuuk, Grönland, Frühjahr 2011** Wie seine Freunde verdient Pakku sein Geld mit dem Krabbenpulen. Die hübsche Maalia, die auch mit ihm arbeitet, fällt ihm unter anderem dadurch positiv auf, weil sie keinen Alkohol trinkt. Pakku ärgert sich darüber, dass die Gruppe der Arbeiter nach ihrem Gesamtergebnis bezahlt wird und nicht nach der Leistung des Einzelnen.
7 S. 45–48	**MS Alaska, Südwestküste Grönlands, Sommer 2020** In Grönlands Hauptstadt Nuuk will Jonathan an Land gehen. Seine neue Bekannte, Shary Enoksen, will an einer geführten Wanderung entlang der Westküste teilnehmen und wird deshalb ebenfalls in Nuuk von Bord gehen. Sie fragt ihn, ob er in Nuuk erwartet wird. Es fällt ihm schwer, sie anzulügen.

8 S. 49–58	**Nuuk, Grönland, Frühjahr 2011** Als Pakkus betrunkener Vater ihn wieder einmal von der Idee einer Imkerei überzeugen will, flüchtet Pakku vor ihm. Er trifft Maalia, die ihn unter dem Nordlicht-Himmel verführen will. Pakku stößt sie von sich. Er hat Angst, sich durch eine Affäre oder ein Kind an Grönland zu binden und sich damit die Möglichkeit zu verbauen, Grönland zu verlassen.
9 S. 59–60	**Nuuk, Grönland, Sommer 2020** In Nuuk angekommen, kann Jonathan nachts nicht schlafen. Er erkennt die Stadt seiner Jugend nicht wieder, da sich Nuuk stark verändert hat. Er hofft darauf, Shary Enoksen auf der Rückreise wieder zu treffen.
10 S. 61–65	**Nuuk, Grönland, Frühjahr 2011** Wehmütig erinnert sich Pakku an seine Großmutter und an das Gefühl der Geborgenheit bei ihr in Deutschland. Seine grönländische Gegenwart ist mehr als trostlos: Er wohnt mit seinem alkoholkranken Vater in einem verwahrlosten Haus, hat Angst vor der Zukunft, ist perspektivlos und flüchtet sich in die Welt des Online-Backgammon.
11 S. 66–69	**Nuuk, Grönland, Sommer 2020** Einerseits möchte Jonathan zum Haus seines Vaters gehen und diesen aufsuchen, gleichzeitig hat er aber nicht den Mut, sich ihm oder anderen Menschen aus seiner Vergangenheit zu zeigen. Auf seinem Rundgang entdeckt er in einer Bäckerei Shary Enoksen und freut sich über das Wiedersehen.
12 S. 70–74	**Nuuk, Grönland, Frühjahr 2011** Während er mit seinem Online-Partner „Spider" Backgammon spielt, muss Pakku daran denken, wie er sich als kleiner Junge zunächst gefreut hatte, als er hörte, dass er zu seinem Vater nach Grönland ziehen sollte. Diese Hoffnungen wurden aber in jeglicher Hinsicht enttäuscht. Er fühlt sich nirgends zugehörig – weder in Deutschland, noch bis heute in Grönland.
13 S. 75–78	**Nuuk, Grönland, Sommer 2020** Shary Enoksen kann wegen einer Verletzung am Bein die geplante Wanderung nicht antreten. Sie muss aber in Nuuk bleiben, denn die *Alaska* hat mittlerweile abgelegt. Sie interessiert sich für Jonathans Vergangenheit.
14 S. 79–84	**Nuuk, Grönland, Frühjahr 2011** Pakku ärgert sich über seinen Vater. Er macht ihn dafür verantwortlich, dass der Vater seines Mitschülers Ingvar ihn nicht wie versprochen auf einen Hubschrauberflug mitgenommen hat, da Pakkus Vater ihm einmal ein Geschäft vermasselt hat. Pakkus bester Freund Aqqaluk lässt sich von Ingvars Angeberei nicht provozieren. Aqqaluk und Pakku haben bereits eine Hundeschlittenfahrt ins ewige Eis unternommen.
15 S. 85–89	**Nuuk, Grönland, Sommer 2020** Auf dem Friedhof in Nuuk entdeckt Jonathan zusammen mit Shary einen Grabstein mit der Inschrift „Pakkutaq Wildhausen *1994 †2011". Jonathan wird von seinen Gefühlen und Erinnerungen gepackt. Shary stellt vorsichtig Fragen nach dem Toten und zeigt aufrichtiges Mitgefühl. Jonathan lässt sie in dem Glauben, Pakkutaq war sein Freund. Er hat jedoch

		große Schuldgefühle und es wird deutlich, dass er und Pakkutaq ein und dieselbe Person sind. Er fühlt sich schuldig, weil er seinen Vater in dem Glauben gelassen hat, dass sein Sohn ertrunken sei. Jonathan/Pakkutaq ist fest entschlossen, die Verantwortung für sein Handeln zu übernehmen.
16	S. 90–93	**Nuuk, Grönland, Frühjahr 2011** Pakku ist mit Maalia verabredet, versetzt sie aber ein zweites Mal. Er findet sie zwar hübscher als alle anderen Mädchen, die er kennt, es stört ihn aber, dass sie eine Inuk ist wie er. Er gibt Spider erste echte Informationen über sich.
17	S. 94–98	**Nuuk, Grönland, Sommer 2020** Gemeinsam mit Shary schlendert Jonathan durch Nuuk, wo er einen Bekannten sieht, der ihn allerdings nicht erkennt. Shary begleitet ihn auf dem Weg zu seinem Vater.
18	S. 99–107	**Nuuk, Grönland, Frühjahr 2011** Pakku möchte sich bei Maalia entschuldigen, wird allerdings von Sven beauftragt, ein illegales Geschäft auf der *Alaska* abzuwickeln. Der Deal mit dem Geschäftspartner Grönemeyer scheitert jedoch und Pakku nimmt die Krabben, die er eigentlich im Fjord entsorgen soll, mit nach Hause.
19	S. 108–111	**Nuuk, Grönland, Sommer 2020** Jonathan findet im stark veränderten Nuuk zwar die Straße wieder, in der er gelebt hat, die Häuser dort sind allerdings alle längst abgerissen. Von der Architektin der Großbaustelle bekommt er den Tipp, dass er sich im Büro der Grönländischen Traditionsbewegung nach dem Verbleib der ehemaligen Bewohner erkundigen kann.
20	S. 112–117	**Nuuk, Grönland, Frühjahr 2011** Beim Backgammonspielen nähern sich Pakku und Spider zunehmend an. Pakku tut sich aber schwer damit, Näheres über sich preiszugeben. Die Erinnerung an seine Großmutter tut ihm weh, er hat Sehnsucht nach ihr. An die Zeit nach dem Tod seiner Großmutter hat er nur schmerzhafte Erinnerungen. Pakku wünscht sich, in Zukunft in einer Großstadt zu leben.
21	S. 118–124	**Nuuk, Grönland, Sommer 2020** Im Büro der Grönländischen Traditionsbewegung, wo Jonathan herausfinden möchte, wo sein Vater jetzt wohnt, trifft er auf Angaju, Aqqaluks großen Bruder, der sich über das Wiedersehen mit dem Totgeglaubten nach neun Jahren freut. Er gibt Jonathan/Pakkutaq den Tipp, dass sein Vater nach Süden, nach Nanortalik, gezogen sein könnte. Anga erzählt ihm außerdem, dass sein ehemals bester Freund Aqqaluk als Restaurantkontrolleur arbeitet.
22	S. 125–130	**Nuuk, Grönland, Frühjahr 2011** Von Sven lässt sich Pakku überreden, ihm noch einmal bei einer illegalen Lieferung für die *Alaska* zu helfen, die auf dem Rückweg nach Hamburg ist. Spider schlägt ein Treffen in Hamburg vor. Pakku lässt die Würfel entscheiden und nach einem Sechser-Pasch beschließt er, sich mit Spider zu treffen und auf der *Alaska* nach Hamburg zu fahren.

23 S. 131–134	**Südwestküste Grönlands, Sommer 2020** Anga schlägt Jonathan/Pakkutaq vor, seinen Vater in Nanortalik zu suchen. Jonathan/Pakku hilft einem Kapitän beim Beladen eines Frachtschiffs und kann mit ihm in den Süden Grönlands fahren. Jonathan/Pakku wird wieder von seinen Erinnerungen eingeholt und verspürt Angst und Panik.
24 S. 135–140	**Nuuk, Grönland, Frühjahr 2011** Maalia und Aqqaluk helfen dabei, Pakku in einer der Styroporkisten aus Svens Lieferung an Bord der *Alaska* zu bringen. Er fühlt sich in der Kiste wie in einem Sarg.
25 S. 141–145	**Südwestküste Grönlands, Sommer 2020** Jonathan lädt Shary ein, ihn auf der Reise nach Nanortalik zu begleiten. Auf dem Schiff erzählt ihr Jonathan von seinen Eltern und erinnert sich an die Begegnung mit einem Wal, ein besonders bewegendes Erlebnis für ihn und seinen Vater.
26 S. 146–150	**MS Alaska, Hafen von Nuuk, Frühjahr 2011** Pakku, der in einem Lagerraum der *Alaska* in seiner Kiste eingeschlossen ist und kaum Luft bekommt, wird gerade noch rechtzeitig von Grönemeyer, Svens Partner bei seinen illegalen Geschäften, gerettet, bevor er erstickt. Damit seine betrügerischen Geschäfte nicht auffliegen, verrät Grönemeyer Pakku nicht und gibt ihm die Anweisung, sich während der Fahrt versteckt zu halten.
27 S. 151–157	**Südwestküste Grönlands, Sommer 2020** Jonathan/Pakku erkundigt sich in Paamiut erfolglos nach seinem Vater. In Qaqortoq bewundern Shary und er die Bildhauereien, für die die Stadt berühmt ist. Mit einem Verkäufer sprechen sie über Imkerei. Jonathan/Pakku erzählt Shary, dass er eine Honigschleuder als Geschenk für seinen Vater dabei hat. Zurück auf dem Schiff meißelt Jonathan/Pakku ein Insekt in einen Kiesel hinein. Er erinnert sich an Spider und seine erste Zeit in Hamburg.
28 S. 158–164	**MS Alaska, Deutsche Bucht, Frühjahr 2011** Pakku bleibt in seinem Versteck auf der *Alaska*. Grönemeyer erzählt ihm, dass Pakku in Nuuk gesucht wird. Pakku ist ihm dankbar, dass er ihn nicht verrät. Kurz bevor sie Hamburg erreichen, wird er jedoch von einem Schiffsjungen entdeckt. Dieser will ihn verraten, weil er hofft, dadurch einen festen Job zu bekommen. Pakku sieht keine andere Chance, als sich mit Gewalt zu wehren. In der darauffolgenden Prügelei erschlägt er den Jungen.
29 S. 165–172	**Nanortalik, Südspitze Grönlands, Sommer 2020** In Nanortalik an der Südspitze Grönlands treffen Jonathan und Shary in Svens Fischrestaurant völlig unerwartet auf Aqqaluk. Der gemeinsame Abend verläuft verkrampft, weil die beiden alten Freunde wegen Sharys Anwesenheit nicht offen miteinander reden können. Jonathan/Pakku kann Aqqaluk seine neue Identität nicht erklären und sich auch nicht dafür entschuldigen oder rechtfertigen, dass er sich nicht wie versprochen bei seinem Freund gemeldet hat. Jonathan/Pakku will mit Aqqa reden, sobald Shary ins Bett gegangen ist.

30 S. 173–179	**MS Alaska, Elbe, Frühjahr 2011** Da der getötete Schiffsjunge und er sich ähnlich sehen, beschließt Pakku, dessen Identität anzunehmen. Er wird zu Jonathan Querido, indem er sich die Uniform des Toten anzieht und dessen Ausweispapiere an sich nimmt. Dem Getöteten zieht er seine Sachen an, steckt ihm seine Papiere und sein Geld in die Taschen und wirft ihn über Bord.
31 S. 180–191	**Nanortalik, Südspitze Grönlands, Sommer 2020** Es kommt zur Aussprache zwischen Jonathan/Pakkutaq und Aqqaluk. Sie erzählen sich gegenseitig die Ereignisse der vergangenen neun Jahre. Jonathan/Pakku erfährt, dass Aqqa und Sven von Grönemeyer Geld erpresst haben, da sie ihn für Pakkus Mörder gehalten haben. Jonathan/Pakku gesteht Aqqaluk den Mord an dem Schiffsjungen.
32 S. 192–204	**Hamburg, Frühjahr 2011** Jonathan/Pakku geht von Bord und gelangt mit einem Taxi zum Schachcafé, in dem er mit Spider verabredet ist. Er ist völlig übermüdet, durchgefroren und hungrig. Ein Gaststättenbesucher bestellt ihm etwas zu essen und nimmt den Jungen mit zu sich nach Hause. Jonathan/Pakku glaubt, dass es sich um Spider handelt und dieser schwul ist.
33 S. 205–209	**Nanortalik, Südspitze Grönlands, Sommer 2020** Jonathan/Pakku konnte sich zwar mit Aqqaluk aussprechen, er versucht aber nicht, den Kontakt zu vertiefen. Er sagt Shary immer noch nicht die Wahrheit über seine Identität. Nach der Begegnung mit Aqqa ist er unsicher, ob er seinen Vater tatsächlich suchen soll.
34 S. 210–211	**Hamburg, Frühjahr 2011** Jonathan/Pakku schläft bei dem vermeintlichen Spider im Bett. Dieser legt sich zwar zu ihm, lässt ihn aber in Ruhe.
35 S. 212–216	**Nanortalik, Südspitze Grönlands, Sommer 2020** Sharys Annäherungsversuche wehrt Jonathan ab. Er will sich nicht verlieben, solange er selbst nicht weiß, wer er ist. Jonathan/Pakku macht sich nun allein weiter auf die Suche nach seinem Vater.
36 S. 217–221	**Hamburg, Frühjahr 2011** Jonathan erkennt, dass er nicht bei Spider, sondern einem Mann namens Lloyd übernachtet hat. Lloyd ist 50 Jahre alt und Architekt. Er bietet dem Jungen an, bei ihm zu bleiben. Jonathan ist fasziniert von dem Bildhauer-Atelier in der Wohnung des großzügigen Mannes und nimmt das Angebot an.
37 S. 222–226	**Nanortalik, Südspitze Grönlands, Sommer 2020** Jonathan trifft auf einen alten Freund seines Vaters, der ihm einen Hinweis gibt, wo er weitere Informationen erhalten kann. Bei Gunnar Kleist gibt sich Jonathan als Pakkutaq zu erkennen und erfährt, dass sein Vater schon vor Jahren vermutlich umgebracht wurde.
38 S. 227	**Hamburg, Frühjahr 2011** Jonathan/Pakku beschwert sich bei Spider darüber, dass er ihn versetzt hat.

39 S. 228–233	**Flug von Nanortalik nach Qaanaaq, Grönland, Sommer 2020** Jonathan und Shary dürfen auf Einladung Gunnar Kleists nach Qaanaaq fliegen. Aus der Luft können sie die Veränderungen Grönlands ganz deutlich sehen. Jonathan/Pakku denkt über den Tod seiner Mutter nach. Ihm wird klar, dass sie durch amerikanischen Militärschrott verstrahlt wurde.
40 S. 234–239	**Hamburg, Winter 2011** Jonathan gefällt es bei Lloyd gut. Er zieht sich am liebsten in der Wohnung zurück, klimpert auf dem Klavier oder macht erste Versuche im Steinmetz-Atelier. Es taucht ein Mann auf, der Jonathan sucht. Lloyd wimmelt ihn ab. Lloyds Nachbarn bieten Jonathan an, in ihrem Kiosk zu arbeiten, aber Lloyd ist dagegen.
41 S. 240–246	**Qaanaaq, Nordwestküste Grönlands, Sommer 2020** Fast wie Touristen unternehmen Jonathan und Shary eine Tour zum Inlandeis, besichtigen einen Gletscher und unternehmen eine Hundeschlittenfahrt. Jonathan/Pakku wird von seinen Erinnerungen eingeholt und denkt zum ersten Mal seit langer Zeit an seine Mutter und seine eigene grönländische Identität.
42 S. 247–251	**Hamburg, Winter 2011** Llyod nimmt mehr und mehr die Rolle eines Vaters ein und kümmert sich liebevoll um den verschlossenen Jonathan. Da er mehr über ihn wissen will, hat Lloyd eine Detektei beauftragt und erfahren, dass Jonathans Familie bei einem Taifun ums Leben gekommen ist. Jonathan hat als Drogenkurier gearbeitet und dann auf der *Alaska* angeheuert. Der Detektiv warnt Lloyd vor den Hintermännern des Drogenschmuggels, weshalb Lloyd äußerst vorsichtig ist.
43 S. 252–255	**Qaanaaq, Nordwestküste Grönlands, Sommer 2020** Jonathan/Pakku findet in Begleitung von Shary das Grab seiner Mutter. Er erhält eine E-Mail von Gunnar Kleist, in der er ihm den Zeitungsbericht über den Tod Peter Wildhausens bzw. dem Mord an diesem schickt. Offenbar ist Pakkus Vater im Hamburger Stadtpark getötet worden.
44 S. 256–261	**Hamburg, Winter 2011** Lloyd beobachtet zufällig, wie der Mann, der nach Jonathan gesucht hat, wieder vor der Wohnung steht und nach dem Jungen ruft. Lloyd glaubt, ein Drogendealer aus Jonathans Vergangenheit ist ihnen auf den Fersen. Er will ihn zur Rede stellen und geht ihm nach. Im Stadtpark bemerkt der Mann ihn und greift Lloyd an. Lloyd wehrt sich und erschlägt ihn.
45 S. 262–264	**Qaanaaq, Nordwestküste Grönlands, Sommer 2020** Jonathan/Pakku liest in dem Zeitungsartikel von den Todesumständen seines Vaters. Er bringt dessen Tod gleich in Zusammenhang mit Lloyd und erinnert sich daran, dass dieser ihn am Tag nach der Ermordung seines Vaters weggeschickt hat.
46 S. 265–267	**Hamburg, Winter 2011** Lloyd meldet Jonathan völlig übereilt und fast panisch bei einer Steinmetzschule an, ohne ihn zu fragen. Jonathan hat wieder das Gefühl, unerwünscht zu sein und weggeschickt zu werden. Gleichzeitig freut er sich auf die Arbeit mit den Steinen. Er fühlt, dass er Lloyd nie wiedersehen wird.

47 S. 268–275	**Nuuk, Grönland, Sommer 2020** Jonathan/Pakkutaq geht nochmals auf den Friedhof von Nuuk zurück und entfernt mit dem Meißel seinen Namen vom Grabstein. Anschließend meißelt er den Namen Jonathan Querido ein und gibt somit dem fremden Jungen seinen Namen zurück. Auf dem Rückweg zum Schiff treffen Pakku und Shary auf Maalia. Obwohl Shary eifersüchtig ist, lässt sie die alten Freunde allein. Maalia ist mittlerweile mit Anga verheiratet und hat mit ihm eine Tochter. Pakku freut sich auf die Rückreise und möchte Shary seine ganze Geschichte erzählen.
48 S. 276–279	**MS Alaska, Südwestküste Grönlands, Sommer 2025** Pakku reist 2025 mit Shary, die jetzt seine Ehefrau ist, und ihrem gemeinsamen Sohn Minik erneut auf der *Alaska* nach Grönland. Auf der Heimreise vor fünf Jahren hatte Pakku Shary seine Geschichte erzählt. In Hamburg hatte er sich der Polizei gestellt und wurde zu einer Bewährungsstrafe verurteilt. Er hat nun seine alte Identität und seinen alten Namen zurück. Pakku ist froh, durch die Wahrheit zur inneren Freiheit gefunden zu haben. Lloyd hat er nie wieder gesehen.

Die Seitenzahlen in der Zusammenfassung, in den anschließenden Beispielaufgaben sowie der Übungsaufgabe beziehen sich auf folgende Textausgabe:
Cornelia Franz: Ins Nordlicht blicken. © 2012 Deutscher Taschenbuch Verlag GmbH & Co. KG München

Mögliche Schreibanlässe zu „Ins Nordlicht blicken“

1. Brief

> Das große Aufräumen in seinem Leben war wie eine Befreiung gewesen […].
> *Cornelia Franz: Ins Nordlicht blicken, S. 277*

Nach der Hochzeit mit Shary und der Geburt seines Sohnes plant Pakku, mit seiner Familie erneut nach Grönland zu reisen, was er im Jahr 2025 schließlich tut. Im Vorfeld schreibt er einen Brief an Aqqaluk, um sein Eintreffen anzukündigen. Er möchte wieder mehr Kontakt zu seinem Freund und ihm von jüngsten Ereignissen erzählen. Er geht auch noch einmal auf ihre frühere Freundschaft und die letzte Begegnung der beiden ein.

Schreibe diesen Brief.

2. Tagebucheintrag

> Jonathan hatte Shary angerufen, die begeistert gewesen war, in den Norden zu fliegen. Sie hatte ihr Gepäck in ein Taxi verfrachtet und eine halbe Stunde später hatten sie sich am Flugplatz getroffen.
> *Cornelia Franz: Ins Nordlicht blicken, S. 229*

Während Pakku am Flugplatz auf Shary wartet, schreibt er in sein Tagebuch, um seine Gedanken zu ordnen. Ihm kommen Gedanken zu seinem Vater und dessen Tod, zu Shary und seiner eigenen Zukunft in den Sinn.

Schreibe diesen Tagebucheintrag.

3. Dialog

> Pakkutaq lächelte, als er daran dachte, wie er nach seiner Beichte in der Kabine der Alaska neben ihr gelegen hatte.
> *Cornelia Franz: Ins Nordlicht blicken, S. 277 f.*

Pakku erzählt Shary auf der Heimfahrt von Grönland im Jahr 2020 alles über sich und seine Vergangenheit, was er ihr bisher verschwiegen hat. Manches davon hat sich Shary auch schon selbst zusammengereimt.

Schreibe diesen Dialog.

Übungsaufgabe mit Lösungsvorschlag

Aufgabe

> Ehe Jonathan ihr antworten konnte, war sie ihm schon entwischt und lief den Kai hinunter, ohne sich noch einmal umzudrehen.
> *Cornelia Franz: Ins Nordlicht blicken, S. 274*

Pakku hat soeben Maalia getroffen. Seine Gedanken kreisen um sie und seine alten Freunde, aber auch um sein altes Leben, seinen Vater, Shary und seine eigene Zukunft.

Schreibe diesen inneren Monolog.

Vorgehensweise bei der Bearbeitung der Schreibaufgabe:

1. Analysiere zunächst die Aufgabenstellung: **Wer äußert sich** in welcher Form und in welcher **Situation**?
2. Finde heraus, welche **Textsorte** von dir verlangt wird, welche **Merkmale** diese hat und welche **sprachlichen Eigenheiten** dies fordert. (Lies dazu nochmals den Abschnitt über mögliche Textsorten in der Prüfung ab S. 26.)
3. Welche Themen müssen/sollten eingearbeitet werden? **Notiere sie in Stichpunkten** und lege eine **Reihenfolge** fest, in der sie in deinem Text aufgeführt werden.
4. Schreibe deinen Text.
5. Gehe nach einer kurzen Pause an die **Überarbeitung** des Textes.

Zu 1.:
Das Wiedersehen mit Maalia war aufschlussreich und wegweisend für Pakku: Er hat soeben erfahren, dass sie nun mit Aqqas Bruder verheiratet ist und eine Tochter mit ihm hat. Er erinnert sich daran, dass sie ihm einmal sagte, er würde wiederkommen, und dass sie damit recht hatte. Vor Shary hat sie ihn mit seinem richtigen Namen angesprochen und ihm somit den Weg für ein umfassendes „Geständnis" geebnet. Dieses Wiedersehen wird sich auf seine Gefühlslage sicherlich positiv auswirken. Da Maalia gerade von ihm weggeht, wird der innere Monolog auf jeden Fall an dem kurzen Gespräch mit ihr ansetzen.

Zu 2.:
Bei einem inneren Monolog ist es wichtig, dass die Gedanken der Figur authentisch wirken. Das bedeutet, dass sie sowohl inhaltlich als auch sprachlich realistisch und glaubhaft sein müssen. Die Sätze dürfen deshalb nicht zu kompliziert sein, sondern sollten eher einfach gebaut sein. Typisch sind auch Wiederholungen, Gedankensprünge, Satzabbrüche, rhetorische Fragen und Begriffe aus der Umgangs- und Alltagssprache. Es ist normal, dass die Gedanken einer Person kreisen, dass sie immer wieder auf bestimmte Aspekte zurückkommen.

Zu 3.:
Mögliche Inhalte innerer Monolog:

Themen	Stichpunkte zum Inhalt
Maalia	• Pakku war durchaus an ihr interessiert, er konnte sich aber nicht auf sie einlassen, da es für ihn gleichzeitig das Bleiben in Grönland bedeutet hätte • alles an ihr ist noch vertraut: ihre Stimme, die Art, wie sie seinen Namen ausspricht, die dunklen, mandelförmigen Augen, ihr schwarzes langes Haar, ihr Lächeln • er denkt daran, wie sie sich im Bootshaus geküsst haben und wie er sie zurückgewiesen hat • trotzdem hat sie ihm bei seiner Flucht geholfen • hat großen Respekt vor ihr • sie empfindet immer noch viel für Pakku (Angas Eifersucht ist berechtigt), ist aber trotzdem glücklich verheiratet

Aqqa	• war Pakkus einziger Freund, immer noch wichtiger Mensch für ihn • Pakku ist ihm dankbar für seine Hilfe nach seiner Ankunft und beim Verlassen Grönlands • ihr Treffen verläuft distanziert, aber die Erinnerung an die frühere Freundschaft verspricht Hoffnung • er ist dankbar dafür, dass Aqqa Maalia informiert hat
„Flucht“	• Maalias Hilfsbereitschaft: hat die schmutzige Kiste mit ihrem Pullover gesäubert • Aqqas Aussage, er habe vielleicht Chancen bei Maalia (→ jetzt ist sie mit Anga verheiratet) • Pakkus Panik, als er in der Kiste festsaß und keine Luft bekam • Tod von Jonathan Querido • Pakkus Schuldgefühle, weil er sich nicht gemeldet hat • Pakku konnte nicht darüber sprechen und wollte nicht zurückschauen
Gründe für Pakkus „Flucht“	• Grönland: Land, Sprache, sein Vater fremd • Beziehung zu Vater schwierig (Alkoholiker) • Nuuk war ihm zu eng, er fühlte sich nicht zugehörig und war nicht zufrieden • er sah keine zufriedenstellende Zukunft für sich
Tod des Vaters	• Tod in Hamburg: Gewaltverbrechen im Stadtpark in Hamburg • Lloyd als Täter? → Streit mit Fremdem an der Wohnungstür am Tag zuvor • Pakku verspürt keine Trauer
Zukunft	• „Aufräumen“? → Meldung bei Polizei, alte Identität zurück • Wunsch: Freundschaft zu Aqqa wieder festigen • Beziehung zu Shary aufbauen
Shary und Pakku	• Shary hat Pakku gleich gefallen, sie hat ihn aber auch an Maalia erinnert • Shary findet Pakku ebenfalls interessant und hat den Kontakt gesucht • ebenso wie Maalia hat ihm Shary geholfen • er hat Shary geküsst und dann ebenso abgewiesen wie Maalia • Wille, sich diesmal einzulassen, wie er es bei Maalia nicht konnte • nach der Textstelle: gemeinsame Heimfahrt → der Beginn der festen Partnerschaft könnte sich also bereits ankündigen

Die Reihenfolge der einzelnen Punkte ist individuell festzulegen.

So könnte der innere Monolog beginnen:

Das hat sie schon einmal gesagt. Und sie hatte Recht. Ich bin wiedergekommen. Alles an ihr ist mir noch so vertraut. Maalia. Wie sie meinen Namen sagt, mit diesem langgezogenen u … ihre Augen, ihr Haar … fast hab ich erwartet, den Geruch nach Krabben noch an ihr zu entdecken. Aber das ist alles schon eine Ewigkeit her. Wie schön, sie zu sehen, nach all den Jahren! Und dass sie nun mit Anga … dabei hatte Aqqa sich noch Chancen bei ihr ausgerechnet. Und Anga? Eifersüchtig auf mich? Zu recht, hat sie gesagt. Sie war immer schon frech, hat immer gerne provoziert. Ob die kleine Avaaruna ihr wohl ähnelt? Es war, als würde mich ein Blitz treffen, als ich sie eben gesehen habe. Ich habe meine alte Zerrissenheit wieder gespürt. Ich hab mich einfach nicht auf sie einlassen können, damals. Sie stand für alles, was ich nicht mehr wollte. Das Leben in Grönland, das mir viel zu eng war. Und es war gut, dass ich gegangen bin. Auch wenn ich oft an sie gedacht habe. Daran, wie wir uns im Bootshaus geküsst haben. Wie ich sie zurückgewiesen habe und sie mir trotzdem geholfen hat, fortzukommen. Ich hätte mich melden müssen. Bei ihr und Aqqa. Aber ich konnte einfach nicht. Ich wollte nicht zurückschauen.

Wie gut von Aqqa, dass er ihr von mir erzählt hat. Wenn es auch lange nicht so war wie früher, so kennt er mich doch noch wie kaum ein anderer. Vielleicht gelingt es uns ja auch, uns wieder näherzukommen. Er ist einer der wichtigsten Menschen für mich. Ohne Aqqa hätte ich es doch damals keine Woche in Grönland ausgehalten. Ich bin so froh, dass ich ihm endlich alles gesagt habe. Wie viel er ihr wohl erzählt hat? Ich werde ewig in ihrer Schuld stehen. Ohne die beiden wäre ich nie von hier fortgekommen. Ich hätte nie mein Leben in Deutschland aufgebaut, ich hätte nie Shary kennengelernt. Sie ist Maalia so ähnlich und ist es doch auch wieder nicht. Sie wird sich fragen, was dieser Auftritt sollte. Und … ich werde ihr alles erklären müssen. Sie ist nicht dumm, sie wird sich ihren Teil schon denken, nachdem Maalia mich mit dem Namen Pakku angesprochen hat. Aber das ist gut so. Ich muss es ihr nicht nur erklären, ich will es auch. Ich konnte mich nicht auf Maalia einlassen und auch Shary habe ich schon zurückgewiesen. Aber ich will das nicht mehr. Ich möchte ihr nichts mehr vormachen, ich möchte, dass sie alles weiß. Und ich hoffe, dass sie sich dann immer noch für mich interessiert. Ja, ich denke, ich bin endlich bereit, mich einzulassen. Ich werde ihr von Vater erzählen, davon, wie es mir auf der Alaska ergangen ist, von Jonathan Querido … Noch heute sehe ich ihn genau vor mir. Wie er da lag, erschlagen. So wie mein Vater. Ist das nicht ein merkwürdiger Zufall? Und dass ich keine Trauer empfinde? Es war immer schwierig, mit mir und meinem Vater, wir sind uns immer fremd geblieben. Dennoch bin ich erstaunt, wie wenig mich sein Tod nun mitnimmt. Und auch die Tatsache, dass es vermutlich Lloyd war, der ihn erschlagen hat, ihm das Genick gebrochen hat, berührt mich nicht so sehr, wie man es vielleicht erwarten würde.

…

Anknüpfen an das Gespräch

Maalia

verheiratet mit Anga

sie erinnert ihn an die Gefühle von damals

Pakkus Zurückweisung

Dankbarkeit und Freude

Wunsch, Aqqa wieder näherzukommen

Shary

er wird ihr alles erklären

Jonathan Querido

Tod des Vaters berührt ihn nur wenig

Informationen zur Ganzschrift 2015/2016: „Abschied von Sidonie“ von Erich Hackl

Allgemeine Informationen

Über den Autor

Erich Hackl wurde am 26. Mai 1954 in Steyr/Oberösterreich geboren. Er studierte in Salzburg und Malaga Hispanistik und Germanistik. Zwischen 1977 und 1979 arbeitete er als Universitätslektor in Madrid, danach war er Lehrer in Wien. Seit 1983 ist Erich Hackl als freier Schriftsteller, Übersetzer und Herausgeber tätig. Neben „Abschied von Sidonie“ zählen die Erzählungen „Auroras Anlaß“ (1987) und „Sara und Simón“ (1995) zu seinen bekanntesten Werken.

Inhalt und Aufbau der Erzählung

„Abschied von Sidonie“ ist das Ergebnis langjähriger und aufwendiger Archivrecherchen sowie vieler Zeitzeugengespräche mit Familienmitgliedern von Sidonie Adlersburg. Hackl schrieb zunächst ein Drehbuch mit dem Titel „Sidonie“, das 1990 verfilmt wurde. Die Erzählung weicht in Teilen davon ab, weil Hackl inzwischen Joschi Adlersburg kennengelernt hatte, einen leiblichen Bruder Sidonies und Augenzeuge ihres Todes. Erich Hackl versteht und beschreibt sich im Buch als Chronist dieses historischen Falls.
Die Erzählung zeichnet das Schicksal des Roma-Mädchens Sidonie nach, das 1934 vor dem Krankenhaus der Stadt Steyr ausgesetzt wird. Das Kind wird zunächst im Krankenhaus versorgt und von der öffentlichen Jugendpflege betreut. Da die wirtschaftliche Situation sehr schlecht ist und die öffentlichen Einnahmen gering sind, sucht die Behörde nach Pflegeeltern für das Kind.
Der Ehemann der Frau, die sich zunächst bereit erklärt hat, das Kind aufzunehmen, weigert sich, ein „Zigeunerkind“ zu versorgen, weshalb Sidonie wieder abgegeben wird. Josefa Breirather nimmt das Kind schließlich mit zu sich nach Hause. Ihr Mann ist Hans Breirather, der wegen seines politischen Engagements – er war Sozialdemokrat – bereits zu 18 Monaten Haft verurteilt worden war. In der Familie Breirather wächst Sidonie in zwar ärmlichen, aber wohlbehüteten Verhältnissen auf. Das Mädchen gehört ganz selbstverständlich zur Dorfgemeinschaft.
Die Situation beginnt sich nach 1938 zu ändern. Nachdem Nazi-Deutschland Österreich besetzt hat, wird das Kind zwar nicht ausgegrenzt, aber doch mehr und mehr in eine Sonderrolle gedrängt, die ihm unverständlich bleibt. Im März 1943 erhält Josefa Breirather ein behördliches Schreiben, in dem sie aufgefordert wird, Sidonie ihrer leiblichen Mutter, die im Tiroler Ort Hopfgarten ausfindig gemacht worden sei, zu übergeben. Familie Breirather versucht das zu verhindern. Sie wendet sich an den Bürgermeister, die Schule, das Jugendamt. Überall zeigt man Mitgefühl, doch Sidonies Wegnahme kann nicht verhindert werden. Das Mädchen wird nach Hopfgarten gebracht und schon am nächsten Tag mit allen Roma, die dort in einer Baracke untergebracht worden waren, nach Auschwitz deportiert. Hier stirbt Sidonie.
Hackl beschreibt am Schluss seiner Erzählung den Fall eines anderen Roma-Mädchens, der anders ausgegangen ist. Hier haben sich alle – also auch die öffentlichen Institutionen – dagegen gewehrt, dass das Kind ausgeliefert wird, weswegen der Staat sein Begehren nicht durchsetzen hat können.

Figurenkonstellation

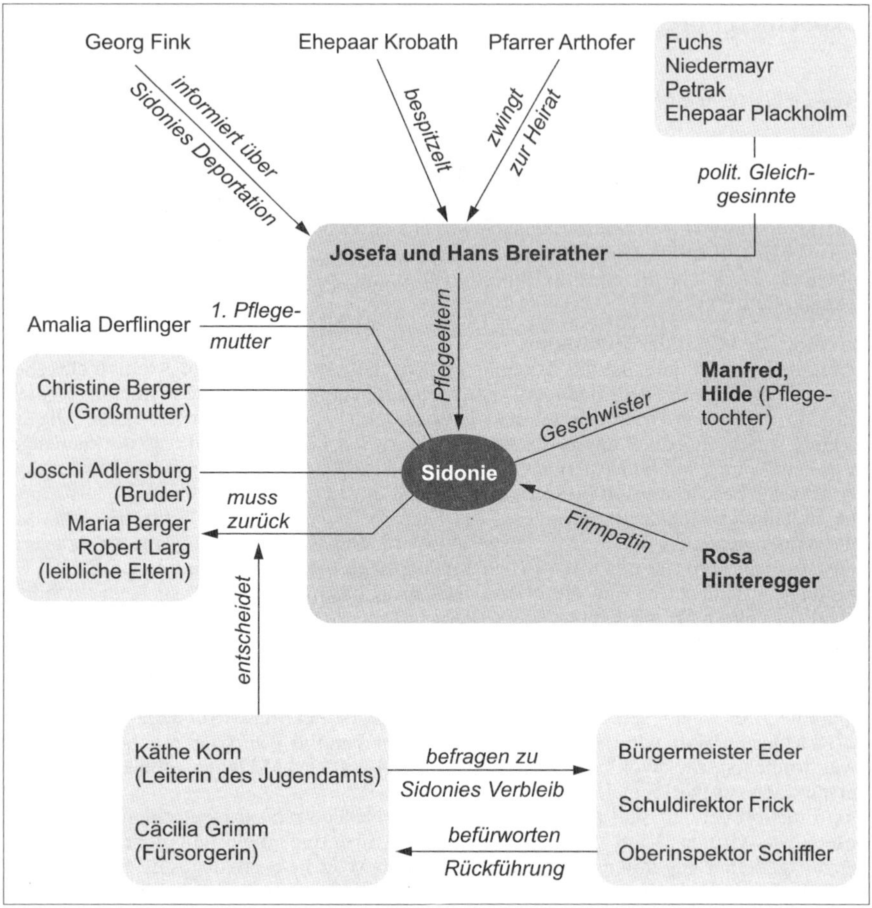

Zusammenfassung der Handlung

Kapitel	Inhalt
1 S. 7–15	Am 18. August 1933 entdeckt Pförtner Mayrhofer im Eingang des Krankenhauses in Steyr, Österreich, einen in Lumpen gewickelten Säugling. Auf einem Zettel steht, dass das Kind Sidonie Adlersburg heiße. Das dunkelhäutige, schwarzhaarige Kind wird als sogenanntes „Zigeunerkind" identifiziert. Zweimal ruft eine Frau an, die sich als Mutter zu erkennen gibt. Das erste Mal verspricht sie, das Kind zu sich zu holen, wenn sich ihre Verhältnisse gebessert haben; das zweite Mal sagt sie, dass sie das Kind doch nicht nehmen könne. In der Stadt Steyr leiden die Bewohner zu dieser Zeit unter großer Arbeitslosigkeit und Armut, es kommt zu Hungerdemonstrationen und Tumulten. Um Kosten zu sparen, wollen die Behörden das Mädchen schleunigst aus dem Krankenhaus haben und suchen in den umliegenden Orten eine Pflegefamilie. Die Schlossersgattin Amalia Derflinger nimmt das Kind auf, gibt es jedoch nach zwei Tagen zurück, weil ihr Mann kein „Zigeunerkind" im Haus haben will.
2 S. 16–31	Hans und Josefa Breirather, die sieben Kilometer außerhalb von Steyr in Letten wohnen, nehmen Sidonie für 30 Schilling monatlich in Pflege. Hans Breirather wird 1899 geboren und ist in seinem Elternhaus eines von zehn Kindern. Vier Jahre darf er mehr oder weniger unbeschwert zur Schule gehen. 1916, also zwei Jahre nach Ausbruch des Ersten Weltkriegs wird er als 17-Jähriger zum Kriegsdienst eingezogen. Er sammelt erste schlimme Kriegserfahrungen. Nach seiner Rückkehr 1919 ist er traumatisiert und fünf Jahre lang meist arbeitslos. Er wird Mitglied in der Sozialdemokratischen Partei und hegt Sympathien für die Russische Revolution. Er lernt Josefa kennen und findet Arbeit in den Steyr-Werken. Mit Josefa bezieht er eine gemeinsame Wohnung, 1928 kommt Sohn Manfred zur Welt. Da weitere Kinder ausbleiben, will Josefa ein Pflegekind aufnehmen. Ohne zu zögern nimmt sie das dunkelhäutige Kind aus dem Krankenhaus mit. Hans wird 1927 Ortsleiter des offiziell verbotenen Republikanischen Schutzbundes, einer Art SPD-Arbeiterwehr, die auch (illegal) Waffen besitzt. 1933 wird unter Kanzler Dollfuß die Kundgebung zum 1. Mai verboten, die „Heimwehr" und die Gendarmerie spüren das geheime Waffenlager des Schutzbundes auf und Hans Breirather wird zusammen mit den Genossen Fuchs und Niedermayr zu vier Monaten Untersuchungshaft verurteilt. Josefa erlebt beim Arzt erste Anfeindungen gegen Sidonie und lässt das kranke Mädchen deshalb von einer Wunderheilerin kurieren. Hans und Josefa behandeln Sidonie wie ihr eigenes Kind.
3 S. 32–46	Februar 1934: Auf dem Weg in das Steyrer Gefängnis werden die drei Männer (Hans, Niedermayr und Fuchs) von der Nachricht überrascht, dass in Steyr und Linz Arbeiteraufstände ausgebrochen seien. Sie mobilisieren den Schutzbund, holen die Waffen und machen sich mit 97 Genossen auf den Weg nach Steyr, kommen aber zu spät, denn der Aufstand wird niedergeschlagen. Die Heimwehr plündert die Konsumgenossenschaft und dringt auch bei Familie Breirather ein. Josefa beweist viel Mut. Zehn Schutzbündler sind im Kampf gefallen, der elfte soll zur

Abschreckung gehängt werden. Hans und andere Genossen werden zu 18 Monaten Gefängnis verurteilt. Josefa muss sich alleine durchschlagen und sorgt unter erschwerten Umständen für die Familie. Zu allem Überfluss werden sie und ihr Mann vom Pfarrer dazu erpresst, sich endlich kirchlich trauen zu lassen, obwohl beide aus der Kirche ausgetreten sind. Der ungetaufte Manfred wird deshalb in der Schule benachteiligt. Der Druck auf Josefa ist enorm. Die Trauung findet im Gefängnis statt.

4
S. 47–56

März 1935: Hans kehrt vorzeitig aus dem Gefängnis zurück und ist längere Zeit arbeitslos, kann aber schließlich wieder in den Steyr-Werken anfangen. Josefa hat während seiner Haft noch ein weiteres Pflegekind aufgenommen, Hilde. Diese hat eine unerklärliche Angst vor Männern, fasst aber langsam Vertrauen zu Hans. Die Wohnung ist jetzt sehr eng für die vielen Personen, die Kinder wachsen trotzdem unbeschwert heran. Sidonie spielt mit den Nachbarskindern, wird aber auch manchmal verspottet. Hans und Josefa bleiben ihren politischen Überzeugungen treu, während alle anderen an den Umzügen regimetreuer Verbände teilnehmen oder der noch illegalen NSDAP, den Nationalsozialisten, beitreten.

Die behördliche Suche nach der leiblichen Mutter Sidonies bleibt ergebnislos. Davon hängt aber ab, ob das Mädchen weiterhin in der Familie bleiben darf. Eine Adoption Sidonies durch Familie Breirather, die die Fürsorgerin, wie sie sagt, befürworten würde, kann nicht stattfinden, solange die leibliche Mutter nicht gefunden ist. In dieser Zeit wird in Wien eine „Internationale Zentralstelle zur Bekämpfung des Zigeunerunwesens“ geschaffen.

5
S. 57–67

1938: Die Deutschen marschieren in Österreich ein. Hans und Josefa beweinen dieses Ereignis. Hans hat Angst um Sidonie. Hinter dem Haus wird ein Arbeitslager für polnische Zwangsarbeiter errichtet.

Im Haus wohnt jetzt ein regimetreues Ehepaar aus dem Sudetenland, das seine Nachbarn bespitzelt und dem die dunkelhäutige Sidonie ein Dorn im Auge ist. Die Gemeinde Letten wird zunehmend nationalsozialistisch und ehemalige Gleichgesinnte wenden sich von Hans ab. Er versucht verzweifelt, Widerstandsgruppen bzw. -gefährten zu finden, z. B. den Kollegen Petrak, der jahrelang in der Sowjetunion gelebt hat und dann enttäuscht von dem dortigen Regime heimgekehrt ist. Hans schmiedet Widerstandspläne mit einem Ehepaar aus Wien, das aber verhaftet wird. Die Gestapo interessiert sich für Hans, auch für Josefa, die das nationalsozialistische Treiben in der Öffentlichkeit verurteilt. Josefa wird dabei ertappt, wie sie Brot und Tee unter dem Zaun des Arbeitslagers hindurchschiebt, weshalb ihr Konsequenzen angedroht werden.

Ein polnischer Zwangsarbeiter, der eine heimliche Beziehung zu einer österreichischen Magd eingegangen ist, wird erhängt. Die Magd wird kahl geschoren, durchs Dorf getrieben, bespuckt, beschimpft und schließlich in ein Konzentrationslager deportiert.

6
S. 68–79

Auf einmal verschwinden die „Zigeuner“ aus dem Ortsbild von Letten. Hans und Josefa nehmen das beunruhigt zur Kenntnis. Ostern 1939 wird Sidonie zusammen mit ihrer Schwester Hilde eingeschult. Sie geht gerne und mit übergroßem Eifer zur Schule, ist glücklich und dankbar darüber und auch sonst sehr hilfsbereit und freundlich. Das Lernen fällt ihr aber schwer, sie kann sich nicht auf Unterrichtsinhalte konzentrieren und muss deshalb die erste Klasse wiederholen. Ein Klassenkamerad spricht erstmals ihr und den Mitschülern gegenüber aus, dass Josefa und Hans nicht Sidonies leibliche Eltern sind, sondern dass sie ein Zigeunerkind sei. Sidonie ist tief getroffen. Auch Nachbarn stören sich an dem Zigeunerkind, trotzdem oder gerade weil sie so liebenswert ist. Von manchen Kindern wird Sidonie bespuckt und immer wieder auf ihre Hautfarbe angesprochen. Pfingsten 1942 wird sie in Linz firmiert, was für sie ein großes Ereignis ist. Ihre Firmpatin ist Rosa Hinteregger, die sic an diesem Tag in einer weißen Kutsche von zu Hause abholt, um ihr eine Freude zu machen.

7
S. 80–94

Josefa wird im Spätherbst 1942 von einem Gendarmen gewarnt. Er teilt ihr mit, dass ein amtliches Schreiben aus Steyr an sie unterwegs sei. Was darin steht, verrät er nicht. Josefa und Hans sind sehr beunruhigt. Erst im März 1943 kommt das Schreiben an: Sidonie soll sofort zu ihrer leiblichen Mutter gebracht werden, die mittlerweile ausfindig gemacht werden konnte. Ein Besuch der Fürsorgerin Grimm Anfang des Jahres 1943, in dem diese Sidonies mangelnden Schulerfolg und ihre Schmeicheleien den Eltern gegenüber zum Thema macht, bringt Josefa erst im Nachhinein mit dem Schreiben in Verbindung.

Josefa sucht voller Verzweiflung und Panik die Fürsorgerin Grimm auf und fleht diese auf Knien um Hilfe an. Doch alles Flehen und Betteln ist vergeblich. Frau Grimm verweist Josefa an Frau Korn, die Leiterin des Jugendamtes, da sie selbst nichts tun könne. Hans versucht daraufhin, das Kind bei einem Bauern zu verstecken. Dieser lehnt jedoch ab. Frau Korn ihrerseits verweist auf eine Entscheidung, die von höherer Stelle getroffen worden sei. Am 13. März bietet Hans Frau Korn an, auf das Pflegegeld für Sidonie zu verzichten, ja sogar alles bisher erhaltene zurückzuzahlen. Auch bietet er an, Sidonie sterilisieren zu lassen. Frau Korn geht auf keines seiner Angebote ein und beruft sich auf ihre Pflicht und den Befehl, den sie diesbezüglich erhalten hat. Hans zweifelt daran, dass man Sidonies leibliche Mutter tatsächlich gefunden hat.

Die Rückführung Sidonies hätte nicht unbedingt sein müssen, wie der Chronist rekonstruiert. Zwar wird Maria Berger, die zugibt, Sidonies Mutter zu sein, tatsächlich aufgefunden, aber ein Schreiben der Kriminalpolizei Innsbruck überlässt die Entscheidung über Sidonies Verbleib dem Jugendamt. Frau Korn und Frau Grimm fangen an, negative Punkte über Sidonie zu sammeln. Frau Korn fragt bei Oberlehrer Frick, dem Schuldirektor, und dem Bürgermeister an, ob sich das Kind gut eingefügt habe oder auffällig sei. Beide äußern sich zurückhaltend und vermeiden es, sich eindeutig für Sidonies Charakter und Verbleib in der Gemeinde auszusprechen. Auch der Vorstand des Landkreises Steyr, Oberinspektor Siegfried Schiffler, plädiert für die Überstellung von Sidonie an die leibliche Mutter.

Frau Korn teilt Hans mit, dass Sidonie bis zum 30. März 1943 an ihre leibliche Mutter übergeben werden soll. Er ist gleichermaßen wütend und völlig verzweifelt.

8
S. 95–102

Ende März muss Sidonie Abschied nehmen. Ihr Rucksack wird gepackt und sie bekommt Geschenke von Tanten, Nachbarn und Mitschülern. Sie selbst kann die Situation nicht richtig einordnen und ist hin- und hergerissen. Wegen der vielen Geschenke kommt ihr der Tag vor ihrer Abreise

	wie Weihnachten vor. Sie gibt vor Hilde mit ihrem abenteuerlichen neuen Leben an und macht wilde Versprechungen. Andererseits empfindet sie aber auch enorme Trennungsangst. Manfred schenkt ihr als Erinnerung ein Foto, das die Aussicht aus dem Wohnungsfenster zeigt. Er hofft, dass sie mithilfe des Fotos wieder nach Hause findet. Sidonie packt Josefas Lieblingsbluse als Geschenk für ihre neue Mutter ein. Josefa gibt Sidonie drei bereits an die Familie in Letten adressierte Karten mit, damit das Mädchen gleich schreiben und ihre Adresse mitteilen könne. Bei der Verabschiedung fordert Hans Sidonie auf, später wegzulaufen. Mit Josefa besteigt Sidonie den Zug nach Steyr. Frau Grimm steigt in Neuzeug zu. In Steyr muss sich Josefa von Sidi verabschieden, was für beide herzzerreißend ist. Der Zug fährt weiter nach Hopfgarten, dem Ziel der Reise.
9 S. 103–111	Das Bauerndorf Hopfgarten war ein ruhiger und friedlicher Ort. 1929 geschahen einige Verbrechen, die zwar aufgeklärt werden konnten, aber so wie früher wurde es nicht mehr. Die Schuld gab man vor allem den neuen Machthabern, dem Krieg und den vielen Fremden, die vor Bombenangriffen hierher geflohen waren. Im Herbst 1939 wurde ein Gesetz erlassen, das die „Zigeuner" dazu zwang, an dem Ort, wo sie sich gerade aufhielten, ansässig zu werden. So wurden auch den Familien Berger und Adlersburg zunächst Unterkünfte in Gasthäusern zugewiesen. Später bekamen sie eine Baracke etwas außerhalb des Ortes zugeteilt, weil sie die Einheimischen nicht stören sollten. Im dortigen Gemeindeamt wird Sidonie von Frau Grimm an ihre Mutter übergeben. Sidonie fürchtet sich sofort vor der hilflos wirkenden Mutter. Deren Schwägerin nimmt sich des Kindes freundlicher an und nimmt es mit zur Unterkunft. Frau Grimm fährt am nächsten Tag nach Steyr zurück, ohne zu wissen, dass am gleichen Tag die Roma-Familien aus der Baracke geholt und mit Lastwagen abtransportiert werden. Einige Tage später sucht ein Bekannter die Familie Breirather auf und erzählt, dass er Sidonie in einem Eisenbahnwaggon auf dem Linzer Bahnhof gesehen habe.
10 S. 112–120	Am 5. Mai 1945 ist der Krieg für die Gemeinde Sierning zu Ende. Kurz vor dem Einmarsch der amerikanischen Truppen erschießt Bürgermeister Eder seine Frau und dann sich selbst. Als geeigneter Nachfolger ohne Nazi-Vorbelastung wird Hans Breirather zum Bürgermeister gewählt. Es gibt viel zu tun, doch er macht seine Arbeit gewissenhaft und geschickt. Aber da er nicht aus der kommunistischen Partei austreten will, gibt er das Amt wieder ab. Hans bleibt jedoch noch jahrelang Gemeinderatsmitglied. Als Bürgermeister nimmt er gleich nach Kriegsende Kontakt mit dem Bürgermeister von Hopfgarten auf und erfährt zu seinem großen Schrecken, dass Sidonie mit dem letzten Transport nach Auschwitz gekommen ist. 1947 erhalten Hans und Josefa die Information, dass Sidonie im KZ an Flecktyphus gestorben sei. Die Nachforschungen gehen weiter. Hans ist nicht bereit, einen Schlussstrich unter das Vergangene zu ziehen. Er versucht, gegen den Widerstand der damaligen Mitläufer und derer, die das Gewesene einfach vergessen wollten, den Mord an Sidonie ins öffentliche Gedächtnis zu rufen. Aber alle tun so, als hätte es Sidonie nie gegeben. Er resigniert und stirbt 1980.

	Später bemüht sich Manfred, das Schweigen um das ermordete Zigeunermädchen zu brechen, allerdings ebenfalls mit wenig Erfolg. Erst dem Chronisten (dem Autor Erich Hackl) gelingt es, dass im Gedenken an Sidonie eine Steintafel an einem Haus in Letten angebracht wird. Josefa stirbt mit 88 Jahren und hat Sidonies Schicksal bis zum Schluss nicht verwunden.
11 S. 121–128	Im November 1988 trifft sich der Autor Erich Hackl mit Joschi Adlersburg, einem Bruder von Sidonie, und erfährt von diesem Details über Sidonies Tod. Sie starb nicht wie ursprünglich angenommen an Typhus, sondern, wie er sagt, an „Kränkung“. Sie habe im Konzentrationslager jegliche Nahrungsaufnahme verweigert und lag eines Morgens tot auf ihrer Pritsche. Am Ende des Buches weist Hackl auf das ganz anders verlaufene Schicksal des Roma-Mädchens Margit hin, das auch in einer Pflegefamilie lebte, aber aufgrund der Zivilcourage der Bewohner des Ortes der Deportation entgangen ist und das Nazi-Regime überlebt hat.

Die Seitenzahlen in der Zusammenfassung, bei den folgenden Beispielaufgaben sowie der Übungsaufgabe beziehen sich auf folgende Textausgabe:
Erich Hackl: Abschied von Sidonie. Copyright © 1989 Diogenes Verlag AG Zürich
(Zitate werden entsprechend der Vorlage in alter Rechtschreibung wiedergegeben.)

Mögliche Schreibanlässe zu „Abschied von Sidonie“

1.

> Hans Breirather war ein Störenfried, nicht bereit, einen Schlußstrich unter das Vergangene zu ziehen. Alles vorbei und vergessen. Reden wir nicht mehr darüber. Das Leben geht weiter. Aber er blieb ein Dickschädel, hätte den Mord an seiner Pflegetochter erst verwunden, wenn das öffentliche Schweigen dem leisen Eingeständnis gewichen wäre: Das ist passiert. Wir haben es zugelassen.
>
> *Erich Hackl: Abschied von Sidonie, S. 116*

Bei einer Diskussion im Gemeinderat über das Aufstellen eines neuen Kriegerdenkmals nutzt Hans wieder einmal die Gelegenheit, seinen dringlichen Wunsch nach einem Mahnmal bzw. einer Gedenktafel für seine Sidonie anzubringen.

Schreibe diesen Redebeitrag.

Variante:

Am Abend nach der hitzigen Diskussion im Gemeinderat erzählt Hans seinem Sohn Manfred vom Verlauf der Sitzung und spricht mit ihm über seine Beweggründe, immer noch nicht locker zu lassen.

Schreibe das Gespräch zwischen Hans und Manfred.

2.

> Ein paar Nachbarn, sie [Josefa] spürte es, stießen sich an Sidonies Gegenwart. Das schwarze Luder muß weg. Wäre sie wenigstens verstockt gewesen, unfreundlich, nachtragend! Aber ihre Hilfsbereitschaft, die Freundlichkeit, mit der sie diese Nachbarn grüßte, der Eifer, mit dem sie bei den Altstoffsammlungen für das Winter-Hilfswerk den Leiterwagen zog, erhöhten den Haß. Ein liebenswerter Untermensch, das fehlte noch.
>
> *Erich Hackl: Abschied von Sidonie, S. 75*

Mit der Zeit wird die Situation in Letten immer gefährlicher für Sidonie, wie Josefa mit Unbehagen bemerkt. Am Abend von Rosa Hintereggers Besuch erzählt sie ihrem Mann, wie sich das Verhalten der Nachbarn und anderer Dorfbewohner gegenüber dem dunkelhäutigen Mädchen verändert hat.

Schreibe dieses Gespräch zwischen Josefa und Hans.

Übungsaufgabe mit Lösungsvorschlag

Aufgabe

> Sidonies Ahnungslosigkeit. Ihre plötzliche Furcht. Wie sie sich halb umdreht und an Josefa klammert. Deren Tränen. Sidonies Tränen. Josefas hilfloser Versuch, das Mädchen zu trösten. Du mußt tapfer sein, Sidi. Ich will nicht zu dieser Frau fahren. Du mußt. Ich will bei dir bleiben. Das geht nicht. Du mußt mitfahren. Ich kann nicht. Ich komm zurück. Wir vergessen dich nicht.
>
> *Erich Hackl: Abschied von Sidonie, S. 100f.*

Nachdem Josefa am Bahnhof in Steyr Sidonie mit Frau Grimm gehen lassen musste, kehrt sie nach Letten zurück. Am Abend, als Hilde und Manfred endlich schlafen, sprechen sie und Hans über die schrecklichen Ereignisse des Tages.

Schreibe dieses Gespräch zwischen Josefa und Hans.

Vorgehensweise bei der Bearbeitung der Schreibaufgabe:

1. Analysiere zunächst die Aufgabenstellung: **Wer äußert sich** in welcher Form und in welcher **Situation**?
2. Finde heraus, welche **Textsorte** von dir verlangt wird, welche **Merkmale** diese hat und welche **sprachlichen Eigenheiten** dies erfordert. (Lies dazu nochmals den Abschnitt über mögliche Textsorten in der Prüfung ab S. 26.)
3. Welche Themen müssen/sollten eingearbeitet werden? **Notiere sie in Stichpunkten** und lege eine **Reihenfolge** fest, in der sie in deinem Text aufgeführt werden. Notiere auch, welche Informationen bereits vorher schon gegeben wurden, um Wiederholungen zu vermeiden.
4. Schreibe deinen Text.
5. Gehe nach einer kurzen Pause an die **Überarbeitung** des Textes.

Zu 1.:
Josefa und Hans sprechen über die schreckliche Erfahrung, dass sie Sidonie weggeben mussten. Die Ausgangssituation ist folgende:

- Am 9. März 1943 war das behördliche Schreiben angekommen, in dem die Rückführung Sidonies zu ihrer leiblichen Mutter angeordnet wurde.
- Weder Josefas Bitten und Flehen bei Frau Grimm, noch Hans' Angebote an Frau Korn (Verzicht auf das Pflegegeld, Rückzahlung, Sterilisation) hatten Erfolg.
- Frau Korn beruft sich auf einen höheren Befehl, den sie zu befolgen habe, dabei ist sie es, die die Entscheidung trifft. Hans und Josefa wissen dies jedoch nicht.
- Hans hat Zweifel, ob die Ämter Sidonies Mutter tatsächlich gefunden haben. Er vermutet, das angebliche Auftauchen der Mutter sei nur ein Vorwand, um das Mädchen wegzuschaffen.
- Am Tag vor ihrer Abreise ist Sidonie hin- und hergerissen zwischen der Vorfreude auf das neue Leben und der Angst vor der Trennung von ihrer Familie. Sie erhält Geschenke von Josefas Tanten und von Frau Hinteregger.
- Die Trennung von Josefa im Zug am Steyrer Bahnhof ist herzzerreißend.

Zu 2.:
Bei einem Gespräch ist es wichtig, dass es authentisch wirkt. Das bedeutet, dass es sowohl inhaltlich als auch sprachlich realistisch und glaubhaft sein muss. Die Sätze dürfen deshalb nicht zu kompliziert sein, sondern sollten eher einfach gebaut sein. Die Gesprächspartner müssen unbedingt aufeinander eingehen und auf vom Gegenüber gemachte Aussagen Bezug nehmen. Typisch sind auch Rückfragen, Unterbrechungen (jedoch nicht zu oft), rhetorische Fragen und Begriffe aus der Umgangs- und Alltagssprache. Es sollten keinesfalls zu lange Erzählphasen einer Person eingebaut werden, da dies dann eher an einen Monolog als an ein Gespräch erinnert, jedoch dürfen auch nicht immer nur kurze Frage- und Antwortsätze aufeinanderfolgen. Es ist wichtig, dass der Gesprächsanteil der beiden Figuren in etwa gleich bemessen ist. *(Aus der vorliegenden Aufgabenstellung ergibt sich, dass Josefa Hans von ihren Erlebnissen am Bahnhof erzählt, da Hans nicht dabei war. Deshalb werden Josefas Anteile an dem Gespräch etwas größer sein als die ihres Mannes.)*
Am besten schreibst du das Gespräch nicht als Fließtext, sondern in Dialogform (so wie in einem Drama). Regieanweisungen können eingefügt werden, um Zustände, Hand- oder Kopfbewegungen, Gesichtsausdrücke usw. zu beschreiben.

Zu 3.: Mögliche Inhalte Gespräch:

Themen	Stichpunkte zum Inhalt
Josefas und Hans' Gefühle	• Josefas Verzweiflung und Trauer über den Verlust • Hans ist wütend auf diejenigen, die Sidonies Wegnahme veranlasst oder nicht verhindert haben, entsetzt über ihre Feigheit • Josefa ärgert sich über die Heuchelei des Bürgermeisters
Sidonies Verhalten	• stolz und voller Vorfreude auf dem Weg zum Bahnhof • aufgeregt wegen der vielen Geschenke und der Aufmerksamkeit, die sie am Tag zuvor bekommen hat • kindlich naiv, ist sich der Tragweite der behördlichen Entscheidung nicht bewusst • erst beim Abschied im Zug fühlt sie vermutlich, dass sie sich für immer von Josefa trennen muss
Ereignisse am Bahnhof	• Leute am Bahnhof nicken Josefa wissend zu, niemand spricht jedoch mit Sidonie • Begegnung mit Bürgermeister Eder, der verlegen versichert, sein Einfluss habe nicht ausgereicht, um die Rückführung zu verhindern
Frau Grimm	• ebenfalls verlegen; ist sich vermutlich bewusst, was die Entscheidung letztendlich bedeutet • hat früher immer positive Berichte über Sidonie und ihre Pflegeeltern verfasst • Josefa ist überzeugt davon, dass Frau Grimm der Familie hätte helfen können
Rückblick auf gemeinsame Zeit	• Abholung aus dem Krankenhaus; Enttäuschung des Pförtners, als Josefa nicht zögert, das „Zigeunerkind“ mitzunehmen • erste Schwierigkeiten beim Arzt • gute Entwicklung Sidonies, gehört wie selbstverständlich dazu

	• später zunehmend Ablehnung • mangelnder Schulerfolg Sidonies trotz großem Eifer (Anekdote: Sidonies Freude über ihr Sitzenbleiben) • Firmung als großes Ereignis
Sidonies Zukunft	• zumindest Hans ist sich sicher, dass es nicht um eine „Familienzusammenführung" geht, sondern dass die „Zigeuner" in KZs gebracht und ermordet werden sollen; seine Vermutung, Sidonies Mutter sei nur erfunden, und sein Angebot, Sidonie sterilisieren zu lassen, zeigen dies; außerdem hätte er sonst vermutlich nicht versucht, Sidonie zu verstecken, und ihr nicht geraten, wegzulaufen

Die Reihenfolge der einzelnen Punkte ist individuell festzulegen.

So könnte das Gespräch beginnen:

Josefa *(bemüht sich um Fassung)*: Sie schlafen endlich. Was gäbe ich drum, wenn ich jetzt auch einfach schlafen und dann aufwachen könnt und dann wäre alles ein böser Traum gewesen. Meinst, die Sidi schläft auch schon?

Josefa fühlt sich wie in einem Alptraum

Hans *(vorsichtig und verzweifelt)*: Ich weiß es nicht … Es gibt gerade keine passenden Worte. Ich habe keine mehr, auch keine Tränen. Aber manchmal muss man es auch rauslassen. Magst mir's erzählen? Kannst du's aushalten, wenn du's mir erzählst? Du musst nicht.

Hans' Angebot, ihm alles zu erzählen

Josefa *(verzagt und leise)*: Ich hab' eh keine Tränen mehr und du sollst es doch auch wissen. Das kann man sich nicht vorstellen, mein Herz haben sie mir rausgerissen. Ich bin taub, ich fühl gar nichts mehr.

Hans: Meinst du mir geht es anders? Diese Verbrecher! Ein Verbrechen an dem Mädchen! Sie hat es so gut gehabt bei uns …

Wut auf die Feigheit aller Beteiligter

Josefa: Sie war noch so stolz auf dem Weg zum Bahnhof. So stolz darauf, dass ihr alle eine gute Reise gewünscht haben und von ihr eine Karte bekommen wollen. Unsere naive Sidi, wenigstens war ihr am Anfang die Tragweite dieses Wegs noch nicht klar. Sie hat gefragt, ob ihre Mutter wohl so ausschaut wie ich. Wegen der Bluse. *(lächelt mit Tränen in den Augen)*

Sidis Vorfreude

Hans: Habt ihr wen getroffen auf dem Weg?

Josefa *(klingt wütend resigniert)*: Peinlich berührt waren die Leut', keiner hat auch nur ein Wort zur Sidi gesagt. Der Eder war am Bahnhof, hat aber die Sidi gar nicht angeschaut. Er hat gesagt, dass es ihm arg ist, wie es ist, dass sein Einfluss leider nicht ausgereicht hat. Fast hat er seine Lügen selbst noch geglaubt! Der alte Heuchler. Froh war der, dass wir eingestiegen sind, und dass ihn sein schlechtes Gewissen bald nicht mehr plagt. Am liebsten hätt ich ihm das ins Gesicht geschrien!

Verhalten der Leute am Bahnhof

Hans: Feig sind sie alle, feig! Nur kein Ärger, nur nicht auffallen … schon im Vorhinein kuschen … kein Rückgrat haben die Leut'!

Josefa: Und dann die Grimm, die hätte sich am liebsten unsichtbar gemacht! Nicht mal anschauen konnt' sie mich. Die hätte sich für

Frau Grimm

uns einsetzen können. Hat doch immer gesagt, wie gut es die Sidonie bei uns hat. Als dann der Zug nach Linz ankam, hab ich gedacht, ich werd' gleich ohnmächtig. Ich bin mit ins Abteil gegangen, wollte doch, dass die Sidi ruhig bleibt und nicht von meiner Panik angesteckt wird. Und dann brach es über uns herein. Die Sidi hat plötzlich gemerkt, dass es jetzt ernst wird, dass ich jetzt gehen muss und dass ich fast umkomme vor Schmerz. An mich geklammert hat sie sich und ich hab immer nur verzweifelt versucht, die Fassung zu bewahren, sie noch zu trösten, aber da waren wir schon drin in dem Strudel. Mir hat es den Boden unter den Füßen weggerissen. Ich hab ihr gesagt, dass sie fahren muss, dass ich nicht mitfahren kann, dass wir sie nicht vergessen werden! Oh Hans! *(Josefa bricht schluchzend zusammen)*

Abschied im Zugabteil

…

Abschlussprüfungsaufgaben Deutsch für Realschulen in Baden-Württemberg
2010 – Haupttermin

Aufgabe 1: Texte beschreiben

Zum Abgewöhnen

Sie ist ja so sensibel, die Ärmste.
Ein scheeler Blick, eine Absage,
ein bisschen Ärger, mir
macht das nichts aus, aber sie
ist weich im Nehmen.

Schon ist sie gekränkt,
beklagt sich, droht mit Migräne.
Dann wieder bockt sie,
stellt sich taub, will nicht,
spielt die Unergründliche.

Ja, diese ewige Nörglerin
geht mir auf die Nerven.
Aber was soll ich machen?
Unzertrennlich sind wir,
bis dass der Tod uns scheide,

meine Psyche und mich.

*Hans Magnus Enzensberger (*1929)*

Quelle: Hans Magnus Enzensberger, Rebus,
Suhrkamp-Verlag, Frankfurt am Main 2009

Manu

Irmgard lehnte sich zurück und streckte die Beine aus. Geschafft!

Fast augenblicklich wurden ihre Augen gläsern, öffnete sie alle inneren Schleusen und flutete ihren Geist noch einmal mit den Ereignissen des Tages.

Diese „Tagesendverarbeitung", wie sie es insgeheim nannte, die ihre Gedanken wie ein feinporiger Filter befreite von Kreditanträgen, Termingeldern, Überweisungsträgern und schimpfenden Kunden, war für sie zu einem Ritual geworden, seit sie in diesen zwei Welten lebte, die unterschiedlicher nicht sein konnten.

Wenn sie anschließend die Filiale durch die gläserne Tür verließ, durchschritt sie zugleich ein symbolisches, kleines Tor; eine winzige Öffnung in der Chinesischen Mauer zwischen der Welt von Irmgard Kindel und der Manus.

Ihr Blick verfolgte den Filialleiter, der gerade die Schalterhalle abgeschlossen hatte und nun pfeifend an ihrem Schreibtisch vorbeischlenderte. Das Bild der schlaksigen Gestalt erreichte ihr Bewusstsein nicht, erzeugte jedoch Gedanken in ihr als eine der seltenen Brücken zwischen ihren beiden Leben.

Was würden ihre ausschließlich männlichen Kollegen denken, wenn sie von Manu wüssten? Wenn sie einmal die Verwandlung beobachten könnten, diese Verpuppung, wenn aus der kleinen, unscheinbaren Bankraupe Irmgard plötzlich der Schmetterling Manu wurde? Wie würden sie sie ansehen, wenn sie das schicke, dezente Kostüm abstreifte wie ein zu enges Korsett und dann hineinschlüpfte in die Kleidung, die so anders war, so befreiend. Diese ganz spezielle Kleidung von Manu. Sie musste innerlich lachen, als sie sich das Gesicht ihres Chefs vorstellte, wenn er Manus Raum sehen würde, das Zimmer, das sie im Keller eingerichtet hatte mit all den Gerätschaften, die sie für ihre Arbeit brauchte. Für ihre Leidenschaft.

Ihre Gedanken machten einen Sprung zu Klaus, einem der ganz wenigen Menschen, die sowohl Irmgard als auch Manu kannten. Es war nicht zu umgehen gewesen, dass er von ihren beiden Leben wusste. Schließlich war Klaus ihr Manager, der sich, zugegebenermaßen für einen horrenden Prozentsatz ihrer Einkünfte, um Kunden für sie kümmerte.

An diesem Abend würde sie auch wieder Besuch bekommen von jemandem, den Klaus akquiriert hatte.

Benno von Diemeier hieß er. Ein steinreicher Bauunternehmer, dem man das gar nicht zutrauen würde, hatte Klaus ihr erzählt. Sie war gespannt.

Mit einem kurzen Kopfschütteln kehrten ihre Gedanken zurück in den sauberen, dezent möblierten Schalterraum. Sie schloss ihren Schreibtisch ab und verließ dann die Bank. Wie so oft wurden auf dem zehnminütigen Fußweg nach Hause ihre Schritte immer schneller, je näher sie ihrem Ziel kam. Wie so oft wurde sie von einer erregten inneren Unruhe gepackt, konnte es gar nicht mehr abwarten …

Zwei Wochen später.

Der große Raum war erfüllt vom leisen Gemurmel der gut gekleideten Frauen und Männer. In kleinen Grüppchen standen sie vor den Plastiken und diskutierten über die Botschaft, die sie übermitteln sollten, und über die bewundernswerte, geheimnisvolle Künstlerin.

Irgendwann erhob Benno von Diemeier seine Stimme und bat um Ruhe. Er sei hoch erfreut, erklärte er, diese Ausstellung nun eröffnen zu können. Wie man wisse, wolle die begnadete Künstlerin inkognito bleiben, aber er könne verraten, dass sie an diesem Abend unter ihnen weile.

Während neues Gemurmel entstand und die Gäste sich gegenseitig fragend betrachteten, verließ Irmgard den Raum und machte sich zufrieden auf den Heimweg. Zu Hause angekommen, zog sie den weiten, schmutzigen Arbeitsanzug an. Dann ging Manu in ihre Werkstatt, um ihrer neuen Skulptur mit dem Schweißgerät den letzten Schliff zu geben.

*Arno Strobel (*1962)*

Quelle: Schulmagazin 5 bis 10, Oldenbourg Verlag, München 2003

Aufgabe 3: Texte lesen, auswerten und schreiben

Ausbildung und Arbeitswelt im Wandel

Sie haben sich in diesem Schuljahr mit dem Rahmenthema „Ausbildung und Arbeitswelt im Wandel“ intensiv auseinandergesetzt.
An Ihrer Schule findet ein Tag zum Thema „Berufsfindung“ für alle Neuntklässler statt. Sie halten für Ihre Mitschülerinnen und Mitschüler einen Vortrag mit dem Titel:

„Schöne neue Arbeitswelt?“

Dabei stellen Sie die Entwicklungen in der Arbeitswelt kritisch dar.

Schreiben Sie diesen Vortrag.

Anmerkung:
Zur Bearbeitung der Aufgabe dienen die zu Beginn des Schuljahres mit den Ausführungsbestimmungen für die Realschulabschlussprüfung veröffentlichten Impulstexte und Ihr selbst erstelltes Kompendium.
Legen Sie bitte aus Ihrem Kompendium die Texte, aus denen Sie Textstellen wörtlich übernommen haben, dem Prüfungsaufsatz bei, ebenso Grafiken, Schaubilder, Tabellen o. Ä., auf die Sie Bezug nehmen.

Aufgabe 4: Produktiver Umgang mit Texten

Jurek Becker, Bronsteins Kinder

> […] Dann fiel mir wieder ein, wozu ich hergekommen war; es empfahl sich, zuerst den Aufseher zu befreien und dann erst jemanden zu rufen, Feuerwehr, Polizei oder Rotes Kreuz, nicht umgekehrt. Ich konnte froh sein, daß es nun auf ein paar Minuten nicht mehr ankam. […]
>
> vorletzte Seite des Romans

Quelle: Jurek Becker: Bronsteins Kinder. Suhrkamp Verlag, Frankfurt am Main 1986

Nachdem er Heppner hat laufen lassen, geht Hans nach draußen und lehnt sich an die Rückwand des Hauses. Die vergangenen Wochen gehen ihm durch den Kopf und er erklärt seinem Vater in Gedanken, warum er Heppner befreien musste.

Schreiben Sie diesen inneren Monolog.

Anmerkung:
Zur Bearbeitung der Aufgabe darf die zu Beginn des Schuljahres mit den Ausführungsbestimmungen für die Realschulabschlussprüfung veröffentlichte Ganzschrift verwendet werden.

Lösungen

Aufgabe 1: Texte beschreiben – „Zum Abgewöhnen“ (Hans Magnus Enzensberger)

Hinweis zur Herangehensweise

Die Gedichtbeschreibung verlangt die Untersuchung von Inhalt, formaler Gestaltung, sprachlichen und stilistischen Mitteln, Aussage und Absicht sowie Wirkung des Gedichts. Beachte, dass deine Aussagen zu Sprache und Form in engem Bezug zum Textinhalt stehen. Abschließend nimmst du Stellung dazu, worin für dich die zentrale Aussage des Gedichts besteht. Lies das Gedicht mehrmals genau durch. Markiere Schlüsselstellen sowie auffällige oder auch unklare Begriffe und versuche, ihre Bedeutung zu erschließen. Erstelle einen Schreibplan, in dem du stichpunktartig deine Ergebnisse auflistest.

Arbeitsskizze – Textnotizen

	Zum Abgewöhnen ←	Redensart: etwas Schlechtes, Ungenießbares
Beschreibung einer Frau/Partnerin in ironischem, spöttischem Tonfall	Sie ist ja so sensibel, die Ärmste. Ein scheeler Blick, eine Absage, ←	sensibel, überempfindlich, schon Kleinigkeiten reichen
	ein bisschen Ärger, mir ← macht das nichts aus, aber sie ←	Zeilensprung (Enjambement): Betonung des Gegensatzes Ich – Sie
	ist weich im Nehmen. ←	Redensart ins Gegenteil verkehrt: Sie hält nichts aus, ist verletzlich.
extrem anfällig	Schon ist sie gekränkt,	
	beklagt sich, droht mit Migräne.	typisches Frauenleiden
Akkumulation (Anhäufung) negativer Eigenschaften → Klimax (Steigerung)	Dann wieder bockt sie, stellt sich taub, will nicht, spielt die Unergründliche.	= undurchschaubar und unzugänglich
Klage	Ja, diese ewige Nörglerin geht mir auf die Nerven.	
	Aber was soll ich machen? ←	Rhetorische Frage: Resignation, Machtlosigkeit, kein Ausweg
	Unzertrennlich sind wir, ←	Inversion (Satzumstellung) zur besonderen Hervorhebung
Trauformel in der katholischen Kirche: ewige Treue und Verbundenheit →	bis dass der Tod uns scheide,	
	meine Psyche und mich.	Pointe: überraschende Lösung: keine Frau/Partnerin, sondern eigene Seele

Textskizze / Schreibplan

Einleitung

↓

Titel, Textart, Autor, Quelle

Kernsatz: lyrisches Ich beschreibt den schwierigen Umgang mit seinem eigenen Gefühls- und Seelenleben

↓

Hauptteil

↓

Kurze inhaltliche Zusammenfassung des Gedichts

↓

Form, Aufbau, Rhythmus, Strophenaufbau

- ungleichmäßiger Rhythmus, keine Reime
- ungewöhnlicher Strophenaufbau: drei Strophen mit fünf Verszeilen, ein einzelner Vers

↓

- Überleitung: formale Gestaltung untermalt die inhaltliche Disharmonie

↓

Inhaltliche Beschreibung der einzelnen Strophen

↓

Strophe 1	spöttische Darstellung einer weiblichen Person (sensibel, empfindlich, schnell verstimmt); lyrisches Ich im Gegensatz gefühlsmäßig stabil
Strophe 2	Verschärfung der Kritik: leicht verletzlich, überempfindlich, ständige Stimmungsschwankungen
Strophe 3	Verstärkung der Klage: lästig und nervenaufreibend, gestörtes Verhältnis, Hilflosigkeit; Ehepaar?
letzte Verszeile	überraschende Pointe: eigene Psyche als „Partnerin", von der eine Trennung unmöglich ist

↓

Bedeutung der Pointe

- Gedicht ist auf die Pointe hin komponiert
- unerwartete Wendung und geistreicher Schlusseffekt
- Leser auf die falsche Fährte gelockt

↓

Bedeutung des Titels

- mehrdeutige Überschrift „Zum Abgewöhnen"
- Launen und Marotten der kritisierten Person = eigene Fehler und Schwächen

↓

Sprachliche und poetische Mittel

- ironischer Tonfall
- viele Enjambements: Hervorhebung der Personalpronomen, Darstellung der Gegensätze
- Klimax: Steigerung der Aussage, dass die Launen zunehmen
- rhetorische Frage: Ausdruck von Ohnmacht und Resignation
- Inversion: Hervorhebung der Unzertrennlichkeit

↓

Zentrale Aussage / Autorenabsicht

- Selbstkritik in ironischem Ton

• Thematisierung einer bestimmten Haltung von Menschen, Fehler und Schwächen bei anderen zu kritisieren, ihre eigenen aber nicht ändern zu können
• Anregen zum Nachdenken über eine Alternative; sich zu ändern ist mit Anstrengung, Ausdauer und Selbstdisziplin verbunden

↓

Schlussaussage

• Wiedererkennungsmöglichkeit des Lesers
• Ansprüche an andere sind oft höher als an sich selbst
• Entscheidung: mit Fehlern leben oder sie überwinden

Aufsatzbeispiel

Inhaltliche Schritte

Einleitung

Das Gedicht „Zum Abgewöhnen" wurde von Hans Magnus Enzensberger verfasst und ist zu lesen im Gedichtband „Rebus", welcher im Jahr 2009 im Suhrkamp-Verlag veröffentlicht wurde. In ironischem Ton beschreibt das lyrische Ich darin den schwierigen Umgang mit dem eigenen Gefühls- und Seelenleben.

Hauptteil

Kurze inhaltliche Zusammenfassung

Mit unverhohlenem Spott charakterisiert das lyrische Ich eine offensichtlich weibliche Person. Dabei wird zunächst der Eindruck vermittelt, dass es sich dabei um seine Partnerin handelt. Ihre Wesenszüge und Eigenschaften werden durchweg negativ dargestellt, sodass das Zusammenleben mit ihr fast unerträglich erscheint. Eine Trennung ist jedoch unmöglich, denn überraschenderweise entpuppt sich die beschriebene Person am Ende des Gedichts als die „Psyche" und damit als die eigene Seele des lyrischen Ichs.

Form, Rhythmus, Strophenaufbau

Dass in diesem Gedicht vieles nicht im Einklang miteinander ist, zeigt sich bereits in der äußeren Form und im Aufbau. Dieser ist in mehrfacher Hinsicht unregelmäßig, da zum einen kein gleichmäßiger Rhythmus erkennbar ist, zum anderen keine Reime vorhanden sind. Stattdessen fällt der ungewöhnliche Strophenaufbau auf, der in den ersten drei Strophen fünf Verszeilen aufweist, gefolgt von einer einzelnen Verszeile. Streng genommen lässt sich daher im vierten Abschnitt nicht mehr von einer Strophe sprechen.

Inhaltliche Beschreibung der einzelnen Strophen

Die genauere Betrachtung des Inhalts lässt den Schluss zu, dass der Autor mit dieser ungewöhnlichen formalen Gestaltung eine bestimmte Absicht verfolgt. Offenbar soll der völlig unregelmäßige Aufbau die inhaltliche Disharmonie dieses modernen Gedichts untermalen.

1. Strophe

Ohne erkennbare Einleitung beginnt die erste Strophe sofort mit der schonungslosen Darstellung der anderen Person. Der beißende Spott ist nicht zu überhören, wenn es gleich in der ersten Zeile heißt: „Sie ist ja so sensibel, die Ärmste." (V. 1) Sie wird als empfindlich bezeichnet, der Begriff wehleidig trifft den Kern in diesem Fall noch besser. Bereits Kleinigkeiten, nur „ein bisschen Ärger" (V. 3) bewirken, dass sie verstimmt und schlecht gelaunt ist. Während das lyrische Ich sich als gefühlsmäßig stabil bezeichnet, wirft es seiner Partnerin vor, dass sie nichts aushalte und „weich im Nehmen" (V. 5) sei. Die bekannte Redensart „hart im Nehmen" wird hier ins Gegenteil verkehrt und soll zeigen, wie gegensätzlich die beiden Partner in ihrem Wesen sind.

2. Strophe

In der zweiten Strophe wird diese Kritik noch verschärft, indem das lyrische Ich betont, wie leicht verletzlich seine Partnerin ist: „Schon ist sie gekränkt" (V. 6). Sogar die „Migräne" (V. 7) wird zitiert als typisches Klischee, unter dem angeblich überempfindliche Frauen regelmäßig leiden. Mit ihren ständigen Stimmungsschwankungen wirkt „sie" völlig unberechenbar, mal ist sie stur, mal zeigt sie sich widerspenstig, ein anderes Mal wieder ist sie völlig unzugänglich und undurchschaubar.

3. Strophe

Als wäre das nicht schon genug, wird zu Beginn der dritten Strophe die Klage noch verstärkt: „Ja, diese ewige Nörglerin/geht mir auf die Nerven." (V. 11 f.) Anscheinend hat sie an allem etwas auszusetzen, man kann es ihr einfach nicht recht machen. Der Umgang mit ihr wird als lästig und nervenaufreibend geschildert, das Verhältnis ist – mit einem Wort – gestört. Damit jedoch enden die Beschwerden abrupt und das lyrische Ich stellt sich selbst die Frage, die seine ganze Hilflosigkeit zum Ausdruck bringt: „Aber was soll ich machen?" (V. 13) Schließlich sind die beiden ein Paar, das bis ans Lebensende miteinander verbunden ist: „Unzertrennlich sind wir,/bis dass der Tod uns scheide" (V. 14 f.). Was der Leser im Verlauf des Gedichts immer mehr vermutet, scheint nun durch das Zitat aus der bekannten Trauformel Gewissheit zu werden: Es handelt sich um ein Ehepaar, das sich die ewige Treue gelobt hat.

letzte Verszeile

Da käme als Lösung nur eine Scheidung infrage. Doch dieser Gedanke stellt sich sofort als absolut unmöglich heraus, denn die allerletzte, einzelne Zeile, die die Pointe bildet, hält für den Leser eine Überraschung bereit. Was er bisher für die Partnerin oder die Ehefrau gehalten hat, ist niemand anderes als die eigene „Psyche", das Innen- und Seelenleben des lyrischen Ichs.

Pointe: witziger Schlusseffekt

Die Tatsache, dass anstatt der vierten Strophe, die den drei ersten folgen müsste, nur eine einzige Verszeile steht, ist ein deutlicher Hinweis darauf, dass der Autor das Gedicht auf diese Pointe hin komponiert hat. Sie bietet eine unerwartete Wendung und ist als geistreicher Schlusseffekt gesetzt. Auf den Leser, der 15 Verszeilen lang gezielt auf die falsche Fährte gelockt wurde, wirkt das fast wie ein Witz. Natürlich wird jetzt endgültig klar, dass eine Trennung oder Scheidung von diesem komplizierten und anstrengenden Wesen völlig ausgeschlossen ist. Wohl oder übel muss das lyrische Ich mit seinem eigenen ICH leben, muss seine eigenen Wesenszüge und Charaktermerkmale, die es hier bemängelt, ertragen.

Bedeutung des Titels

Erst jetzt erschließt sich auch die Überschrift, die mehrdeutig verstanden werden kann. Mit der Redewendung „zum Abgewöhnen" ist normalerweise das gemeint, was schlecht, ungenießbar, überflüssig ist, oder, zusammengefasst, alles das, was ein Mensch absolut nicht braucht und deshalb loswerden will. Solange der Leser die Pointe nicht kennt, ist für ihn klar, was in dem Gedicht „zum Abgewöhnen" ist, nämlich die Launen und Marotten der kritisierten Person. Doch mit dem Wendepunkt in der letzten Zeile erhält der Titel des Gedichts eine neue Zielrichtung. Es geht um die eigenen Fehler und Schwächen des lyrischen Ichs, die es sich vermutlich nicht abgewöhnen kann, auch wenn es das gerne wollte.

Sprachliche und poetische Mittel

Der Autor spielt während des gesamten Gedichts mit dieser Doppeldeutigkeit und mit den Gedanken und Vermutungen des Lesers. Gezielt setzt er sprachliche und poetische Mittel ein, um die Wirkung bestimmter Aussagen zu verstärken. Er lässt dem Leser bis zur allerletzten Zeile die Illusion, dass es sich da um eine andere Person handelt, die das lyrische Ich beschreibt.

Ironie

Vor allem zu Beginn des Gedichts fällt der ironische Tonfall auf, mit dem die scheinbare Gattin dargestellt wird, die „ja so sensibel" (V. 1) ist. Das lyrische Ich stellt den Gegensatz heraus zwischen sich und ihr, indem es die stellvertretenden Personalpronomen mithilfe von Enjambements, also von Zeilensprüngen, an den Versschluss stellt, um die Unterschiede besonders anschaulich hervorzuheben: „[...] mir/macht das nichts aus, aber sie" (V. 3 f.).

Enjambements

Um ihre nervtötenden Eigenschaften in aller Deutlichkeit zum Ausdruck zu bringen, verwendet der Autor eine Klimax und steigert stufenweise seine Aussage: „Dann wieder bockt sie“ bis hin zu „spielt die Unergründliche“ (V. 8 ff.). Ihre Launen steigern sich demnach so weit ins Negative, bis „sie“ am Ende gar nicht mehr zu durchschauen ist.

Klimax

Der Einsatz der rhetorischen Frage „Aber was soll ich machen?“ (V. 13) drückt in besonderem Maße die Ohnmacht und die Resignation des Fragestellers aus. Er erwartet keine Antwort darauf, sondern bestätigt sich damit nur selbst, dass es keine Lösung für das Problem gibt.

rhetorische Frage

Die darauf folgende Inversion, die Umstellung des Satzes, erklärt auch gleich, warum. Das Adjektiv wird an den Anfang gestellt und dadurch in besonderem Maß hervorgehoben: „Unzertrennlich sind wir“ (V. 14). Den Grund für diese Tatsache liefert die abschließende Pointe: Es ist nun einmal ein Ding der Unmöglichkeit, dass eine Person sich von sich selbst trennt.

Inversion

Zentrale Aussage / Autorenabsicht

Mit der satirisch überspitzten Darstellung des Klischees von der überempfindlichen Frau, mit der Klage über eine vorgeblich andere Person übt das lyrische Ich eigentlich Selbstkritik. Denn es schimpft letztendlich über sich selbst und nimmt die eigenen Fehler und Schwächen aufs Korn. Diese werden als höchst anstrengend und nervenaufreibend dargestellt, die Möglichkeit sie loszuwerden besteht nicht. Am Ende bleibt die Resignation, dass sich daran wohl nichts mehr ändern wird.

Selbstkritik

Damit thematisiert der Autor eine bestimmte Haltung, die bei vielen Menschen zu beobachten ist: Es ist einfach, an anderen Menschen bestimmte Verhaltensweisen zu kritisieren und daran herumzunörgeln. Gleichzeitig weiß man ziemlich genau, dass man selbst ebensolche Fehler und Schwächen hat. Da der Mensch aber ein „Gewohnheitstier“ ist, erscheint es sehr schwer, sich zu ändern.

Der Autor will den Leser mit diesem Gedicht nicht belehren, sondern zum Nachdenken anregen. Die entscheidende Frage ist die, die sich auch das lyrische Ich stellt: „Was soll ich machen?“ Während im Gedicht der Eindruck erweckt wird, dass da wohl nichts zu machen sei, wäre eigentlich eine Alternative denkbar. Schließlich hat jeder Mensch die Möglichkeit, an seinen Fehlern zu arbeiten und sich zu ändern. Aber dazu muss man seine Bequemlichkeit überwinden, und das ist mit sehr viel Anstrengung, Ausdauer und Selbstdisziplin verbunden.

zum Nachdenken anregen

Schlussaussage

Sicher kann sich der eine oder andere Leser in dem Gedicht wiedererkennen. So mancher, der einmal den Vorsatz gefasst hat, sich eine dumme oder schlechte Angewohnheit abzugewöhnen, zum Beispiel mit dem Rauchen aufzuhören, kann ein Lied davon singen, wie schwierig das ist. Man sollte also von anderen Menschen nicht erwarten, dass sie ihre negativen Verhaltensweisen einfach ändern können, sondern sich überlegen, ob man selbst den eigenen Ansprüchen, die man an andere stellt, genügen kann. Ist das nicht der Fall, muss man letztendlich eine Entscheidung treffen, welcher Weg auf Dauer der einfachere ist: immer wieder mit seinen Fehlern und Schwächen konfrontiert zu werden oder sich für eine gewisse Zeit anzustrengen und den Willen aufzubringen, sie zu überwinden.

Hinweis zur Herangehensweise

In der Textbeschreibung sollst du den Inhalt, die sprachlich-formale Gestaltung, die Absicht sowie die Wirkung des Prosatextes erfassen und diese Aspekte in deinem Aufsatz darstellen. Achte darauf, dass deine Aussagen zu Sprache und Form in engem Bezug zum Textinhalt stehen, belege sie anhand entsprechender Textstellen. Abschließend nimmst du Stellung dazu, worin für dich die zentrale Aussage des Textes besteht.

Arbeitsskizze – Textnotizen

Manu

„Feierabend“ → Erleichterung

Irmgard lehnte sich zurück und streckte die Beine aus. Geschafft!

Fast augenblicklich wurden ihre Augen gläsern, öffnete sie alle inneren Schleusen und flutete ihren Geist noch einmal mit den Ereignissen des Tages.

Verarbeitung des Tagesgeschehens →

Vergleich: „Reinigungsprozess“ als tägliches Ritual

Doppelexistenz, zwei verschiedene Leben

Diese „Tagesendverarbeitung“, wie sie es insgeheim nannte, die ihre Gedanken wie ein feinporiger Filter befreite von Kreditanträgen, Termingeldern, Überweisungsträgern und schimpfenden Kunden, war für sie zu einem Ritual geworden, seit sie in diesen zwei Welten lebte, die unterschiedlicher nicht sein konnten.

Andeutung eines anderen Lebens

Abstand vom Arbeitsalltag

Hinweis auf Überschrift: „Manu“

Wenn sie anschließend die Filiale durch die gläserne Tür verließ, durchschritt sie zugleich ein symbolisches, kleines Tor; eine winzige Öffnung in der Chinesischen Mauer zwischen der Welt von Irmgard Kindel und der Manus. ←

Alltag berührt sie innerlich nicht →

Ihr Blick verfolgte den Filialleiter, der gerade die Schalterhalle abgeschlossen hatte und nun pfeifend an ihrem Schreibtisch vorbeischlenderte. Das Bild der schlaksigen Gestalt erreichte ihr Bewusstsein nicht, erzeugte jedoch Gedanken in ihr als eine der seltenen Brücken zwischen ihren beiden Leben.

Geheimhaltung der Person „Manu“

Verwandlung zum schönen Schmetterling

„Korsett“ des Berufs im Gegensatz zu Befreiung im anderen Leben

Was würden ihre ausschließlich männlichen Kollegen denken, wenn sie von Manu wüssten? Wenn sie einmal die Verwandlung beobachten könnten, diese Verpuppung, wenn aus der kleinen, unscheinbaren Bankraupe Irmgard plötzlich der Schmetterling Manu wurde? Wie würden sie sie ansehen, wenn sie das schicke, dezente Kostüm abstreifte wie ein zu enges Korsett und dann hineinschlüpfte in die Kleidung, die so anders war, so befreiend. Diese ganz spezielle Kleidung von Manu. Sie musste innerlich lachen, als sie sich das Gesicht ihres Chefs vorstellte, wenn er Manus Raum sehen

geheimnisvoll

würde, das Zimmer, das sie im Keller eingerichtet hatte mit all den Gerätschaften, die sie für ihre Arbeit brauchte. Für ihre Leidenschaft.

Manager Klaus als Bindeglied zwischen den Welten

Ihre Gedanken machten einen Sprung zu Klaus, einem der ganz wenigen Menschen, die sowohl Irmgard als auch Manu kannten.

geschäftliche Verbindung

Es war nicht zu umgehen gewesen, dass er von ihren beiden Leben wusste. Schließlich war Klaus ihr Manager, der sich, zugegebenermaßen für einen horrenden Prozentsatz ihrer Einkünfte, um Kunden für sie kümmerte.

An diesem Abend würde sie auch wieder Besuch bekommen von jemandem, den Klaus akquiriert hatte.

Ist Manu eine Prostituierte?

Benno von Diemeier hieß er. Ein steinreicher Bauunternehmer, dem man das gar nicht zutrauen würde, hatte Klaus ihr erzählt. Sie war gespannt.

ein letztes Mal: Gedanken an Bank-Alltag

Gegensatz zu Manus Leidenschaft?

Mit einem kurzen Kopfschütteln kehrten ihre Gedanken zurück in den sauberen, dezent möblierten Schalterraum. Sie schloss ihren Schreibtisch ab und verließ dann die Bank. Wie so oft wurden auf dem zehnminütigen Fußweg nach Hause ihre Schritte immer schneller, je näher sie ihrem Ziel kam.

Vorfreude

Wie so oft wurde sie von einer erregten inneren Unruhe gepackt, konnte es gar nicht mehr abwarten …

Zeitsprung und Ortswechsel: Kunstausstellung

Zwei Wochen später.

Der große Raum war erfüllt vom leisen Gemurmel der gut gekleideten Frauen und Männer. In kleinen Grüppchen standen sie vor den Plastiken und diskutierten über die Botschaft, die sie übermitteln sollten und über die bewundernswerte, geheimnisvolle Künstlerin.

auch hier bleibt die Künstlerin inkognito, dem Leser wird klar: es ist Irmgard → Auflösung des „Rätsels“

Irgendwann erhob Benno von Diemeier seine Stimme und bat um Ruhe. Er sei hoch erfreut, erklärte er, diese Ausstellung nun eröffnen zu können. Wie man wisse, wolle die begnadete Künstlerin inkognito bleiben, aber er könne verraten, dass sie an diesem Abend unter ihnen weile.

Irmgard genießt das Geheimnis

wird zu ihrer Arbeit hingezogen, verwandelt sich wieder zum „Schmetterling“

Während neues Gemurmel entstand und die Gäste sich gegenseitig fragend betrachteten, verließ Irmgard den Raum und machte sich zufrieden auf den Heimweg. Zu Hause angekommen, zog sie den weiten, schmutzigen Arbeitsanzug an. Dann ging Manu in ihre Werkstatt, um ihrer neuen Skulptur mit dem Schweißgerät den letzten Schliff zu geben.

Textskizze / Schreibplan

Einleitung

↓

Titel, Textart, Autor, Quelle

Kernsatz: Im Mittelpunkt steht eine Frau, die ein Doppelleben führt: Identität sowohl als Bankangestellte als auch als anonyme Künstlerin

↓

Hauptteil

↓

Kurze inhaltliche Zusammenfassung des Textes

↓

Inhaltliche Beschreibung einzelner Sinnabschnitte

↓

1. Sinnabschnitt (Z. 1–14)	Bankangestellte Irmgard Kindel verarbeitet den Arbeitstag, Andeutung eines zweiten Lebens
2. Sinnabschnitt (Z. 15–22)	Weitere Hinweise auf geheimnisvolle zweite Welt, Verheimlichung vor anderen, Einführung von Manu, Verwandlung, Stellenwert und besondere Bedeutung der zweiten Existenz
3. Sinnabschnitt (Z. 23–30)	Vorstellung weiterer Personen: Manager Klaus und Diemeier wissen über Doppelleben Bescheid
4. Sinnabschnitt (Z. 31–35)	Verlassen der Arbeitsstelle, Vorfreude
5. Sinnabschnitt (Z. 36–43)	Zeitsprung (zwei Wochen später): Eröffnung einer Kunstausstellung, Lob für die anonyme Künstlerin
6. Sinnabschnitt (Z. 44–47)	Irmgard verlässt Ausstellung, um zu Hause eine weitere Skulptur zu vollenden.

↓

Bedeutung der Überschrift

- Name der Künstlerin in der Überschrift als Hinweis darauf, dass diese im Leben der Frau eine bedeutende Rolle spielt, Kunst ist ihre „Leidenschaft“

↓

Textsorte

- Wesentliche Merkmale der Kurzgeschichte: unvermittelter Anfang, offenes Ende, Hauptperson aus dem Alltag gegriffen, persönliches Geheimnis, zwei kurze Ausschnitte aus dem Leben

↓

Textaufbau, Spannungsbogen

- Deutliche Trennung der Geschichte in zwei Teile, erkennbar durch den Zeitsprung
- Steigerung der Spannung im ersten Teil durch wiederholte Andeutungen
- Schrittweise Auflösung des Geheimnisses im zweiten Teil, v. a. in den letzten Zeilen

↓

Erzählperspektive

- Perspektive des personalen Erzählers in der 3. Person
- Im ersten Teil Innensicht: große Nähe zur Hauptfigur, Leser erlebt das Geschehen aus deren Sicht
- Im zweiten Teil Außensicht: Stil der Berichterstattung, Auflösung des Rätsels

↓

Sprache/sprachliche Mittel

- einfache und gut verständliche Sprache
- wenige Fachbegriffe aus der Welt der bildenden Künste
- Sprachliche Bilder und Vergleiche verdeutlichen Gefühlswelt der Hauptfigur
- Formulierungen zur Veranschaulichung der Gegensätze von Alltag und Kunst

↓

Zentrale Aussage/Autorenabsicht

- Welt der Bankangestellten Irmgard Kindel als Ort mit beruflichen Pflichten, alltäglichen Geschäften und lästigen Kunden
- Gegensatz: Welt der Künstlerin Manu als Ort der Freiheit und Selbstverwirklichung
- mögliche Gründe, warum die Protagonistin ihre Identität als Künstlerin verbirgt:
  - Bedenken wegen ihrer Nebentätigkeit
  - Fantasie und Kreativität ist nur durch die Abgrenzung von der Berufswelt möglich
  - genießt Spiel mit der Anonymität, weil sie damit ihrer Umgebung Rätsel aufgibt
  - steigert das Interesse an ihren Kunstwerken

↓

Schlussgedanke

- Themen Identität, Freiheit und Selbstverwirklichung
- Bankangestellte als nüchterner Beruf gegen Kunst als wahre Berufung
- Thema übertragbar auf alle Menschen, die ebenfalls einer Leidenschaft nachgehen

Aufsatzbeispiel

Inhaltliche Schritte

Einleitung

Der Prosatext „Manu" von Arno Strobel ist in der 10. Ausgabe des Schulmagazins 5–10 im Jahr 2003 erschienen. Der Autor stellt darin eine Frau in den Mittelpunkt, die ein heimliches Doppelleben führt. Während sie als Bankangestellte Irmgard Kindel wochentags ihrem Beruf nachgeht, schlüpft sie in ihrer Freizeit regelmäßig in die Rolle der anonymen Künstlerin Manu, in der sie innere Freiheit und Selbstverwirklichung erfährt.

Kurze inhaltliche Zusammenfassung des Textes

Am Ende des Arbeitstages folgt die Bankangestellte Irmgard Kindel ihrer Gewohnheit und verarbeitet die Ereignisse des Tages, indem sie diese Revue passieren lässt. Auf diese Art befreit sie ihren Geist vom Ballast des Alltags, um sich anschließend ganz ihrer künstlerischen Betätigung hingeben zu können. Obwohl sie bereits eine beachtete Künstlerin und Bildhauerin ist, möchte sie dabei anonym bleiben. Sie lebt ausschließlich für ihre Kunst, und selbst die Eröffnung ihrer Kunstausstellung verlässt sie vorzeitig, um sich in ihrem Atelier einem neuen Werk zu widmen.

Inhaltliche Beschreibung der einzelnen Sinnabschnitte

Durch die Einteilung in zahlreiche, überwiegend sehr kurze Absätze wirkt der Text übersichtlich und klar strukturiert.

unmittelbarer Einstieg

Die Geschichte setzt unmittelbar und ohne Einleitung ein. Sichtlich befreit und erleichtert beginnt Irmgard ihren Feierabend. Der Ausdruck „Geschafft!" (Z. 1) klingt, als hätte sie eine schwere Strapaze hinter sich gebracht. Die Protagonistin gibt sich dem stets gleichen „Ritual" (Z. 6) hin, das sie selbst „Tagesendverarbeitung" (Z. 4) nennt. Indem sie die Ereignisse des Arbeitstages noch einmal auf sich wirken lässt, macht sie einen innerlichen Reinigungsprozess durch („flutete ihren Geist", Z. 3), der sehr intensiv zu sein scheint („wie ein feinporiger Filter", Z. 4 f.). Da an dieser Stelle das Verb „befreite" (Z. 5) verwendet wird, ist davon auszugehen, dass sie die Routinetätigkeiten, die sie an ihrem Arbeitsplatz zu erledigen hat, als lästige Pflicht empfindet. Auch der Hinweis auf die „schimpfenden Kunden“ (Z. 6) lässt darauf schließen, dass die Arbeit in der Bank für sie mit unangenehmen Empfindungen verbunden ist. Offenbar ist Irmgard in ihrem Beruf nicht glücklich. Bereits an dieser Stelle wird erwähnt, dass sie noch ein völlig anderes Leben führt: Der Gegensatz wird durch die Formulierung „zwei Welten […], die unterschiedlicher nicht sein konnten“ (Z. 6 f.) deutlich.

negative Darstellung der täglichen Arbeit in der Bank

erste Erwähnung des Doppellebens

Ohne dass der Erzähler mitteilen will, wie diese andere Welt aussieht, stößt er bereits zu diesem frühen Zeitpunkt „ein symbolisches, kleines Tor“ (Z. 9) auf und verrät, dass in dieser Geschichte neben der Bankangestellten Irmgard Kindel auch noch eine „Manu“ existiert. Über weitere Einzelheiten lässt der Erzähler den Leser aber vorerst noch im Dunkeln. Irmgard hat inzwischen Abstand gewonnen, die Erinnerungen an den Arbeitstag sind nur noch vage „Gedanken“, die ihr „Bewusstsein“ (Z. 13) und ihr Inneres nicht berühren.

Im nächsten Absatz folgt ein Gedankenspiel Irmgards, das dem Leser Aufschluss über ihre Identität liefert. Irmgard vollzieht ohne Wissen ihrer Umgebung, insbesondere ihrer Arbeitskollegen, offenbar eine regelmäßige Verwandlung in Manu. Es wird also endgültig klar, dass es sich bei Irmgard und Manu um ein und dieselbe Person handelt.

Aber der Autor verschweigt, zu welchem Zweck diese Verwandlung erfolgt und worin die „Leidenschaft“ (Z. 22) Manus besteht, der sie sich in einem extra dafür eingerichteten Kellerraum hingibt. Die Hinweise auf diesen Raum, auf die „ganz spezielle Kleidung“ (Z. 20) und die verschiedenen für die Arbeit notwendigen „Gerätschaften“ (Z. 22) klingen mysteriös und suspekt. Da ist es nicht verwunderlich, wenn der Leser auf den Gedanken kommt, dass diese Manu einer zwielichtigen Beschäftigung nachgeht und ihre Dienste als Prostituierte oder Domina anbietet. Auch die Tatsache, dass Irmgard offensichtlich der Gedanke amüsiert, wie wohl ihre (ausschließlich männlichen) Kollegen und vor allem ihr Chef reagieren würden, wenn sie davon wüssten, entkräftet diese Vermutung nicht. Im Gegenteil, die Aussage, ihrem Neukunden Benno von Diemeier, einem reichen Bauunternehmer, würde man „das gar nicht zutrauen“ (Z. 29 f.), lockt den Leser auch weiterhin auf diese Fährte.

geheimnisvolle Andeutungen über Manu

Diemeier wird, neben dem Manager Klaus, als einer der wenigen beschrieben, die von Irmgards anderer Tätigkeit wissen. Klaus stellt sozusagen das Bindeglied zwischen ihren beiden Welten dar, da er sich um die geschäftlichen Angelegenheiten kümmert und Neukunden anwirbt.

Vertrauter: Manager Klaus

Ein letztes Mal wird die Bank erwähnt, als beschrieben wird, wie Irmgard ihren Arbeitsplatz verlässt, „von einer erregten inneren Unruhe gepackt“ (Z. 34 f.) ihren kurzen Heimweg antritt und ungeduldig ihrem „Ziel“ (Z. 34) entgegeneilt.

Der letzte Satz dieses Abschnitts endet mit Auslassungspunkten. Beschäftigte sich der Inhalt des Textes bis hierher überwiegend mit der Beschreibung von Irmgards Gedanken und Assoziationen, so brechen diese abrupt ab. Es bleibt nach wie vor offen, welchem Ereignis die Hauptfigur so ungeduldig entgegenfiebert. Stattdessen folgt ein Zeitsprung, der den zweiten Teil der Kurzgeschichte einleitet: „Zwei Wochen später.“ (Z. 36)

Zeitsprung und Ortswechsel

Erst jetzt erhält der Leser – und nur dieser – Aufschluss über die Existenz Manus. Schritt für Schritt wird das Rätsel um ihre wahre Identität gelüftet. Die Vermutung, wer die „bewundernswerte, geheimnisvolle Künst-

Auflösung: Manu ist eine Künstlerin

lerin“ (Z. 39) ist, deren Skulpturen und Plastiken von den Besuchern betrachtet werden, bestätigt sich spätestens in den nächsten Absätzen vollends. Die „begnadete Künstlerin“ (Z. 42), deren Ausstellung von Benno von Diemeier eröffnet wird, will selbst hier in der Kunstwelt „inkognito“ (Z. 42) bleiben und der Öffentlichkeit ihre wahre Identität nicht preisgeben. Sie mischt sich als „Irmgard“ unter die Gäste, ohne von diesen erkannt zu werden. Vorzeitig verlässt sie das Geschehen, um sich zu Hause in ihrem Kelleratelier wiederum in Manu zu verwandeln und ein neues Werk fertigzustellen.

Bedeutung der Überschrift

Die Tatsache, dass die Geschichte die Überschrift „Manu“ trägt, deutet darauf hin, dass die Figur der Künstlerin die entscheidende Rolle spielt. Warum sonst müsste sich die Protagonistin erst von der Welt der Irmgard Kindel reinigen und befreien, bevor sie die andere Welt betritt? Nicht umsonst fällt in diesem Zusammenhang der Begriff „Leidenschaft“ (Z. 22).

Textsorte: Kurzgeschichte

Der Prosatext weist wesentliche Merkmale einer Kurzgeschichte auf: Genauso unvermittelt, wie die Geschichte beginnt, endet sie auch. Es wird weder eine Vorgeschichte erzählt, noch erfährt der Leser, wie es mit dem Doppelleben oder der Karriere der Hauptperson weitergeht. Irmgard Kindel alias Manu ist eine Person, die aus dem Alltag gegriffen ist, allerdings mit einem persönlichen Geheimnis lebt, was sie „besonders“ macht und aus der Masse heraushebt. Es werden zwei kurze Ausschnitte aus ihrem Leben erzählt, das Ende eines Arbeitstages und die zwei Wochen später stattfindende Eröffnung ihrer Kunstausstellung, anhand derer der Leser sowohl einen Einblick in ihre Gefühls- und Gedankenwelt als auch in ihre äußere Situation als Künstlerin erhält.

Textaufbau, Spannungsbogen

nur Andeutungen über Irmgards zweites Leben

Der Aufbau der Geschichte folgt der inhaltlichen Darstellung, es ist eine deutliche Trennung in zwei Teile erkennbar, die durch den Zeitsprung markiert wird. Der Autor nutzt das Mittel der Steigerung, um Spannung beim Leser zu erzeugen. Obwohl im ersten Teil viele Andeutungen über das Doppelleben der Hauptfigur fallen, lässt der Erzähler den Leser über deren zweites Leben, welches das weitaus interessantere und bedeutendere ist, zunächst völlig im Unklaren. Der Autor spielt hier bewusst mit den Vermutungen des Lesers und lockt ihn auf eine falsche Fährte, um die Schlusspointe besonders wirkungsvoll zu gestalten. Denn erst im zweiten Teil lüftet er nach und nach das Geheimnis. Und letztendlich wird erst im allerletzten Absatz klar, worin Manus geheimnisvolle Tätigkeit nun ganz genau besteht.

Erzählperspektive: personal

Der Autor schildert das Geschehen aus der Perspektive des personalen Erzählers in der 3. Person. Im ersten Teil des Textes wird dem Leser das Geschehen aus der Sicht der Hauptfigur vorgestellt, er betrachtet die Ereignisse mit deren Augen, befindet sich sozusagen in dieser Person und erfährt ihre Gedanken und Assoziationen. Das vermittelt dem Leser das Gefühl, unmittelbar an der Geschichte teilzunehmen. Besonders deutlich wird dies beispielsweise, als sich Irmgard in einer Art erlebter Rede die Frage stellt, wie ihr Umfeld auf ihr Doppelleben reagieren würde: „Was würden ihre ausschließlich männlichen Kollegen denken, […]? […] Wie würden sie sie ansehen, […]? (Z. 15 ff.)“ Der Leser wird angeregt, sich ebenfalls darüber Gedanken zu machen – nach wie vor ohne zu wissen, worum es sich bei der zweiten Existenz handelt.
Im zweiten Teil wechselt die Innensicht zu einer Art Berichterstattung. Der Erzähler begibt sich in eine distanzierte Haltung zur Hauptfigur und gibt aus der Außensicht die stattfindenden Ereignisse wieder. Es geht

nun darum, die Geschichte aufzulösen. Über das Innenleben der Protagonistin wurde vorher das Wesentliche gesagt.

Sprache/sprachliche Mittel

Alltagssprache, wenige Fachbegriffe

Die Sprache des Textes ist, wie für Kurzgeschichten üblich, dem Alltag entnommen und daher überwiegend einfach und gut verständlich. Obwohl die Geschichte die Welt der Kunst zum Inhalt hat, setzt der Autor entsprechende Fachbegriffe nur sparsam ein. Würden nicht Begriffe wie „Plastiken" (Z. 38) oder „Skulptur" (Z. 47) erwähnt, wüsste der Leser gar nicht, dass Manu sich mit der Bildhauerei beschäftigt. Vermutlich geht es dem Autor durch diese Gestaltung darum, vor allem die innere Situation der zentralen Person Irmgard alias Manu zu thematisieren.

Metapher

Vergleiche

Dies gelingt ihm auch durch folgende auffällige sprachliche Mittel: Als metaphorische Wendung könnte man die Stelle bezeichnen, wenn er von „inneren Schleusen" (Z. 2) spricht, die Irmgard öffnet, um die Tagesereignisse wegzuspülen. Weiterhin setzt der Autor Vergleiche ein, um seine Schilderung besonders bildhaft darzulegen und sie dadurch eingängiger zu machen. Der Durchgang zwischen den beiden Welten der Protagonistin wird als „winzige Öffnung in der Chinesischen Mauer" (Z. 9) bezeichnet. Die Bankangestellte Irmgard sieht sich selbst als „kleine, unscheinbare Bankraupe" (Z. 17), die erst nach der „Verpuppung" (Z. 16) zum „Schmetterling Manu" (Z. 17) wird. Der Vergleich aus der Natur zeigt in besonderem Maße, wie extrem und bedeutend diese Verwandlung sein muss und einer Metamorphose gleichkommt. Der Schmetterling steht symbolhaft für Begriffe wie Freiheit und Fantasie, die Manu bei ihrer künstlerischen Betätigung erfährt. Durch diese Bilder und Vergleiche gelingt es dem Autor, mehr zu sagen als mithilfe langer und komplizierter Umschreibungen.

Darstellung der Gegensätze

Viele der sprachlichen Formulierungen sind auf die Hervorhebung der Gegensätze zwischen den beiden Welten ausgerichtet. Schon die unterschiedlichen Vornamen der Protagonistin verdeutlichen diesen Gegensatz zwischen „bürgerlicher" (Irmgard-)Welt und der exotischeren Künstlerexistenz. Auf den ersten Blick erscheint es auch ungewöhnlich, dass sich die Hauptfigur der Geschichte erst wohl fühlt, wenn sie das „schicke, dezente Kostüm" (Z. 18) ersetzt durch die „ganz spezielle Kleidung" (Z. 20), die aus einem „weiten, schmutzigen Arbeitsanzug" (Z. 46) besteht. Oder wenn Irmgard/Manu erst dann sie selbst ist, nachdem sie den „sauberen, dezent möblierten Schalterraum" (Z. 31 f.) verlassen hat, um ihre Werkstatt zu betreten und mit dem „Schweißgerät" (Z. 47) zu hantieren.

Zentrale Aussage / Autorenabsicht

Selbstverwirklichung nicht im „normalen" Leben

Doch gerade aus diesen Gegensätzen erschließt sich der Sinn des Textes. Die saubere und sterile Bankenwelt betrachtet Irmgard als Ort, an dem sie ihre beruflichen Pflichten und alltäglichen Geschäfte erledigt, die getan werden müssen, aus denen sie jedoch keine innere Anteilnahme oder Begeisterung gewinnen kann. Ihre innere Freiheit und Selbstverwirklichung findet sie nur in ihrem künstlerischen Schaffen. Erst im handwerklichen Umgang mit ihren Skulpturen, der sicherlich mit Mühe, Schweiß und Schmutz verbunden ist, kann sie ihre Ideen und ihre Fantasie umsetzen und findet als „Manu" zu ihrer wahren Identität.

Grund für anonyme Künstlerexistenz bleibt offen

Es stellt sich die Frage, warum Irmgard so sehr darauf bedacht ist, diese Identität als Künstlerin zu verheimlichen. Schließlich ist es ja nicht peinlich oder verboten, eine Künstlerin zu sein. Der Autor lässt offen, warum sie nur diejenigen, bei denen es unvermeidlich ist, in ihr Leben als „Schmetterling Manu" einweiht. Es bleibt jedem Leser selbst überlassen, dieses Rätsel zu deuten.

Ein Grund dafür könnte unter Umständen darin liegen, dass Irmgard nicht möchte, dass ihre Nebentätigkeit, in die sie doch offensichtlich sehr viel Zeit und Energie investiert, bei ihrem Arbeitgeber bekannt wird. Vielleicht hat sie Angst davor, dass sie deshalb Schwierigkeiten bekommen könnte.
Möglicherweise ist sie auch der Überzeugung, dass sie ihre Kunst, die Freiheit, Fantasie und Kreativität erfordert, nur durch diese Herangehensweise vor der Normalität und den Pflichten des Alltags bewahren kann.
Es ist aber auch denkbar, dass sie mit ihrer Anonymität spielt und es geradezu genießt, sich die Reaktion ihrer Arbeitskollegen vorzustellen oder das rätselnde „Gemurmel" (Z. 37) der Ausstellungsbesucher zu belauschen. Bestimmte Aussagen im Text sprechen für diese Sicht, wenn zum Beispiel erwähnt wird, dass sie „innerlich lachen" (Z. 20) muss über das Gesicht ihres Chefs, falls er davon erfahren würde. Oder auch die Tatsache, dass sie sichtlich „zufrieden" ist (Z. 45) über die neugierigen Reaktionen der Gäste. Vielleicht setzt sie das Geheimnis um ihre Person sogar bewusst ein, um das Interesse an ihr und ihren Kunstwerken zu steigern.

Schlussaussage

Die zentralen Themen der Kurzgeschichte sind Identität, Freiheit und Selbstverwirklichung. Für Irmgard Kindel bleibt ihre Tätigkeit als Bankangestellte ein nüchterner Beruf, ihre wahre Berufung aber, zu der sie sich voll und ganz hingezogen fühlt, ist die Kunst. Daher ist die Geschichte sicherlich übertragbar auf alle Menschen, denen es in ihrem Leben ähnlich geht. Der Unterschied liegt wohl nur darin, auf welchem Gebiet sich der Einzelne verwirklicht. Das können auch der Sport, ein Hobby oder eben irgendeine andere, vielleicht auch geheime „Leidenschaft" sein.

Beruf vs. Berufung

Aufgabe 3: Texte lesen, auswerten und schreiben – Ausbildung und Arbeitswelt im Wandel

Hinweis: Folgende Schritte zeigen dir, wie du an diese Schreibaufgabe herangehen kannst.

1. **Analysiere die Schreibaufgabe**
   - Kläre:

WER soll laut Aufgabenstellung Informationen zu **WAS** an **WEN** weitergeben?

WER	WAS	WEN
Du (als Zehntklässler an deiner Schule)	Entwicklungen der Arbeitswelt, die kritisch zu sehen sind	An Schülerinnen und Schüler der 9. Klassen, die am Tag zum Thema „Berufsfindung“ in der Schule anwesend sind

   - Finde heraus, welche Textsorte von dir verlangt wird.
     → Ein **Vortrag** im Rahmen des Berufsfindungstages für die Neuntklässler

2. **Erstelle eine Liste der Merkmale oder Aufbaukriterien der in der Aufgabe geforderten Textsorte oder mache sie dir zumindest gedanklich nochmals bewusst.**
   - vorbereitete Ansprache vor einem bestimmten Publikum
   - bestimmter Anlass, bestimmtes Thema
   - Ziel: informieren und auffordern/überzeugen
   - Zuhörer mit einbeziehen und ab und zu direkt ansprechen
   - nur wesentliche Punkte nennen, um Konzentration der Zuhörer aufrechtzuerhalten
   - Inhalte nachvollziehbar gliedern (roter Faden)
   - Aufbau des Vortrags:
     - **Einleitung** (Publikum ansprechen und begrüßen, sich vorstellen, Kontakt aufbauen, Anliegen bzw. Grund des Vortrags nennen)
     - **Hauptteil** (Anliegen ausgestalten, auf Einzelheiten eingehen, Beispiele zur Veranschaulichung einbauen, z. B. auch mit Materialien arbeiten, Schlussfolgerungen ziehen)
     - **Schlussworte** (nochmals auf das Anliegen des Vortrags zurückkommen, Absicht kurz zusammenfassen, mit einem Appell an die Zuhörer, einer Anerkennung/Würdigung und/oder dem Dank für die Aufmerksamkeit des Publikums enden)
   - Sprachstil des Vortrags:
     - weitestgehend sachlich
     - Appellieren durch Ausrufesätze, Fragen oder verkürzte Sätze
     - Überzeugen durch passende rhetorische Mittel
     - Gedankenstriche/Auslassungspunkte dienen zur Kennzeichnung von Rede- oder Gedankenpausen

3. **Überlege dir bei der Bearbeitung der Aufgabe also zunächst:**
   - In welcher **Situation** wird die Rede gehalten?
     → Du hältst an einem Tag zum Thema Berufsfindung an deiner Schule einen Vortrag über die Entwicklungen in der Arbeitswelt
   - Wer sind die **Adressaten**?
     → Alle Neuntklässler deiner Schule (sicherlich werden aber auch einige Lehrerinnen und Lehrer anwesend sein)

- Welche **Sprachebene** muss für die Adressaten gewählt werden?
  → Du sprichst zu Gleichaltrigen, jedoch in einem öffentlichen Rahmen. Deine Sprache sollte also für die Neuntklässler verständlich und ansprechend, aber dennoch gewählt sein. Es muss deutlich werden, dass du dich auf den Vortrag vorbereitet und diesen geübt hast.
- Was ist **Thema und Zielsetzung** der Ansprache?
  → Du möchtest in deinem Vortrag „Schöne neue Arbeitswelt?" die Entwicklungen in der Arbeitswelt kritisch darstellen, d. h., du behandelst
  - bereits eingetretene Veränderungen
  - zu erwartende Veränderungen
  - negative Seiten dieser Entwicklungen
  - Schlussfolgerungen für die eigene Berufswahl und die der Neuntklässler
  - Anforderungen an zukünftige Arbeitnehmer, Tipps
- Wie steht die **redende Person** zum Thema der Rede?
  → Du hast einen Wissensvorsprung, bist aber in einer ähnlichen Situation wie die Zuhörer. Auch du bist von diesen Veränderungen betroffen und musst dich auf die Entwicklungen in der Arbeitswelt einstellen. Du hast schon erste Erfahrungen in der Berufswelt gesammelt (z. B. durch BORS oder Bewerbungen für einen Ausbildungsplatz).
- Wie stehen die Adressaten zum Thema der Rede?
  → Deine Mitschüler beginnen vermutlich erst damit, sich mit dem Thema Berufswahl auseinanderzusetzen. Sie haben vielleicht noch wenige Informationen über aktuelle Entwicklungen in der Arbeitswelt, die jedoch für sie von zentraler Bedeutung sein werden. Noch viel eher als du selbst können sie notwendige Weichenstellungen in der Schule noch umsetzen, z. B. auf ihre Verhaltens- und Mitarbeitsnoten achten oder sich in bestimmten Fächern ins Zeug legen.

4. **Wähle geeignete Texte aus.**
   Kläre, welche Inhalte die Schreibaufgabe verpflichtend für den Text vorgibt und entscheide, welche Textinhalte/Zitate/Textbausteine du dafür heranziehen willst.
   Arbeite hierfür sinnvollerweise mit dem Inhaltsverzeichnis deines Kompendiums.

5. **Erstelle einen Schreibplan.**
   Bevor du nun mit dem Schreiben deines eigentlichen Aufsatztextes beginnst, solltest du einen detaillierten Schreibplan entwerfen. Achte dabei immer wieder auf
   - den passenden Adressatenbezug (Wen spreche ich mit meinem Text an? Wende ich mich an Erwachsene oder Jugendliche?)
   - die richtige Perspektive und Intention (Mit welcher Absicht verfasse ich den Text; will ich informieren, aufklären, kritisieren, zu etwas aufrufen, …?)
   - die der Situation angemessene Sprechhaltung und Sprachebene (Schreibe ich als Schülerin, als Vertreterin der Schule, als Klassensprecherin?)
   - den logischen Aufbau des Textes
   - die sinnvolle Einbindung von Fakten, Informationen, Zitaten, Textauszügen

Schreibplan zur Vorbereitung des ausformulierten Textes

Einleitung

• Begrüßung der Neuntklässler und der Lehrer
• Vorstellung der eigenen Person
• Erklärung, in welcher Funktion der Vortrag gehalten wird
• Thema (Inhalte) des Vortrags
• Herstellen eines Bezugs zwischen Thema und Zuhörern

↓

Hauptteil

Nennung von verschiedenen Entwicklungen, deren kritische Betrachtung, Schlussfolgerungen für den einzelnen Schüler und die Schule:

- von der Industrie- zur Dienstleistungsgesellschaft
- Notwendigkeit von Spezialisierung (Tätigkeiten mit geringer Qualifikationsanforderung werden ins Ausland verlagert)
- Zunahme von Berufswechseln erfordert lebenslanges Lernen
- Veränderte Arbeitsverhältnisse (mehrere Teilzeitstellen anstatt einer Vollzeitstelle, Projektwirtschaft, Prekariat)
- Flexibilität (Arbeitszeit, Arbeitsort, Berufswechsel)
- Grenze zwischen Beruf und Privatleben verschwimmt
- Globalisierung (Fremdsprachenkenntnisse notwendig)
- Schattenseiten des Arbeitstrends (Gefahr von neuen Zivilisationskrankheiten)

↓

- Fazit: veränderte Anforderungen an moderne Arbeitnehmer und wie diese sich am besten darauf vorbereiten können

↓

Schlussworte

- Veränderungen sind nicht aufzuhalten, müssen aber keine Zukunftsängste auslösen
- sinnvolle und rechtzeitige Vorbereitung auf die Arbeitswelt von morgen
- Dank für die Aufmerksamkeit der Zuhörer
- Verabschiedung, gute Wünsche

Beispiel für einen Vortrag

Inhaltliche Schritte

Liebe Lehrerinnen und Lehrer,
liebe Mitschülerinnen und Mitschüler,

Einleitung

Bezug zum Rahmenthema

die meisten von euch kennen mich sicherlich: Mein Name ist Steffen Dorner, ich gehe in die Klasse 10 a. Wir Zehntklässler haben uns in diesem Schuljahr für die Abschlussprüfung im Fach Deutsch intensiv mit dem Thema „Ausbildung und Arbeitswelt im Wandel" beschäftigt. Heute möchte ich euch über neue Entwicklungen und Veränderungen in der Arbeitswelt informieren und deren Konsequenzen für uns alle aufzeigen.

Bedeutung für die Zuhörer

Von uns haben viele nun schon einen Ausbildungsplatz oder wissen zumindest, wo sie hin möchten, aber für euch Neuntklässler fängt die Phase der Berufsfindung jetzt erst richtig an. Dafür ist es wichtig zu wissen, wie die heutige Arbeitswelt tatsächlich aussieht und worauf man sich als zukünftiger Arbeitnehmer vorbereiten muss.

Bezug zum Titel des Vortrags

Im Programmheft des heutigen Berufsfindungstages habt ihr ja schon den Titel meines Vortrags gelesen: „Schöne neue Arbeitswelt?" – bestimmt ist euch das Fragezeichen am Ende aufgefallen. Ihr werdet sehen, dass es bei einigen Entwicklungen wirklich fraglich ist, ob diese die Arbeitswelt – zumindest für Arbeitnehmer – schöner machen.

Gliederung des Vortrags

Im Folgenden werde ich nun auf einige der wichtigsten Veränderungen eingehen und aufzeigen, inwiefern sie bedenklich sind, aber auch, wie man diesen Veränderungen möglicherweise begegnen kann.

Hauptteil

Produzierende Berufe nehmen ab

Der seit der Industrialisierung vorherrschende Trend, menschliche Arbeit immer mehr durch Maschinen zu ersetzen, nimmt weiterhin stark zu. Dies führt dazu, dass für Arbeitnehmer im Bereich der Fertigung und Produktion immer weniger Arbeitsplätze zur Verfügung stehen.
(Hier lege ich die Statistik „Erwerbstätige im Inland nach Wirtschaftssektoren" in gekürzter Version auf, Quelle 1)

Diese Statistik zeigt, dass die Zahl der Erwerbstätigen im produzierenden Gewerbe in den letzten 50 Jahren von fast 50 % auf nur noch etwa 25 % gesunken ist. Gleichzeitig kann man aber auch beobachten, dass sich die Zahl der Erwerbstätigen im tertiären Sektor nahezu verdoppelt hat.[1] Dienstleistungsberufe, wie kaufmännische Berufe, Serviceberufe z. B. in Hotel und Gastronomie oder Kosmetik, vor allem aber auch pflegerische Berufe[2], sind folglich voll im Trend, das solltet ihr bei eurer Entscheidung für einen Beruf unbedingt bedenken!

Dienstleistungsberufe nehmen zu

Eine zusätzliche Veränderung besteht darin, dass die Berufe, für die man eine geringe Qualifikation benötigt, ins Ausland verlagert werden. „Was hier bleibt, sind [neben den eben genannten Beispielen] die Jobs für Spezialisten."[3] Gemeint sind damit „Fach- und Führungskräfte aus dem Bereich der Hochtechnologien, wie Licht- und Lasertechnik [...] oder auch Werkzeugmaschinenbau."[4]

Spezialisten werden gesucht

Was das für uns Schüler bedeutet, ist klar: Eine hohe Qualifikation, also auch ein hoher Bildungsabschluss, ist zukünftig von zunehmender Bedeutung. Um einen solchen Beruf erlernen oder ein Studium aufnehmen zu können, benötigt man in der Regel das Abitur. Dafür muss man eine weiterführende Schule besuchen und braucht in der Realschule natürlich die entsprechenden Noten.

Wer jedoch glaubt, mit einer einmaligen Qualifizierung für einen Beruf sei es getan, der irrt sich leider, denn „Berufswechsel nehmen kontinuierlich zu."[5] Ekkehard Nuissl schreibt in seinem Beitrag zu Lernwegen, dass die Menschen, die ihr ganzes Berufsleben lang denselben Beruf ausüben, heute schon in der Minderheit sind. Wenn man einen Beruf erlernt, muss das heute nicht mehr heißen, dass man diesen ein ganzes Leben lang ausübt oder dass dieser ein ganzes Leben lang existiert.[6] Das bedeutet also, dass man sich heutzutage nicht mehr darauf verlassen kann, sein Leben lang in dem zunächst ausgewählten Beruf tätig zu sein. Für unsere Großeltern war es in der Regel mit einer einmaligen Ausbildung getan, doch heute muss man in der Lage sein, sich immer wieder neu in etwas einzuarbeiten. Das Stichwort, das ihr euch deshalb merken müsst, heißt „lebenslanges Lernen". Angeeignetes Wissen, so Nuissl, ist heute zweitrangig, weil es schnell veraltet. Wichtig ist aber, zu wissen, wie man gefordertes Wissen erlangen kann.[7]

wechselnde Berufe – lebenslanges Lernen

Hier muss auch in der Schule noch mehr passieren, um uns Schülerinnen und Schüler darauf vorzubereiten. Vereinzelte Unterrichtsstunden zum Thema „Lernen lernen" reichen nicht aus, der Schwerpunkt müsste noch viel mehr auf eigenständigem Lernen liegen, denn das ist eine Kompetenz, die für unsere Zukunft immens wichtig sein wird.

„Lernen lernen"

---

1 Statistisches Bundesamt Deutschland: http://www.destatis.de/jetspeed/portal/cms/Sites/destatis/Internet/DE/Content/Statistiken/ Zeitreihen/LangeReihen/Arbeitsmarkt/Content75/lrerw13a, templateId=renderPrint.psml, gesehen am 1. 1. 2010

2 http://www.planet-beruf.de/Die-Top-10-der-Diens.2422.0.html, gesehen am 1. 1. 2010

3 Impulstext 1: Daniel Rettig: Zukunft der Arbeit. Heute hier, morgen dort. In: http://www.wiwo.de/karriere/heute-hier-morgen-dort-304122, gesehen am 12. 12. 2009

4 ebenda

5 Stark Textkompendium 2010, M 13: Ekkehard Nuissl: Es ist nie zu spät – Lernwege. In: Das Parlament, Nr. 33 – 34 vom 11. 8. 2008

6 ebenda

7 ebenda

Ihr müsst also davon ausgehen, dass ihr im Gegensatz zu früheren Generationen im Laufe eures Lebens verschiedene Berufe ausüben werdet. Eine weitere Veränderung der Arbeitswelt ist aber auch, dass dies teilweise gleichzeitig geschieht, denn „der Arbeitnehmer von morgen wird [...] häufiger zwischen Selbstständigkeit und Festanstellung wechseln und mehr Teilzeit- und Zeitarbeit leisten.“[8]

veränderte Arbeitsverhältnisse, z. B. Teilzeit- und Zeitarbeit

Vielleicht fragt ihr euch jetzt, weshalb jemand mehrere Jobs gleichzeitig ausüben sollte. Dafür gibt es zwei mögliche Gründe. Erstens: Man findet keine Vollzeitstelle und muss sich daher mit zwei oder sogar mehr Teilzeitstellen über Wasser halten. Zweitens: Man hat zwar eine Vollzeitstelle, verdient bei dieser aber so wenig, dass es nicht zum Leben reicht, sodass man sich noch einen Zuverdienst suchen muss.

Die schwierige finanzielle Situation vieler Arbeitnehmer wird in einer Karikatur von Thomas Plaßmann besonders deutlich gemacht.

Prekäre Arbeitsverhältnisse

(An dieser Stelle lege ich die Karikatur „Working poor?“[9] als Folie auf.) Hier seht ihr zwei Männer, die auf den ersten Blick nahezu gleich aussehen. Beide wirken ärmlich, beide sitzen auf dem Boden und haben ein Bettelgefäß neben sich stehen. Beide haben ein Schild neben sich, jedoch wird hier der entscheidende Unterschied zwischen den beiden Männern deutlich: Der eine hat einen Job, der andere nicht. Dass dennoch beide Männer auf der Straße sitzen und betteln, liegt daran, dass der Mann mit Arbeit zu wenig verdient, um „normal“ leben zu können. Deshalb befindet er sich in derselben Situation wie der arbeitslose Bettler. Dieses Phänomen der prekären, das bedeutet schwierigen oder heiklen Arbeitsverhältnisse nimmt immer mehr zu und betrifft nicht nur gering Qualifizierte, sondern durchaus auch Akademiker.[10]

Auch bei gefragten, besser bezahlten Stellen muss man damit rechnen, nicht mehr langfristig bei einem Arbeitgeber beschäftigt zu sein, sondern nur für einzelne Projekte mit immer wieder wechselnden Kollegen von verschiedenen Firmen engagiert zu werden.[11]

Projektwirtschaft

Diese unsicheren Beschäftigungsverhältnisse und die damit verbundene finanzielle Unsicherheit stellen einen großen Stressfaktor für die betroffenen Arbeitnehmer dar und führen natürlich auch dazu, dass immer weniger Menschen eine Familie planen oder sich mehr als ein Kind wünschen. Dies wiederum trägt zur Überalterung der Bevölkerung in Deutschland bei und hat weitreichende Folgen, z. B. was die Sicherheit oder vielmehr Unsicherheit der Renten betrifft.

Auswirkungen der Veränderungen auf jeden Einzelnen

Ihr seht schon, dass wir als Arbeitnehmer in Zukunft sehr flexibel sein müssen. Doch das Stichwort „Flexibilität“ spielt auch noch in anderer Hinsicht eine wichtige Rolle für die heutige Arbeitswelt. Viele Arbeitnehmer dürfen nämlich ihren Arbeitsplatz und ihre Arbeitszeiten flexibler gestalten. Durch die neuen Kommunikationsmedien ist eine körperliche Anwesenheit an einem bestimmten Ort oft nicht mehr nötig, denn Arbeitnehmer können mittlerweile auch von zu Hause aus ihre Arbeit verrichten und dabei mit Menschen in aller Welt zusammenarbeiten.

Flexibilität

Arbeiten von zu Hause: Vorteile

8 Impulstext 1 (s. o.)

9 Impulstext 2: Karikatur: Thomas Plaßmann: Working poor? In: http://www.studis-online.de/Karriere/art-621-prekariat.php, gesehen am 15. 3. 2010

10 Jürgen Amendt: Dann nehmen sie halt mehr Ehrenamtliche. In: http://www.studis-online.de/Karriere/art-621-prekariat.php, gesehen am 15. 3. 2010

11 Impulstext 1 (s. o.)

Das klingt jetzt natürlich erst einmal sehr gut, aber diese Flexibilität hat durchaus auch Nachteile: Die Grenze zwischen Beruf und Privatleben ist nicht mehr eindeutig gegeben, wenn man zu Hause arbeitet und jederzeit auf verschiedenen Kommunikationswegen erreichbar ist. Es wird für die Arbeitnehmer somit auch schwieriger, Feierabend zu machen und wirklich abzuschalten. Hier braucht man also eine gehörige Portion Selbstdisziplin, um sein Privatleben auch auszuleben.

Nachteil: keine klare Trennung zwischen Beruf und Privatleben

Auch diese Veränderung trägt dazu bei, dass in Deutschland der Wunsch nach einer Familie mit vielleicht mehreren Kindern abnimmt, genauso wie bei vielen die persönlichen sozialen Kontakte weniger werden.

Die Globalisierung der Wirtschaft bringt eine weitere Entwicklung mit sich: Man arbeitet zunehmend mit Menschen anderer Nationen zusammen, gerade auch in besser bezahlten Positionen. Für uns Schülerinnen und Schüler ist es deshalb äußerst wichtig, gute Fremdsprachenkenntnisse als Qualifikation mitzubringen. Englisch sollte eigentlich jeder zukünftige Arbeitnehmer fließend sprechen, weitere Fremdsprachen wären sicherlich von Vorteil. Ihr solltet also unbedingt an euren Fremdsprachenkenntnissen arbeiten, wenn ihr für den Arbeitsmarkt gewappnet sein wollt. Für die Schulen sollte dies eigentlich bedeuten, dass mehr bilingualer Unterricht stattfinden sollte, also dass zum Beispiel auch der Erdkundeunterricht teilweise auf Englisch gehalten wird.

Globalisierung: Fremdsprachen

Eine ernstzunehmende Folge aller genannten und weiterer Veränderungen ist die Zunahme von Erkrankungen bei Arbeitnehmern, die auf Stress im Beruf zurückzuführen sind, z. B. Verhaltensstörungen und Depressionen.[12] Die geforderte Flexibilität, die unsicheren Beschäftigungsverhältnisse, die ständige Erreichbarkeit usw. führen offensichtlich bei immer mehr Arbeitnehmern zu solchen Erkrankungen, die wiederum Arbeitsausfälle und möglicherweise auch den Verlust von Arbeitsstellen nach sich ziehen.

Schattenseiten: Erkrankungen

So lässt sich zusammenfassend feststellen, dass ihr als zukünftige Arbeitnehmer möglichst belastbar, flexibel und hoch qualifiziert sein müsst, damit ihr einen oder mehrere gute Jobs bekommt und diese auch meistern könnt. Ihr solltet über sehr gute Fremdsprachenkenntnisse (vor allem Englisch) verfügen, damit ihr weltweit einsetzbar seid und mit Menschen aller Nationen kommunizieren könnt, und bereit sein, immer wieder Neues zu lernen, denn ihr werdet euch laufend neu einarbeiten müssen. Außerdem solltet ihr euch am besten für Berufe des tertiären Sektors interessieren, die zukünftig noch gute Aussichten haben, und euch spezialisieren – aber am besten in mehreren Gebieten.

Fazit: Vorbereitung auf die Arbeitswelt von morgen

Schluss

Die Veränderungen, die ich euch aufgezeigt habe, sind nicht aufzuhalten. Sie sollten euch aber nicht in Angst und Schrecken versetzen, denn auf viele Entwicklungen könnt ihr euch einstellen. Gute Mitarbeit in der Schule, Aufmerksamkeit im Unterricht und die Bereitschaft, selbstständig zu lernen, sind Voraussetzungen, die euch für die Anforderungen in der Arbeitswelt stärken. Das Wissen über zukünftig wachsende Berufsfelder hilft euch, eine gute Berufswahl zu treffen.

Appell

Wenn ihr euch sinnvoll und rechtzeitig auf die Arbeitswelt von morgen vorbereitet, dann werdet ihr in dieser auch bestehen können.

Ich hoffe, ich konnte euch einige interessante und aufschlussreiche Einblicke geben und bedanke mich für eure Aufmerksamkeit.

Dank

Alles Gute für eure berufliche Zukunft!

---

12 Impulstext 1 (s. o.)

Aufgabe 4: Produktiver Umgang mit Texten – „Bronsteins Kinder“ (Jurek Becker)

Hinweis zur Herangehensweise

Arbeite zunächst am Thema, indem du die wichigsten Informationen markierst.

Arbeitsskizze – Textnotizen

	Jurek Becker: Bronsteins Kinder	
Figur	[...] Dann fiel mir wieder ein, wozu ich hergekommen war; es empfahl sich, zuerst den Aufseher zu befreien und dann erst jemanden zu rufen, Feuerwehr, Polizei oder Rotes Kreuz, nicht umgekehrt. Ich konnte froh sein, daß es nun auf ein paar Minuten nicht mehr ankam. [...]	Situation: im Haus Vater ist tot
	vorletzte Seite des Romans	
	Quelle: Jurek Becker: Bronsteins Kinder. Suhrkamp Verlag, Frankfurt am Main 1986.	
Heppner befreit Rechtfertigung, Dialog	Nachdem er Heppner hat laufen lassen, geht Hans nach draußen und lehnt sich an die Rückwand des Hauses. Die vergangenen Wochen gehen ihm durch den Kopf und er erklärt seinem Vater in Gedanken, warum er Heppner befreien musste.	Handlung des Romans
	Schreiben Sie diesen inneren Monolog.	Textsorte

So könntest du beim Bearbeiten der Aufgabe vorgehen:

1. **Lies die Aufgabenstellung gründlich und finde heraus, welche produktive Textsorte dort von dir verlangt wird (siehe auch Textnotizen oben).**
   → einen inneren Monolog von Hans schreiben
   → (teilweise) Dialogcharakter berücksichtigen

2. **Erstelle eine Liste der Merkmale oder Aufbaukriterien der in der Aufgabe geforderten Textsorte oder mache sie dir zumindest gedanklich nochmals bewusst.**
   Merkmale des inneren Monologs sind:
   - eine Art „Gespräch“, das jemand nur gedanklich (mit sich selbst) führt
   - Darstellung von Gedanken und Gefühlen einer Figur in einem bestimmten Augenblick/ zu einem bestimmten Thema
   - Inhalt: Nachdenken über Geschehenes, die Einstellung der denkenden Figur dazu, zu anderen Figuren und zu deren Verhalten oder auch zu sich selbst
   - an manchen Stellen kann zur besseren Verständlichkeit knapp nacherzählt werden
   - Ich-Perspektive: eingeschränkte Perspektive der Figur; nur erwähnen, was die Figur zu diesem Zeitpunkt schon wissen kann; keine anderen Figuren/keinen Erzähler zu Wort kommen lassen
   - ehrliche Gedanken, emotionale Äußerungen
   - Sätze teilweise unvollständig
   - passende Alltags- und Umgangssprache
   - sprunghafte, ungeordnete Gedanken, spontaner Gedankengang
   - Themenwechsel möglich

- Fragen an sich selbst oder grundsätzliche Fragen
- Kommentare zu Ereignissen oder zu anderen Figuren
- am Ende kann ein Entschluss oder die Antwort auf eine Entscheidungsfrage stehen

3. **Finde in der Aufgabenstellung heraus, aus wessen Perspektive der Text geschrieben werden soll und was möglicherweise die sprachlichen Eigenheiten oder Besonderheiten dieser Person sind.**
   → Es soll aus der Perspektive von Hans geschrieben (gedacht) werden. Hans ist vermutlich sehr aufgewühlt, hilflos, fassungslos und traurig.
   → Hans ist ein junger Erwachsener, seine Sprache unterscheidet sich jedoch nicht wesentlich von der eines Erwachsenen. Er besitzt eine gute Ausdrucksfähigkeit.

4. **Kläre, an wen sich der zu schreibende Text richten soll (Adressatenbezug) und wie dementsprechend die Sprache oder Anrede gewählt werden muss.**
   → Der innere Monolog, der an sich ein Selbstgespräch ist, richtet sich hier zumindest teilweise auch an Arno Bronstein, den toten Vater von Hans.
   → An Stellen, an denen Hans sich gedanklich an seinen Vater wendet, sollte also eine direkte Anrede verwendet werden (Vater, du, dich …).

5. **Analysiere die genaue Verortung des produktiven Textes, also wo genau sich die Stelle, zu der geschrieben werden soll, im Buch/im Handlungsverlauf befindet.**
   Lies hierzu z. B. nochmals die vorausgegangenen Seiten sowie die nachfolgende. Wichtig hierbei ist auch zu bedenken, was eine Person zu einem bestimmten Zeitpunkt wissen kann.
   → vorletzte Seite des Romans
   → Samstag, 4. 8. 1973
   → Hans findet nachts seinen toten Vater im Häuschen
   → Er ging dorthin, um Heppner heimlich zu befreien
   → Hans befreit Heppner, Details bleiben offen
   → Er verlässt anschließend das Haus, hier setzt der innere Monolog ein

6. **Sammle Ideen und halte Stichpunkte fest. Entwirf einen groben Schreibplan, in dem du alle inhaltlichen Punkte aufführst, die du in deinem Text aufnehmen willst.**
   - Entsetzen, Trauer, Fassungslosigkeit über Tod des Vaters
   - Heppners Entführung:
     - gegensätzliche Sichtweise von Hans und Vater
     - Beweggründe des Vaters (Vergangenheit der Familie Bronstein, Zweifel an gängiger Rechtsprechung, Selbstjustiz)
     - Verständnis für Vaters Beweggründe
     - Hans' Beweggründe für die Befreiung Heppners
     - Abwägung und schließlich Planung der Befreiung
     - Recht und Gerechtigkeit
     - Heppners Schuld
     - Rolle der anderen Entführer (Kwart, Rotstein)
     - Folgen für die Beziehung zu Martha
   - Weitere Konfliktfelder:
     - Schlechte Vater-Sohn-Beziehung (z. B. fehlendes Vertrauen, mangelnde Kommunikation, Rivalität um Elles Zuneigung)
     - Bevorzugung Elles durch Vater
   - Thema Lügen und Verheimlichen
     - unerlaubter Zweitschlüssel und Vaters Wissen darüber
     - heimliche Besuche bei Heppner
     - Aufsuchen von Kwart
     - Schweigen über Vergangenheit des Vaters im KZ
     - Schweigen über jüdische Identität (z. B. Jiddisch)

- Nachdenken über Gegenwärtiges und Zukünftiges
  - Wut, fühlt sich von Vater im Stich gelassen
  - Vorwürfe wegen zu späten Handelns
  - Überlegungen zu weiterem Vorgehen in aktueller Situation
  - Überlegungen, sich Martha anzuvertrauen
  - Nachdenken über seine und Elles Zukunft
  - Mögliches Abschweifen (z. B. Wetter)

Beispiel eines inneren Monologs

	Inhaltliche Schritte
Er ist tot. Er ist wirklich tot. Ich bin zu spät gekommen. Wäre ich doch nur früher … Ich hätte es verhindern können, bestimmt hätte ich es verhindern können! Ich wollte dich doch von dieser Last befreien, ich habe gesehen, wie schlecht es dir ging. Immer schlechter. Und jetzt? Heppner ist frei, du bist tot, ich bin allein.	Anknüpfen an die Rahmensituation
Elle und ich sind allein, wie wird sie diese Nachricht wohl aufnehmen? Wer muss es ihr sagen? Wird sie mir die Schuld geben? Wird sie begreifen, dass wir jetzt niemanden mehr haben? Habe *ich* es überhaupt schon begriffen? Sie wollte doch, dass ich mich aus Vaters Angelegenheiten heraushalte. Sie hatte doch dieses bescheuerte Verständnis für diese irre Gefangennahme. Vielleicht hätte ich ohne ihren Rat eher gehandelt, vielleicht hätte ich mehr auf mein Bauchgefühl hören müssen.	Hans' Beziehung zu Elle
Eigentlich müsste ich jetzt weinen können, eigentlich Trauer verspüren. Oder wie fühlt es sich denn unter normalen Umständen an, seinen Vater tot aufzufinden? Bin ich schon so gefühlskalt, dass ich noch nicht einmal in Tränen ausbrechen kann?	Verwunderung über eigene Gefühle
Vater, mich mit der ganzen Misere jetzt alleine zu lassen, mir die ganze Verantwortung aufzuladen, so habe ich es mir nicht vorgestellt, so nicht. Ich wollte Heppner – und auch dich, vor allem dich – befreien, befreien von dieser Last der Entführung. Hast du auch nur einen Moment an Elle und mich gedacht, als du mit deinen ebenfalls anmaßenden Freunden diesen unsäglichen Plan geschmiedet hast?	Wut auf den Vater, fühlt sich im Stich gelassen
Ihr ach so gerechtigkeitsliebenden Opfer! Was ist denn mit mir? Ist es gerecht, dass ich die Suppe auslöffle, die du dir und mir eingebrockt hast? Ist es gerecht, dass ich das getan habe, was du längst hättest tun müssen, nämlich Heppner laufen lassen? Du hast dich als juristische Instanz aufgespielt und dabei diesen jämmerlichen Wurm Heppner fast umgebracht! Du wolltest Gleiches mit Gleichem vergelten …, da besinnst du dich plötzlich auf deine jüdischen Wurzeln, Auge um Auge, Zahn um Zahn!	kein Verständnis für Beweggründe des Vaters zur Selbstjustiz
Kein Wort hast du jemals über dein Schicksal, über deine angestaute Wut verloren. Und dann erwartest du von mir Verständnis und Solidarität. Spätestens als der Plan in die Tat umgesetzt war, hättest du mit mir darüber reden müssen. Bin ich nicht dein Sohn? War ich es dir nicht wert, eine lausige Erklärung abzugeben? Als Feind hast du mich bezeichnet, als Feind. Dieser Stachel sitzt tief, solche Worte kann man nicht wieder zurücknehmen. Kein Gespräch war mehr möglich, keine Normalität. Heppner dein Feind, ich dein Feind.	schlechte Vater-Sohn-Beziehung
Du hast wohl all deine Vaterliebe schon für Elle und ihr Schicksal aufgebraucht? Da kommt noch der Sohn daher und erwartet, dass du dich wie ein Vater verhältst. Wo war dein Verständnis für mich? Und deine plötzliche Eifersucht auf das, was Elle und mich verbindet – Briefe und gute Gespräche. Hast du mir nicht einmal das gegönnt?	Eifersucht, Rivalität um Elles Zuneigung

Hast du gedacht, ich gönne dir nicht dein Recht auf eine späte Vergeltung? Vielleicht hätte ich es ja verstanden, wenn du nur mit mir geredet hättest! Wen wolltest du rächen? Mutter, Elle? Zumindest einen von diesen grausamen Mittätern zur Rechenschaft ziehen … das könnte ich ja verstehen.

Verständnis für Vaters Beweggründe

Aber du kanntest Heppner nicht einmal, du warst nicht sein Opfer, ihr wolltet eine Wahrheit aus ihm herauswinden, die es vielleicht nicht einmal gegeben hat. Was wissen wir schon, wer dieser Heppner ist oder war? Macht es einen Unterschied? Ich habe ihn im Häuschen aufgesucht, habe mit ihm gesprochen. Da habe ich ihn aber noch nicht laufen lassen, ich weiß nicht mehr, warum. Damals hätte ich es tun sollen, dann wäre alles anders gekommen!

Selbstvorwürfe wegen zu späten Handelns

Wahrscheinlich war mir zu diesem Zeitpunkt schon klar, dass diese Geschichte kein Happy End haben kann. Dass ihr den Bogen überspannt habt. Was hätte mit Heppner passieren sollen? Ja, er hat vermeintlich etwas gestanden. Unter Folter? Du als Folterknecht? Er hat mir gesagt, dass du der Schlimmste von allen wärst. Nicht nur einer, der zufällig in die Sache hineingerutscht ist.

Entsetzen über Verhalten des Vaters

Die Tatsache, dass er mir das über dich verraten hat, ließ mich ihn auch verachten. Er wollte mich beeinflussen, eine Petze, die mir Geld angeboten hat, damit ich ihn freilasse. Ein jämmerlicher Anblick. Alle Beteiligten jämmerlich, ich, der ich nicht entschlossen war zu handeln, du, der sich für so etwas nicht zu schade ist, deine sogenannten Freunde, ein jämmerlicher alter Mann, der Marthas und mein Häuschen besetzt und verunreinigt … Wer holt jetzt den Toten ab? Wie soll ich die Sauerei im Häuschen erklären? Ich soll einfach Kwart und Rotstein ins Messer laufen lassen. Sollen sie doch den Dreck, den sie in mein Leben geworfen haben, wieder wegschaffen! Die Erklärung für das alles soll nicht an mir hängen bleiben …

Rolle der Beteiligten

Wie kann ich jemals wieder mit Martha das Häuschen betreten? Der Geruch wird sicher niemals wieder verschwinden. Und die Ereignisse werde ich auch sicher niemals vergessen können.

Ach Martha, hätte ich mit dir reden müssen? Ich hätte mit dir reden müssen! Verzeih mir, dass ich kein bisschen besser war als mein Vater und auch gelogen und geschwiegen habe. Kann man das alles hier aber überhaupt jemandem erzählen? Es ist wie ein Sumpf … Wie soll ich dir, Martha, das alles nur erklären?

Überlegung, sich Martha anzuvertrauen

Vater, ich habe Heppner befreit, nein, ich habe ihn laufen lassen, habe ihn weggejagt. Befreien klingt nach Sympathie, nicht nach Verachtung. Dich wollte ich befreien, dich, wo du unfähig warst, ein Ende herbeizuführen. Hättest du mich für mein Eingreifen noch mehr gehasst? Oder hättest du dich befreit gefühlt? Ich musste es tun, aber es war zu spät.

Abwägung und Plan der Befreiung

Wann haben all diese Lügen zwischen uns eigentlich angefangen? Auf beiden Seiten Lügen. Du wusstest vom Zweitschlüssel, du wusstest von meiner Lüge im Häuschen, hast mich nicht verraten. Ich war bei Kwart, war bei Heppner, war im Häuschen – und wollte es dir verheimlichen. Ich bin ein genauso erbärmlicher Lügner und Heimlichtuer. Hätten wir nur miteinander geredet, richtig geredet!

Lügen und Verheimlichen, Schweigen

Ach, könnte ich die Zeit einfach zurückdrehen. Ich würde so vieles anders machen …

Bedauern

Abschlussprüfungsaufgaben Deutsch für Realschulen in Baden-Württemberg
2011 – Haupttermin

Aufgabe 1: Texte beschreiben

Modern modern

Die Mode wechselt. Bedarf wird geweckt.
Mal mit und mal ohne. Mal frei, mal bedeckt.
Mal Sex, mal Romantik. Mal mager, mal rund.
Mal länger, mal kürzer, mal farbig, mal bunt.

Mal Kurven, mal Kanten. Ein Kommen und Gehn.
Man kann sich nicht wehren. Was heute noch schön,
Ist morgen unmöglich. Es ändert sich schnell
Die Meinung, die Farbe, der Stoff, das Modell.

In all dem Gerenne, da ist es geschehn:
Da blieb plötzlich einer konsumwidrig stehn.
Er blickte verzweifelt und fragte: Warum
Rennt der Mensch wie ein Hammel, warum nur, warum?

Die Herde gab Antwort,
Ganz offen und frei:
Man fand ihn dann später
Zertreten zu Brei …

*Michail Krausnick (*1943)*

Quelle: Michail Krausnick: Pausenliebe. Edition Durchblick, Neckargemünd 2002

Hauptsache weit

Und weg, hatte er gedacht. Die Schule war zu Ende, das Leben noch nicht, hatte noch nicht begonnen, das Leben. Er hatte nicht viel Angst davor, weil er noch keine Enttäuschung kannte. Er war ein schöner Junge mit langen dunklen Haaren, er spielte Gitarre, komponierte am Computer und dachte, irgendwie werde ich wohl später nach London gehen, was Kreatives machen. Aber das war später:

Und nun?

Warum kommt der Spaß nicht? Der Junge hockt in einem Zimmer, das Zimmer ist grün, wegen der Neonleuchte, es hat kein Fenster und der Ventilator ist sehr laut. Schatten huschen über den Betonboden, das Glück ist das nicht, eine Wolldecke auf dem Bett, auf der schon einige Kriege ausgetragen wurden. Magen gegen Tom Yan*, Darm gegen Curry. Immer verloren, die Eingeweide. Der Junge ist 18 und jetzt aber Asien, hatte er sich gedacht. Mit 1 000 Dollar durch Thailand, Indien, Kambodscha, drei Monate unterwegs, und dann wieder heim, nach Deutschland. Das ist so eng, so langweilig, jetzt was erleben und vielleicht nie zurück. Hast du keine Angst, hatten die blassen Freunde zu Hause gefragt, so ganz alleine? Nein, hatte er geantwortet, man lernt ja so viele Leute kennen unterwegs. Bis jetzt hatte er hauptsächlich Mädchen kennen gelernt, nett waren die schon, wenn man Leute mag, die einen bei jedem Satz anfassen. Mädchen, die aussahen wie dreißig und doch so alt waren wie er, seit Monaten unterwegs, die Mädchen, da werden sie komisch. Übermorgen würde er in Laos sein, da mag er jetzt gar nicht daran denken, in seinem hässlichen Pensionszimmer, muss Obacht geben, dass er sich nicht aufs Bett wirft und weint, auf die Decke, wo schon die anderen Dinge drauf sind. In dem kleinen Fernseher kommen nur Leute vor, die ihm völlig fremd sind, das ist das Zeichen, dass man einsam ist, wenn man die Fernsehstars eines Landes nicht kennt und die eigenen keine Bedeutung haben. Der Junge sehnt sich nach Stefan Raab, nach Harald Schmidt und Echt. Er merkt weiter, dass er gar nicht existiert, wenn er nichts hat, was er kennt. Wenn er keine Zeitung in seiner Sprache kaufen kann, keine Klatschgeschichten über einheimische Prominente lesen, wenn keiner anruft und fragt, wie es ihm geht. Dann gibt es ihn nicht. Denkt er. Ist unterdessen aus seinem heißen Zimmer in die heiße Nacht gegangen, hat fremdes Essen vor sich, von einer fremdsprachigen Serviererin gebracht, die sich nicht für ihn interessiert, wie niemand hier. Das ist wie tot sein, denkt der Junge. Weit weg von zu Hause, um anderen beim Leben zuzusehen, könnte man umfallen und sterben in der tropischen Nacht und niemand würde weinen darum. Jetzt weint er doch, denkt an die lange Zeit, die er noch rumbekommen muss, alleine in heißen Ländern mit seinem Rucksack, und das stimmt so gar nicht mit den Bildern überein, die er zu Hause von sich hatte. Wie er entspannt mit Wasserbüffeln spielen wollte, in Straßencafés sitzen und cool sein. Was ist, ist einer mit Sonnenbrand und Heimweh nach den Stars zu Hause, die sind wie ein Geländer zum Festhalten. Er geht durch die Nacht, selbst die Tiere reden ausländisch und dann sieht er etwas, sein Herz schlägt schneller. Ein Computer, ein Internet-Café. Und er setzt sich, schaltet den Computer an, liest seine E-Mails. Kleine Sätze von seinen Freunden und denen antwortet er, dass es ihm gut gehe und alles großartig ist, und er schreibt und schreibt und es ist auf einmal völlig egal, dass zu seinen Füßen ausländische Insekten so groß wie Meerkatzen herumlaufen, dass das fremde Essen im Magen drückt. Er schreibt seinen Freunden über die kleinen Katastrophen und die fremde Welt um ihn verschwimmt, er ist nicht mehr allein, taucht in den Bildschirm ein, der ist wie ein weiches Bett, er denkt an Bill Gates und Fred Apple, er schickt ein Mail an SAT 1 und für ein paar Stunden ist er wieder am Leben, in der heißen Nacht weit weg von zu Hause.

*Sibylle Berg (*1966)*

**Tom Yan: scharfe asiatische Suppe*

Quelle: Sibylle Berg, Das Unerfreuliche zuerst, Herrengeschichten, Verlag Kiepenheuer & Witsch, Köln 2001, S. 123 ff.

Aufgabe 3: Texte lesen, auswerten und schreiben

Körperbewusstsein – Körperkult – Schönheit?

Hallo Maxi,

stell' dir vor, was mir meine Tante zu meinem siebzehnten Geburtstag schenken möchte: eine Schönheitsoperation. Bei uns hier in Amerika ist das sehr beliebt und einige meiner Freundinnen und Freunde haben auch schon das eine oder andere machen lassen. Ich weiß, in Europa seht ihr das kritischer. Was denkst du, soll ich das Angebot meiner Tante annehmen? Ich bin so unentschlossen. Schreib' mir doch bald, was du dazu meinst!

Liebe Grüße
deine Freundin Tracy

Schreiben Sie diesen Antwortbrief und setzen Sie sich kritisch mit Tracys Anliegen auseinander.

Anmerkung:
Zur Bearbeitung der Aufgabe dienen die zu Beginn des Schuljahres mit den Ausführungsbestimmungen für die Realschulabschlussprüfung veröffentlichten Impulstexte und Ihr selbst erstelltes Kompendium.
Legen Sie bitte aus Ihrem Kompendium die Texte, aus denen Sie Textstellen wörtlich übernommen haben, dem Prüfungsaufsatz bei, ebenso Grafiken, Schaubilder, Tabellen o. Ä., auf die Sie Bezug nehmen.

Aufgabe 4: Produktiver Umgang mit Texten

Grit Poppe, Weggesperrt

Nach dem Fall der Mauer treffen sich Kilian und Anja. Sie erzählt ihrem Cousin von ihrem Leben in den Jugendwerkhöfen und davon, wie ihr die Poesie in der schweren Zeit geholfen hat.

ANJA:	Weißt du noch, wie du damals gesagt hast, Poesie kann die Seele retten?*
KILIAN:	Ja, ich kann mich gut daran erinnern. Ich glaube, du hast mich damals ratlos angesehen …

** vergleiche S. 134 (Grit Poppe, Weggesperrt. Cecilie Dressler Verlag, Hamburg 2009)*

Schreiben Sie dieses Gespräch weiter.

Anmerkung:
Zur Bearbeitung der Aufgabe darf die zu Beginn des Schuljahres mit den Ausführungsbestimmungen für die Realschulabschlussprüfung veröffentlichte Ganzschrift verwendet werden.

Lösungen

Aufgabe 1: Texte beschreiben – „Modern modern" (Michail Krausnick)

Hinweis zur Herangehensweise

Die Gedichtbeschreibung verlangt die Untersuchung von Inhalt, formaler Gestaltung, sprachlichen und stilistischen Mitteln, Aussage und Absicht sowie Wirkung des Gedichts. Abschließend nimmst du Stellung dazu, worin für dich die zentrale Aussage des Gedichts besteht. Lies das Gedicht mehrmals genau durch. Markiere Schlüsselbegriffe sowie auffällige oder auch unklare Begriffe und versuche, ihre Bedeutung zu erschließen. Ordne deine Ergebnisse beispielsweise in einer Mindmap und erstelle anschließend einen Schreibplan für deinen Aufsatz.

Arbeitsskizze – Textnotizen

Modern modern ← Doppelung: betont, ironisch

erzeugt immer neue Nachfrage → Die Mode wechselt. Bedarf wird geweckt. ← Ziel: Konsum und Profit steigern
ohne Aussage → Mal mit und mal ohne. Mal frei, mal bedeckt.
Mal Sex, mal Romantik. Mal mager, mal rund.
Mal länger, mal kürzer, mal farbig, mal bunt.

Mal Kurven, mal Kanten. Ein Kommen und Gehn.
(parallele Aufzählung von Gegensätzen)
„Modediktat" – „man": Individualität ist nicht gefragt → Man kann sich nicht wehren. Was heute noch schön,
Ist morgen unmöglich. Es ändert sich schnell
Einstellungen/ Zeitgeist → Die Meinung, die Farbe, der Stoff, das Modell.
(Zeilensprünge, Inversionen)

In all dem Gerenne, da ist es geschehn: ← Zeitenwechsel (Perfekt)
Zeitenwechsel (Präteritum) → Da blieb plötzlich einer konsumwidrig stehn. ← Neologismus
Er blickte verzweifelt und fragte: Warum
Vergleich: „dummes Schaf" → Rennt der Mensch wie ein Hammel, warum nur, warum?
(eindringliche Frage)

Vergleich: gedankenlose Masse → Die Herde gab Antwort,
Ganz offen und frei:
Man fand ihn dann später
Zertreten zu Brei (…) ← Anregung zum Nachdenken
(kurze Strophe = kurzer Prozess)

Mindmap

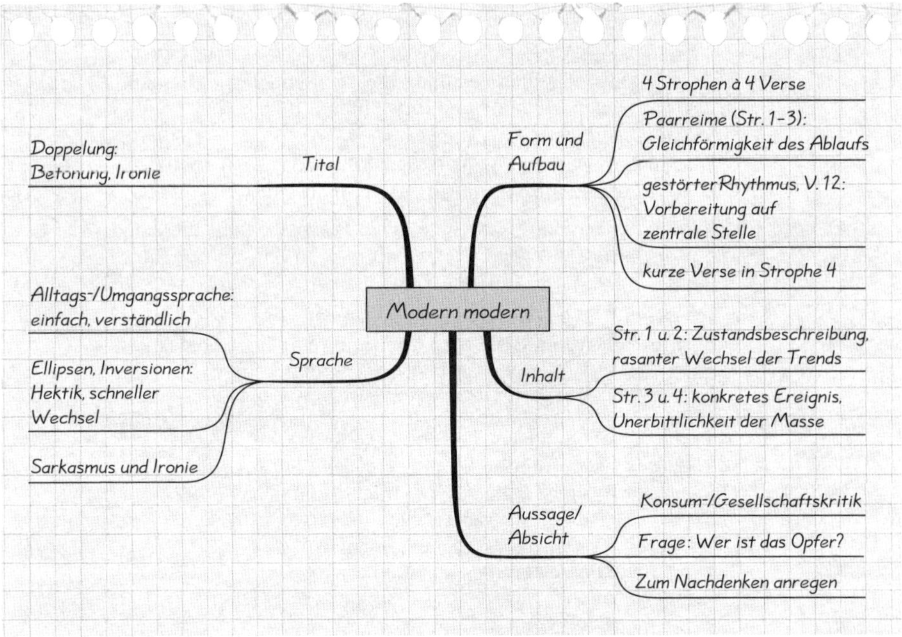

Schreibplan

Einleitung

↓

Titel, Textart, Autor, Quelle

Kernsatz: Das Gedicht handelt vom Diktat der Mode und davon, wie die Masse von ihm beeinflusst wird und sich abhängig macht. Wer sich zu widersetzen versucht, bleibt auf der Strecke.

↓

Hauptteil

↓

Kurze inhaltliche Zusammenfassung

Aufbau und Form

- vier Strophen zu je vier Zeilen
- zwei Sinneinheiten:

– Strophe 1 und 2: Zustandsbeschreibung: Beeinflussung der Menschen durch vorherrschende Modetrends (Paarreime betonen den gleichbleibenden Rhythmus des Ablaufs)

– Strophe 3 und 4: kurzer Zwischenfall/Episode: Konsumverweigerer wird niedergetrampelt (kurze Verse und halber Kreuzreim in Strophe 4)

↓

Inhaltliche Beschreibung der einzelnen Strophen

↓

Strophe 1	Ständiger Wechsel der Mode weckt Bedürfnisse und schafft pausenlose Nachfrage; gleichförmige Aufzählung von Gegensätzen entspricht den Trends, die in rascher Folge wechseln
Strophe 2	Ohnmacht des Konsumenten, Bedeutungslosigkeit des Einzelnen („man“); Modediktat bestimmt nicht nur äußere Erscheinung, sondern auch Meinung und Einstellung
Strophe 3	Wechsel von Zeitform und Inhalt, kurze Episode des Konsumverweigerers: Unterbrechung des ständigen Wechsels; Vergleich der Konsumenten mit „Hammelherde“, eindringliche Frage („warum?“)
Strophe 4	Reaktion der Herde: macht „kurzen Prozess“: wer sich in den Weg stellt, wird „zertreten“

↓

Sprache/sprachliche Mittel

- deutliche Sprache, leicht verständlich, direkt, kurze Sätze
- Ellipsen: Tempo des Wechsels
- Imitation der einprägsamen Werbesprache
- Alliterationen, Inversionen, Zeilensprünge: Hervorhebung wichtiger Sachverhalte
- Vergleiche: Verhalten der Masse
- sarkastischer Tonfall in Strophe 4, übertriebene Aussage wirkt amüsant und erschreckend zugleich

↓

Bedeutung der Überschrift

- Doppelung zur besonderen Hervorhebung
- Ironie drückt Gegensatz aus (Verhalten der Masse – moderner, selbstbestimmter Mensch)

↓

Zentrale Aussage/Autorenabsicht

- drastische Verdeutlichung der Manipulierbarkeit der Masse
- Gesellschaftskritik: Interessen von Werbung, Konzernen und Medien stehen der freien Entfaltung der Persönlichkeit entgegen
- Leser zum Nachdenken anregen (Wer ist das Opfer: Konsumverweigerer oder „Fashion Victim“?)

↓

Schlussgedanke

- notwendig, über eigenes Verhalten nachzudenken
- große Aktualität des Gedichts
- Was bedeutet „modern“?

Aufsatzbeispiel

Inhaltliche Schritte

Einleitung
Information zum Text mit Kern-/Basissatz

Das vorliegende Gedicht „Modern modern“ wurde von Michail Krausnick verfasst und erschien 1986 in dem Sammelband „Tagtäglich“. Auf sehr anschauliche Art und Weise beschreibt der Autor darin, wie das Diktat der Mode die Menschen manipuliert und abhängig macht. Wer sich zu widersetzen versucht, wird rücksichtslos von der Masse überrollt, was man mit dem Ausschluss aus der Gesellschaft gleichsetzen könnte.

Hauptteil
inhaltliche Zusammenfassung, Aufbau, Form

Das Gedicht ist mit vier Strophen zu jeweils vier Zeilen gleichmäßig aufgebaut. Inhaltlich lassen sich die erste und zweite Strophe und ebenso die dritte und vierte Strophe zu je einer Sinneinheit zusammenfassen.

In den ersten beiden Strophen ist von der augenblicklichen Situation die Rede: Modetrends bestimmen die äußere Erscheinung der Menschen und beeinflussen sogar deren Meinungen und Einstellungen. Der gleichförmige Rhythmus des rasanten Wechsels von Trends wird durch die Verwendung des Paarreims in besonderem Maß unterstrichen. Sinnabschnitt 1

In der dritten und vierten Strophe wird ein Zwischenfall geschildert, der dieses hektische Geschehen für einen kurzen Moment unterbricht. Ein Einzelner versucht, sich dem Zwang des ständigen Konsumierens entgegenzustellen und hinterfragt das gedankenlose Verhalten der Masse. Die vierte Strophe beschreibt in auffällig kurzen Versen das schnelle Ende des Konsumverweigerers: Gnadenlos und brutal wird er von der Herde niedergetrampelt. Sinnabschnitt 2

Inhaltliche Beschreibung der einzelnen Strophen

1. Strophe

Direkt und unmittelbar beginnt das Gedicht mit der kurzen, nüchternen Feststellung, dass „[d]ie Mode wechselt" (V. 1). Dafür ist in erster Linie die Werbung verantwortlich, die unermüdlich neue „Styles", „Looks" und Trends kreiert, damit pausenlos Nachfrage nach neuen Artikeln geschaffen wird und die Menschen zum Kauf angeregt werden: „Bedarf wird geweckt." (V. 1) – er wird also künstlich erzeugt. Systematisch wird der Verbraucher mit mehr oder weniger raffinierten Werbekampagnen und Slogans zum passiven und willenlosen Subjekt degradiert.

Der Autor imitiert die typische Werbesprache, indem er über mehrere Verse hinweg die „Trends", die aus schlichten Gegensätzen bestehen, aufzählt: „Mal länger, mal kürzer […]" (V. 4) Zum Teil unterscheiden sich diese Vorgaben kaum („mal farbig, mal bunt", V. 4) bzw. sind völlig sinnentleert („Mal mit und mal ohne", V. 2), wodurch gezeigt wird, dass die Modeströmungen sich oft nur geringfügig verändern.

2. Strophe

Als zwingende Folge dieser Vorgaben betont der Autor in der zweiten Strophe die Ohnmacht des Konsumenten gegenüber der Beeinflussung durch die Modeindustrie: „Man kann sich nicht wehren." (V. 6) Das unpersönliche Fürwort „man" unterstreicht die Aussage, dass der Einzelne nicht zählt. Im Mittelpunkt der Werbeinteressen steht die Kaufkraft der großen Masse der Verbraucher.

Es herrscht das unerbittliche Gesetz, dass das, was momentan noch als „schön" (V. 6) gilt, bereits im nächsten Augenblick nicht nur als nicht mehr modern, sondern geradezu als „unmöglich" (V. 7) betrachtet wird. Wer also dazugehören und nicht als absoluter Außenseiter dastehen will, hat gar keine andere Wahl, als sich diesem Diktat zu beugen. Und das betrifft nicht nur die äußere Erscheinung, wie Frisur, Kleidung usw., sondern die gesamte Persönlichkeit des Menschen, also auch Meinungen oder evtl. sogar Lebenseinstellungen („Die Meinung", V. 8).

3. Strophe

Nach dieser Beschreibung der Zustände, die der Autor sachlich und fast teilnahmslos im Präsens darstellt, wechseln in Strophe 3 Zeitform und Inhalt. Mit der im Perfekt gehaltenen Formulierung „da ist es geschehn" (V. 9) wird der gleichförmig dahinfließende Ablauf des stetigen Wechsels jäh unterbrochen. Der Autor springt unvermittelt ins Präteritum und erzählt gleichsam eine kleine Episode: „Da blieb plötzlich einer konsumwidrig stehn." (V. 10) Einer will also nicht mehr in der Masse mitlaufen „wie ein Hammel" (V. 12). Durch den Vergleich wird ausgedrückt, dass das Verhalten derer, die den Trendsettern nachlaufen, blind und gedankenlos ist. Der Konsumverweigerer dagegen hält inne und stellt sich „verzweifelt" (V. 11) die Frage nach dem Sinn eines solchen Verhaltens. Allerdings erhält er auf seine Frage „warum?" (V. 11 f.) trotz eindringlicher Wiederholung keine Antwort, zumindest nicht in Form von Worten.

4. Strophe

Stattdessen ändert sich in der vierten Strophe der „Ton" des Gedichts, er wird sarkastisch und die Verse werden bedrohlich kurz. Die „Herde" (V. 13) lässt sich nicht aufhalten, nicht einmal für einen kurzen Moment des Nachdenkens, sondern macht „kurzen Prozess". Sie trabt weiter und trampelt den nieder, der sich ihr in den Weg stellt: „Man fand ihn dann später / Zertreten zu Brei …" (V. 15 f.).

Sprachstil/sprachliche Mittel

Ellipsen · *Werbesprache*

Nicht nur im letzten Vers, sondern im gesamten Gedicht spricht der Autor eine deutliche Sprache, die leicht verständlich und direkt ist und ohne Andeutungen auskommt. Vor allem in den ersten beiden Strophen überwiegt die Aufzählung von sehr kurzen Schlagworten in meist unvollständigen Sätzen. Der Autor verzichtet auf die Verben und benutzt das Mittel der Ellipse, um das atemberaubende Tempo der aufeinanderfolgenden Modewellen zu veranschaulichen. Es bleibt keine Zeit für vollständige Sätze, denn ein Trend jagt den nächsten. Zugleich wird damit auch die Sprache der Werbung imitiert, die sich auf Schlagworte beschränkt, um ihre Aussagen eingängiger zu machen. Schließlich sollen diese sich möglichst schnell und dauerhaft im Bewusstsein der Zielgruppe festsetzen.

Alliterationen

Eine ganz ähnliche Wirkung erzielt die Verwendung von Stabreimen oder sogenannten Alliterationen in den Versen 2–5. Die Gleichartigkeit der Laute ist besonders einprägsam und es fällt leicht, sich diese Wendungen zu merken (z. B. „Mal Kurven, mal Kanten", V. 5). Dass die Unterschiede der Trends dabei manchmal nur gering sind, verdeutlicht beispielsweise Vers 4 („mal farbig, mal bunt").

zentrale Stelle

In Vers 12 sorgen die hier ebenfalls auftretende Alliteration „wie ein Hammel, warum nur, warum?" sowie der veränderte Rhythmus des Versanfangs mit zwei unbetonten Silben dafür, dass die entscheidende Frage im Text dem Leser eindringlich ins Bewusstsein gerufen wird und dass die Erwartung auf den Ausgang des Geschehens gesteigert wird.

Inversion

Die Inversion, die Umstellung des üblichen Satzbaus, ist ein wirksames sprachliches Werkzeug, wenn es darum geht, wichtige Aspekte und Sachverhalte hervorzuheben, z. B. in V. 7 f.: „Es ändert sich schnell / Die Meinung […]."

Enjambements

Wiederholt verwendet der Autor auch Zeilensprünge, womit er bestimmten Äußerungen an entscheidenden Stellen größeres Gewicht verleiht: „[…] Was heute noch schön, / Ist morgen unmöglich. […]" (V. 6 f.) – der Gegensatz wird auf diese Weise noch deutlicher. In den Versen „Warum / Rennt der Mensch […]" (V. 11 f.) erhält das Fragepronomen durch die Wiederholung und seine Schlussstellung ebenfalls eine verstärkte Betonung.

drastischer Schlussvers

Die Tatsache, dass die Masse der Konsumenten mit einer „Herde" (V. 13) gleichgesetzt wird, lässt Rückschlüsse auf die Beurteilung ihrer Denk- und Kritikfähigkeit durch den Autor zu. Mit dem Neologismus „konsumwidrig" (V. 10) wird dies deutlich: Ein anderes Verhalten als das der Masse scheint für die Beteiligten regelrecht verboten zu sein. Anschließend wird durch die Formulierung „Zertreten zu Brei …" (V. 16) auf besonders drastische Weise die Rücksichtslosigkeit und Brutalität erkennbar, mit der sich die konsumwütige Menge „[g]anz offen und frei" (V. 14), also ohne Hemmungen und Skrupel, über die hinwegsetzt, die den Versuch unternehmen, den ständigen Kaufrausch aufzuhalten.

Sarkasmus

Trotz aller Kürze, trotz unvollständiger Sätze, fehlender Verben und trotz des lakonischen Stils in der vierten Strophe lässt der Autor nichts unausgesprochen. Er gibt dem Leser keine Rätsel auf, sondern führt ihm am Ende in sarkastischem Ton vor Augen, was diejenigen zu erwarten haben, die nicht mit der „Herde“ laufen. Das mag übertrieben klingen, wirkt dadurch aber amüsant und erschreckend zugleich.

Bedeutung der Überschrift

Der Autor hat das Gedicht mit dem Titel „Modern modern“ überschrieben. Mit dieser Doppelung des Adjektivs verleiht er der Überschrift einerseits besonderen Nachdruck. Zum anderen kann man sie auch ironisch verstehen. Wörter und Begriffe werden mitunter dann doppelt verwendet, wenn sie das Gegenteil von dem ausdrücken sollen, was sie eigentlich bedeuten. So wie man beispielsweise einen Sachverhalt mit „Gut, gut!“ oder „Schön, schön!“ kommentieren kann, wenn man diesen in Wirklichkeit gar nicht so gut oder schön findet. Die Überschrift kann aber auch bedeuten, dass das unkritische Verhalten der Masse so gar nicht zum Bild des „modernen“, selbstbestimmten und freien Menschen passt.

Zentrale Aussage / Autorenabsicht

Allem Anschein nach ist dem Autor sehr daran gelegen, dem Leser drastisch vor Augen zu führen, wie stark sich die Masse durch wechselnde Moden manipulieren lässt, welchen Zwängen sie sich freiwillig unterwirft und wie gedanken- und willenlos sie sich dabei verhält. Wer Kritik übt oder sich der Menge in den Weg stellt, bleibt im wahrsten Sinne des Wortes auf der Strecke.

Die Frage dabei ist, ob diese Haltung der allgemein geltenden Auffassung vom Leben in einer modernen Gesellschaft entspricht, in der so viel die Rede ist von der Entwicklung der Individualität und der Entfaltung der Persönlichkeit. Genau das will uns die Werbung doch suggerieren: Outfit und Styling werden als Zeichen von Freiheit, Unabhängigkeit und Individualität vorgeführt. Aber ist das wirklich so? Mit den Auslassungszeichen am Ende des Gedichts schafft der Autor Raum, über Fragen wie diese nachzudenken. Es bleibt dem Leser überlassen, Überlegungen darüber anzustellen, wer in Wirklichkeit das Opfer ist: der Konsumverweigerer oder das „Fashion Victim“.

Schlussgedanke

Nur wer sich selbst genau beobachtet, ist in der Lage, Zwänge und Abhängigkeiten zu erkennen. Dazu ist es nötig, sich die Frage zu stellen: Wie verhalte ich mich?

Von Natur aus ist der Mensch ein „Herdentier“ und erliegt nur zu leicht der Versuchung, mit der Masse mitzulaufen, da dies einfacher und bequemer erscheint als gegen den Strom zu schwimmen. Vor allem für Jugendliche gehört sehr viel Mut und Selbstvertrauen dazu, „Klamotten“ zu tragen, die nicht der neuesten Mode entsprechen, oder zugeben zu müssen, dass sie das Smartphone, das gerade aktuell auf den Markt gekommen ist, noch nicht haben.

Und obwohl das Gedicht bereits über 25 Jahre alt ist, ist die darin enthaltene Thematik in Zeiten von Facebook & Co. aktueller denn je. Denn auch bei den sozialen Netzwerken gilt zumeist der Grundsatz: Wer nicht mitmacht, ist out. Oder noch drastischer formuliert: Wer nicht dabei ist, existiert gar nicht. Es ist in der „modernen“ Gesellschaft schwer geworden, sich zu behaupten, ohne jedem neuen Trend hinterherzulaufen bzw. jeden „Hype“ mitzumachen. Aber die entscheidende Frage bleibt, was „modern“ überhaupt ist. Bedeutet es, immer „stylish“ und im „angesagten Look“ zu erscheinen, oder heißt es, sich nicht von äußeren Zwängen bestimmen zu lassen und frei in seinem Denken und Handeln zu bleiben? Die Wahl muss wohl jeder für sich selbst treffen.

Hinweis zur Herangehensweise

In der Textbeschreibung sollst du den Inhalt, die sprachlich-formale Gestaltung, die mutmaßliche Absicht des Autors sowie die Wirkung des Prosatextes erfassen und diese Aspekte in deinem Aufsatz darstellen. Achte darauf, dass deine Aussagen zu Sprache und Form in engem Bezug zum Textinhalt stehen, belege sie anhand entsprechender Textstellen. Abschließend nimmst du Stellung dazu, worin für dich die zentrale Aussage des Textes besteht.

Mindmap

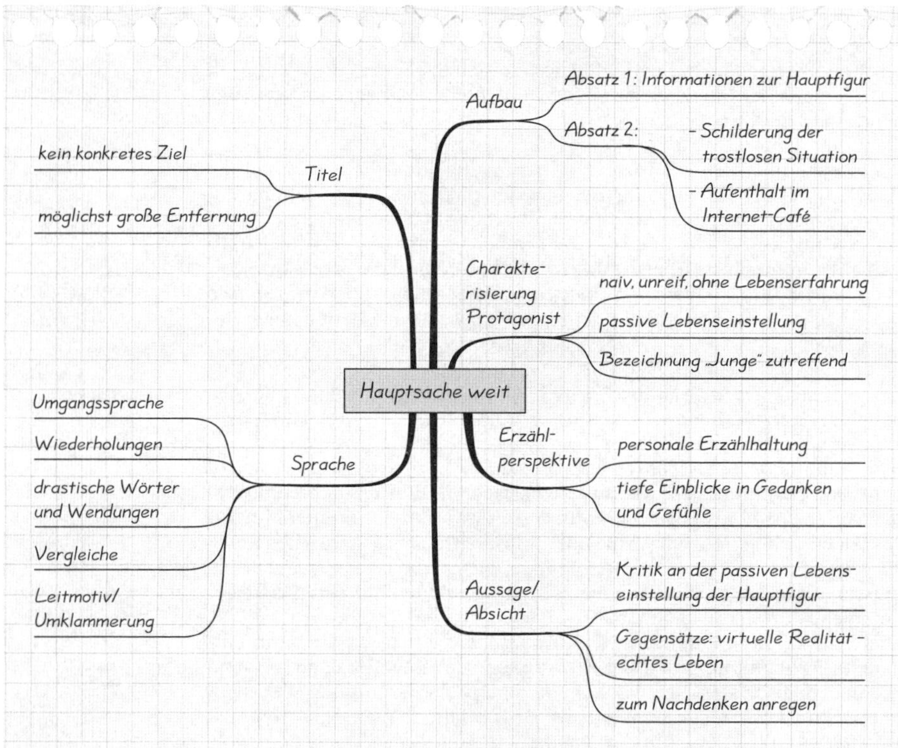

Schreibplan

Einleitung

↓

Titel, Textart, Autorin, Quelle

Kernsatz: Ein Jugendlicher muss auf einer Asienreise erkennen, dass das Leben in fremden Ländern anders ist als in seinen Vorstellungen. In seiner misslichen Lage empfindet er die Verbindung mit der Heimat über das Internet als Rettung.

↓

Hauptteil

↓

Aufbau und kurze inhaltliche Zusammenfassung des Textes

Einteilung in zwei Abschnitte:

- erster Absatz mit Informationen über Aussehen und Zukunftspläne der Hauptfigur
- zweiter Absatz mit zwei Sinneinheiten: Schilderung der trostlosen Situation, Aufenthalt im Internet-Café

↓

Bedeutung der Überschrift

- kein konkretes Ziel der Reise
- ausschlaggebend ist die möglichst große Entfernung

↓

Inhaltliche Beschreibung einzelner Sinnabschnitte

↓

1. Absatz (Z. 1–5)	Rückblick: Ende der Schulzeit, Andeutung eines bisher sorglosen Lebens, Angaben zum Aussehen, vage Zukunftspläne und Ziele des Jungen
2. Absatz, erster Teil (Z. 6–37)	Gegenwart, eingeleitet mit der Frage „Und nun?“ Schilderung der Situation: • dreimonatige Asienreise mit Aufenthalt in Thailand • Einsamkeit und Enttäuschung, Sehnsucht nach gewohntem Leben zu Hause • Hauptfigur fühlt sich tot und kann mit dem Leben im fremden Land nichts anfangen
2. Absatz, zweiter Teil (Z. 37–46)	Entdeckung des Internet-Cafés als entscheidende Wende, Kommunikation mit Freunden zu Hause führt zu Rettung aus verzweifelter Lage, falsche Darstellung der Tatsachen

↓

Charakterisierung der Hauptperson

- will vor seinen Freunden „cool“ erscheinen
- erscheint naiv und unreif, ohne Lebenserfahrung
- passive Lebenshaltung ohne wirkliche Pläne und Ziele
- Bezeichnung „der Junge“ ist für den 18-Jährigen zutreffend
- kann sich nicht auf das Leben und die Menschen in der Fremde einlassen

↓

Erzählperspektive

- personale Erzählhaltung, distanzierter als Ich-Perspektive
- trotzdem detaillierte Einblicke in die Gedanken und Gefühlszustände

↓

Sprache/sprachliche Mittel

- häufige Wiederholungen zur Verdeutlichung des Wesens und der Gefühlslage des Jungen
- Einsatz drastischer Wörter und Wendungen
- Vergleiche zur bildhaften Darstellung bestimmter Sachverhalte
- Leitmotiv und Klammer um den Text (weit, weg …)
- Ausdrucksweise an die Umgangssprache angelehnt (Reihungen, Auslassungen, Inversionen …)

↓

Textsorte Kurzgeschichte mit typischen Merkmalen
- kurzer Ausschnitt aus dem Leben einer Person
- unvermittelter Beginn, offenes Ende

↓

Zentrale Aussage / Autorenabsicht
- Kritik an der passiven Lebenseinstellung des Jugendlichen
- Medien und Computer als Ersatz-Realität
- Darstellung der Gegensätze „virtuelles Leben" und „echte Welt"

↓

Schlussaussage
- zwei Fragestellungen: nach dem Verhältnis zur eigenen Person und zum eigenen Leben / nach dem Verhältnis zu den Medien
- Antworten muss jeder für sich selbst finden

Aufsatzbeispiel

Inhaltliche Schritte

Einleitung
Informationen zum Text mit Kern-/Basissatz

Die Kurzgeschichte „Hauptsache weit" von Sibylle Berg wurde im Jahr 2001 in dem Buch „Das Unerfreuliche zuerst", das den Untertitel „Herrengeschichten" trägt, veröffentlicht. Die Autorin stellt einen 18-jährigen Jugendlichen in den Mittelpunkt des Geschehens, der auf einer Asienreise die bittere Erfahrung macht, dass das Leben in fremden, exotischen Ländern ganz anders ist, als er es sich in seiner Fantasie ausgemalt hat. Nur die Verbindung mit der Heimat über das Internet bringt ihm Trost und Hoffnung in seiner Verzweiflung und Einsamkeit.

Hauptteil
Aufbau und kurze inhaltliche Zusammenfassung

Der Text lässt zwei inhaltliche Abschnitte erkennen. Dabei dient der erste Absatz als kurzer Vorspann, der Informationen über das Aussehen der Hauptfigur und über deren ungewisse Zukunftspläne enthält.
Der zweite Absatz kann wiederum in zwei Sinneinheiten unterteilt werden: Im ersten Teil (Z. 6–37) wird die trostlose Situation des jungen Touristen geschildert, der mit den Eigenheiten des asiatischen Landes und seinen Bewohnern sichtlich nicht zurechtkommt. Der zweite Teil (Z. 37–46), in den unmittelbar übergeleitet wird, handelt von seinem Aufenthalt in einem Internet-Café, der für den Jungen beinahe eine lebensrettende Funktion besitzt.

Bedeutung der Überschrift

Die Überschrift „Hauptsache weit" deutet bereits an, worum es dem jungen Mann in der Geschichte ursprünglich ging. Nach dem Schulabschluss hat er kein konkretes Ziel vor Augen, vielmehr veranlasst ihn der Wunsch, Deutschland, das er als „so eng, so langweilig" (Z. 13) empfindet, möglichst weit hinter sich zu lassen, zu seiner Reise: „und jetzt aber Asien" (Z. 11).

Genaue inhaltliche Beschreibung
erster Absatz / Rückblick

Dementsprechend lautet der erste Satz des Textes: „Und weg, hatte er gedacht." (Z. 1). Es scheint völlig unwichtig zu sein, wohin die Reise geht. In einem kurzen Rückblick erfährt der Leser, dass der Junge bisher allem Anschein nach ein behütetes Leben geführt hat. Nach dem Ende der Schulzeit steht er nun am Beginn seines Lebens (vgl. Z. 1 f.). Offensichtlich sieht er gut aus, „ein schöner Junge mit langen dunklen Haaren" (Z. 3). Er spielt mit dem Gedanken, Musiker oder Künstler zu werden, will „was Kreatives machen" (Z. 5). Bemerkenswert ist die ungewöhnliche Zeichensetzung am Ende dieses Absatzes: „Aber das war später:" (Z. 5) Üblicherweise erwartet der Leser nach einem Doppelpunkt eine Fortsetzung der Aussage, aber nichts dergleichen folgt. Neben der Formulierung „irgendwie" (Z. 4) deutet diese Leerstelle auf die vagen Zukunftspläne des Jungen hin, von denen später noch die Rede sein wird.

Mit der Frage „Und nun?“ (Z. 6) springt die Geschichte abrupt in die Gegenwart. Dies kann einerseits eine direkte Ansprache des Lesers sein, um ihn neugierig zu machen. Andererseits kann es, gemeinsam mit der sich anschließenden Frage, „Warum kommt der Spaß nicht?“ (Z. 7), auch Ausdruck der Perspektive des Jungen sein, der offenbar vergeblich auf etwas wartet, das er sich erhofft hat.

Sprung in die Gegenwart

Die Fragen werden nicht beantwortet, stattdessen folgt die Schilderung der gegenwärtigen Situation des Jungen: Er befindet sich irgendwo in Thailand, in einer Welt, in der ihm alles fremd und feindselig gegenübertritt, angefangen von der kalten, ungemütlichen Atmosphäre seines schäbigen, fensterlosen Pensionszimmers bis hin zum scharfen Essen, das er nicht verträgt. Er fühlt sich einsam und verlassen: „das Glück ist das nicht“ (Z. 9). Anscheinend hatte er sich alles ganz anders vorgestellt vor seiner dreimonatigen Asienreise, die ihn noch durch weitere Länder wie Indien, Kambodscha und Laos führen soll.

Zweiter Absatz: Schilderung der gegenwärtigen Situation

Doch er wird enttäuscht, denn was hier geschildert wird, klingt nach allem anderen als nach „jetzt was erleben“ (Z. 13) oder „so viele Leute“ (Z. 15) kennenzulernen, womit er vor der Reise noch vor seinen Freunden geprahlt hatte. Bisher hat er nur Bekanntschaft mit ein paar jungen Mädchen gemacht, die „aussahen wie dreißig“ (Z. 17) und die er als „komisch“ (Z. 18) empfand, möglicherweise sind damit Prostituierte gemeint.

Anstatt große Abenteuer zu erleben, sitzt er verzweifelt „in seinem hässlichen Pensionszimmer“ (Z. 19 f.) und „muss Obacht geben, dass er sich nicht aufs Bett wirft und weint“ (Z. 20 f.). Er sieht sich einheimische TV-Sendungen mit unbekannten Darstellern an, die seine Einsamkeit noch verstärken. Sehnsucht nach dem gewohnten Leben zu Hause, nach den bekannten Fernseh- und Popstars, nach dem Klatsch aus den Zeitungen und den Anrufen der Freunde überwältigt ihn. Ohne all diese Dinge hat er das Gefühl, „dass er gar nicht existiert“ (Z. 25).

Schließlich verlässt er sein Zimmer, aber auch draußen in der heißen, tropischen Nacht fühlt er sich leer und „wie tot“ (Z. 30). Teilnahmslos ist er unterwegs, „um anderen beim Leben zuzusehen“ (Z. 30 f.). Er ist völlig desillusioniert und denkt verzweifelt daran, wie viel Zeit er noch bis zur Heimreise „rumbekommen muss“ (Z. 33). Seine Träume vom coolen Leben in fernen Ländern erfüllen sich nicht, stattdessen kämpft er mit „Sonnenbrand und Heimweh“ (Z. 36). Er fühlt sich völlig verlassen und fremd (vgl. Z. 37).

Auf dem Höhepunkt seiner Verzweiflung taucht plötzlich und unerwartet die Rettung in Form eines Internet-Cafés vor ihm auf: „dann sieht er etwas, sein Herz schlägt schneller.“ (Z. 37 f.) Über E-Mail kann er endlich mit seinen Freunden zu Hause kommunizieren und vergisst dabei schlagartig alle Unannehmlichkeiten des fremden Landes, „Insekten so groß wie Meerkatzen“ (Z. 41) zum Beispiel. Augenblicklich überkommt ihn das Gefühl, „wieder am Leben“ (Z. 45) zu sein. Allerdings gibt er vor seinen Freunden nicht zu, wie schlecht es ihm eigentlich geht, sondern er berichtet ihnen von den „kleinen Katastrophen“ (Z. 43), die seine Reise nur interessanter erscheinen lassen und womöglich sogar Neid wecken.

Internet-Café als Rettung

Dieses Verhalten gewährt tiefe Einblicke in das Wesen und den Charakter des Jungen. Er will „cool sein“ (Z. 35) und da passt es eben nicht dazu, vor Freunden die Gefühle der Einsamkeit, Enttäuschung und Verzweiflung einzugestehen.

Charakterisierung der Hauptperson

Vom ersten Satz der Geschichte an erscheint er naiv und unreif, hat keine Ahnung vom Leben, das ja auch, wie es im Text heißt, „noch nicht be-

naiv, keine Lebenserfahrung

gonnen“ (Z. 1 f.) hatte. Außer der Schule hat er bisher scheinbar wenig erlebt, auch „noch keine Enttäuschung“ (Z. 2 f.). Er lässt sich durchs Leben treiben, statt es selbst in die Hand zu nehmen.

„der Junge“, unrealistische Träume

Die Bezeichnung „der Junge“, die die Autorin immer wieder verwendet (Z. 3, 7, 11, 24 usw.) und die eigentlich einem Volljährigen mit 18 Jahren nicht gerecht wird, ist daher durchaus zutreffend. Ihm fehlt jegliche Lebenserfahrung, er kennt sich nicht, schätzt sich und die Gegebenheiten offensichtlich völlig falsch ein. Was er auf der Reise erlebt und wahrnimmt, stimmt deshalb „so gar nicht mit den Bildern überein, die er zu Hause von sich hatte“ (Z. 33 f.). Seine Träume erscheinen im Rückblick äußerst unrealistisch („entspannt mit Wasserbüffeln spielen“, Z. 34 f.)

Heimweh

Dass die Reise enttäuschend für ihn verläuft, verwundert nicht, denn er ist nicht bereit, sich auf das Leben und die Menschen in der Fremde einzulassen. Er empfindet Heimweh nach den bekannten TV- und Popstars, die ihm als „Geländer zum Festhalten“ (Z. 36 f.) erscheinen. Er ist fixiert auf seine Gewohnheiten von zu Hause und damit innerlich nicht frei, fremden Menschen und einer fremden Kultur offen und aufgeschlossen zu begegnen. Stattdessen bleibt er passiv, ist nur hier, „um anderen beim Leben zuzusehen“ (Z. 30 f.).

Erzählperspektive

personale Erzählhaltung

Das Geschehen wird aus der Perspektive eines personalen Erzählers wiedergegeben. Das schafft eine gewisse Distanz, die der Leser gegenüber der Hauptfigur einnimmt, er kann sie von außen betrachten.

Dennoch gewährt der Erzähler häufig tiefe Einblicke in das Innenleben der Hauptperson. An einer Stelle wird sogar in die Ich-Form gewechselt, als von dem Vorhaben, später nach London zu gehen, die Rede ist (vgl. Z. 4 f.). Die Gedankengänge und Gefühlszustände werden an vielen Stellen detailliert wiedergegeben, was es dem Leser ermöglicht, die Situation des Jungen unmittelbar mitzuerleben, z. B. auf dem Höhepunkt seiner Verzweiflung: „Das ist wie tot sein, denkt der Junge. […]“ (Z. 30 ff.).

Sprachliche Mittel

Sprachliche Mittel werden gezielt eingesetzt, um bestimmte Sachverhalte in besonderer Weise zu verdeutlichen oder inhaltliche Aussagen hervorzuheben.

Wiederholungen

So dient die häufige Wiederholung von Formulierungen wie „hatte er gedacht“ (Z. 1), „dachte“ (Z. 4), „[d]enkt er“ (Z. 27) oder „denkt der Junge“ (Z. 30) dazu, nachdrücklich auf den Gegensatz zwischen der Selbstwahrnehmung des Jungen und seinem wirklichen Wesen hinzuweisen.

Schlüsselwörter

Auch bestimmte Schlüsselwörter greift die Autorin mehrmals auf, um dem Leser die Gefühlslage des Jungen intensiv vor Augen zu führen: Die Adjektive „heiß“ (vgl. Z. 28, 33, 46), „fremd“ (vgl. Z. 22, 28, 42) und „ausländisch“ (vgl. Z. 37, 41) veranschaulichen, wie unwohl und fehl am Platz sich der junge Tourist in Asien fühlt. Verstärkt wird diese Wirkung noch durch den gezielten Einsatz drastischer Wörter und Wendungen. Die Unverträglichkeit des scharfen thailändischen Essens wird mit verlorenen Kriegen (vgl. Z. 10 f.) gleichgesetzt. Auch Formulierungen wie „tot sein“ (Z. 30) oder „umfallen und sterben in der tropischen Nacht“ (Z. 31) legen die Vermutung nahe, dass der Junge sich regelrecht bedroht fühlt.

Vergleiche

Die Autorin setzt Vergleiche ein, um durch die bildhafte Schilderung eine eindringliche Wirkung zu erzielen. Da ist die Rede vom Bildschirm, der „wie ein weiches Bett“ (Z. 44) ist, dem jungen Mann also ein plötzliches Gefühl der Geborgenheit verschafft, das den Kontrast zur Fremdheit treffend hervorhebt, die der Junge empfindet und die durch die Personifika-

Personifikation

tion „selbst die Tiere reden ausländisch“ (Z. 37) zum Ausdruck gebracht wird. An Stellen, an denen ein Aspekt betont werden soll, finden sich Inversionen: „[…] hatte noch nicht begonnen, das Leben.“ (Z. 1 f.) Der Satz ist umgestellt, das Subjekt steht am Schluss und erfährt so eine deutliche Wertung.

Inversion

Formulierungen wie „[u]nd weg“ (Z. 1) bzw. „[w]eit weg von zu Hause“ (Z. 30, 46) durchziehen den Text wie ein Leitmotiv und umfassen ihn zugleich wie eine Klammer. Zusammen mit der Überschrift unterstützen sie damit die Kernaussage, dass es dem Protagonisten bei seiner Festlegung des Reiseziels einzig und allein um die möglichst große – räumliche wie kulturelle – Entfernung von der Heimat ging. Damit, dass genau dies für ihn zum Problem wird, hat er nicht gerechnet.

Leitmotiv

Insgesamt lässt sich feststellen, dass die Ausdrucksweise stark an die Umgangssprache angelehnt bzw. der Alltagssprache entnommen ist. Die Geschichte wird vielfach in aneinandergereihten Haupt- und Nebensätzen wiedergegeben, sodass die Schilderung von Eindrücken, Gedanken und Gefühlen sehr dicht wirkt. Im Satzbau fallen Ellipsen auf: „Magen gegen Tom Yan, Darm gegen Curry. Immer verloren, die Eingeweide.“ (Z. 10 f.) Die banale Feststellung, dass der Junge das ungewohnte Essen nicht verträgt, wird hier kurz und prägnant dargestellt. Am Wendepunkt der Geschichte genügen ebenfalls Schlagworte: „Ein Computer, ein Internet-Café.“ (Z. 38)

Alltagssprache

Ellipsen

So wie die Sprache aus dem Alltag gegriffen ist, so ist es auch die Person des jungen Touristen selbst. Es wird ein kurzer Ausschnitt aus seinem Leben erzählt, was typisch für eine Kurzgeschichte ist, die gewöhnliche Menschen in Alltagssituationen zeigen will. Sieht man von dem kurzen Vorspann ab, so beginnt der Text unvermittelt, das Ende bleibt offen – auch dies sind wesentliche Merkmale der Kurzgeschichte.

Textsorte Kurzgeschichte

Zentrale Aussage / Autorenabsicht

Es bleibt dem Leser selbst überlassen, sich Gedanken über Aussage und Absicht des Textes zu machen. Die Autorin stellt einen jungen Mann ins Zentrum der Geschichte, der immerhin schon 18 Jahre alt, jedoch nicht in der Lage ist, sich selbst richtig einzuschätzen. Mit seiner Reise hat er sich ein Unternehmen zugemutet, dem er offensichtlich nicht gewachsen ist. Gefangen in einer Welt aus Illusionen und falschen Hoffnungen wartet er völlig passiv darauf, dass sich alles von selbst nach seinen Wünschen ergibt. Er nimmt sein Leben nicht aktiv in die Hand und nutzt die Chancen auf neue Erfahrungen, die ihm diese Reise bietet, nicht.

Stattdessen sind die Medien für ihn Lebensersatz, Fernseher und Computer bestimmen sein Denken und Handeln. Letztendlich ist es gleichgültig, wohin der Junge reist, er wird überall die gleiche innere Leere empfinden, sobald er keinen Zugang zu Fernsehen und Internet hat.

Man könnte fast sagen, er führt ein „virtuelles Leben“, in dem er sich die Dinge so zurechtrücken kann, wie es ihm gefällt. Mithilfe der Medien blendet er die störende Wirklichkeit aus und lebt mit einer künstlichen Identität in einer künstlich geschaffenen Welt. Er verschließt die Augen vor den Tatsachen: dass er in der „echten Welt“ fast nicht überlebensfähig ist, sich „wie tot“ (Z. 30) fühlt bzw. „gar nicht existiert“ (Z. 25). Das Medium ermöglicht es ihm, seinen Freunden und in diesem Moment vermutlich auch sich selbst das Bild vom großen Abenteurer, der er gerne wäre, vorzugaukeln.

Schluss

Im Wesentlichen kristallisieren sich nach dem Lesen der Geschichte zwei Fragestellungen heraus. Zunächst geht es um die eigene Persönlichkeit: Wie gut kenne ich mich? Schätze ich mich richtig ein? Bin ich

in der Lage, offen auf das zuzugehen, was mir im Leben begegnet? Bin ich bereit, neue Erfahrungen zu machen und daraus zu lernen?
Zum anderen wird das Verhältnis zu den Medien problematisiert. In Zeiten von Facebook und Co. wird nicht selten die Welt des Internets und der sozialen Netzwerke zur Ersatzwelt und zum „zweiten Leben“, noch viel stärker als zur Erscheinungszeit dieses Textes vor zehn Jahren. Wer kann denn, wenn er einmal ganz ehrlich ist, noch auf die ständige Verbindung mit der virtuellen Welt im Internet verzichten? Inwieweit haben wir uns schon von den Medien abhängig gemacht, leben nur noch in ihnen und durch sie? Die Kurzgeschichte bietet Anlass, über diese Fragen nachzudenken.

Aufgabe 3: Texte lesen, auswerten und schreiben – Körperbewusstsein – Körperkult – Schönheit?

Hinweis: *Folgende Schritte zeigen dir, wie du an diese Schreibaufgabe herangehen kannst.*

1. **Analysiere die Schreibaufgabe**
   - Finde heraus, welche Textsorte von dir verlangt wird:
     → persönlicher Brief, der aber sachliche Argumente und fundierte Fakten enthalten soll

2. **Erstelle eine Liste der Merkmale oder Aufbaukriterien der in der Aufgabe geforderten Textsorte oder mache sie dir zumindest gedanklich nochmals bewusst.**
   Merkmale eines persönlichen Briefs sind:
   - Formales: Ort und Datum, persönliche Anrede, Grußformel mit Unterschrift am Ende
   - bestimmter Anlass, bestimmtes Thema
   - Ziel: eigene Meinung/Position darlegen, evtl. Empfänger zu etwas auffordern (Appell)
   - Reaktionen des Lesers werden mit einbezogen, Adressat wird direkt angesprochen
   - Inhalte nachvollziehbar gliedern (roter Faden)
   - Sprache:
     - persönliche Ausdrucksweise, Argumente werden aber weitestgehend sachlich dargelegt
     - Appellieren durch Ausrufesätze, Fragen oder verkürzte Sätze
     - Überzeugen durch passende rhetorische Mittel
     - Gedankenstriche/Auslassungspunkte dienen zur Kennzeichnung von Gedankenpausen

3. **Überlege dir bei der Bearbeitung der Aufgabe also zunächst:**
   - In welcher **Situation** schreibst du den Brief?
     → Tracy soll von ihrer Tante zum bevorstehenden 17. Geburtstag eine Schönheitsoperation geschenkt bekommen. Offensichtlich hat sie selbst Zweifel an der Sinnhaftigkeit des Geschenks und fragt dich (Maxi) um Rat. Tracy geht davon aus, dass in Deutschland das Thema „Schönheitsoperationen" kritischer gesehen wird, erwartet von dir also durchaus auch skeptische Worte. Die Freundinnen in den USA haben schon Schönheits-OPs durchführen lassen und finden dies normal.
   - Wer ist der **Adressat**?
     → Tracy, bald 17 Jahre alt, amerikanische Freundin, die per Brief einen Rat zum (allgemein gehaltenen) Thema Schönheitsoperationen erbeten hat.
   - Welche **Sprachebene** muss für die Adressatin gewählt werden?
     → Du schreibst einer Freundin, der Text kann also persönlich gehalten werden. Damit deine Argumente aber überzeugen können, solltest du sie weitgehend sachlich darlegen und deinen Text sinnvoll strukturieren.
   - Was ist **Thema und Zielsetzung** deines Briefs?
     → Du sollst dich kritisch mit Tracys Anliegen auseinandersetzen, du behandelst z. B.
     - aktuelle Umfragen bezüglich Schönheitsoperationen bei Jugendlichen
     - Risiken von Schönheitsoperationen
     - Auswirkungen auf das Selbstwertgefühl
     - das Thema „Schönheit" allgemein, z. B. die historischen Veränderungen, denen Schönheitsideale unterworfen sind
   - Wie steht der Verfasser des Briefes zum Thema?
     → Du legst in deinem Brief deine eigene Meinung dar. Stelle dir vor, einer deiner Freunde würde eine Schönheitsoperation in Erwägung ziehen – was würdest du ihm/ihr raten? Vermutlich wirst du eher eine ablehnende Haltung einnehmen, aber auch die gegenteilige Position ist möglich. Achte darauf, deine Ansichten gut zu begründen und auch die jeweils andere Position in deine Überlegungen mit einzubeziehen.

- Wie steht die Empfängerin des Briefs zum Thema?
  → Aus der Aufgabenstellung wird deutlich, dass Tracy nicht ganz wohl dabei ist, eine Schönheitsoperation durchführen zu lassen. Offenbar geht sie davon aus, dass sie von dir Argumente gegen eine OP hören wird.

4. **Wähle geeignete Texte aus deinem Textkompendium aus**
   Entscheide, welche Textinhalte/Zitate/Textbausteine du für deine Argumentation heranziehen willst. Arbeite hierfür sinnvollerweise mit dem Inhaltsverzeichnis deines Kompendiums.

5. **Erstelle einen Schreibplan**
   Bevor du nun mit dem Schreiben deines eigentlichen Aufsatztextes beginnst, solltest du einen detaillierten Schreibplan entwerfen. Achte dabei immer wieder auf
   - den passenden Adressatenbezug *(an Freundin Tracy)*
   - die richtige Perspektive und Intention *(Mit welcher Absicht verfasse ich den Text?)*
   - den logischen Aufbau des Textes
   - die sinnvolle Einbindung von Fakten, Informationen, Zitaten, Textauszügen

Schreibplan zur Vorbereitung des ausformulierten Textes

Einleitung

• Eingehen auf Tracys Brief (z. B. Dank, Freude zum Ausdruck bringen …)
• spontane Reaktion auf das Vorhaben der Tante (z. B. Entsetzen darüber äußern)

↓

Hauptteil

kritische Betrachtung von Schönheitsoperationen in jugendlichem Alter,
Nennung von verschiedenen Entwicklungen und Fakten zum Thema,
Schlussfolgerung für Tracys Anliegen:
• Frage nach der Art der möglicherweise angedachten OP (z. B. Bezug auf eine von Tracy früher schon erwähnte „Problemzone“ nehmen)
• Notwendigkeit einer Schönheitsoperation in Tracys Fall infrage stellen
• auf Tracys Feststellung eingehen, dass in Deutschland kritischer mit dem Thema umgegangen werde
• Nennung von Fakten zum Thema:
– medizinische Risiken von Schönheitsoperationen (verschiedene Arten von OPs ansprechen)
– psychische Risiken (z. B. erhoffte Zufriedenheit stellt sich nicht ein, weiterer OP-Wunsch entsteht, …)
– Frage nach Ursache von Tracys Wunsch (Beeinflussung durch Tante? Nachahmung der Freundinnen? Echter Bedarf mit medizinischer Begründung? Psychische Begründung?)
– Nennung von häufig vorgebrachten Gründen für den Wunsch

↓

• Fazit, dass falsche Vorbilder in die Irre führen;
Aufforderung, den eigenen Körper zu akzeptieren

↓

Schlussworte

• persönlicher Standpunkt: Tracy sollte das Angebot zur Schönheitsoperation ablehnen
• Hoffnung äußern, dass man Tracy weiterhelfen konnte
• Verabschiedung

Beispiel für einen persönlichen Brief

Inhaltliche Schritte

Weil der Stadt, 4. Mai 2011

„Deine Schönheit braucht keine Mittel:
Amor ist nackt und liebt keine künstliche Schönheit“
(Lateinische Lebensweisheit)

Einleitung
Bezug auf Tracys Brief

Liebe Tracy,
zunächst einmal herzlichen Dank für deinen Brief, der mich, als ich ihn gestern gelesen habe, ganz schön erschüttert hat. Ich musste ihn glatt zweimal lesen, sonst hätte ich nicht geglaubt, was du geschrieben hast. Eine Schönheitsoperation zu deinem 17. Geburtstag?

eigene Reaktion auf die Idee

Meine Liebe, dass *du* so etwas in Erwägung ziehen würdest, ist für mich unfassbar. Womit bist du denn so unzufrieden, dass du dich solchen Strapazen ausliefern würdest? Du hast doch ein einmaliges, hübsches Gesicht, eine süße Stupsnase, tolle Haare und eine super Figur! Was sollte man denn da bitteschön optimieren lassen?

Hauptteil
Einstieg über Tracys „Problemzone“

Klar, dass man Dinge am eigenen Körper mal mehr und mal weniger mag, das kenne ich auch. Ich kann mich an deine (total unbegründeten!) „Beschwerden“ noch gut erinnern. Du hast ja in meiner Gegenwart schon öfter erwähnt, dass du deinen Bauch etwas zu mollig findest. Doch sich deswegen gleich freiwillig „unters Messer“ zu legen?
Hast du denn vergessen, was ich damals gemacht habe? Ich habe dir den Refrain des Songs *Beautiful* von Christina Aguilera vorgesungen: “You are beautiful no matter what they say …” – Du bist schön, egal was die anderen sagen!

Umfrage: Einstellungen Jugendlicher zum Thema Schönheits-OP

Aber die meisten von uns Jugendlichen haben an sich selbst etwas auszusetzen. Du bist also in bester Gesellschaft. Eine Umfrage der Bundeszentrale für gesundheitliche Aufklärung zeigt, dass sogar über die Hälfte aller Jugendlichen mit dem eigenen Körper unzufrieden sind und nur 36 % aller 14-jährigen Jungen und 29 % aller Mädchen ihren Körper schön finden.[1]
Du hast recht, in Europa sehen wir Schönheitsoperationen ein bisschen kritischer als ihr in Amerika. Doch auch bei uns wird die Vorstellung für viele Jugendliche immer normaler, sich operieren zu lassen, um vermeintlich schöner zu werden.[2]

eigene Recherchen zu Risiken darlegen

Ich habe mich im Internet zum Thema Schönheitsoperationen schlau gemacht und bin dabei auf erschreckende Informationen gestoßen. Hast du zum Beispiel gewusst, dass immer mehr plastische Chirurgen für alle Bereiche Schönheitsoperationen anbieten, obwohl sie nicht ausreichend dafür ausgebildet sind und zu wenig Operationserfahrung haben? Die Folge daraus ist, dass die Ergebnisse der Operationen oft misslungen oder ungenügend sind.[3] Problematisch ist auch, dass die Bezeichnung „Schönheitschirurg“ nicht geschützt ist, sich also jeder Mediziner so nennen darf, obwohl er vielleicht nicht über eine entsprechende Ausbildung verfügt. Ein „plastischer Chirurg“ dagegen hat eine spezielle Fach-

problematische Berufsbezeichnung „Schönheitschirurg“

---

1 Bundeszentrale für gesundheitliche Aufklärung, Forum 1–2006 / TNS Emnid; www.sexualaufklärung.de/cgi-sub/fetch.php?id=450, gesehen am 29. 5. 2011

2 Bayerischer Rundfunk; www.br-online.de/br-alpha/elternsprechstunde-kinder-erziehung-ID1223387570602.xml, gesehen am 29. 5. 2011

3 Nicole Höfle: Unschöne Folgen der ästhetischen Chirurgie. Stuttgarter Zeitung vom 13. 3. 2011

arztausbildung absolviert. Man muss also gut darauf achten, welchem Arzt man sich für einen solchen Eingriff anvertraut.

Es ist eine Tatsache, dass nicht alle Schönheitsoperationen glücken, manchmal sogar weitere Eingriffe nach sich ziehen. Zudem ist natürlich jede OP mit einem hohen Gesundheitsrisiko verbunden. Wie gefährlich eine Schönheitsoperation sein kann, zeigte bei uns in Deutschland das Schicksal von „Cora“, das im Januar Schlagzeilen machte. Die 23-jährige Erotikdarstellerin starb nach Komplikationen bei ihrer sechsten Brustvergrößerung. Das ist sicherlich ein Extremfall, aber es ist unbestritten, dass es nach Brustvergrößerungen, Fettabsaugungen und Nasenoperationen immer wieder zu Komplikationen kommt. Selbst ohne chirurgische Fehler können Thrombosen, Embolien oder Wundinfektionen entstehen.[4] Beispiel „Cora“

Wie du siehst, ist eine Schönheitsoperation eine ernste Angelegenheit und muss gut durchdacht werden. Meiner Meinung nach solltest du das Angebot deiner Tante nicht annehmen. Ganz abgesehen einmal von den gesundheitlichen Risiken – auch wenn du dich einer OP unterziehen würdest, dein Selbstwertgefühl könntest du mit einer Veränderung deines optischen Erscheinungsbildes bestimmt nicht aufbessern. Dazu musst du deine Einstellung ändern: Sieh nicht immer nur deine negativen, sondern betrachte eher die positiven Seiten! Lege andere Maßstäbe für dich an und respektiere, akzeptiere deinen Körper. Miss dich nicht mit oder an anderen und lasse dich vor allem nicht von den Medien, die nur makellose, perfekte Traumbodys zeigen, beeinflussen. Sei also nicht zu naiv und lass dich nicht nur von Äußerlichkeiten lenken. Rat: keine Schönheits-OP vornehmen lassen an Selbstwertgefühl arbeiten falsche Vorbilder

Du hast mir geschrieben, dass einige deiner Freundinnen und Freunde sich das eine oder andere schon haben „machen“ lassen. Auch wenn das ein Trend bei euch ist, steh zu dir selbst und werde kein Mitläufer! Bei meinen Internetrecherchen bin ich auf ein Gedicht gestoßen, das den blinden Modegehorsam der Frauen sarkastisch und sehr übertrieben auf den Punkt bringt: Das Gedicht ist von Erich Kästner und wurde bereits im Jahr 1972 geschrieben. Es heißt „Sogenannte Klassefrauen“: Modediktat, Trend

Sind sie nicht pfuiteuflisch anzuschauen?
Plötzlich färben sich die Klassefrauen,
weil es Mode ist, die Nägel rot!
Wenn es Mode wird, sie abzukauen
oder mit dem Hammer blau zu hauen,
tun sie's auch. und freuen sich halbtot.

Wenn es Mode wird, die Brust zu färben,
oder falls man die nicht hat, den Bauch …
Wenn es Mode wird, als Kind zu sterben
oder sich die Hände gelb zu gerben,
bis sie Handschuhn ähneln, tun sie's auch.

Wenn es Mode wird, sich schwarz zu schmieren …
Wenn verrückte Gänse in Paris
sich die Haut wie Chinakrepp plissieren …
Wenn es Mode wird, auf allen Vieren
durch die Stadt zu kriechen, machen sie's.

---

4 Tanja Wolf: Für mehr Schönheit auf den OP-Tisch. Stuttgarter Zeitung vom 3. 5. 2011

Wenn es gälte, Volapük zu lernen
und die Nasenlöcher zuzunähn
und die Schädeldecke zu entfernen
und das Bein zu heben an Laternen,
morgen könnten wir's bei ihnen sehn.

Denn sie fliegen wie mit Engelsflügeln
immer auf den ersten besten Mist.
Selbst das Schienbein würden sie sich bügeln!
Und sie sind auf keine Art zu zügeln,
wenn sie hören, daß was Mode ist.

Wenn's doch Mode würde, zu verblöden!
Denn in dieser Hinsicht sind sie groß.
Wenn's doch Mode würde, diesen Kröten
jede Öffnung einzeln zuzulöten!
Denn dann wären wir sie endlich los.[5]

Vorschlag der Tante kritisch betrachten

Das Gedicht stellt den „Modewahn" zwar sehr überspitzt dar, enthält aber doch einen wahren Kern. Vielleicht solltest du es zum Anlass nehmen, den Vorschlag deiner Tante noch einmal zu überdenken. Nur weil etwas zurzeit in Mode bzw. ein Trend ist, muss man dabei nicht gleich mitmachen.

Denn was ist Schönheit überhaupt?

Schönheitsideal im Wandel der Zeit

Die Antwort auf diese Frage liegt nämlich immer im Auge des Betrachters. Wenn wir gedanklich mal eine Zeitreise zurück machen, fällt einem auf, dass sich die Bedeutung von Schönheit im Lauf der Jahrhunderte immer wieder geändert hat. (Du siehst, ich habe meine Recherche-Hausaufgabe wirklich gründlich gemacht.)

Mittelalter

Im Mittelalter prägte der christliche Glaube das Weltbild und der Mensch sollte sich daher möglichst schlicht und unauffällig zeigen. Als Schönheitsideal galt beispielsweise besonders helle Haut.

Renaissance

In der Renaissance wurden die Frauenkörper nicht mehr männlich schmal, sondern sehr üppig dargestellt. Arme und Beine sollten möglichst grazil sein, Bauch, Gesäß und Taille durften hingegen deutliche Rundungen aufweisen.

Barock

Im Barock wurde schließlich mit zweierlei Maß gemessen: Die Frauen auf den Bildern des Malers Peter Paul Rubens (1577–1640) stehen stellvertretend für das – einerseits – mollige Ideal der damaligen Zeit. (Sieh dir einmal einige Bilder von ihm an, du wirst sehen, für meine Figur wäre das vielleicht eine prima Zeit gewesen.)

Sprung: 1920er-Jahre

Im Alltag allerdings mussten die Frauen jedes Gramm Fett kaschieren, z. B. mittels des Korsetts. So ging das noch eine Weile, bis in den 1920er-Jahren mit beginnender Emanzipation die erste große Schlankheitswelle aufkam.[6] Du weißt sicher, was ich damit sagen will …

negatives Vorbild: Modelbranche

Tracy, was verstehst du ganz persönlich unter Schönheit? Findest du jemanden etwa erst schön, wenn er Modelmaße besitzt? Und hast du eigentlich ein Vorbild? Wenn nicht, dann nimm dir bitte kein Model zum

---

5 Erich Kästner: Doktor Erich Kästners Lyrische Hausapotheke. Atrium: Zürich 1936

6 CrossDressingGuide; http://crossdress.transgender.at/018f81931910ced2e/ 018f81931f137b745/018f819330004f664/018f81933009a8957.html, gesehen am 29. 5. 2011 (Stark Textkompendium 2011, M 39)

Vorbild, denn der Erfolg und der perfekte Körper sind nur die eine Seite der Medaille. Auf der anderen Seite steht nämlich ein ständiger Konkurrenzkampf und auch ein Kampf mit den gewünschten Idealmaßen, der oft genug in Essstörungen mündet. Mein Vorbild ist die Sängerin Alecia Beth Moore, auch Pink genannt. Sie ist eine selbstbewusste Frau, die zu ihren Meinungen steht. Das finde ich toll! In ihrem Song „Stupid Girls“ behauptet sie, dass für Mädchen nur die perfekt sitzende Frisur zählt und deren Welt lediglich aus Make-up und Mode besteht.

eigenes Vorbild nennen

Zählt für dich, Tracy, auch nur noch das äußere Erscheinungsbild eines Menschen? Ich hoffe nicht, denn meine Botschaft an dich lautet: Wahre Schönheit kommt von innen und die Leute, die dich lieben, schätzen deinen liebenswerten Charakter und nicht dein Aussehen! Außerdem: Kleine „Fehler“ machen einen Menschen doch erst „vollständig“ und zu dem, was er ist! Ein perfekter Körper ist bestimmt keine Garantie für ein erfolgreiches Leben.

motivieren, über Schönheitsbegriff nachzudenken

Ich möchte dir raten, zu deinen weiblichen Kurven zu stehen und sie zu akzeptieren. Apropos, Meinungsforschern zufolge finden die meisten Deutschen kurvenreiche Frauen attraktiver als dünne mit Modelmaßen.[7] Und auch die internationalen Laufstege und Titelseiten der Modemagazine werden immer mehr von XL-Models besiedelt.[8] Auch wenn wir von klein auf mit „Schönheiten“ konfrontiert werden, sei es in Form von Puppen wie Barbie und Ken, auf Postern von Stars im Kinderzimmer, die uns vermeintlich perfekte Körper zeigen, oder mit Märchen, bei denen die Schönen immer Prinzessinnen sind und die meiste Aufmerksamkeit bekommen – du allein hast die Wahl, was du aus diesem allgegenwärtigen Schönheitswahn machst und wie du damit umgehst.

auch weibliche Kurven sind gefragt

Suche das Gespräch mit deiner Tante. Sprich mit ihr über Schönheitsoperationen, über Risiken und Vorteile. Meiner Meinung nach sollte sie selbst ein positives Vorbild abgeben und dich nicht auf solche dummen Gedanken bringen.

Ratschlag: gegenüber Tante auch Risiken ansprechen

In der Hoffnung, dass ich dir bei deiner Entscheidungsfindung geholfen habe und dir auch die Schattenseiten des Schönheitswahns zeigen konnte, verabschiede ich mich nun von dir.
Halte mich auf dem Laufenden!

abschließende Wünsche

Liebe Grüße

Grußformel

Deine Freundin Maxi

---

7 http://www.amica.de/Beauty/pflege_Styling/umfrage/umfrage-trend-zu-weiblichen-kurven_aid_4167.html, gesehen am 29. 5. 2011

8 http://lifestyle.de.msn.com/womensgreatest/fashion-beauty/mode/bilder.aspx?cd-documentid=156087023, gesehen am 29. 5. 2011

Hinweis: *Folgende Schritte zeigen dir, wie du an diese Schreibaufgabe herangehen kannst:*

Analyse der Aufgabenstellung

- Textsorte:
  - **Gespräch** zwischen Anja und Kilian; an den vorgegebenen Anfang angepasst, also nicht in einem Fließtext verfasst, sondern wie im Drama mit Doppelpunkten, wörtlicher Rede und eventuell Regieanweisungen in Klammern
  - Es sollte beachtet werden, dass der Sprechanteil der beiden Dialogpartner einigermaßen ausgeglichen ist (auch wenn Anja hier die Erzählende sein muss), also nicht nur lange Monologe Anjas von wenigen Fragen Kilians unterbrochen werden. Wünschenswert ist ein wirkliches Gespräch mit zwei Teilnehmern, bei denen Beiträge gegenseitig kommentiert werden.
- Sprache: Die Sprache sollte zu Anja und Kilian passen. Es müssen Alltags- und Umgangssprache enthalten sein, damit das Gespräch realistisch wirkt. Dennoch ist darauf zu achten, dass die Sprache auch ein gewisses Sprachniveau hat, da es sich ja um einen Aufsatz handelt. Unterbrechungen, Fragen, Rückfragen und Antworten gehören ebenfalls zu einem realistischen Gespräch.
- Zeitliche Einordnung:
  - Das Gespräch findet nach dem 9. November 1989 (Fall der Mauer) statt, vermutlich aber nicht viel später, da sonst „Fall der Mauer“ nicht in der Aufgabenstellung als zeitlicher Bezugspunkt genannt würde.
  - Die Handlung des Buches endet am 9. Oktober 1989. Das Gespräch wird also wenige Wochen oder Monate nach Ende der Handlung des Buches stattfinden, es kann sich noch nicht allzu viel bei Anja und Kilian verändert haben.

Sammle Ideen und halte Stichpunkte fest.

- Durch die Aufgabenstellung ist bereits vorgegeben, dass das Leben in den Jugendwerkhöfen thematisiert werden soll. Es muss hierbei also auf „Burg“ und „Torgau“ eingegangen werden, wobei Torgau natürlich eindrücklicher ist und daher eher als Schwerpunkt behandelt werden sollte. Dabei muss herausgearbeitet werden, wie schlimm die Zeit in diesen Einrichtungen für die Insassen war, Beispiele sollten unbedingt eingearbeitet werden.
- Weiterhin ist vorgegeben, dass Anja schildern soll, wie ihr die Poesie in der schweren Zeit geholfen hat. Hierbei müssen der „Panther“ und seine Funktion für Anja während des Arrests und bei der Flucht erwähnt werden, es sollte aber auch noch anderweitig auf Poesie eingegangen werden.
- Als besonders wichtige Aspekte für Anja in der damaligen Zeit sollten auch
  - Anjas Zeit bei Kilians Familie,
  - die Freundschaft zu Gonzo und Tom,
  - Anjas Flucht und das Wiedersehen mit ihrer Mutter (insbesondere auch Kilians Rolle dabei: Telefonat),
  - die gegenwärtige Situation von Anja und Tom

  im Gespräch Erwähnung finden.
- Da Anja und Kilian sich über Weihnachten, als Anja bereits im offenen Jugendwerkhof „Burg“ war, gesehen haben, solltest du auf eine zu ausführliche Schilderung der Zeit davor besser verzichten. Einerseits muss man davon ausgehen, dass die beiden über Weihnachten möglicherweise schon darüber gesprochen haben, andererseits muss im Aufsatz ja ohnehin ein Schwerpunkt gesetzt werden, der sicherlich eher auf Torgau, als schlimmstem Jugendwerkhof, zu legen ist.

Entwirf einen groben Schreibplan, in dem du alle inhaltlichen Punkte aufführst, die du in deinen Text aufnehmen willst.

- Bezug auf Kilians Aussage, Poesie könne die Seele retten; zunächst Unverständnis Anjas
- Weihnachtsgeschenk Gedichtband

↓

- Andeutung, dass Gedichte für Anja zunehmend wichtiger wurden; Schmuggel des Buches in die Arrestzelle
- mit der Zeit: Lieblingsgedicht „Der Panther“, Identifikation

↓

- mittels der Gedichte: Verständnis für Ausreiseantrag der Mutter
- Ansicht Anjas: Gedichte als „Rettung“ aus auswegloser Situation

↓

- Erklärung für Literatur-Verbot: angeblich „Schundliteratur“; Verlust des Buches
- Begebenheit mit Vertrauenslehrer Herr Heppner, „John Maynard“
- Angriff Anjas auf Frau Dobel, Verlegung nach Torgau

↓

- ständige Demütigungen und Schikanen in Torgau, Gewalt; noch heute Alpträume
- Bericht über Ankunft: stundenlanges Stehen, grundloser Tritt der Erzieherin
- Hilfe durch den „Panther“, Freundschaft zu Gonzo und Tom
- Flucht aus Torgau: Krankenhaus, Gonzos Plan

↓

- Anjas Flucht nach Leipzig zu Toms Freunden
- Montagsdemonstrationen, Wiedersehen mit der Mutter

↓

- gegenwärtige Situation: Anja, Tom, Mutter wohnen zusammen
- gegenseitiges Versprechen, sich zu besuchen

Beispiel für ein Gespräch	**Inhaltliche Schritte**
ANJA: Weißt du noch, wie du damals gesagt hast, Poesie kann die Seele retten?	Vorspann aus Aufgabenstellung
KILIAN: Ja, ich kann mich gut daran erinnern. Ich glaube, du hast mich damals ratlos angesehen. Es sah fast so aus, als würdest du mich für einen Spinner halten. *(lacht)*	
ANJA: Nein, Quatsch. Ich konnte nur nichts damit anfangen. Ich habe einfach nicht verstanden, was du meinst.	Anjas anfängliche Enttäuschung über Kilians Geschenk
KILIAN: Das dachte ich mir schon. Ich hoffe, mein Weihnachtsgeschenk war trotzdem nicht völlig unbrauchbar für dich.	
ANJA: Gar nicht! Ich muss zugeben, zuerst war ich ein bisschen enttäuscht und dachte, dass mir ein Krimi lieber gewesen wäre. Ich konnte ja auch nicht ahnen, wie wichtig die Gedichte für mich werden würden.	
KILIAN: Wie meinst du das?	
ANJA: Na ja, als du mir zum Abschied den Ausschnitt aus Rilkes Gedicht aufgesagt hast, war ich echt gerührt. Deshalb habe ich den Gedichtband in meinem Hosenbund in die Arrestzelle geschmuggelt und dort habe ich die Gedichte dann gelesen. Zuerst habe ich so gut wie nichts verstanden, aber ich habe die Gedichte trotzdem wieder und wieder gelesen und irgendwann kapierte ich, was Rilke sagen wollte. Es gab so viele Gedichte, bei denen es mir so vorkam, als habe der Dichter über mich geschrieben. Zwei davon beeindruckten mich besonders …	Schmuggel in Arrestzelle

KILIAN: Und welche sind das?

ANJA: Mein liebstes Gedicht war „Der Panther" und das ist es immer noch. Du weißt schon: „Sein Blick ist vom Vorübergehn der Stäbe/ so müd geworden, dass er nichts mehr hält./Ihm ist, als ob es tausend Stäbe gäbe/ …" — Lieblingsgedicht „Der Panther"

KILIAN: „… und hinter tausend Stäben keine Welt."

ANJA: Es ist unglaublich, dass so vieles aus dem Gedicht mit meiner damaligen Situation übereinstimmt. Oft fühlte ich mich genauso wie der Panther. Wie er war auch ich eingesperrt und hilflos, wie betäubt und wie hinter tausend Stäben gefangen, hinter denen man die normale Welt gar nicht mehr sieht. Auch ich wusste nicht, ob und wann ich wieder freikommen würde, zurück in den Dschungel, zurück nach Hause. — Identifikation

KILIAN: Wow, Anja, das hast du echt schön gesagt. Du solltest auch schreiben …

ANJA: *(lächelt)* Vielleicht. Mal sehen. Jedenfalls, das andere Gedicht, das mir besonders wichtig war, hatte ich zuerst überblättert. Ich weiß nicht, ob du es kennst, es heißt „Der Auszug des verlorenen Sohnes".

KILIAN: Ja, ich kenne es: „Nun fortzugehn von alle dem Verworrnen,/ das unser ist und uns doch nicht gehört" und so weiter. Es ist ziemlich schwer zu verstehen. Was hat dir daran denn so gut gefallen?

ANJA: Das war vor allem so ein Gefühl … Als ich das Gedicht verstand, verstand ich auch meine Mutter. — Verständnis für Verhalten der Mutter

KILIAN: Deine Mutter?

ANJA: Ja, ich habe endlich kapiert, dass sie wegwollte und warum sie wegwollte. Weg von den Dingen, die sie einfach nicht verstehen und akzeptieren konnte, weg von den Einschränkungen und Schikanen. Ihr war es egal, dass sie nicht wusste, was sie im Westen erwartete. Sie musste es einfach herausfinden. Genau wie in dem Gedicht. Ich hoffe, du hältst mich jetzt nicht für verrückt, Kilian, aber es war, als wäre meine Mutter selbst bei mir, als würde sie selbst mir alles erklären. Nur eben mit den Worten von Rilke …

KILIAN: Ich freue mich wirklich, dass dir die Gedichte eine Stütze waren, Anja.

ANJA: Eine Stütze? Sie waren mehr als das, Kilian, sie haben mich gerettet. Ohne die Gedichte wäre ich wahrscheinlich durchgedreht. — Gedichte als „Rettung"

KILIAN: Du hast vorhin gesagt, dass du den Gedichtband in deine Zelle geschmuggelt hast. Durftest du ihn denn nicht mitnehmen? Das ist doch nur ein Buch?!

ANJA: Nein, ich hätte ihn abgeben müssen, aber die Erzieher haben es erst nicht gemerkt. *(grinst)* Leider wurde er mir dann aber doch ziemlich bald abgenommen. — Verlust des Buches

KILIAN: Wieso denn?

ANJA: Ich war zu unvorsichtig und bin mit dem Buch in der Hand eingeschlafen. Frau Dobel, die dumme Kuh, hat es so gefunden und eingezogen. Sie hat es natürlich gleich dem Direktor übergeben. „Schundliteratur" hat sie es genannt. Die hatte keine Ahnung! Vermutlich hat sie selbst noch nie eines von Rilkes Gedichten gelesen. — Frau Dobel: „Schundliteratur"

KILIAN: Und dann? Hast du deine Gedichte wiederbekommen?

ANJA: Erst mal nicht. Ich musste zum Direktor und der sagte mir dann, dass ich sie wiederbekäme, wenn ich mich zukünftig an die Regeln halten würde. Er hat noch so getan, als müsse ich mich darüber freuen. So was Lächerliches!

KILIAN: Aber wirklich! Hat er das dann wenigstens in die Tat umgesetzt?

ANJA: Ja, schon irgendwie. Ein paar Wochen später hatten wir einen Vertretungslehrer, Herrn Heppner. Er war wirklich toll und man durfte in seinem Unterricht ausnahmsweise auch seine eigene Meinung äußern. Er hat mit uns über Poesie gesprochen und eine sehr beeindruckende Ballade mit uns behandelt, „John Maynard". Das war einer der seltenen guten Momente im Jugendwerkhof.

Vertretungslehrer Herr Heppner

„John Maynard": kurze positive Episode

KILIAN: „John Maynard"? Da geht es doch um dieses brennende Schiff, oder? War John Maynard nicht der Steuermann oder der Kapitän?

ANJA: Der Steuermann, richtig. Ich habe Herrn Heppner auch von deinem Geschenk erzählt und er hat mir das Bändchen wiedergeholt. Er mochte Rilke auch. Ich sollte in der nächsten Stunde sogar über den Panther erzählen, aber so weit kam es leider nicht, weil unsere eigentliche Lehrerin wiederkam.

KILIAN: Mensch, Anja. Ich habe ja gehofft, dass dir die Gedichte gefallen, aber dass du so ein richtiger Poesiekenner und -liebhaber wirst, das hätte ich nicht gedacht.

ANJA: Ich auch nicht. *(grinst)*

KILIAN: Wie ging es dann weiter, als deine alte Lehrerin wieder da war?

ANJA: Alles war wieder beim Alten. Ich durfte zwar den Gedichtband behalten, aber es war fast so, als hätten sie mir die Gedichte noch einmal weggenommen. Niemand sprach mehr über Poesie, niemand wollte mehr wissen, was ich denke. Ich musste wieder funktionieren und mich anpassen, mich ins Kollektiv einfügen – das war ja das Wichtigste. Aber der Panther, der war immer bei mir. Auch später, als ich das Buch schon wieder nicht mehr hatte. Er hat mich nie verlassen, selbst in den schwersten Zeiten war er da. Als ich in Torgau war, da war er wirklich meine Rettung. Durch ihn –

Zwang zum Funktionieren, Einfügen ins Kollektiv

KILIAN: Was?! Du warst in Torgau?? Das wusste ich nicht! Wie ist das denn passiert?

ANJA: Nun, mittwochs wurden in der Burg immer Briefe ausgeteilt. Ich bekam nie was, aber an einem Mittwoch war tatsächlich ein Brief für mich dabei. Von meiner Mutter! Aber Frau Dobel gab ihn mir nicht. Boshaft richtete sie mir einfach nur Grüße aus und sagte, dass Mama eine Staatsfeindin wäre und es schon nett wäre, dass sie mir überhaupt die Grüße bestellen würde. Da bin ich ausgerastet. Ich hab' nicht nachgedacht, einfach nur den nächstbesten Stuhl genommen und Frau Dobel damit niedergeschlagen. So richtig kann ich mich gar nicht mehr daran erinnern, nur daran, wie sie dann blutend am Boden lag. Vermutlich sollte ich es bereuen, aber das tue ich nicht. Sie hatte es verdient.

Grund für Einweisung nach Torgau: Angriff auf Frau Dobel

KILIAN: O Mann. Das hätte ich dir gar nicht zugetraut. Du bist immer so ruhig und Gewalt war für dich doch nie ein Thema … Aber andererseits bewundere ich echt deinen Mut. Was ist dann passiert? War sie tot?

ANJA: Nein, sie war schnell wieder auf den Beinen. Als sie mich kurz darauf nach … Torgau gebracht haben, stand sie am Fenster und hat schadenfroh zu mir heruntergegrinst. Ich dachte noch, die wollten mir nur einen Schrecken einjagen, aber das taten sie nicht … *(stockt)*

KILIAN: *(streicht ihr mitfühlend über den Rücken)* Du musst nicht darüber reden, wenn du nicht kannst.

ANJA: Doch, ich muss. Ich habe immer noch Alpträume und manchmal wache ich nachts schweißgebadet auf. Ich glaube, man muss darüber reden. Torgau war das Schlimmste, was ich je erlebt habe. Es war wie im Gefängnis, nur schlimmer. Man wurde gedemütigt und es wurde einem alles genommen. Die Freiheit, die Kleider, die Haare, die Privatsphäre, der Stolz, der Wille, die Menschenwürde, alles, was du hast. Sport, Arbeiten, Strafen, etwas anderes gab es nicht. Die haben uns rund um die Uhr überwacht, uns beim Duschen zugesehen und sogar auf der Toilette.

Anjas Alpträume

Demütigungen, Schikanen in Torgau

KILIAN: Das tut mir so leid, Anja. Wir hätten dich damals nicht gehen lassen sollen. Wir hätten dich verstecken müssen, als die Polizei kam, oder dir bei der Flucht helfen …

ANJA: Das hätte keinen Sinn gehabt. Früher oder später hätten sie mich doch gefunden und ihr hättet dann eine Menge Ärger bekommen. Mach' dir da bloß keine Vorwürfe.

KILIAN: *(leise)* Haben sie euch auch geschlagen oder so was?

ANJA: Ja, schon, manchmal. Die Erzieher, aber auch die anderen Insassen. Schon als ich nach Weihnachten bei euch in meinen alten Jugendwerkhof kam, bezog ich Prügel von meiner Gruppe. Den anderen haben sie nämlich wegen meiner Flucht den Ausgang gestrichen. Da waren solche Strafen unter den Jugendlichen an der Tagesordnung.

Gewalt

Aber in Torgau war alles noch viel schlimmer. Als ich ankam zum Beispiel, da haben sie mich erst einmal im Gang stehen lassen. Stundenlang. Einfach so. Ich war völlig fertig und habe mich irgendwann hingesetzt, da hat mich eine dieser Erzieherinnen bemerkt und gleich angebrüllt. Als ich ihr erklären wollte, wer ich bin, hat sie mich mit voller Kraft gegen das Schienbein getreten und gesagt, das Wort „ich" gäbe es dort nicht. Ich wollte ihr nur sagen, wie ich heiße, wollte mich vorstellen.

Ankunft in Torgau: stundenlanges Stehen

KILIAN: Wie hättest du das denn sonst machen sollen?

ANJA: Jugendliche Sander, eingewiesen in den Jugendwerkhof Torgau wegen tätlichen Angriffs und terroristischer Handlung gegen die Organe der Jugendhilfe und so weiter. „Meldung machen" nannten sie das.

„Meldung"

KILIAN: Soll das ein Witz sein? Terroristische Handlung? Die haben dich doch total schikaniert. Und die sogenannten Erzieher treten einen gegen's Schienbein. Wer greift denn hier andere tätlich an? Wie hast du das nur geschafft, da nicht vollkommen verrückt zu werden?

ANJA: Na ja, wie gesagt, zum einen hatte ich den Panther … Wenn ich zum Beispiel im Arrest saß, dann war er da. Ich konnte ihn richtig spüren, sogar vor mir sehen und so war ich nicht alleine. Er hat mir viel Kraft gegeben. Und zum anderen hatte ich Gonzo und Tom.

Hilfe durch „Panther", Freundschaft zu Gonzo und Tom

KILIAN: Wer ist das? Waren das auch Insassen?

ANJA: Ja. Freundschaften waren dort eigentlich so gut wie unmöglich. Normalerweise dachte jeder nur an sich – und das ist auch verständlich, damit hatte man genug zu tun. Aber Gonzo und Tom kannte ich schon seit dem Durchgangsheim und habe beide in Torgau wiedergetroffen. Sie haben mir oft Mut gemacht oder mich tatsächlich auch zum Lachen gebracht. Gonzo war mir eine richtige Freundin.

KILIAN: Gonzo ist also ein Mädchen … Ziemlich merkwürdiger Name, oder?

ANJA: *(lacht)* Er passt aber zu ihr. Eigentlich heißt sie Nicole, aber sie hat sich selbst nach Gonzo aus der Muppetshow benannt.

KILIAN: Cool. Gonzo fand ich immer am besten. Habt ihr noch Kontakt?

ANJA: Nein, ich habe sie seit meiner Flucht aus Torgau –

KILIAN: Moment mal! Flucht? Willst du damit sagen, dass du aus diesem Hochsicherheitsgefängnis fliehen konntest?

ANJA: Ja, so ungefähr. Eigentlich bin ich aus dem Krankenhaus geflohen. Flucht aus Torgau (Krankenhaus)

KILIAN: Jetzt verstehe ich gar nichts mehr. Wieso warst du denn im Krankenhaus?

ANJA: (*etwas verlegen*) Tja, also, Tom und ich, wir hatten uns, glaube ich, schon im D-Heim ineinander verliebt. Als wir uns in Torgau wiedergesehen haben – ich musste gerade zur Strafe die Treppe neben dem Jungentrakt putzen, wir waren da ja eigentlich streng getrennt – haben wir uns geküsst. Dann habe ich Schritte gehört und versucht, schnell wegzukommen, sonst hätten wir uns auf eine üble Bestrafung einstellen können. In der Hektik bin ich auf den Stufen ausgerutscht und die Treppe hinuntergefallen. Deshalb musste ich ins Krankenhaus. Und das ist, im Nachhinein betrachtet, fast schon witzig. Viele haben versucht, ins Krankenhaus zu kommen. Gonzo zum Beispiel hat schon Putzmittel getrunken und Schrauben geschluckt, aber bei ihr hat es nie geklappt. Und mir ist das dann aus Versehen passiert.

KILIAN: Wieso hat sie so was getan, um ins Krankenhaus zu kommen?

ANJA: Weil man von da bessere Chancen hatte, zu fliehen. Gonzos Plan war immer, ins Krankenhaus zu kommen, von dort zu fliehen und dann bei einer einsamen Oma unterzukommen, ihr zur Hand zu gehen und dafür gut getarnt dort zu leben. Und so hab' ich das dann gemacht. Ich habe bei Frau Raabe gelebt, bis sie zu ihrer Tochter in den Westen gegangen ist, und dann bei Tom und seinen Freunden in einem Abrisshaus. Bei der Flucht aus dem Krankenhaus hat mir übrigens wieder der Panther beigestanden, sonst hätte ich wahrscheinlich nicht den Mut dazu gehabt – schließlich wurde ich von einem Erzieher bewacht. Gonzos Plan — Frau Raabe, Abrisshaus in Leipzig

KILIAN: Vielleicht hat's bei Gonzo ja auch noch geklappt.

ANJA: Ja, vielleicht. Ich wünsch' es ihr auf jeden Fall. Tom hatte mir vor meinem Sturz noch die Adresse von seinen Freunden in Leipzig gegeben und nachdem ich nach meiner Flucht schon einige Zeit bei Frau Raabe gewohnt habe, hab' ich ihn dort wiedergetroffen. Er war es auch, der damals bei euch angerufen hat. Du weißt schon … Anruf bei Kilians Familie

KILIAN: Klar, ich erinnere mich. Du glaubst nicht, wie ich mich gefreut habe, von dir zu hören. Ich hab' sofort deiner Mutter Bescheid gegeben, dass du in Leipzig bist.

ANJA: Ich weiß. Und ich danke dir wirklich sehr dafür. Ohne dich hätten wir uns vielleicht nie wiedergesehen.

KILIAN: Wie hat sie dich denn eigentlich gefunden?

ANJA: Tom und seine Freunde gingen immer zu den Montagsdemonstrationen zur Nikolaikirche. Ich war ja zuerst total dagegen, weil ich das für zu gefährlich hielt. Ich hatte einfach riesige Angst, nach Torgau zurückzumüssen. Ich dachte auch nicht, dass sich dadurch wirklich etwas ändern würde im Land. Aber Tom hat das damals schon gesehen und viele andere ja auch. Schließlich hatten sie mich auch überzeugt und ich habe an den Demos teilgenommen. Und dann stand Mama eines Tages in Leipzig, mitten im Tumult in der Straßenbahn mit einem Riesenschild und hat nach mir gesucht. *(Sie lächelt, als sie daran denkt.)* Anjas Einstellung zu den Montagsdemonstrationen — Wiedersehen mit der Mutter

KILIAN: Ein richtiges Happy End also. Deine Geschichte ist wirklich unglaublich. Du solltest echt ein Buch schreiben. Und was ist mit Tom? Seid ihr noch zusammen?

ANJA: Ja, sind wir. Er wohnt sogar bei Mama und mir. Die beiden verstehen sich super. Komm uns doch mal besuchen!

Gegenwart

KILIAN: Ja, das mache ich bestimmt. Aber besuchst du uns auch mal? Sylvi war ganz aufgeregt, als ich ihr erzählt habe, dass wir uns treffen. Ich musste ihr versprechen, dass ich dich auf jeden Fall frage.

Versprechen: gegenseitige Besuche

ANJA: Ich komme gern. Wenn das für Onkel Olaf auch in Ordnung ist …

KILIAN: Natürlich. Er mag dich, Anja. Er war einfach nicht so mutig wie deine Mutter. Er wollte keine Schwierigkeiten. Und meine Mutter freut sich auch schon so darauf, dich wiederzusehen.

ANJA: Ja, ich freue mich auch auf sie. Weißt du Kilian, ich bin aber vor allem froh, dass ich dich habe. Danke nochmal, für alles, was du für mich getan hast.

KILIAN: Ach Anja, ich wünschte, ich hätte noch mehr tun können. Was ist denn eigentlich aus dem Panther geworden?

ANJA: *(lächelt)* Der ist frei, genau wie ich. Ist ab in seinen Dschungel, gleich nachdem ich Mama wiedergefunden hatte. Aber das Gedicht, das ist noch da. Das werde ich bestimmt nie vergessen …

Panther zurück im Dschungel

Abschlussprüfungsaufgaben Deutsch für Realschulen in Baden-Württemberg
2012 – Haupttermin

Aufgabe 1: Texte beschreiben

An das Publikum

O hochverehrtes Publikum,
sag mal: bist du wirklich so dumm,
wie uns das an allen Tagen
alle Unternehmer sagen?
Jeder Direktor mit dickem Popo
spricht: „Das Publikum will es so!“
Jeder Filmfritze sagt: „Was soll ich machen?
Das Publikum wünscht diese zuckrigen Sachen!“
Jeder Verleger zuckt die Achseln und spricht:
„Gute Bücher gehn eben nicht!“
    Sag mal, verehrtes Publikum:
    bist du wirklich so dumm?

So dumm, daß in Zeitungen, früh und spät,
immer weniger zu lesen steht?
Aus lauter Furcht, du könntest verletzt sein;
aus lauter Angst, es soll niemand verhetzt sein;
aus lauter Besorgnis, Müller und Cohn
könnten mit Abbestellung drohn?
Aus Bangigkeit, es käme am Ende
einer der zahllosen Reichsverbände
und protestierte und denunzierte*
und demonstrierte und prozessierte …
    Sag mal, verehrtes Publikum:
    bist du wirklich so dumm?

Ja, dann …
    Es lastet auf dieser Zeit
der Fluch der Mittelmäßigkeit.
Hast du so einen schwachen Magen?
Kannst du keine Wahrheit vertragen?
Bist also nur ein Grießbrei-Fresser –?
Ja, dann …
    Ja, dann verdienst dus nicht besser.

(1931) *Kurt Tucholsky (1890–1935)*

**denunzieren: aus persönlichen, niedrigen Beweggründen anzeigen, verraten*

Quelle: Mary Gerold-Tucholsky, Fritz J. Raddatz (Hrsg.): Kurt Tucholsky, Gesammelte Werke in 10 Bänden, Bd. 9, 1931. Reinbek bei Hamburg: Rowohlt Verlag GmbH 1960

Anekdote aus der Hitlerzeit

Ich war zehn Jahre alt – erzählte mein Freund M. –, als mich mein Vater in sein Büro mitnahm. Er war bei der Geheimen Staatspolizei angestellt, bei der Gestapo.
„Ich will dir zeigen, wie man Judensäue behandelt“, sagte mein Vater. „Das kannst du gar nicht früh genug lernen. Komm mit!“ Als wir im Büro ankamen – es lag im ersten Stock – setzte mein Vater sich hinter seinen riesigen Schreibtisch, dirigierte mich stumm auf einen Stuhl in einer Ecke, hob den Hörer von einem der drei Telefone ab, die auf dem Schreibtisch standen, und rief: „Soll raufkommen! Aber im Laufschritt! Dalli!“
Kurz darauf hörte ich hastige Schritte auf der hölzernen Treppe und sah dann einen vielleicht vierzigjährigen Mann mit weißen Haaren ins Büro stürzen. Er trug eine hellgraue, wollene Hausjacke, auf die ein gelber Stern geheftet war. Vor dem Schreibtisch meines Vaters blieb der Mann stehen. Er keuchte. „Na? Wohl noch nie hier oben gewesen?“, fragte mein Vater freundlich. „Nein“, sagte der Mann verschüchtert. „Dann hast du noch viel zu lernen, Freundchen.“ Mein Vater lachte, aber es war ein böses Lachen, das ich sonst nicht von ihm kannte, und plötzlich brüllte er: „Hände an die Hosennaht, Judensau! Steh stramm! Du stehst vor einem deutschen Staatsbeamten!“
Während ich zusammenzuckte und erschrocken den Mann ansah, der zitternd seine Hacken zusammenschlug und seine Hände an die Oberschenkel presste, wie es die Soldaten tun, warf mir mein Vater einen Blick zu, über den ich errötete. Er bedeutete etwa: Unter uns Brüdern, mein Sohn, wie war ich? Dann wandte sich mein Vater wieder dem Mann zu und schnarrte: „Zackig stehste ja nicht gerade da. Na, Jude bleibt Jude. Ist eben kein Zack drin. Und jetzt Kennkarte her und Taschen leer machen!“
Der Mann, immer noch mit zusammengestellten Hacken und den Händen an den Oberschenkeln, löste sich ängstlich aus der zuvor befohlenen Haltung und wollte eben eine Hand zur Hosentasche führen, als in der offenen Bürotür mein Großvater erschien, um meinem Vater, wie jeden Tag, sein Butterbrotpaket zu bringen.
Kaum sah mein Großvater den Mann in der grauen Jacke, als er – die Butterbrote auf den Schreibtisch pfeffernd – auf den Mann zuging, dessen Hände ergriff und ausrief: „Mein Gott, Herr Professor! Welche Überraschung! Wie lange haben wir uns nicht gesehen …?“
Der Blick meines Großvaters fiel auf den gelben Stern. Er stutzte, drehte den Kopf zur Seite, sah meinen Vater an und fragte: „Weißt du, wer dein Besucher ist?“ „Ein Jud“, antwortete mein Vater mürrisch.
„Ja“, sagte mein Großvater, „Professor Rosenbaum ist Jude. Er hat dir mal das Leben gerettet, als du fast ertrunken wärst. Durch Mund-zu-Mund-Beatmung, wie es so schön heißt. Aber das weißt du natürlich nicht mehr. Du warst ja noch zu klein. Ich würde ihn gern zu einer Tasse Kaffee einladen. Kannst du ihn entbehren?“
Mein Vater wollte antworten, wahrscheinlich: „Du bist ein Deutscher, denk an deine Ehre.“ Denn diese Phrase drosch er mehrmals täglich. Er antwortete aber schließlich doch nicht. Stattdessen machte er eine abrupte Handbewegung, die ‚haut ab‘ bedeuten sollte, worauf mein Großvater den Besucher unterhakte und ihn mit einem „Kommen Sie, Herr Professor!“ aus dem Büro hinausbugsierte.
Als wir die beiden die Holztreppe hinuntertappen hörten, rieb mein Vater sich das linke Ohrläppchen. Er tat das immer, wenn er verlegen war. Dann aber entdeckte er, dass ich noch im Büro war, und er brüllte: „Was machst denn du noch hier? Mach deine Schularbeiten! Marsch nach Haus! Laufschritt! Dalli!“
An jenem Tag, sagte mein Freund M., habe ich wirklich gelernt, wie man jüdische Mitbürger behandelt. Durch meinen Großvater.

James Krüss (1926–1997)

Quelle: Silvia Bartholl: Inge, Dawid und die anderen – Wie Kinder den Krieg erlebten. Weinheim: Beltz & Gelberg 1995

Aufgabe 3: Texte lesen, auswerten und schreiben

Suchtverhalten – Abhängigkeiten im Alltag

Im Rahmen eines Gesundheitstages hat sich auch die SMV Ihrer Schule mit dem Thema „Suchtverhalten – Abhängigkeiten im Alltag bei Jugendlichen" auseinandergesetzt.

In einem Vortrag vor Eltern und Schülerinnen und Schülern gehen Sie auf die folgenden Themenaspekte ein:

- Wie lassen sich Suchtgefahren im Alltag reduzieren?
- Warum ist es wichtig, Jugendliche stark zu machen?
- Welche Präventionsprojekte sind möglich?

Schreiben Sie diesen Vortrag.

Anmerkung:
Zur Bearbeitung der Aufgabe dienen die zu Beginn des Schuljahres mit den Ausführungsbestimmungen für die Realschulabschlussprüfung veröffentlichten Impulstexte und Ihr selbst erstelltes Kompendium.
Legen Sie bitte aus Ihrem Kompendium die Texte, aus denen Sie Textstellen wörtlich übernommen haben, dem Prüfungsaufsatz bei, ebenso Grafiken, Schaubilder, Tabellen o. Ä., auf die Sie Bezug nehmen.

Aufgabe 4: Produktiver Umgang mit Texten

Rainer Gross, Grafeneck

„Jedes Jahr am Geburtstag von Mutz kommt er hierher. […] Ein Gedenkstein ist aufgestellt, eine Namenliste in einem Plastikkasten wetterfest ausgelegt. Mauser tritt an den Kasten heran.

Er greift hinein und blättert.

Die Liste ist alphabetisch geordnet, er findet den Namen.

Therese Mauser. Geboren 1924. Gestorben 1944 in Grafeneck. […]

Eigentlich ist die ganze Geschichte längst vorüber, denkt er.

Eigentlich. Aber nicht für mich. Mir hat immer ein Abschluß gefehlt. Eine Tat, mit der ich die Sache beenden könnte." *gegen Ende von Kapitel 12*

Quelle: Rainer Gross, Grafeneck. Bielefeld: Pendragon Verlag 2007.

Beim nächsten Geburtstag von Mutz – der Fall ist inzwischen abgeschlossen – fährt Mauser wieder nach Grafeneck.
Er steht vor dem Gedenkstein. Seine Gedanken kreisen um das Schicksal seiner Schwester und ihn bewegt die Frage nach Schuld und Unschuld des Vaters.

Schreiben Sie diesen inneren Monolog.

Anmerkung:
Zur Bearbeitung der Aufgabe darf die zu Beginn des Schuljahres mit den Ausführungsbestimmungen für die Realschulabschlussprüfung veröffentlichte Ganzschrift verwendet werden.

Lösungen

Aufgabe 1: Texte beschreiben – „An das Publikum“ (Kurt Tucholsky)

Hinweis zur Herangehensweise

Die Gedichtbeschreibung verlangt die Untersuchung von Inhalt, formaler Gestaltung, sprachlichen und stilistischen Mitteln, Aussage und Absicht sowie der Wirkung des Gedichts. Abschließend nimmst du Stellung dazu, worin für dich die zentrale Aussage des Gedichts besteht. Lies das Gedicht mehrmals genau durch. Markiere Schlüsselbegriffe sowie auffällige oder auch unklare Begriffe und versuche, ihre Bedeutung zu erschließen. Ordne deine Ergebnisse beispielsweise in einer Mindmap und erstelle anschließend einen Schreibplan für deinen Aufsatz.

Arbeitsskizze – Textnotizen

An das Publikum → [Direkte Anrede des Adressaten]

[Ironie: Widerspruch hochverehrt – dumm] → O hochverehrtes Publikum,
sag mal: bist du wirklich so dumm, → [Direkte Frage]
wie uns das an allen Tagen
alle Unternehmer sagen?
[respektlose Bezeichnungen] → Jeder Direktor mit dickem Popo
spricht: „Das Publikum will es so!“
[respektlose Bezeichnungen] → Jeder Filmfritze sagt: „Was soll ich machen?
Das Publikum wünscht diese zuckrigen Sachen!“
Jeder Verleger zuckt die Achseln und spricht:
„Gute Bücher gehn eben nicht!“
[Angebliche Gründe für schlechtes Niveau in Film und Printmedien] → „Das Publikum will es so!“, „Das Publikum wünscht diese zuckrigen Sachen!“, „Gute Bücher gehn eben nicht!“
[Wiederholung: erneute Anrede, erneute Frage – eindringlich, kann es nicht glauben] → Sag mal, verehrtes Publikum:
bist du wirklich so dumm?

So dumm, daß in Zeitungen, früh und spät,
immer weniger zu lesen steht?
Aus lauter Furcht, du könntest verletzt sein;
aus lauter Angst, es soll niemand verhetzt sein;
aus lauter Besorgnis, Müller und Cohn
könnten mit Abbestellung drohn?
Aus Bangigkeit, es käme am Ende
[Angebliche Gründe für schlechtes Niveau der Presse: Verse 3–7 dieser Strophe, „Aus lauter Furcht“ bis „Aus Bangigkeit, es käme am Ende“]
[Anapher: Aus lauter Furcht / aus lauter Angst / aus lauter Besorgnis / Aus Bangigkeit]
einer der zahllosen Reichsverbände
und protestierte und denunzierte*
und demonstrierte und prozessierte …
[Fremdwörter: Angst vor der Reaktion der Reichsverbände] → protestierte, denunzierte, demonstrierte, prozessierte
Sag mal, verehrtes Publikum:
bist du wirklich so dumm?

Ellipse: Wenn es so ist … dann lässt sich wohl nichts ändern → Ja, dann …

Es lastet auf dieser Zeit
der Fluch der Mittelmäßigkeit ← Kritik am kulturellen Anspruch der Massen

Hast du so einen schwachen Magen?
Kannst du keine Wahrheit vertragen?
Bist also nur ein Grießbrei-Fresser –?
} Verträgt nur „weiche Kost“, keine Wahrheit, keine Kritik – Beschimpfung

Ja, dann …

Schlussfolgerung, Provokation des Publikums; gewünschte Reaktion: Verhalten ändern → Ja, dann verdienst dus nicht besser.

Mindmap

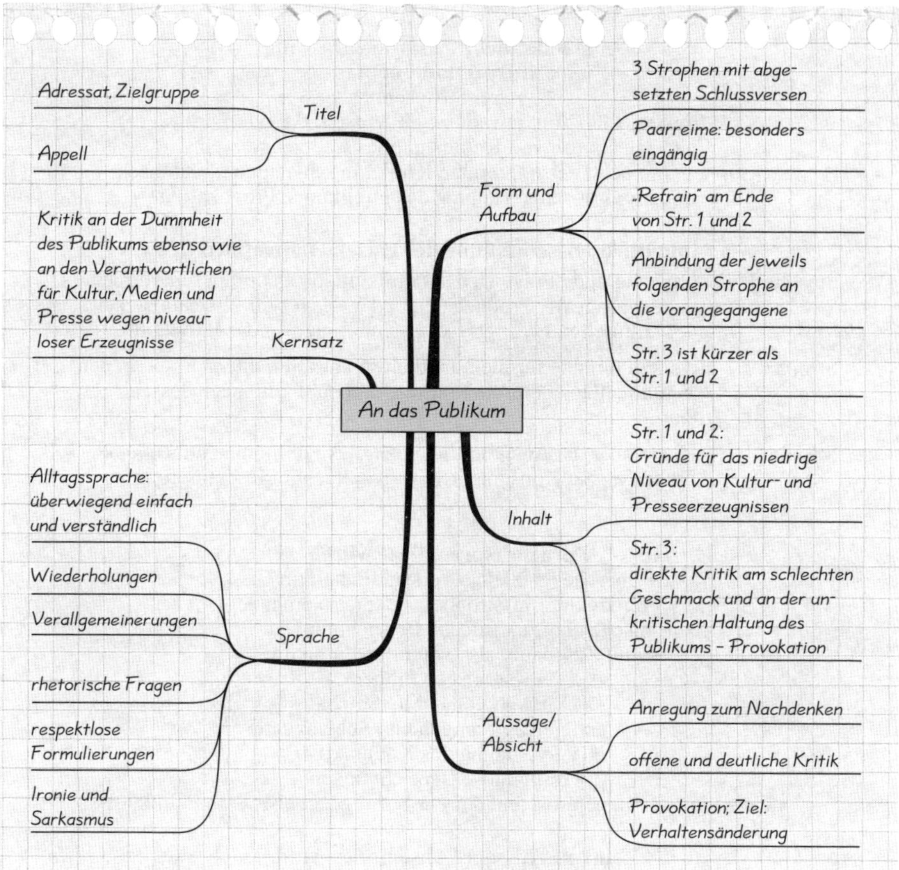

Schreibplan

Einleitung

↓

Nennung von Titel, Textart, Autor, Quelle

+

Kernsatz: Im Gedicht wird wegen des niedrigen Niveaus der Medienerzeugnisse offene Kritik an der Dummheit des Publikums ebenso wie an den Verantwortlichen der Medien- und Pressewelt geübt.

↓

Hauptteil

↓

Bedeutung der Überschrift

direkter Appell „An das Publikum"

↓

Kurze inhaltliche Zusammenfassung

Aufbau und Form

- drei Strophen:
  - Strophe 1 und 2 mit jeweils zwölf Versen: Gründe für das niedrige Niveau von Kultur- und Presseerzeugnissen
  - Strophe 3 mit acht Versen: direkte Kritik am schlechten Geschmack und an der unkritischen Haltung des Publikums, Provokation

↓

Inhaltliche Beschreibung der einzelnen Strophen

Strophe 1	provozierende Frage an das Publikum, ob es dumm sei; vermeintliche Gründe der Produzenten und Verleger für Niveaulosigkeit der kulturellen Erzeugnisse; erneute Frage an das Publikum
Strophe 2	weitere Gründe für die inhaltlich seichte Berichterstattung in den Zeitungen; wiederholte Frage an das Publikum nach dessen Dummheit
Strophe 3	Klage über die Anspruchslosigkeit des Publikums; unbequeme Fragen an die Konsumenten; provozierende Beschimpfung

↓

Sprache/sprachliche Mittel

- überwiegend leicht verständliche Sprache
- Fremdwörter in Strophe 2 („Reichsverbände")
- ironische und sarkastische Bezeichnung der Leser und Zuschauer als „verehrtes Publikum"
- rhetorische Fragen
- Wiederholungen im Satzbau
- Verallgemeinerungen und Scheinzitate
- Verwendung des Konjunktivs
- respektlose Bezeichnungen
- Gebrauch des Imperativs und der Du-Form gegenüber dem Publikum

↓

Zentrale Aussage/Absicht des Autors

- drastischer Ton, um zu provozieren
- Leser zum Nachdenken anregen über die Zustände und das eigene Verhalten
- Versuch, aufzurütteln, und Anregung, sich zur Wehr zu setzen
- Ausdruck der Resignation

↓

Schlussgedanke

- geschichtlicher Hintergrund: Armut der Bevölkerung und politische Instabilität am Ende der Weimarer Republik
- Vergleich mit der seichten Unterhaltung vieler TV-Sender heute
- auch heute Wunsch der Konsumenten nach einem Medienangebot ohne hohen geistigen Anspruch?

Aufsatzbeispiel

Inhaltliche Schritte

Einleitung
Informationen zum Text mit Kern-/Basissatz

Im Jahr 1931 entstand Kurt Tucholskys Gedicht „An das Publikum", das 1960 in Band 9 seiner „Gesammelten Werke in 10 Bänden" von Mary Gerold-Tucholsky und Fritz J. Raddatz herausgegeben wurde.
Der Autor wendet sich darin direkt an das Publikum, also an die breite Masse der Leser und Zuschauer und kritisiert deren Dummheit und Anspruchslosigkeit im Hinblick auf ihren Medienkonsum und ihre kulturellen Interessen. Zugleich wendet er sich aber auch gegen die Verantwortlichen im Kulturbetrieb und im Pressewesen, die unter dem Vorwand, sich dem Druck und den Wünschen des Publikums beugen zu müssen, niveaulose Erzeugnisse liefern.

Hauptteil
Bedeutung der Überschrift

Klar und deutlich wird bereits in der Überschrift die Zielgruppe benannt, die mit dem Gedicht erreicht werden soll. Es handelt sich um einen direkten Appell „An das Publikum", das durch seine Haltung und seine Ansprüche bestimmt, was ihm vonseiten der Medien und der Produzenten vorgesetzt wird.

Kurze inhaltliche Zusammenfassung – Aufbau und Form

Das Gedicht besteht aus drei Strophen, von denen die beiden ersten jeweils zwölf Verse umfassen und sich formal gleichen. Die dritte Strophe ist deutlich kürzer und unterscheidet sich in Aufbau und Umfang wesentlich. Fast durchgehend verwendet der Autor den Paarreim, um die Verse einfach und eindringlich zugleich zu gestalten.
In der ersten Strophe ist von der Dummheit und Niveaulosigkeit des Publikums die Rede, wie sie aus der Sicht der Verantwortlichen aus dem Kultur- und Medienbereich dargestellt wird. Diese berufen sich darauf, dass Qualität und Anspruch von den Konsumenten nicht gewünscht sind und deshalb nichts dergleichen produziert wird.
Die zweite Strophe handelt davon, dass in den Zeitungen unangenehme Wahrheiten verschwiegen werden, weil die Leser und Abonnenten sie gar nicht hören wollen. Zudem wird kritisiert, dass sich die Verleger auch noch dem Druck bestimmter politischer Interessenverbände beugen.
Refrainartig wiederholen die letzten beiden Verse dieser zwei Strophen die Frage an das Publikum, ob es denn „wirklich so dumm" (V. 11 f., V. 23 f.) sei. Um diese optisch hervorzuheben und ihre Wichtigkeit zu betonen, sind sie eingerückt.
In der dritten Strophe zieht der Sprecher seine Schlussfolgerung aus der vorher angesprochenen Sachlage. Er stellt eine Reihe unbequemer Fragen an das Publikum und provoziert es mit der abschließenden Beleidigung, es nicht besser zu verdienen.

Inhaltliche Beschreibung der einzelnen Strophen
Strophe 1

Das Gedicht wird direkt und ohne Umschweife mit der Frage an das Publikum eingeleitet, ob es „wirklich so dumm" (V. 2) sei, wie es die Unternehmer aus der Unterhaltungs- und Filmindustrie und aus dem Verlagswesen darstellen. „Das Publikum will es so!" (V. 6) behaupten diese, es wünsche sich „diese zuckrigen Sachen!" (V. 8). Sie seien daher gezwungen, sich den Wünschen und Bedürfnissen der Konsumenten zu beugen und ihre Produktionen den niedrigen Ansprüchen anzupassen: „Was soll ich machen?" (V. 7) Am Ende der ersten Strophe wiederholt der Sprecher seine provozierende Frage, die er bereits zu Beginn gestellt hat, in leicht abgeänderter Form: „Sag mal, verehrtes Publikum: / bist du wirklich so dumm?" (V. 11 f.)

Strophe 2

Dieser Vorwurf wird unmittelbar zu Beginn der zweiten Strophe erneut formuliert. Insbesondere die inhaltlich seichte und belanglose Berichterstattung der Zeitungen wird nun ins Visier genommen. Die Gründe dafür, dass in den Zeitungen „immer weniger zu lesen steht" (V. 14), sind zahlreich. Die Leser sollen nicht „verletzt" (V. 15) werden und schon gar nicht sollen die Abonnenten verprellt werden. Und mit irgendeinem der vielen und anscheinend einflussreichen Reichsverbände will man es sich auch nicht verderben (vgl. V. 19 ff.). Erneut schließt die Strophe mit der Frage an die Gesamtheit der Leser, ob diese denn „wirklich so dumm" (V. 24) sei.

Strophe 3

Der Beginn der dritten Strophe wirkt fast schon resigniert: „Ja, dann …" (V. 25) Der Sprecher zögert, es scheint, als sei er ratlos, als wisse er nicht so recht, wie er die vorher dargestellte Sachlage beurteilen soll. Bei so wenig Anspruch seitens des Publikums, bei so viel falscher Rücksicht seitens der Verantwortlichen aus Presse und Kultur müssen eine gute Berichterstattung und mit ihr Werte wie die wahrheitsgetreue Information und die kritische Darstellung auf der Strecke bleiben. Der Sprecher beklagt dieses Phänomen: „Es lastet auf dieser Zeit / der Fluch der Mittelmäßigkeit." (V. 26 f.) Er kann es gar nicht so recht fassen und richtet deshalb im Folgenden eine Reihe von Fragen an das Publikum: „Hast du so einen schwachen Magen? / Kannst du keine Wahrheit vertragen?" (V. 28 f.) Und er setzt mit einer Beleidigung nach und tituliert die Konsumenten in der dritten Frage sogar noch als „Grießbrei-Fresser" (V. 30). Noch einmal folgt ein „Ja, dann …" (V. 31), gefolgt von Auslassungszeichen. Wie beim ersten Mal steht dieser Vers außerhalb des regelmäßigen Reimschemas und markiert damit eine deutliche Pause. Anschließend bringt der Sprecher seine ganze Enttäuschung zum Ausdruck, die in einer Beschimpfung mündet: „Ja, dann verdienst dus nicht besser." (V. 32)

Sprachstil / sprachliche Mittel

Alltagssprache

Sprachlich weist das Gedicht keine sonderlich schwierigen Passagen auf. Es ist in leicht verständlicher Alltagssprache geschrieben, was die beabsichtigte Aussage unterstützt. Schließlich wendet sich der Sprecher an ein Publikum, an dessen Klugheit und geistigem Anspruch er starke Zweifel hegt. Vereinzelt finden sich auch umgangssprachliche Ausdrücke („Filmfritze", V. 7; „gehn", V. 10; „drohn", V. 18).

Reihung von Fremdwörtern

Nur einmal macht er eine Ausnahme und reiht mehrere Fremdwörter aneinander: „[…] protestierte und denunzierte / und demonstrierte und prozessierte …" (V. 21 f.) Sie finden sich an einer Stelle, wo es um die „Reichsverbände" geht. Diesen traut er wohl schon eher zu, dass sie mit allen nur erdenklichen Mitteln ihre Interessen durchsetzen – genauso „zahllos" (vgl. V. 20) wie sie selbst sind offenbar auch ihre Möglichkeiten der Einflussnahme.

Ironie

Seine Meinung von der breiten Masse der Medien- und Kulturkonsumenten hingegen ist offenbar nicht besonders hoch, auch wenn er sie mehrmals mit der Bezeichnung „verehrtes" (V. 11, V. 23) oder gar „hochverehrtes Publikum" (V. 1) anspricht – ein Hinweis darauf, dass das Publikum im Mittelpunkt des Schaffens der Produzenten steht. Angesichts der Provokationen, die dem Publikum im Gedicht zugemutet werden, und der festgestellten Dummheit der Konsumenten kann dies jedoch nur ironisch oder sarkastisch gemeint sein.

Wiederholungen

Wie anders sind sonst die zahlreichen Wiederholungen zu erklären, die die Eindringlichkeit der jeweiligen Aussagen unterstützen sollen? An drei Stellen richtet der Sprecher seine Frage direkt an das Publikum, ob es denn „wirklich so dumm" (V. 2, V. 12, V. 24) sei, wie er den Eindruck gewonnen habe. Natürlich erwartet er keine Antwort, seine Fragen sind rein rhetorischer Natur.

rhetorische Fragen

Wiederholungen prägen vielfach auch den Satzbau, z. B. wenn er die Gründe aufzählt, die ihn zu dieser Frage veranlassen: „Jeder Direktor [...] spricht: [...]; Jeder Filmfritze sagt: [...]; Jeder Verleger [...] spricht" (V. 5 ff.) Diese Aufzählung von Scheinzitaten erweckt den Eindruck von Beliebigkeit, so als ob noch viele andere Aussagen der Verantwortlichen dazu angeführt werden könnten, warum in kultureller Hinsicht keine anspruchsvollen Produkte mehr hergestellt werden.

Verallgemeinerungen

Es handelt sich offenbar um beliebig gewählte Beispiele, die belegen sollen, dass das Publikum tatsächlich keinen Anspruch auf Qualität zu erheben scheint, sondern eher zu den „zuckrigen Sachen" (V. 8), also zu seichter Unterhaltung neigt. Dabei gibt es offenbar keine Ausnahmen, was in den Verallgemeinerungen „wie uns das an allen Tagen/alle Unternehmer sagen" (V. 3 f.) zum Ausdruck gebracht werden soll.

Anapher

Ähnlich verhält es sich mit der Anapher in der zweiten Strophe, auch hier folgen die Formulierungen dem gleichen Muster: „Aus lauter Furcht, [...] aus lauter Angst [...], aus lauter Besorgnis [...]" (V. 15 ff.) Es gibt demzufolge alle möglichen Gründe, warum die Berichterstattung der Zeitungen so nichtssagend und inhaltsleer geworden ist. Sie sind ein weiterer Beleg dafür, dass das Niveau nur deshalb so niedrig ist, weil es die kritiklose Leserschaft zulässt oder möglicherweise sogar wirklich will.

Verwendung des Konjunktivs

Der Autor hegt offenbar seine Zweifel an den geäußerten Gründen, denn er wählt den Konjunktiv, wenn er in diesem Zusammenhang schreibt: „du könntest verletzt sein" (V. 15) oder „Müller und Cohn/könnten mit Abbestellung drohn" (V. 17 f.).

respektlose Bezeichnungen

Was den Umgangston anbelangt, so nimmt der Sprecher kein Blatt vor den Mund. Das zeigt sich zum einen daran, dass er für angesehene Personen des kulturellen Lebens respektlose Bezeichnungen verwendet. Die Titulierungen „Direktor mit dickem Popo" (V. 5) oder „Filmfritze" (V. 7) deuten darauf hin, dass er keine besonders hohe Meinung von diesen Menschen hat.

Provokationen, Beleidigungen

Aber auch mit dem Adressaten seines Gedichts, dem Publikum, geht er nicht zimperlich um. Er spricht an eine anonyme Menge mit gleichen Ansichten – Ausnahmen gibt es seiner Meinung nach nicht. Der Gebrauch des Imperativs und die Tatsache, dass er die Zielgruppe duzt, sind ein weiterer Anhaltspunkt dafür, wie wenig Respekt er vor den Angesprochenen hat: „Sag mal, [...]" (V. 11, V. 23) Die immer wiederkehrende Frage nach der Dummheit des Publikums ist eine Provokation und spätestens dann, wenn der Begriff „Grießbrei-Fresser" (V. 30) fällt, wird es beleidigend.

Zentrale Aussage/Absicht

Es erscheint widersinnig, dass Tucholsky das Publikum in einer solch provozierenden Art anspricht, immerhin ist er als Autor ja selbst auf die Sympathie der Leser angewiesen. Sicherlich gibt es aber Gründe, warum er seine Aussagen so drastisch formuliert. Denkbar ist beispielsweise, dass er den scharfen Ton aus der Überzeugung heraus wählt, er könne nur damit die Köpfe seiner Adressaten erreichen. Menschen, die sich so

behandeln und manipulieren lassen, wie er es in den ersten beiden Strophen beschreibt, und die keinen Wert auf Niveau legen, reagieren aus seiner Sicht wohl nur auf extreme Provokationen.
Wer will schon gerne als dumm, mittelmäßig, schwach oder gar feige bezeichnet werden? Sicherlich erhofft sich der Autor durch die Wahl seines Tons eine Reaktion. Das Publikum soll aufgerüttelt werden, über die Zustände und über das eigene Verhalten zugleich nachzudenken. Es soll sich nicht alles gefallen lassen, sondern dafür eintreten, dass es – im Gegensatz zur Schlussaussage – Besseres verdient.
Die Verleger bzw. Medienschaffenden werden in die Kritik mit einbezogen: Indirekt spricht das Gedicht auch sie an, über das eigene Angebot nachzudenken und zu überlegen, ob die Ausrichtung auf den ökonomischen Erfolg richtig ist. Gleichzeitig findet sich mit der Erwähnung der „Reichsverbände" ein Seitenhieb auf die – zur Entstehungszeit des Gedichts mit dem aufkeimenden Nationalsozialismus vielleicht schon beginnende – politische Einflussnahme auf die Medien.

evtl. geschichtl. Wissen einbringen

Für die Angesprochenen mögen die Worte böse und sarkastisch klingen. Ob es der Autor böse meint, ist eine andere Frage, er versucht eben alles, um die Menschen aus ihrer Lethargie zu reißen. Aber vermutlich kennt er die Zustände und die Haltung der Menschen, möglicherweise weiß der Autor auch, dass sein verzweifelter Versuch, die Konsumgewohnheiten der Menschen zu ändern, zum Scheitern verurteilt ist. Man könnte den letzten Vers dementsprechend auch als Verbitterung oder Resignation auffassen.

Schlussgedanke

Entstehungszeit des Gedichts

Das Gedicht „An das Publikum" erschien 1931, am Ende der Weimarer Republik, in der die Weltwirtschaftskrise, zunehmende Armut und politische Instabilität das Leben der Menschen bestimmten. Möglicherweise liegt darin ein wesentlicher Grund, warum sich die Menschen nicht mehr um Politik und Kultur kümmerten, da sie zusehen mussten, wie sie über die Runden kamen. Vor diesem Hintergrund erscheint es nachvollziehbar, dass viele Menschen ihre Augen vor den Zuständen verschließen und sich von den alltäglichen Problemen ablenken wollten.

heutige Situation

Obwohl wir heute in einer völlig anderen politischen und wirtschaftlichen Situation leben, sind gewisse Parallelen zum aktuellen Medienkonsum vieler Menschen nicht zu übersehen. Aufgrund der seichten Unterhaltung, die beispielsweise das Nachmittagsprogramm vieler TV-Sender dominiert, könnte man den Eindruck gewinnen, dass eine große Nachfrage nach diesen Sendungen besteht, die von den Medien weitgehend auch bedient wird.
Sich von einem Medienangebot ohne besonderen geistigen Anspruch berieseln zu lassen ist für die meisten wahrscheinlich bequemer, als sich mit anspruchsvollen politischen, wirtschaftlichen oder kulturellen Themen zu beschäftigen oder sich womöglich sogar aktiv am gesellschaftlichen Leben zu beteiligen.

Aufgabe 2: Texte beschreiben – „Anekdote aus der Hitlerzeit“ (James Krüss)

Hinweis zur Herangehensweise

In der Textbeschreibung sollst du den Inhalt, die sprachlich-formale Gestaltung, die mutmaßliche Absicht des Autors sowie die Wirkung des Prosatextes erfassen und diese Aspekte in deinem Aufsatz darstellen. Achte darauf, dass deine Aussagen zu Sprache und Form in engem Bezug zum Textinhalt stehen, belege sie anhand entsprechender Textstellen. Abschließend nimmst du Stellung zu der Frage, worin für dich die zentrale Aussage des Textes besteht.

Mindmap

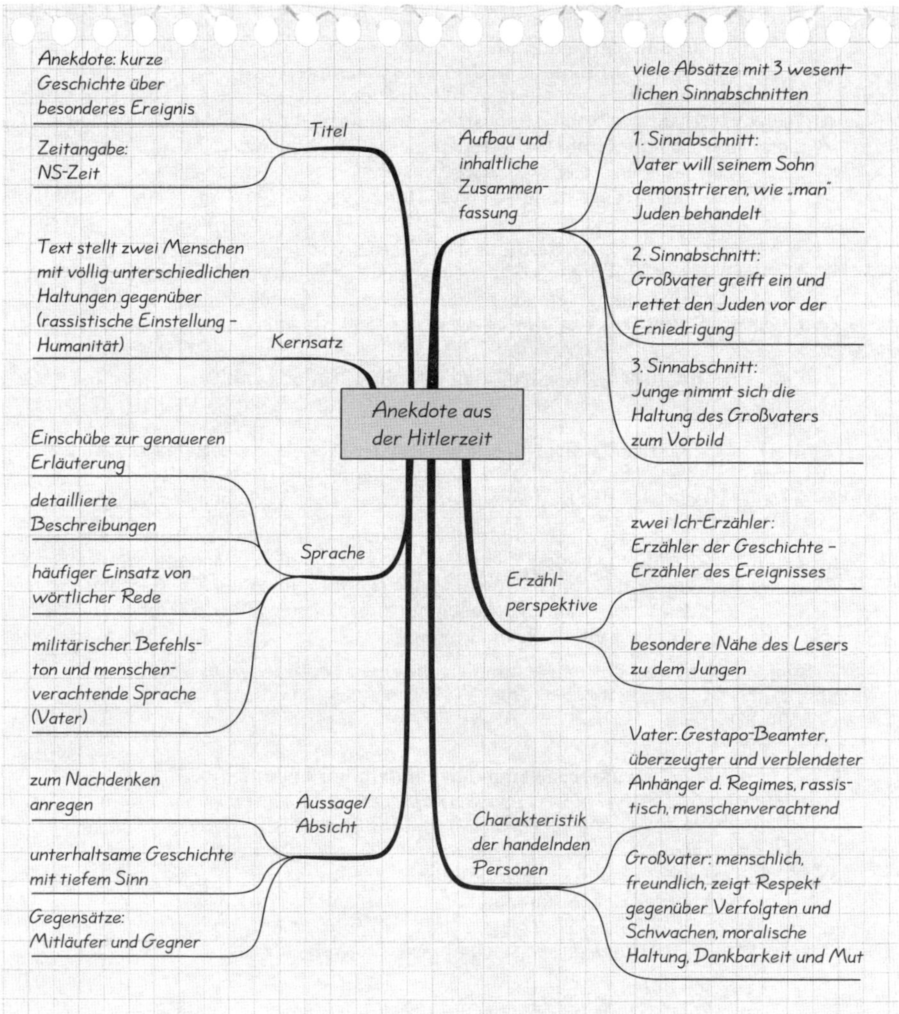

Schreibplan

Einleitung

↓

Titel, Textart, Autor, Quelle, Ort der Handlung, Zeit

Kernsatz: Ein 10-jähriger Junge erlebt das Aufeinandertreffen zweier völlig gegensätzlicher Haltungen im Umgang mit anderen Menschen. Während sein Vater als Gestapo-Beamter und Anhänger des NS-Regimes ein rassistisches und menschenverachtendes Verhalten gegenüber einem Juden an den Tag legt, bringt der Großvater diesem Respekt, Freundlichkeit und Dankbarkeit entgegen.

↓

Hauptteil

↓

Aufbau und kurze inhaltliche Zusammenfassung des Textes

Einteilung in drei Sinnabschnitte:

- erster Sinnabschnitt: Vater, ein Gestapo-Mitglied und Staatsbeamter des NS-Regimes, will seinem 10-jährigen Sohn demonstrieren, wie man Juden „richtig“ behandelt
- zweiter Sinnabschnitt: Großvater vereitelt dieses Vorhaben durch sein Eingreifen, beschämt den Vater und rettet den Juden vor der Demütigung
- dritter Sinnabschnitt: Junge nimmt sich die Haltung seines Großvaters zum Vorbild

↓

Bedeutung der Überschrift

- Angabe der Textart (Anekdote): kurze, sinnhafte Geschichte über besonderes Ereignis
- Hindeutung auf eine besondere Wendung oder Pointe
- Zeitangabe: NS-Zeit (konkret: um 1941 oder später; Hinweis im Text: gelber Stern)

↓

Inhaltliche Beschreibung einzelner Sinnabschnitte

↓

1. Sinnabschnitt (Z. 1–21)	Vater holt seinen 10-jährigen Sohn in sein Büro; will ihm zeigen, wie „man“ Juden zu „behandeln“ habe; Sohn beobachtet erschrocken das rassistische und menschenverachtende Verhalten des Vaters
2. Sinnabschnitt (Z. 22–44)	Großvater erscheint im Büro; erkennt den Juden und begrüßt ihn freudig; klärt den Vater darüber auf, dass dieser Mann ihn als Kind vor dem Ertrinken gerettet habe (Pointe); nutzt die Verlegenheit des Vaters, führt den Juden mit sich aus dem Büro und rettet ihn so vor der weiteren Erniedrigung
3. Sinnabschnitt (Z. 45–46)	Pointe: Der Junge nimmt sich seinen Großvater zum Vorbild.

↓

Charakterisierung der handelnden Personen

Vier Personen in der Geschichte, von denen jedoch nur zwei, Vater und Großvater, aktiv an der Handlung beteiligt sind. Der jüdische Professor führt nur Befehle oder Bitten aus. Der Junge beobachtet das Geschehen.

- Vater:
  - Mitglied der Gestapo und Staatsbeamter des NS-Regimes
  - handelt als überzeugter und verblendeter Anhänger Hitlers rassistisch und menschenverachtend

• Großvater:
– freundlich und menschlich
– handelt moralisch und zeigt sich dankbar und mutig
– zeigt Respekt gegenüber Verfolgten und Schwachen
↓
Erzählperspektive
zwei Ich-Erzähler
• Ich-Erzähler der Geschichte
• Ich-Erzähler des Geschehens („Freund M."):
– erscheint im ersten und letzten Absatz der Geschichte
– Perspektive des Jungen: Leser erlebt Ereignis hautnah mit
↓
Sprache / sprachliche Mittel
• verständliche Sprache
• überwiegend sehr genaue Beschreibungen in Form von Satzgefügen (viele Nebensätze, Einschübe und Ergänzungen zur näheren Erläuterung)
• häufiger Einsatz wörtlicher Rede erhöht die Anschaulichkeit und Lebendigkeit
• militärischer Befehlston (kurz, abgehackt) und menschenverachtende Ausdrucksweise des Vaters („Judensau") zeigt seine Gesinnung gegenüber Untergebenen (Jude und Sohn)
↓
Zentrale Aussage / Absicht des Autors
• unterhaltsame Geschichte mit tieferem Sinn
• Darstellung der gegensätzlichen Einstellungen von Menschen in der Zeit des Nationalsozialismus
• Leser soll über die geschilderten Geschehnisse nachdenken
↓
Schlussgedanke
• Rassismus und Judenverfolgung als Thema
• Aktualität durch die Vorfälle der letzten Zeit: Terror von rechts, Gruppe Nationalsozialistischer Untergrund (NSU)

Aufsatzbeispiel

Inhaltliche Schritte

Einleitung
Informationen zum Text mit Kern- / Basissatz

Der Prosatext „Anekdote aus der Hitlerzeit" wurde von James Krüss verfasst und im Jahr 1995 in dem Buch „Inge, Dawid und die anderen – Wie Kinder den Krieg erlebten" veröffentlicht. Die Geschichte spielt zur Zeit des Nationalsozialismus. In den Personen seines Vaters und seines Großvaters beobachtet ein 10-jähriger Junge das Aufeinandertreffen zweier völlig gegensätzlicher Haltungen im Umgang mit anderen Menschen. Während der Vater als Anhänger des NS-Regimes ein rassistisches und menschenverachtendes Verhalten gegenüber einem Juden an den Tag legt, bringt der Großvater diesem Respekt, Freundlichkeit und Dankbarkeit entgegen.

Aufbau

Inhaltlich lässt sich der in zahlreiche Absätze unterteilte Text in drei Sinnabschnitte gliedern.

Kurze inhaltliche Zusammenfassung

Im ersten Teil (Z. 1–21) will ein Vater seinem 10-jährigen Sohn beibringen, wie ein überzeugter Nationalsozialist Juden behandelt. Allerdings nimmt die Geschichte im darauffolgenden Abschnitt (Z. 22–44) eine überraschende Wendung, denn der Großvater greift in das Geschehen ein und rettet den Juden vor weiterer Demütigung. Im Schlussabsatz (Z. 45–46) wird erklärt, dass der Junge es nach diesem Ereignis vorzog, aus dem Verhalten seines Großvaters zu lernen.

Bedeutung der Überschrift

Die Überschrift „Anekdote aus der Hitlerzeit" gibt Aufschluss über die Textart und die Zeit, in der die Geschichte spielt. Eine Anekdote ist eine kurze, sinnhafte Geschichte über ein bemerkenswertes Ereignis oder über besondere Persönlichkeiten. Oft endet sie mit einer Pointe, die überraschen oder auch zum Nachdenken anregen soll, was auf den letzten Absatz des vorliegenden Textes durchaus zutrifft. Das Ereignis spielt in der Hitlerzeit, genauer gesagt zwischen 1941 und 1945, was sich daraus erschließen lässt, dass die Juden in diesem Zeitraum – wie der Jude in der Anekdote – einen „gelben Stern" (vgl. Z. 29) tragen mussten.

Genaue inhaltliche Beschreibung

Erster Sinnabschnitt

Die Geschichte beginnt damit, dass der Vater des Jungen, ein Angehöriger der Gestapo, seinen Sohn zu sich ins Büro holt, um ihm zu „zeigen, wie man Judensäue behandelt" (Z. 3). Mit dem strikten Befehl „Soll raufkommen! Aber im Laufschritt! Dalli!" (Z. 7) weist er seine Untergebenen an, ihm einen Juden, „einen vielleicht vierzigjährigen Mann mit weißen Haaren" (Z. 8 f.), zu schicken. Während die ersten Worte an den eingeschüchterten Mann noch freundlich erscheinen, schlägt der Ton des Vaters innerhalb kürzester Zeit in Brüllen um: „Hände an die Hosennaht, Judensau! Steh stramm! Du stehst vor einem deutschen Staatsbeamten!" (Z. 14 f.) Angesichts des rüden Verhaltens seines Vaters, das er „sonst nicht von ihm kannte" (Z. 13 f.), und des zitternden Opfers erschrickt der 10-Jährige. Er schämt sich offensichtlich, denn er errötet (vgl. Z. 18), als sein Vater ihm inmitten dieses Geschehens einen Beifall heischenden Blick zuwirft: „Unter uns Brüdern, mein Sohn, wie war ich?" (Z. 18 f.) Dann fährt der Vater mit seinen Demütigungen fort.

Zweiter Sinnabschnitt

Wendung

In diesem Augenblick erfährt die Geschichte mit dem Auftritt des Großvaters, der „wie jeden Tag" (Z. 25) das Butterbrotpaket für den Vater vorbeibringt, eine plötzliche Wendung. Überschwänglich und fast wie einen Freund begrüßt er den „Mann in der grauen Jacke" (Z. 26) und stellt ihn dem Vater, der auf dieses Verhalten „mürrisch" (Z. 31) reagiert, als Professor Rosenbaum vor. Ohne Umschweife klärt er den Vater darüber auf, dass dieser Mann ihn als kleines Kind vor dem Ertrinken gerettet habe. Als wolle er das vorhergehende Verhalten des Vaters entschuldigen, fügt er hinzu, dass dieser „ja noch zu klein" (Z. 34) gewesen wäre, um sich daran erinnern zu können.

Pointe

Wenn man so will, kann man bereits an dieser Stelle von einer Pointe sprechen, denn wie schockierend muss der Gedanke für den Vater als überzeugten Nationalsozialisten sein, einem Angehörigen der seiner Ansicht nach „minderwertigsten" menschlichen „Rasse" sein Leben zu verdanken. Wohl bewusst spart der Großvater auch nicht mit den Details: „Durch Mund-zu-Mund-Beatmung, wie es so schön heißt." (Z. 33) Diese Vorstellung muss für den Gestapo-Mann geradezu unerträglich sein.
Diesen Überraschungseffekt nutzt der Großvater geschickt aus, schließlich weiß er schon beim Betreten des Büros, was gespielt wird. Er führt den Professor hinaus, nachdem der verblüffte Vater als Zeichen der Einwilligung nur noch eine „abrupte Handbewegung" (Z. 38) zustande bringt, weil er so sprachlos ist, dass er nicht einmal seine gewohnte „Phrase" (Z. 37) von der „Ehre", an die „ein Deutscher" (Z. 36) denken solle, dreschen kann. Erst als der Vater mit seinem Sohn, der seine Verlegenheit bemerkt, allein ist, findet er seine Fassung wieder und kehrt zu seinem gewohnten Umgangston zurück. Dieser unterscheidet sich merkwürdigerweise kaum von dem, den er auch seinen Untergebenen gegenüber an den Tag legt. Einmal mehr erschallt sein Befehl „Laufschritt! Dalli!", mit dem er diesmal sein Kind nach Hause jagt.

So sehr überrascht daher die abschließende Pointe der Geschichte nicht: Die Lektion, die der Vater seinem Sohn erteilen wollte, ist gründlich misslungen. Dem 10-Jährigen hat das Auftreten des Großvaters sehr viel mehr imponiert, sodass er es vorzieht, lieber von diesem zu lernen, „wie man jüdische Mitbürger behandelt" (Z. 45 f.). Dritter Sinnabschnitt Abschließende Pointe

Von den vier Personen, von denen in der Geschichte die Rede ist, sind nur zwei aktiv an der Handlung beteiligt, der Vater und der Großvater. Der jüdische Professor führt nur Befehle oder Bitten aus, der Junge beobachtet stumm das Geschehen. In Gestalt der zwei Hauptakteure stehen sich, obwohl es sich dabei um Vater und Sohn handelt, zwei völlig verschiedene Charaktere gegenüber. Charakterisierung der Hauptpersonen

Auf der einen Seite agiert der Vater des 10-Jährigen, ein Mitglied der Gestapo und Staatsbeamter des NS-Regimes. Er ist ein überzeugter Anhänger der nationalsozialistischen Rassenideologie und glaubt an den von ihr vertretenen Unterschied zwischen der „arischen Herrenrasse" und der „minderwertigen semitischen Rasse". Aufgrund dieser verblendeten Haltung nimmt er sich das Recht heraus, Juden zu diskriminieren und zu misshandeln. Vater

Ihm gegenüber steht der Großvater, dem diese Ideologie offensichtlich fremd und widerwärtig ist. Er unterscheidet die Menschen nicht nach Rasse und Religion, sondern beurteilt sie nach ihrer Person und ihrem Handeln. Daher begegnet er dem jüdischen Professor mit Respekt und zeigt sich dankbar dafür, dass dieser seinem Sohn einst das Leben gerettet hat. Darüber hinaus beweist er großen Mut, indem er den Mann wie einen Freund behandelt, obwohl er doch sicher weiß, dass es für die Nazis an Hochverrat grenzt, mit Juden freundschaftlichen Umgang zu pflegen. Großvater

Besonders authentisch wird die Geschichte durch die außergewöhnliche Erzählstruktur. Im Text erscheinen zwei Ich-Erzähler, zum einen der Erzähler der Geschichte, zum anderen der 10-jährige Junge, der diesem sein persönliches Erlebnis schilderte. Letzterer wird im ersten und letzten Abschnitt genannt und als „mein Freund M." vorgestellt, was der Geschichte zugleich eine Abrundung verleiht, denn es entsteht ein Erzählrahmen, innerhalb dessen die Erinnerung des Freundes M. zum Leben erwacht. Durch diesen erzählerischen Trick gewinnt der Leser den Eindruck, die Ereignisse direkt aus dem Mund des Jungen zu erfahren und somit aus dessen Sicht hautnah mitzuerleben. Erzählperspektive zwei Ich-Erzähler

Der Autor schildert die Geschehnisse sehr anschaulich und lebendig. Der Leser kann förmlich nachvollziehen, wie sich der Jude fühlen muss, als er vom Vater angeschrien und verhöhnt wird. Textstellen wie „der zitternd seine Hacken zusammenschlug und seine Hände an die Oberschenkel presste" (Z. 16 f.) verdeutlichen seine Angst. Ähnlich ergeht es dem 10-jährigen Jungen, auch er fühlt sich unwohl in dieser Situation: „Während ich zusammenzuckte und erschrocken den Mann ansah […]" (Z. 16) Treffende und lautmalerische Verben wirken hier eindringlich. Sprache des Textes

Fast durchwegs wirkt die Schilderung sehr detailliert und präzise, sodass sich der Leser die Situation bildhaft vorstellen kann. In den erzählenden Passagen überwiegen Satzgefüge, welche häufig verschachtelt sind und mehrere Gliedsätze aufweisen. Ein Beleg dafür ist etwa der Satz: „Der Mann […] sein Butterbrotpaket zu bringen." (Z. 22–25) An Stellen, wo es dem Erzähler darum geht, wichtige Sachverhalte hinzuzufügen, verwendet er Einschübe oder Ergänzungen zur näheren Beschreibung und Erläuterung der Handlung. So zum Beispiel wenn er den Beruf des Vaters angibt: „Er war bei der Geheimen Staatspolizei angestellt, bei der Gestapo." (Z. 2) präzise Schilderungen

Häufig setzt Krüss die wörtliche Rede ein, ein Mittel, das die Anschaulichkeit und Lebendigkeit des Geschehens ebenfalls im besonderen Maße fördert. Auffällig ist hierbei, dass die Ausdrucksweise der beiden Hauptpersonen zugleich auf ihre Haltung und Einstellung schließen lässt. Der Vater bedient sich überwiegend eines militärischen Befehlstons, mit dem er in kurzer, abgehackter Form seine Anweisungen gibt, seinen Untergebenen, seinem Opfer und seinem Sohn gegenüber. Zugleich zeigt seine menschenverachtende Ausdrucksweise, z. B. die Beschimpfung „Judensau“ (Z. 14), seine Gesinnung – ganz im Gegensatz dazu der Begriff „jüdische Mitbürger“ (Z. 45) des Großvaters.

wörtliche Rede

Unterschiede in der Ausdrucksweise der Personen

Der Großvater tritt denn auch völlig anders auf, er spricht mit dem jüdischen Professor in einem herzlichen, freundschaftlichen Ton, welcher auf Achtung, Respekt und Menschenfreundlichkeit schließen lässt. Außerdem verwendet er die Höflichkeitsform in der Anrede und nennt dreimal die Amtsbezeichnung des Juden („Kommen Sie, Herr Professor!“, Z. 39 f.), was den Unterschied zur Sprache seines Sohns noch deutlicher erscheinen lässt. Seinen eigenen Sohn lässt er allerdings spüren, dass er mit dessen Einstellung nicht einverstanden ist. Aus seiner Bemerkung „Aber das weißt du natürlich nicht mehr. Du warst ja noch zu klein.“ (Z. 34) lässt sich ein ironischer Unterton heraushören, der besagen will, dass er ihn im Prinzip immer noch für einen kleinen, dummen Jungen hält, der nicht weiß, was er tut, und der darüber hinaus daran erinnert werden muss, wie man sich anderen Menschen gegenüber verhält. Die Idee des Autors, den Großvater täglich Butterbrote für den Vater vorbeibringen zu lassen, unterstützt diese These.

Zentrale Aussage / Absicht

Mit dieser Anekdote bietet der Autor dem Leser eine unterhaltsame Geschichte mit tieferem Sinn. Am Beispiel der beiden aktiven Hauptpersonen werden die gegensätzlichen Verhaltensweisen gezeigt, zwischen denen sich die Deutschen während Hitlers Terrorregime zu entscheiden hatten. Da waren die einen, die treu und unerschütterlich hinter dem System standen und alle Befehle befolgten, waren diese auch noch so unmenschlich. Aber glücklicherweise gab es auch die anderen, die trotz aller Propaganda und trotz der Gefahren, die ihnen drohten, nicht auf die Lügen und Hetzparolen hereinfielen oder sogar auf ihre Art Widerstand leisteten. Das Beeindruckende an dieser Geschichte ist, dass solche Gegensätze sogar innerhalb einer Familie anzutreffen waren.

Schockierend erscheint die Tatsache, dass hier ein Vater seinem Sohn eine menschenverachtende und diskriminierende Gesinnung und Haltung demonstrieren und anerziehen will, die selbst für einen 10-Jährigen als solche zu erkennen und abstoßend und peinlich zugleich ist. Zum Glück findet der Junge dieses Verhalten so abscheulich, dass er sich lieber ein Beispiel an seinem Großvater nimmt.

Schluss

Aktualität

Obwohl seit der Zeit, in der diese Geschichte spielt, etwa 70 Jahre vergangen sind, ist die Thematik auch heute noch aktuell. Denn wer meint, mit dem Ende der Hitlerzeit hätten auch der Rassismus und die Diskriminierung von Menschen in Deutschland aufgehört, der irrt gewaltig. Gerade durch die Vorfälle der letzten Zeit, die im Zusammenhang mit den schrecklichen Taten der Gruppe Nationalsozialistischer Untergrund (NSU) stehen, erlangt die Geschichte eine traurige Aktualität. Nach wie vor gibt es Menschen, die von einer rassistischen und menschenverachtenden Ideologie geleitet auch vor Gewalt und Mord nicht zurückschrecken. Und es sind vor allem junge Menschen, die sich – anders als der Junge in der Geschichte – häufig von falschen Vorbildern blenden lassen.

Aufgabe 3: Texte lesen, auswerten und schreiben – Suchtverhalten – Abhängigkeiten im Alltag

Hinweis: *Folgende Schritte zeigen dir, wie du an diese Schreibaufgabe herangehen kannst.*

1. **Analysiere die Schreibaufgabe**
   - Kläre:

WER soll laut Aufgabenstellung Informationen zu **WAS** an **WEN** weitergeben?

WER	WAS	WEN
Du (als ZehntklässlerIn und MitarbeiterIn der SMV an deiner Schule)	Suchtverhalten – Abhängigkeiten im Alltag bei Jugendlichen, Möglichkeiten der Prävention	An Schülerinnen und Schüler, Lehrer und Eltern anlässlich eines Gesundheitstages in der Schule

   - Finde heraus, welche Textsorte von dir verlangt wird:
     → **Vortrag** zum Thema „Suchtverhalten – Abhängigkeiten im Alltag bei Jugendlichen"

2. **Erstelle eine Liste der Merkmale oder Aufbaukriterien der in der Aufgabe geforderten Textsorte oder mache sie dir zumindest gedanklich nochmals bewusst.**
   Merkmale eines Vortrags sind:
   - vorbereitete Ansprache vor einem bestimmten Publikum
   - bestimmter Anlass, bestimmtes Thema
   - Ziel: informieren und auffordern/überzeugen
   - Zuhörer mit einbeziehen und ab und zu direkt ansprechen
   - nur wesentliche Punkte nennen, um Konzentration der Zuhörer aufrechtzuerhalten
   - Inhalte nachvollziehbar gliedern (roter Faden)
   - Aufbau des Vortrags:
     - **Einleitung** (Publikum ansprechen und begrüßen, sich vorstellen, Kontakt aufbauen, Anliegen bzw. Grund des Vortrags nennen)
     - **Hauptteil** (Anliegen ausgestalten, auf Einzelheiten eingehen, Beispiele zur Veranschaulichung einbauen, z. B. auch mit Materialien arbeiten, Schlussfolgerungen ziehen)
     - **Schlussworte** (nochmals auf das Anliegen des Vortrags zurückkommen, Absicht kurz zusammenfassen, mit einem Appell an die Zuhörer, einer Anerkennung/Würdigung und/oder dem Dank für die Aufmerksamkeit des Publikums enden)

3. **Überlege dir bei der Bearbeitung der Aufgabe also zunächst:**
   - In welcher **Situation** hältst du den Vortrag?
     → Du hältst an einem „Gesundheitstag" an deiner Schule einen Vortrag über Suchtverhalten Jugendlicher.
   - Wer ist der **Adressat**?
     → Besucher der Veranstaltung: Schülerinnen und Schüler/Lehrerinnen und Lehrer deiner Schule, Eltern
   - Welche Sprachebene muss für die Adressaten gewählt werden?
     → Du sprichst in einem öffentlichen Rahmen zu Gleichaltrigen, aber auch zu Erwachsenen. Deine Sprache sollte also für Schülerinnen und Schüler verständlich und ansprechend, aber dennoch gewählt sein. Es muss deutlich werden, dass du dich auf den Vortrag vorbereitet und diesen geübt hast.

- Was ist Thema und Zielsetzung der Rede?
  → Du möchtest in deinem Vortrag aktuelle Informationen zum Suchtverhalten Jugendlicher im Alltag geben, d. h.,
  - du informierst über verschiedene häufige Süchte bei Jugendlichen und definierst wichtige Begriffe (stoffliche – nicht stofflich gebundene Süchte);
  - du erläuterst Möglichkeiten der Reduzierung von Suchtgefahren;
  - du stellst Präventionsmaßnahmen vor, zeigst Hilfsangebote auf.
- Wie steht der Redner/die Rednerin zum Thema des Vortrags?
  → Du hast einen Wissensvorsprung, da du dich in den vergangenen Wochen eingehend mit dem Thema beschäftigt hast. Deine Erkenntnisse möchtest du nun weitergeben.
- Wie stehen die Adressaten zum Thema der Rede?
  → Deine Mitschüler kennen sicherlich einige „typische" Süchte und haben vielleicht schon an Aufklärungskampagnen teilgenommen. Eltern und Lehrer sind sich vermutlich der zahlreichen Gefährdungen bewusst, denen Jugendliche in Bezug auf Süchte ausgesetzt sind. Dennoch kannst du die Aufmerksamkeit der Zuhörer gewinnen, v. a. wenn du grundlegend informierst und aktuelle Entwicklungen einbringst.

4. **Wähle geeignete Texte aus.**
   Kläre, welche Inhalte die Schreibaufgabe verpflichtend für den Text vorgibt (siehe Aufgabenstellung), und entscheide, welche Textinhalte/Zitate/Textbausteine du dafür heranziehen willst. Arbeite hier sinnvollerweise mit dem Inhaltsverzeichnis deines Kompendiums.

5. **Erstelle einen Schreibplan.**
   Bevor du nun mit dem Schreiben deines eigentlichen Aufsatztextes beginnst, solltest du einen detaillierten Schreibplan entwerfen. Achte dabei immer wieder auf
   - den passenden Adressatenbezug (Wen spreche ich mit meinem Text an?);
   - die richtige Perspektive und Intention (Mit welcher Absicht verfasse ich den Text; will ich informieren, aufklären, kritisieren, zu etwas aufrufen, …?);
   - die der Situation angemessene Sprechhaltung und Sprachebene (Schreibe ich als Schüler/in, als Vertreter/in der Schule, als Klassensprecher/in?);
   - den logischen Aufbau des Textes;
   - die sinnvolle Einbindung von Fakten, Informationen, Zitaten, Textauszügen.

Schreibplan zur Vorbereitung des ausformulierten Textes

Einleitung
- Begrüßung der Zuhörer
- Vorstellung der eigenen Person, Funktion als Mitglied der SMV
- Anlass des Vortrags (Gesundheitstag)
- Inhalte, Gliederung des Vortrags

↓

Hauptteil
- eigene Erfahrungen zu Beginn der Recherche, Zitate zum Einstieg
- Definitionen: Sucht allgemein, stofflich gebundene und nicht stofflich gebundene Süchte
- Erläuterungen zu Computersucht, Handysucht, Ess-Brechsucht (Bulimie)
- Suchtgefahren bei Jugendlichen, Möglichkeiten der Reduzierung
- Rolle der Eltern, Präventionsmaßnahmen
- Wege aus der Sucht

↓

Schlussworte
- Dank für die Aufmerksamkeit der Zuhörer
- Verabschiedung, gute Wünsche

Beispiel für einen Vortrag | **Inhaltliche Schritte**

Guten Morgen, liebe Mitschülerinnen und Mitschüler! Einen guten und interessanten Morgen wünsche ich natürlich auch den anwesenden Eltern, unseren Lehrerinnen und Lehrern sowie – last, but not least – unserem Schulleiter Herrn Sautter.

Einleitung
Begrüßung, Anrede der Adressaten

Ich möchte Sie bzw. euch im Namen der SMV heute ganz herzlich zum Gesundheitstag der Realschule Weil der Stadt begrüßen. Mein Name ist Franziska Kühn und ich gehe momentan in die Klasse 10 a.

Vorstellung der eigenen Person

Eine ganze Menge Vorbereitungsarbeit war notwendig, um das, was wir heute anbieten können, auf die Beine zu stellen. Deshalb hoffe ich sehr, dass alle jetzt folgenden Beiträge mit dem angemessenen Ernst und der entsprechenden Aufmerksamkeit aufgenommen werden.

Eine Arbeitsgruppe der SMV unserer Schule hat sich über einen längeren Zeitraum ganz intensiv mit dem Thema „Suchtverhalten – Abhängigkeiten im Alltag bei Jugendlichen" auseinandergesetzt und dazu gemeinsam einen Vortrag erstellt, den ich euch bzw. Ihnen heute präsentieren werde.

Anlass des Vortrags

Es ist wichtig, Jugendliche stark zu machen, ihnen dabei aber nicht nur zu sagen, sie sollen die Finger von Drogen oder anderen Suchtmitteln lassen, sondern sie auch altersgerecht darüber aufzuklären. Unser Vortrag greift deshalb verschiedene Themenschwerpunkte bzw. Fragestellungen auf *(Auflegen einer Gliederung auf Folie)*:

Gliederung des Vortrags

- Suchtarten: stoffgebunden – stoffungebunden
- Warum ist es wichtig, Jugendliche stark zu machen?
- Wie lassen sich Suchtgefahren im Alltag reduzieren?
- Welche Präventionsmaßnahmen sind möglich?

Zu Beginn unserer Recherche gingen uns viele Fragen durch den Kopf: Warum ist es wichtig, Jugendliche stark zu machen? Welche Süchte sind Süchte aus dem Alltag von Jugendlichen? Welche Risiken bringen bestimmte Verlockungen mit sich und resultieren daraus immer Süchte? Was kann ich diesbezüglich bei mir selbst beobachten? Welche Ursachen haben Süchte? Und vor allem, was kann ich tun, um Süchten vorzubeugen, und wie komme ich wieder heraus aus einer Sucht?

Hauptteil
eigene Beschäftigung mit dem Thema

Alles Fragen, die sich Jugendliche, Betroffene sowie deren Freunde und Eltern stellen könnten bzw. stellen sollten.

Damit Jugendliche erst gar nicht in die Sucht geraten, ist es wichtig, sie stark zu machen und ihnen auch ohne erhobenen Zeigefinger klar zu machen, dass Suchtmittel und Drogen keine harmlose Freizeitbeschäftigung und auch keine Problemlöser sind.

Beim Thema Sucht haben die meisten Mitglieder unserer Arbeitsgruppe wohl zuerst an Alkoholismus gedacht – wir sind auch gleich auf ein passendes Zitat gestoßen: „Sorgen ertrinken nicht in Alkohol. Sie können schwimmen." So hat es z. B. der Schauspieler Heinz Rühmann einmal ganz treffend formuliert. Auf einem T-Shirt habe ich neulich zufällig ein ebenfalls mehr als treffendes Zitat gefunden, das deutlich macht, woraus Sucht entsteht und welche Auswirkungen sie haben kann:

Zitate zum Einstieg

„Alkohol ist ein prima Lösungsmittel!
Er löst Familien,
Ehen, Freundschaften,
Arbeitsverhältnisse,

Bankkonten und Gehirnzellen auf.
Er löst nur keine Probleme!"

Bald schon sind wir auf weitere verschiedene „Suchtmittel" gestoßen, an die man nicht sofort denkt, und wir haben festgestellt, dass die Bandbreite möglicher Süchte viel größer ist, als zunächst angenommen.

Welche Arten von Sucht gibt es also bei Jugendlichen? Wichtig zu wissen ist zunächst, dass man bei den Suchtarten „stofflich gebundene" und „nicht stofflich gebundene" Süchte unterscheidet. Definitionen

Was aber sind überhaupt stofflich und nicht stofflich gebundene Süchte? Sucht

„Sucht bedeutet […] immer Konsum oder Handeln, von dem man nicht lassen kann, auch wenn man sich des Schadens für Körper und Seele bewusst ist."[1] Als stofflich gebundene Süchte bezeichnet man beispielsweise die Abhängigkeit von Drogen, wie Heroin, LSD, Alkohol oder auch Koffein und Nikotin. Die nicht stofflich gebundenen Süchte sind meist psychische Störungen, zum Beispiel die unter Jugendlichen weit verbreitete Computer- und Handysucht oder die immer öfter auftauchende Magersucht. stofflich gebundene … nicht stofflich gebundene Süchte

Zur besseren Verständlichkeit möchte ich euch bzw. Ihnen drei verschiedene Suchtarten kurz erläutern: 1. die Computersucht, 2. die Handysucht und 3. die als Bulimie bekannte Ess-Brechsucht. Erläuterungen zu …

Die Computersucht ist eine unter Jugendlichen weit verbreitete Sucht, bei der die Betroffenen den Aufenthalt vor dem Computer benötigen, um sich wohl und ausgeglichen zu fühlen. Da die Computersucht meist schleichend vom zunächst harmlosen Genuss des Mediums über die Gewöhnung bis in die Sucht führt, kann sie gut vertuscht werden. Nur wenige Abhängige begeben sich in Behandlung und somit sind auch die medizinischen und therapeutischen Erkenntnisse noch gering. Sind Betroffene erst einmal in der Sucht gefangen, widmen sie sich in jeder freien Minute dem Computer, vernachlässigen zunehmend die Nahrungsaufnahme, das regelmäßige Schlafen und ihre sozialen Kontakte. Bei den Betroffenen handelt es sich aber keinesfalls um klassische „Problem"-Jugendliche, im Gegenteil: „Des Weiteren wurde nämlich herausgefunden, dass Computersüchtige häufig über eine sehr gute Allgemeinbildung verfügen oder mit einer überdurchschnittlich hohen Intelligenz ausgestattet sind."[2] Computersucht

Ein anderes Beispiel ist die Handysucht. Für viele Menschen ist das Handy unentbehrlich geworden, da sie für Freunde und Familie immer schnell und überall erreichbar sein wollen. Gerade für Jugendliche ist das Tippen von Kurznachrichten ein wichtiger Teil des Alltags, bei dem sie aber meist nur Belanglosigkeiten austauschen und nicht mehr von einem kontrollierten Gebrauch gesprochen werden kann. Für die Jugendlichen ist ihr Handy unter anderem auch ein Statussymbol, mit dem sie sich von der Masse abheben und cool und trendy wirken wollen. Handysucht

Von der Sucht Betroffene lassen das Handy meist rund um die Uhr an, da sie Angst haben, etwas zu verpassen. Unter Umständen haben sie zudem Probleme mit sozialen Kontakten.

---

1 Was ist Sucht? In: www.sucht.com/was-ist (gekürzt und leicht verändert) (erschienen: 26. 7. 2010, Stand: 5. 10. 2011), gesehen am 24. 1. 2012

2 Computersucht. In: www.sucht.com/arten/computersucht (gekürzt und leicht verändert) (Stand: 5. 10. 2011), gesehen am 24. 1. 2012

Nahezu jeder hier im Saal hat ein Handy und kennt die Art von Zwang, es immer griffbereit haben zu müssen, vermutlich nur zu gut ... Natürlich ist hier nicht gleich Suchtgefahr in Verzug. Oft ist die Abhängigkeit aber nur einen kleinen Schritt entfernt. Um von einer existierenden Sucht wegzukommen, hilft in letzter Konsequenz nur die Abschaffung des Handys und eine damit verbundene Psychotherapie.

Ess-Brechsucht (Bulimie)

Auch die Ess-Brechsucht oder Bulimie kommt seit einiger Zeit immer häufiger bei Jugendlichen vor, die Dunkelziffer ist aber vermutlich noch um einiges höher als die bekannten Fälle.
Betroffene setzen sich auf Diät und erleiden immer wieder intensive Heißhungerattacken, nach denen sie sich zum Erbrechen zwingen *(Auflegen eines Fotos[3] auf Folie)*. Wie man auf diesem Bild erkennen kann, nimmt sich das Mädchen im Spiegel viel dicker wahr, als sie eigentlich ist, und empfindet sich als „viel zu fett".
Dies ist eine typische Reaktion von Bulimieerkrankten, da ihre eigene Körperwahrnehmung gestört ist und sie sich meist ausgesprochen hässlich fühlen. Die beste Behandlung ist hierbei die Aufnahme in eine Klinik und eine begleitende Psychotherapie.

Suchtgefahren, Möglichkeiten der Reduzierung

Wie lassen sich nun die Suchtgefahren im Alltag von Jugendlichen, also in unserem Alltag reduzieren? Ganz aus dem Weg gehen kann man den Gefahren ja vermutlich nicht, denn es gibt eben keine Welt ganz ohne Verlockungen: „Die meisten Menschen sammeln in der Pubertät erste Erfahrungen mit Suchtmitteln, was für viele Jugendliche beim Ausprobieren ohne Folgen bleibt."[4] Aber: „Andere Kinder und junge Erwachsene kommen nicht so leicht von den Mitteln los, flüchten immer öfter in den Rausch und werden süchtig."[5]
Um die Suchtgefahren im Alltag zu reduzieren, sollte man auf folgende Punkte achten:

- Ein gesundes Selbstwertgefühl schützt Jugendliche davor, in eine Scheinwelt zu flüchten, also sollte man schauen, dass man immer wieder Erfolge auf sein „Konto" verbuchen kann.
- Man sollte darauf achten, in welchem Freundeskreis man sich aufhält und wie in diesem mit Alkohol und Drogen umgegangen wird.
- Eltern, die verantwortungsbewusst mit Alkohol umgehen und nicht rauchen, sind ein gutes, wenn nicht sogar *das* beste Vorbild für Jugendliche.
- Ein sicheres und stabiles Umfeld, in dem möglichst wenige familiäre Probleme oder Scheidungen vorkommen, spielt eine bedeutsame Rolle.
- Manche Faktoren, zum Beispiel eine ungünstige Wohngegend oder Arbeitslosigkeit der Eltern, lassen sich nur bedingt beeinflussen, spielen aber trotzdem eine wichtige Rolle.
- Eltern können auch schon mit kleinen Dingen, wie dem Ablehnen von Alkohol bei einem Familienfest, ihren Kindern helfen, später den nötigen Mut zu haben, trotz Gruppenzwang „Nein" zu sagen.

---

3 www.amica.de/beauty/body-diaeten/magersucht-kampagne/magersucht-kampagne-mtv-gegen-magersucht_did_2428.html, gesehen am 24. 1. 2012

4 Fabian Seyfried: Sucht – Rolle der Eltern und Freunde. In: www.netdoktor.de/Krankheiten/Sucht/Sucht-Rolle-der-Eltern-und-Fr-10698.html (erschienen: 4. 11. 2011), gesehen am 6. 3. 2012

5 ebenda

- Da Suchtmittel von Jugendlichen häufig missbraucht werden, um den Sorgen des Alltags zu entfliehen, ist es wichtig, den Jugendlichen auch Zeit zur Entspannung und zum Faulenzen zu geben.
- Auch die Möglichkeit, einen Sportverein oder eine Jugendgruppe zu besuchen, kann schon viel helfen.

„Solange die Kinder auf Verständnis, Anerkennung und Liebe in der Familie vertrauen können, kann sie wenig erschüttern“[6], habe ich neulich gelesen. Aber Achtung! Zu fürsorgliche Eltern können ebenfalls schaden, da Jugendliche später mit ihren Problemen auch selbst zurechtkommen müssen und ohne diese Erfahrungen viel schneller aus der Bahn geworfen werden können. Das heißt also, dass die Weichen für ein suchtfreies Leben schon in der Kindheit gestellt werden. Auf diesen Bereich haben die Jugendlichen selbst aber leider keinen Einfluss, die Schule natürlich auch nicht. Deshalb war es uns ja auch so wichtig, dass heute Eltern hier sind, an die sich diese Punkte hauptsächlich richten.

Rolle der Eltern

Und nun komme ich auch schon zu meinem letzten Punkt: „Welche Präventionsmaßnahmen sind dennoch möglich und sinnvoll? Welche Hilfsangebote können Jugendliche, deren Eltern oder Freunde in Anspruch nehmen?“

Präventionsmaßnahmen

Eltern sollten sich der vorher genannten Punkte bewusst sein und auf diese achten und trotz aller Eigenverantwortung und Freiheit, die sie ihren Kindern zutrauen und geben möchten, Regeln festlegen und ohne Wenn und Aber durchhalten. Das hört sich aus dem Mund eines Jugendlichen vielleicht ein bisschen komisch an, aber überall in den Texten zum Thema Sucht war das der Tenor und die Erklärung dazu leuchtet ja auch ein.

Somit sollten zum Beispiel Kinder unter 16 Jahren ein Alkoholverbot erhalten, das auch bei besonderen Anlässen gilt. Auch ist es wichtig, Warnsignale zu erkennen, Signale wie ein geringes Selbstvertrauen, Lustlosigkeit, Bindungsangst, Einsamkeit etc.

generelles Alkoholverbot für unter 16-Jährige

Viele Schulen, auch unsere Realschule, bieten schon jetzt Präventionstage mit Beamten der Polizei an, bei denen Suchtthemen behandelt, Selbsttests durchgeführt oder z. B. Internetseiten wie www.kenn-dein-limit.de oder www.kommunale-suchtpraevention.de besucht und besprochen werden. Wir halten es auch für sinnvoll, immer wieder im Unterricht über Süchte und z. B. den Einfluss der Medien zu informieren, damit wir alle wachen Auges durch den Mediendschungel gehen. Wir als SMV möchten uns zudem dafür einsetzen, einmal im Jahr diesem Thema Raum zu schaffen. Wir denken dabei z. B. an ein Theaterstück zum Thema, eine Begegnung mit einem ehemals Süchtigen oder einen Filmabend mit anschließender Diskussion.

Präventionstage in der Schule

Einfach mal zuzuhören und zu wissen, was das eigene Kind macht, kann aber auch schon Prävention und Hilfe zugleich sein. Das ist nicht nur wichtig, wenn man vorbeugen will, sondern auch, wenn das eigene Kind oder Freunde von euch betroffen sind. Möglichkeiten hierfür sind zum Beispiel, das direkte Gespräch zu suchen, ohne dabei dem anderen Vorwürfe zu machen. Helfen kann es auch, sich an den Vertrauenslehrer der jeweiligen Schule oder direkt an eine der vielen Suchtberatungsstellen zu wenden.

direkte Gespräche, Zuwendung

Vertrauenslehrer, Suchtberatung

6 ebenda

Hilfe für Betroffene kann jedoch nur richtig wirken, wenn die Art der Sucht bekannt ist und der Betroffene kooperiert, also dazu bereit ist, sich helfen zu lassen. Dann besteht zum Beispiel die Möglichkeit, in einer Klinik einen Entzug zu machen, wie es seit einigen Jahren beispielsweise auch für Betroffene der Computersucht möglich ist. Eine andere Möglichkeit ist es, einer Selbsthilfegruppe beizutreten und in dieser über seine Probleme und seine Sucht zu sprechen.

Klinikaufenthalt

Selbsthilfegruppe

Schluss

Dank

Vielen Dank für Ihre bzw. eure Aufmerksamkeit und Ihr bzw. euer Interesse! Falls es noch Fragen gibt, können diese natürlich gerne noch gestellt werden. Ansonsten wünschen die SMV und ich Ihnen und euch noch viele anregende und hilfreiche Informationen beim Gesundheitstag unserer Schule.

Aufgabe 4: Produktiver Umgang mit Texten – „Grafeneck“ (Rainer Gross)

Hinweis: *Folgende Schritte zeigen dir, wie du an diese Schreibaufgabe herangehen kannst:*

Analyse der Aufgabenstellung

- Textsorte:
  - **Innerer Monolog** Hermann Mausers, also eine Art „Gespräch“, das die Figur nur gedanklich (mit sich selbst) führt
  - Gedanken und Gefühle der Figur in einem bestimmten Augenblick oder zu einem bestimmten Thema werden dargestellt.
- Sprache:
  - Der Text muss in der Ich-Perspektive verfasst werden: Die eingeschränkte Perspektive der Figur wird dargestellt, d. h., es kann nur erwähnt werden, was die Figur zu diesem Zeitpunkt wissen kann. Es dürfen keine anderen Figuren und kein Erzähler zu Wort kommen.
  - Ehrliche Gedanken, emotionale Äußerungen kommen vor.
  - Die Sätze können teilweise unvollständig sein; sprunghafte, ungeordnete Gedanken oder spontane Themenwechsel sind möglich. Es sollte eine zur Figur passende Sprache (wie in der Romanvorlage, z. T. Alltags- oder Umgangssprache) verwendet werden.
  - Die Figur stellt evtl. Fragen an sich selbst, kommentiert Ereignisse oder das Verhalten anderer Figuren.
  - Am Ende kann ein Entschluss oder die Antwort auf eine Entscheidungsfrage stehen.
- Zeitliche Einordnung:
  - Der Fall um die Höhlenleiche ist mittlerweile abgeschlossen und Mauser fährt an Mutz’ Geburtstag – wie in jedem Jahr – zur Gedenkstätte. Wie viel Zeit inzwischen genau vergangen ist, ist unklar. Sicherlich werden die Ereignisse Mauser gerade an Mutz’ Geburtstag stark beschäftigen.
  - Die Handlung des Buches endet mit der (zumindest für den Leser abschließenden) Aufklärung des Falls. Mauser kann jedoch nach wie vor nicht sicher sein, wer Schumacher tatsächlich erschossen hat. In jedem Fall weiß er, dass sein Vater Selbstjustiz geübt hat, um die Täter nicht ungeschoren davonkommen zu lassen.

Sammle Ideen und halte Stichpunkte fest.

- Durch die Aufgabenstellung ist bereits vorgegeben, dass Mauser über das Schicksal seiner Schwester Mutz nachdenken wird und dass ihn die Frage nach Schuld und Unschuld des Vaters nach wie vor bewegt.
- Als besonders wichtige Aspekte sollten auch
  - der Transport Mutz’ nach Grafeneck und ihr Tod,
  - der Selbstmord der Mutter,
  - die Geschehnisse in Grafeneck allgemein,
  - das Verhalten des Vaters gegenüber den Tätern und der Mord an Schumacher

  in den inneren Monolog aufgenommen werden.

Entwirf einen groben Schreibplan, in dem du alle inhaltlichen Punkte aufführst, die du in deinen Text aufnehmen willst.

• Einstieg: Mutz’ Geburtstag, Besuch in der Gedenkstätte
• Erinnerung an ihr sonniges Gemüt, an ihr Lachen
↓
• Selbstmord der Mutter, zu diesem Zeitpunkt Hermann erst acht Jahre alt
• Veränderung des Vaters
↓

- Hochstetter als Schuldiger: hat Attest für Mutz ausgestellt, „unwertes Leben“
- Herzinfarkt Hochstetters: von Schuld zerfressen, vermutlich Mitschuld Mausers
- Nazi-Karriere Hochstetters, hat sich nie vor Gericht verantworten müssen

↓

- Bedauern, dass Mutz kein Grab hat; nur ein Name von vielen auf einer Liste

↓

- Leichenfund: Veränderung des Bildes vom Vater, Schuld des Vaters, Recht und Unrecht nicht mehr zu unterscheiden
- Geschehnisse in Grafeneck, Wunsch des Vaters nach gerechter Strafe für die Täter (Schumacher und Hochstetter)
- Tathergang: Zusammentreffen im „Pflug“, Inszenierung; Waltz’ Beteiligung

↓

- Nachdenken über Gerechtigkeit, Erbarmen und Vergebung: Greving
- Frage nach eigener Reaktion an Stelle des Vaters in der damaligen Zeit

↓

- „Familien-Angelegenheit“, gegenüber Veronika (immer noch) nichts erzählt
- unschlüssig, ob er Versprechen gegenüber Greving einhalten wird

Beispiel für einen inneren Monolog — **Inhaltliche Schritte**

Mutz

Alles Gute zum Geburtstag, Mutz! Wieder ein Jahr vergangen, wieder bin ich hier. Heute wärst du 73 Jahre alt geworden … Jetzt ist’s also schon 53 Jahre her. 53 Jahre, dass du abgeholt wurdest, dass du umgebracht wurdest. Du hättest dich weiter an all den kleinen Dingen freuen sollen, an Schmetterlingen, Blumen oder an Wasser, das an einer Schnelle hüpft … Lachen, wie eine Fünfjährige. Und nicht mit 20 Jahren, mit 20 einfach so ermordet … Du hattest so einen Tod nicht verdient. Du konntest nicht einmal mehr zum Abschied winken, durch das weiß angestrichene Fenster, wusstest ja nicht einmal, dass du uns nicht mehr wiedersehen würdest.

Selbstmord der Mutter

Genauso wenig wie ich’s wusst … Mutter wusst’s schon, was dein Abtransport zu bedeuten hatte. Sie hat gewusst, dass du sterben würdest. Ich nicht. Ich war noch zu klein – acht erst –, um zu begreifen, dass ich dich nie wiedersehen würde. Wie bin ich erschrocken, als ich Mutter im Keller fand, erhängt, zwischen den Zwiebeln und Kartoffeln …

Vater (nach Mutz’ Abtransport)

Innerhalb von zwei Tagen hab ich damals die Hälfte meiner Familie verloren. Nur der Vater ist mir geblieben. Nach Mutters Tod war er aber nicht mehr der Gleiche. Er hat sich immer um mich gekümmert, aber er hat gelitten, hat an sich gezweifelt, weil er nichts gegen Mutz’ Abtransport hatte tun können. Und dann noch Mutter … Es hat ihn nicht in Ruhe gelassen …

Hochstetter, Attest

Und Schuld an allem ist Hochstetter. Der Arzt, der das Attest für dich ausgestellt hat. Nein, nicht für dich, sondern gegen dich. Ohne das Attest wärst du nie abtransportiert worden. Von „unwertem Leben“ sprachen sie. Unwert! Wie kann ein Leben unwert sein? Wegen der geistigen Behinderung meinten sie … Du hast’s Leben wahrscheinlich mehr genossen als viele andere. Ich hab von dir was gelernt: die kleinen Dinge im Leben zu schätzen. Und da sprechen sie von unwert? Deinen Tod haben sie uns nicht einmal mitgeteilt. Und das alles nur wegen Hochstetter. Der hat nicht einmal Reue verspürt. Aber seine Schuld hat ihn doch zerfressen, das denk ich, deshalb der Herzinfarkt. Vielleicht war’s auch mit meine Schuld, weil ich ihn mit der Waffe bedroht hab. Ich weiß, dass das falsch war. Doch ich wollt wissen, was damals passiert ist, wollt ihn nur an seine Taten erinnern. Hat sich nie vor Gericht verantworten müssen, der Herr Doktor, man konnt ihm ja nichts nachweisen. Und dann zieht er ausgerechnet nach Hundersingen. Als wenn nie was gewesen wäre. Bleibt sogar Leiter in Zwiefalten. Wie kann das sein? Das, das ist Unrecht! Was ist das für ein Arzt, der seine Patienten in den Tod schickt? Der alles tut, für seine Karriere im Nazi-Klüngel? So jemand darf sich Arzt nennen … Wär besser gewesen, wenn er abgehauen wär.

Und jetzt hat er ein Grab in Hundersingen. Ihn können die Leut besuchen, Mutz dagegen ist nur ein Name auf einer Liste. Therese Mauser. Geboren 1924, gestorben 1944. Ein Name von vielen. Sie kann ich nur hier besuchen, an dem Ort, der für sie den Tod bedeutet hat. Sie hätte auch ein Grab verdient, neben Mutter und Vater, auf dem Friedhof. Vielleicht sollte ich einen Gedenkstein für sie aufstellen, damit ich einen anderen Platz hab, zu dem ich gehen kann. Irgendwo … An einem Ort, der für uns wichtig war. Oben auf dem Talhang vielleicht, wo die Wacholderheide ist. Dort, wo wir Ostern miteinander Eierrollen gespielt haben. Als die Welt für unsere Familie noch in Ordnung war. Dort wär ein guter Platz. Vater und Mutter würd's bestimmt gefallen. Mutz' Grab

Vater … 's ist jetzt schon 'ne Weile her, dass ich die Leich gefunden hab. Die Leich, die mein Bild von dir so ins Wanken gebracht hat. Die mir gezeigt hat, dass du nicht frei von Schuld bist. Ich hatte mich immer darauf verlassen, dass es möglich ist, Recht und Unrecht zu unterscheiden, die Grenze nicht zu überschreiten, so wie du's mir immer gesagt hast … Und jetzt? Du hast einen Menschen umgebracht, ganz egal, wie es genau passiert ist, du warst auf jeden Fall dabei. Es war nicht recht, was du getan hast. Aber du hast keinen Unschuldigen auf dem Gewissen, den Oberschuldigen eher, wie der Heinrich gesagt hat. Den, der Grafeneck aufgebaut und geleitet hat. Schumacher. Wegen ihm und Hochstetter sind so viele Menschen gestorben. Schmerzvoll gestorben. Menschenversuche gab's hier, wie lang ein Mensch im Eiswasser am Leben bleibt zum Beispiel, und sie haben neue Kampfstoffe erprobt, Nervengifte und solche Sachen. Auch an Mutz vielleicht. Leichenfund Schuld des Vaters Grafeneck Täter

Wie muss es dir ergangen sein, damals? Was haben sie mit dir gemacht, Mutz? Man weiß es nicht und ich werd es nie mehr erfahren, was dir hier alles passiert ist. Die Täter wären beide davongekommen, beide. Wär das nicht noch viel weniger recht? Dass sie sich der gerechten Strafe entziehen, dass sie keine Konsequenzen tragen müssen für ihre Taten? Es ist nicht richtig, jemanden zu ermorden, aber der Schumacher hat's verdient, um den tut es mir nicht leid. Genauso wenig wie für den Hochstetter. Mutz' Schicksal Schumacher

Trotzdem, Vater, du hast die Grenze zwischen Recht und Unrecht überschritten. Wie verzweifelt musst du gewesen sein, dass du das getan hast, was du selbst verachtet hast? Du wolltest nicht, dass die zwei ungestraft davonkommen würden. Du konntest nicht anders, als sie da aufgetaucht sind, im „Pflug", und sich davonmachen wollten. Du konntest das nicht mitansehen … Vielleicht war er es nicht selbst, aber dabei war er. Es war seine P04, das weiß man ja. Ich hab es doch selbst gesehen, das Rillenprofil, da gibt es nichts daran zu rütteln. Aber wer wirklich geschossen hat … Der Kommissar hat recht, es bleibt immer ein Rest, der nicht rauskommt. Obwohl, Waltz mit seiner Geschichte … „Ein Lump soll den anderen richten", hat mein Vater angeblich gesagt … Möglicherweise hat er wirklich den Hochstetter gezwungen, der sagte ja, er hätte die alte Pistol' selbst schon in der Hand gehabt … Und ein Lump, das war er, das Tathergang auf jeden Fall. Aber wirklich wissen werden wir's wohl nie. Der Waltz war nicht dabei – zumindest als geschossen wurde. Vorher schon, er hat's ja quasi zugegeben mit seinem „Ja, wenn". Aber dann ist er wohl gegangen … Und Vater? Könnt schon sein, dass er den Hochstetter gezwungen hat. Dann hat er zwar selbst keinen erschossen, aber er hat's veranlasst, und er hat Schuld, er hat einen Menschen auf dem Gewissen. – Und wieso nicht auch Hochstetter? Wieso habt ihr den laufen lassen? Damit er spürt, wie's ist, jemanden direkt zu töten? Nicht indirekt, wie er's mit seinen Attesten getan hat. Die haben ja nur dafür gesorgt, dass die Leut nach Grafeneck kamen, die Drecksarbeit haben dann andere erledigt …

Wie bei Mutz. Der Hochstetter schrieb das Attest, aber abgeholt und umgebracht haben sie andere … Ich kann's mir vorstellen, wie's war. Wie die anderen muss sie eingestiegen sein, in den grauen Bus mit den weißen Fenstern. In Sonntagskleidern, auf dem Rücken ein Kreidekreuz. Eines wie Vater es dem Schumacher aufmalte oder aufmalen ließ. Ein Kreuz, das den Tod bedeutete. Für die Behinderten hat's den Tod bedeutet und für den Schumacher letztlich auch. Ist das wirklich ungerecht? Mein Vater hat einen umgebracht, so oder so, aber der hat's verdient. Viele haben nichts gemacht, haben mitgemacht, sogar der Mattes, aber ihnen kann man vergeben. Bloß dem Schumacher und dem Hochstetter, denen nicht. Das wäre ein Thema für Greving: Erbarmen und Vergebung. Ob Gott wohl einen besonderen Platz hat für die, die leiden mussten? Für Mutz? Der Greving, der hätt eine Antwort darauf, da bin ich mir sicher. Der kennt sich aus mit Gott und mit der Kirche, ist ja ein richtig Frommer, der Kommissar … Und ein guter Mann, das ist er.

Mutz' Abtransport

Kreidekreuz

Mittäter

Erbarmen

Kommissar Greving

Vielleicht ist's auch nicht mehr wichtig, wer nun geschossen hat. Ich kann Vater verstehen. Er hat wirklich gekämpft, gelitten und standgehalten. Gekämpft hat er gegen die Nazis, auch wenn er vieles nicht verhindern konnte, gelitten nach Mutz' und Mutters Tod. Und er hat doch standgehalten, hat sich alleine um mich gekümmert, ist nicht zerbrochen, an alldem. Ich hab ihn immer geliebt und bewundert und ich tu's auch jetzt noch. Ich kann ihn verstehen, kann verstehen, warum's ihn zu der Tat getrieben hat. Hätt ich das auch getan? Selbst für Gerechtigkeit sorgen, Mutz und Mutter rächen und all die anderen? Hab schließlich auch zwei Leut bedroht, mit dieser verdammten Pistol' … aber schießen? Nein, ich glaub, das könnt ich nicht. Sowas lernt man nicht, im Schützenverein, auf Menschen schießen.

Charakter des Vaters

Vieles hat sich verändert, seit ich Schumachers Leich gefunden hab, seit ich die Vergangenheit kenne. Vaters Schuld, aber auch die vom Hochstetter und vom Schumacher. Aber Schuld ist etwas, das einem eindeutig zukommt, etwas, das man oft nicht vermeiden kann. Und etwas, das jeder mit sich herumträgt. Bei mir sieht's auch nicht anders aus … Die Sache mit der Waffe und wie ich die Ermittlungen behindert hab … Würd man den Waiblinger fragen, den Griffelspitzer, der würd mich glatt ins Gefängnis stecken. Der ist nicht wie Greving …

Schuld

Früher ist Vater mit mir durchs Dorf gelaufen und hat mir erklärt, wer wo wohnt und wie's mit der Rechtschaffenheit und Ehrbarkeit der Leut ausschaut. Was hat er sich wohl vor unserem Haus gedacht? Wie sah's dort mit der Rechtschaffenheit aus? Aber die große Schuld, die trägt er nicht. Das tun andere. Schumacher, Hochstetter … Die haben die Schuld. Daran, dass ich die Hälfte meiner Familie verloren hab.

Rechtschaffenheit und Ehrbarkeit

Jetzt hab ich keinen mehr, keinen Menschen außer Veronika. Und ihr hab ich nichts von allem erzählt. Nichts von der Leich, meinen Sorgen wegen Vater, den endlosen Stunden vor dem Mikroskop. Nichts davon, wie ich Mattes und Hochstetter bedroht hab, nur um die Wahrheit herauszubekommen. Es war doch eine Mauser-Sache, eine Familienangelegenheit! Ich hab's dem Kommissar schon nicht erzählen wollen und ich konnt's auch Veronika nicht sagen … Irgendwann soll ich ihm die ganze Geschichte erzählen, hat Greving gemeint, oder eben das, was ich davon weiß. Ich hab's ihm versprochen, Mutz, aber ehrlich gesagt, ich weiß nicht, ob ich's tu … Vielleicht ist es immer noch eine Mauser-Sache.

Veronika

Mausers Versprechen an Greving

Leerseiten verbilligen in diesem Fall die Herstellung des Buches!

Aufgabe 1: Texte beschreiben

Fast eine Romanze (I)

Nie werd' ich wissen, wie du wirklich heißt,
wie du wohl lächeln würdest, wenn ich sagte,
daß ich mich schier nicht mehr zu regen wagte,
als du den Raum betratst, ich saß wie hingeschweißt,

sah, wie du rauchst und trinkst, das Haar wegstreichst
und eine SMS schreibst, schließlich gehst
und neben meinem Tisch dann plötzlich stehst
und dort erst deine Rechnung schnell begleichst

und wie dein Blick, ganz ohne innre Glut,
sich jäh verhakt und kurz in meinem ruht –
schon seh ich dich von hinten, seh den Hut

aus Stroh, das Sommerkleid, darum ein Band
in Dunkelblau, ein letztes Unterpfand
von dir, tief in den Nachmittag gebrannt.

(2008) *Matthias Politycki (*1955)*

Quelle: Matthias Politycki: Die Sekunden danach. 88 Gedichte. Hamburg: Hoffmann und Campe 2009

Das Gedicht ist entsprechend der Vorlage in alter Rechtschreibung abgedruckt.

Der fremde Mann

Am Abend vor dem Bahnhof, diesiges Licht. Der Zug, der mich hergefahren hat, war überfüllt. Die Menschen sind abgespannt. Man schaut sich nicht an, man geht sich aus dem Weg.

Draußen auf dem Vorplatz warten die Taxis. Die vordersten haben die Lichter eingeschaltet, die Motoren laufen. Einige Männer warten mit hochgeklapptem Kragen. In den Händen halten sie schwarze Aktenkoffer.

Ich gehe hinüber zum Parkplatz, wo mein Moped steht. Schwacher Regen fällt. Er wird mich auf der Heimfahrt nässen.

Aber da wartet einer und schaut um sich. Er gehört nicht hierher, das sieht man, er ist ein Fremder, einer vom Balkan oder noch von weiter her. Er ist bereit zur Demut, das spürt man. Er läßt seinen Blick kurz auf mir liegen und will ihn sogleich wieder wegnehmen. Aber er nimmt ihn nicht weg. Er will etwas von mir, er will, daß ihm jemand hilft.

Ich bleibe stehen und schaue ihn an. Er ist etwa 25, er kommt vom Land, so wie er da steht, er steht da wie ein junger Bauer im Stall. In der Rechten hält er einen Koffer.

Jetzt kommt er auf mich zu. Bitte, sagt er, wo ist Riehenstraße?

Er entfaltet einen Zettel. Darauf steht, mit Bleistift in Blockschrift hingesetzt, eine Adresse mit Namen und Nummer.

Ich weiß nicht, wo die Riehenstraße ist. Vermutlich liegt sie gegen Riehen hinaus. Aber was geht mich das an? Und wie soll der fremde Mann dorthin kommen?

Ich trete wieder unter das Vordach des Bahnhofs und frage eine Frau in dickem Mantel, wo die Riehenstraße sei. Erst zuckt sie zurück, sie fühlt sich bedroht. Dann sagt sie, sie wisse es nicht. Ich warte und lasse zwei Personen vorbeigehen, ohne zu fragen. Schließlich will ich niemanden erschrecken. Der junge Bauer neben mir steht da, als würde ihn die Sache nichts angehen. Friert er in seiner dünnen Jacke?

Ich überlege, ob ich zum Billettschalter gehen und nach einem Stadtplan fragen soll. Aber dort würde ich anstehen müssen, und das will ich nicht. Der Fremde schaut in den dunklen Himmel hinauf. Warum stellt er seinen Koffer nicht hin?

Ein Mann geht vorbei. Er weiß, wo die Riehenstraße ist: jenseits des Flusses, die Zwei fährt hin, bei der Station kommt es auf die Hausnummer an. Ich winke ab, mich interessieren nur Tramnummer und Richtung. Die Station soll der Tramführer angeben.

Wir gehen zum Billettautomaten hinüber, der Fremde und ich. Er schaut zu, wie ich eine Fahrkarte heraustippe. Dann zeige ich ihm den Perron* und die Richtung. Ich gebe ihm das Billett und sage, er solle den Zettel mit der Adresse dem Tramführer zeigen. Er nickt, und ich merke, daß er überlegt, ob er mir die Hand drücken soll. Wir lassen es bleiben. Ich sage Tschau, er sagt auch Tschau.

Drüben beim Moped, als der Motor schon läuft, schaue ich zurück. Der Fremde steht dort mit dem Koffer in der Hand. Jetzt dreht er den Kopf, er sieht mich. Wir heben gleichzeitig die Hand, erst zögernd, dann entschlossen. Wir winken uns zu wie alte Freunde, und dann geht ganz deutlich ein Lächeln über sein Gesicht.

(2002) *Hansjörg Schneider (*1938)*

**Perron: Bahnsteig*

Quelle: Hansjörg Schneider: Im Café und auf der Straße. Geschichten. Zuletzt veröffentlicht im Ammann Verlag 2002;

Der Text ist entsprechend der Vorlage in alter Rechtschreibung abgedruckt.

Aufgabe 3: Texte lesen, auswerten und schreiben

Jugendliche und soziales Engagement – Ist Helfen Ehrensache?

Vereine und Kirchen in Ihrem Umfeld beklagen sich über fehlendes soziales Engagement von Jugendlichen. Sie selbst sind seit einigen Jahren im Ehrenamt engagiert und wissen, wie wichtig soziales Engagement ist. Deshalb schreiben Sie einen Artikel für die Schülerzeitung, in dem Sie Gleichaltrige für soziales Engagement motivieren wollen. Vertiefen Sie in Ihrem Artikel auch die Frage: Ist Helfen für Jugendliche Ehrensache?

Schreiben Sie diesen Artikel.

Anmerkung:
Zur Bearbeitung der Aufgabe dienen die zu Beginn des Schuljahres mit den Ausführungsbestimmungen für die Realschulabschlussprüfung veröffentlichten Impulstexte und Ihr selbst erstelltes Kompendium.
Legen Sie bitte aus Ihrem Kompendium die Texte, aus denen Sie Textstellen wörtlich übernommen haben, dem Prüfungsaufsatz bei, ebenso Grafiken, Schaubilder, Tabellen o. Ä., auf die Sie Bezug nehmen.

Aufgabe 4: Produktiver Umgang mit Texten

Mirjam Pressler, Nathan und seine Kinder

> Er schwieg. Dann gingen wir zurück. Am Tor verabschiedeten wir uns. Ich schaute ihm lange nach, bevor ich das Haus betrat. Mein Haus. Die ersten Schritte in eine unbekannte Zukunft. Und ich hörte die Stimme meines Vaters: „Lass dir Zeit, meine Tochter, lass dir Zeit."
> Als ich am Innenhof vorbeiging, sah ich Zipora und Daja den Tisch für die Abendmahlzeit herrichten.

Quelle: Mirjam Pressler: Nathan und seine Kinder. Weinheim/Basel: Beltz & Gelberg 2011, S. 247.

Vor diesem Mahl spricht Recha zu den Bediensteten und Freunden im Hause. In dieser Rede würdigt sie das Wirken Nathans. Sie fordert die Anwesenden auf, dem Rachegedanken abzuschwören und die Ideen ihres Vaters im Alltag zu leben.

Schreiben Sie diese Rede.

Anmerkung:
Zur Bearbeitung der Aufgabe darf die zu Beginn des Schuljahres mit den Ausführungsbestimmungen für die Realschulabschlussprüfung veröffentlichte Ganzschrift verwendet werden.

Lösungen

Aufgabe 1: Texte beschreiben – „Fast eine Romanze (I)“ (Matthias Politycki)

Hinweis zur Herangehensweise

Die Gedichtbeschreibung verlangt die Untersuchung von Inhalt, formaler Gestaltung, sprachlichen und stilistischen Mitteln, Aussage und Absicht sowie der Wirkung des Gedichts. Abschließend nimmst du Stellung dazu, worin für dich die zentrale Aussage des Gedichts besteht. Lies das Gedicht mehrmals genau durch. Markiere Schlüsselbegriffe sowie auffällige oder auch unklare Begriffe und versuche, ihre Bedeutung zu erschließen. Ordne deine Ergebnisse beispielsweise in einer Mindmap und erstelle anschließend einen Schreibplan für deinen Aufsatz.

Arbeitsskizze – Textnotizen

	Fast eine Romanze (I) ←	Ironie: nur Schwärmerei, keine echte Liebesgeschichte; Nummerierung wirft Fragen auf
Inversion: betont; Bedauern Konjunktiv: Wunschvorstellung Hypotaxe: komplexer Gedankengang	Nie werd’ ich wissen, wie du wirklich heißt, wie du wohl lächeln würdest, wenn ich sagte, daß ich mich schier nicht mehr zu regen wagte, als du den Raum betratst, ich saß wie hingeschweißt,	Ich – Du: wendet sich an Unbekannte/n; Anschein eines intensiven Gesprächs Vergleich: gebannt, gefesselt, unfähig zu handeln
Tempuswechsel: Vergegenwärtigung der Situation Parataxe: Aneinanderreihung der Beobachtungen	sah, wie du rauchst und trinkst, das Haar wegstreichst und eine SMS schreibst, schließlich gehst und neben meinem Tisch dann plötzlich stehst und dort erst deine Rechnung schnell begleichst	geschäftig, hektisch plötzliche Nähe, die er nicht nutzen kann
	und wie dein Blick, ganz ohne innre Glut, sich jäh verhakt und kurz in meinem ruht – schon seh ich dich von hinten, seh den Hut	einseitige Faszination: kein Zeichen von Interesse bei der Frau
Enjambement (Zeilensprung): kurze, aufeinanderfolgende Eindrücke; telegrammartig verkürzte Wiedergabe	aus Stroh, das Sommerkleid, darum ein Band in Dunkelblau, ein letztes Unterpfand von dir, tief in den Nachmittag gebrannt.	Symbole: Freundschaft, Himmel, Liebe o. ä. Unterpfand = Sicherheit, Bürgschaft
	↑ doppeldeutig: ins Gedächtnis gebrannt, Sonne/Sommertag	

Mindmap

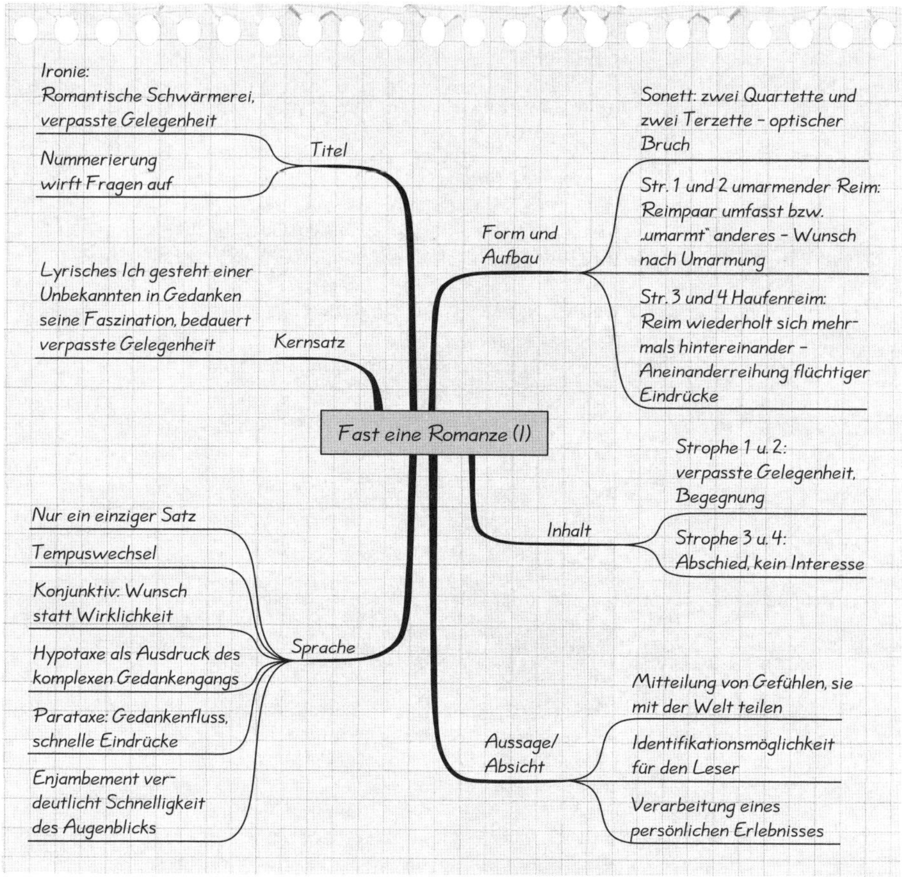

Schreibplan

Einleitung

↓

Nennung von Titel, Textart, Autor, Quelle

\+

Kernsatz:

Das lyrische Ich gesteht einer Unbekannten in Gedanken seine Faszination und bedauert, die Gelegenheit zum Kennenlernen verpasst zu haben.

↓

Hauptteil

↓

Bedeutung des Titels
- ironische Wendung („Fast“)
- nur romantische Schwärmerei, keine echte Liebesgeschichte
- Nummerierung wirft zusätzliche Fragen auf

↓

Kurze inhaltliche Zusammenfassung des gesamten Textes
Aufbau und Form
- Gedicht mit einem festgelegten Strophenaufbau, zwei Quartette und zwei Terzette (Sonett) → optischer Bruch
- Reimformen: Quartette (Strophen 1 und 2) – umarmender Reim; Terzette (Strophen 3 und 4) – Haufenreim
- Inhalt: Strophe 1 und 2: Begegnung, verpasste Gelegenheit; Strophe 3 und 4: Abschied

↓

Inhaltliche Beschreibung der einzelnen Strophen

Strophe 1	– Bedauern, dass es keine Möglichkeit zum Kennenlernen gab – Wunschvorstellungen und Träume über eine Annäherung – intensives Gespräch mit dem Du – einseitige Faszination (gefesselt, gebannt)
Strophe 2	– Beobachtung der (alltäglichen) Bewegungen und Handlungen – plötzliche Nähe ohne Möglichkeit zur Kontaktaufnahme – Lokal, Café o. ä. als Ort der Handlung
Strophe 3	– kurzer Blickkontakt – kein Zeichen von Interesse oder Leidenschaft
Strophe 4	– Festhalten schneller flüchtiger Beobachtungen – Beschreibung der Kleidung der Frau – tiefer Eindruck, den die Frau hinterlässt

↓

Sprachstil / sprachliche Mittel
- verständliche Alltagssprache
- aktueller Text (Erwähnung SMS)
- ein einziger Satz
- Konjunktiv drückt Wunschvorstellungen und Träume aus
- Hypotaxe zur Darstellung komplexer Gedankengänge
- Parataxe zur Aneinanderreihung der einzelnen Beobachtungen
- Enjambements verdeutlichen die Atemlosigkeit
- Gedankenstrich am Wendepunkt

↓

Zentrale Aussage / Absicht des Autors
- einseitige „Liebe auf den ersten Blick“: Gefühle mit der Welt teilen
- Identifikationsmöglichkeit für den Leser
- evtl. Darstellung eines persönlichen Erlebnisses des Autors

↓

Schlussgedanke
- Liebe als beliebtes Thema in Gedichten, Filmen und Songs
- Happy End oder Faszination der unerfüllten Liebe → Raum für Fantasie

Aufsatzbeispiel

Inhaltliche Schritte

Einleitung
Informationen zum Text mit Kern- / Basissatz

Das Gedicht „Fast eine Romanze (I)“ von Matthias Politycki findet sich in dessen Gedichtband „Die Sekunden danach. 88 Gedichte“, der im Jahr 2009 im Verlag Hoffmann und Campe in Hamburg erschienen ist. Das lyrische Ich, vermutlich ein Mann, dessen Alter nicht genannt ist, gesteht darin einer Unbekannten in Gedanken seine Faszination, die von dieser allerdings weder wahrgenommen noch erwidert wird.

Hauptteil
Bedeutung des Titels

Folgerichtig ist das Gedicht auch mit der Formulierung „Fast eine Romanze (I)“ überschrieben. Die Einschränkung „Fast“ deutet schon an, dass es nicht zu einer tatsächlichen Liebesbeziehung gekommen ist und das lyrische Ich dies bedauert. Im Verlauf des Textes wird deutlich, dass es sich nur um eine romantische Schwärmerei des lyrischen Ichs handelt. Für den Leser klingt der Titel letztendlich eher ironisch, da die im Gedicht beschriebene Situation von einer Romanze weit entfernt ist.

Etwas irritierend wirkt die Nummerierung hinter dem Titel, die mehrere Fragen aufwirft: Gibt es noch einen zweiten Teil der Romanze oder sogar noch weitere? Und wenn ja, handelt es sich dabei dann um eine Fortsetzung, eine Überarbeitung oder eine neue Version? Wie könnte diese aussehen? Durch diesen Titelzusatz wird der Leser angeregt, die im Gedicht beschriebene Situation quasi „weiterzudenken“.

Kurze inhaltliche Zusammenfassung – Aufbau und Form

Ganz offensichtlich handelt es sich bei dem vorliegenden Gedicht um ein Sonett, erkennbar an dem streng festgelegten Strophenaufbau: Auf zwei vierzeilige Strophen, sogenannte Quartette, folgen zwei dreizeilige, sogenannte Terzette, wodurch sich im Schriftbild ein Bruch ergibt. Ein durchgängiges Metrum ist nicht zu erkennen.

Inhaltlich besteht dementsprechend auch ein engerer Zusammenhang zwischen Strophe 1 und 2, in denen das lyrische Ich seine Begegnung mit der unbekannten Frau schildert, und zwischen Strophe 3 und 4, in denen es den Abschied beschreibt. Die Wahl der entsprechenden Reimformen unterstreicht die jeweilige Wirkung. Denn während in den beiden Vierzeilern der umarmende Reim verwendet wird, der scheinbar die Sehnsucht des Ichs versinnbildlicht, die Frau am liebsten in seine Arme zu nehmen, so sind die beiden Dreizeiler im Haufenreim geschrieben und vermitteln dadurch ein anderes Stimmungsbild. Indem die flüchtigen Eindrücke hastig aneinandergereiht werden, scheint es so, als versuche das lyrische Ich, möglichst viele Erinnerungen an die entschwindende Liebe festzuhalten.

Inhaltliche Beschreibung der einzelnen Strophen
Strophe 1

Bereits der erste Vers, ja das erste Wort, drücken das unendliche Bedauern aus, das das lyrische Ich empfindet, weil seine Wünsche nicht wahr geworden sind: „Nie werd' ich wissen, wie du wirklich heißt“ (V. 1) Die Inversion, das an den Anfang gestellte und damit besonders betonte „Nie“, unterstreicht die Wirkung und verdeutlicht die Endgültigkeit, die damit einhergeht. Ebenso wenig wie ihren Namen erfährt das Ich, wie die Frau wohl reagiert hätte, wenn es ihr von der Faszination hätte erzählen können, die sie bereits beim ersten Anblick ausgelöst hat. Weil sich die Gelegenheit nicht ergab, die Angebetete kennenzulernen, malt es sich wenigstens in Gedanken die Möglichkeiten aus. Die entsprechende Stelle ist im Konjunktiv verfasst und bleibt dadurch als unerfüllter Wunsch im Raum stehen: „wie du wohl lächeln würdest […]“ (V. 2)

Die Frau übt eine so ungeheure Anziehungskraft auf das Ich aus, dass es nichts sehnlicher wünscht, als ihr sofort seine Gefühle mitzuteilen. Deshalb wird die Betroffene bereits im ersten Vers persönlich mit „du“ angesprochen. Obwohl die beiden an keiner einzigen Stelle im Gedicht miteinander kommunizieren, erweckt das permanente Wechselspiel zwischen den Personalpronomen „ich“ und „du“ oder auch den Possessivpronomen „mein“ und „dein“ den Eindruck, als würde das gesamte Gedicht hindurch ein intensives Gespräch mit der Frau stattfinden. Diese Vertrautheit ist jedoch nur Wunschdenken, denn alles spielt sich in der Fantasie des Beobachters ab.

Das Ich ist so überwältigt von ihrer Erscheinung, dass es völlig gebannt dasitzt, als sie den Raum betritt: „[…] ich saß wie hingeschweißt“ (V. 4) Auch wenn der Vergleich unromantisch klingt und eher Assoziationen an Metall weckt, drückt er dennoch sehr anschaulich den inneren Zustand aus, der unfähig zu jeglicher Handlung macht.

Nur durch ein Komma abgetrennt wird der Satz in der zweiten Strophe, die weitere Beobachtungen beschreibt, fortgesetzt. Das Tempus wechselt vom Präteritum ins Präsens, um die Situation gegenwärtig zu machen. Das Ich erinnert sich an jede der Bewegungen und Handlungen der Frau, die im Gegensatz zu seinen Träumereien recht nüchtern und alltäglich erscheinen: „sah, wie du rauchst und trinkst, das Haar wegstreichst“ (V. 5 ff.) Strophe 2

Ganz anders als der romantische Beobachter wirkt die Frau eher geschäftig, ja sogar hektisch. Sie macht nicht den Eindruck, als wäre sie offen für eine neue Bekanntschaft. Ihre Umwelt scheint sie nicht einmal richtig wahrzunehmen. Es lassen sich nur Vermutungen darüber anstellen, warum sie es „plötzlich“ (V. 7) so eilig hat, „schnell“ (V. 8) zahlt und geht. Vielleicht wollte sie sich mit jemandem treffen, der nicht kam, oder sie hat einen wichtigen Termin irgendwo anders. Obwohl die Frau ihm plötzlich so nah ist, kann das beobachtende Ich keinen Kontakt aufnehmen, da der Augenblick zu schnell verstreicht.

Mit ziemlicher Sicherheit lässt sich aus dieser Strophe der Ort schließen, an dem die Szene spielt: Es handelt sich ganz offensichtlich um ein Lokal, ein Café oder dergleichen.

Die Frau scheint ihren Bewunderer beim Gehen zwar zu bemerken, doch hegt sie zu dessen Bedauern nicht die gleichen Empfindungen wie er: „[…] wie dein Blick, ganz ohne innre Glut,/sich jäh verhakt und kurz in meinem ruht –“ (V. 9 f.) Zeichen von wirklichem Interesse sind nicht zu erkennen, ganz zu schweigen von Leidenschaft, womöglich bleibt ihr Blick nur deshalb kurz an ihm hängen, weil sie sich beobachtet oder gar angestarrt fühlt. Unverzüglich verlässt sie die Szene. Strophe 3

Dem lyrischen Ich bleibt noch kurz Gelegenheit, ihr nachzusehen und die letzten Eindrücke gleichsam in sich aufzusaugen, bevor sie ganz aus seinem Gesichtskreis verschwindet. Da das Ich sie nicht kennt und nichts von ihr weiß, beschränkt sich seine Beschreibung, die im letzten Vers der Strophe 3 beginnt, ausschließlich auf ihre Kleidung: „[…] seh den Hut/aus Stroh, das Sommerkleid, darum ein Band/in Dunkelblau […]“ (V. 11 ff.) Der Zeilensprung, die nahtlose Fortsetzung der Beobachtung über das Strophenende hinweg, zeigt das Bemühen, jedes Detail dieses Moments genau festzuhalten. In dem dunkelblauen Band glaubt das Ich ein „Unterpfand“ (V. 13) zu erkennen. Bis zuletzt macht es sich also Hoffnungen, denn ein Pfand ist seiner Bedeutung nach eine Sicherheit für eine Gegenleistung, die jemand erbracht hat und die irgendwann eingelöst wird. Strophe 4

Diese letzte Strophe wirkt sehr symbolträchtig. Das erwähnte „Band“ (V. 12) gilt vielen als Zeichen der Verbundenheit, der Freundschaft und

der Treue, die Farbe (Dunkel-)Blau (vgl. V. 13) könnte man als Symbol für den Himmel und die Liebe deuten. Mit diesen Bildern bringt das lyrische Ich seine Gefühle überschwänglich zum Ausdruck, zugleich sind sie ein weiteres Indiz für seinen ausgeprägten Hang zur Romantik.
Indem es in dieser Strophe seine Eindrücke fast telegrammartig verkürzt wiedergibt, versucht es sich die Szene möglichst genau einzuprägen und in Erinnerung zu behalten: „[...] tief in den Nachmittag gebrannt" (V. 14) Das abschließend gebrauchte Partizip verweist auf die Intensität, mit der sich die Bilder von der Frau in seinem Gedächtnis festgesetzt haben.
Zugleich passt diese sprachliche Wendung ideal zur Jahreszeit, ganz offensichtlich handelt es sich der beschriebenen Kleidung nach um einen sonnigen und vielleicht auch heißen Sommertag.

Das Gedicht ist in verständlicher Alltagssprache verfasst, sodass es dem Leser leicht fällt, den Inhalt bereits beim ersten Durchlesen zu erfassen. Die Erwähnung der Abkürzung „SMS" (V. 6) weist neben dem Entstehungsjahr des Gedichts darauf hin, dass es sich um einen aktuellen Text aus der jüngsten Vergangenheit handelt. *Sprachstil / sprachliche Mittel*

Gezielt setzt der Autor sprachliche Mittel ein, um die Wirkung des Inhalts zu verstärken. Sehr auffällig ist die Tatsache, dass das gesamte Gedicht nur einen einzigen Satz enthält. Es scheint, als ob das lyrische Ich im Rausch seiner Begeisterung zu schwärmen beginnt, als es das faszinierende Wesen erblickt, und nicht mehr aufhören kann, bis dieses seinem Blick entschwunden ist. Nur die Kommas strukturieren den nicht enden wollenden Satz und bieten dem Leser kurze Pausen, um dem Fluss der Gedanken und Emotionen zu folgen. *ein einziger Satz*

Der Konjunktiv in der ersten Strophe zeigt an, dass es sich hier lediglich um Wunschvorstellungen und Träume handelt. *Konjunktiv*

Dabei verdeutlicht die Hypotaxe zunächst den komplexen Gedankengang des lyrischen Ichs. Mehrere Nebensätze werden einander untergeordnet bei der Vorstellung, was wohl geschehen wäre, wenn aus dem Wunsch Wirklichkeit geworden wäre und sie sich kennengelernt hätten. *Hypotaxe*

Im weiteren Verlauf nimmt der Satzbau überwiegend parataktischen Charakter an. Die zahlreichen Beobachtungen des lyrischen Ichs werden aneinandergereiht. Es kann gar nicht aufhören, von dem zauberhaften Wesen zu schwärmen, das es da vor sich hat, viermal nacheinander leitet die beiordnende Konjunktion „und" (V. 6–9) die entsprechenden Verszeilen ein und verdeutlicht damit die Atemlosigkeit, mit der das lyrische Ich erzählt. *Parataxe*

Die einzelnen Strophen gehen mittels Enjambements nahtlos ineinander über und verdeutlichen die fortgesetzte Bewunderung, die nicht enden will. Vor allem zwischen Strophe 3 und 4 wirkt der Übergang besonders abrupt, da hier sogar die zusammenhängende Formulierung „Hut/aus Stroh [...]" (V. 11 f.) auseinandergerissen wird. *Enjambements*

Der Gedankenstrich am Ende von Vers 10 verkörpert den kurzen Augenblick, in dem eine jähe Wendung eintritt, es findet ein kurzer Blickkontakt statt, weshalb beim lyrischen Ich ein kleiner Funken Hoffnung auf Erfüllung seiner Wünsche aufflackert. Aber noch im gleichen Moment (vgl. V. 11) dreht die Angebetete sich um und verschwindet. *Wendepunkt*

Die bereits beschriebenen Symbole – das „Band" (V. 12), die Farbe Blau (vgl. V. 13) –, die das Gedicht zum Abschluss bringen, zeigen die romantische Schwärmerei des Ichs. Darüber hinaus verweisen sie darauf, welch tiefen und nachhaltigen Eindruck das Erlebnis bei ihm hinterlässt. *Symbole*

Der Autor thematisiert in dem Gedicht eine sehr einseitige „Liebe auf den ersten Blick". Intensiv bringt das lyrische Ich seine Gefühle und Gedanken zum Ausdruck, als müsste es seine Begeisterung über die Frau und sein gleichzeitiges Bedauern über die verpasste Gelegenheit mit der ganzen Welt teilen. Zentrale Aussage / Autorenabsicht

Damit bietet das Gedicht natürlich eine ideale Identifikationsmöglichkeit für die Leser. Wem ist es nicht auch schon so ergangen, dass er eine interessante Person gesehen und vielleicht geglaubt hat, die Liebe seines Lebens erblickt zu haben, aber nicht den Mut hatte, die Chance zu ergreifen und die betreffende Person anzusprechen? Identifikationsmöglichkeit

Denkbar wäre auch, dass der Autor in seinem Gedicht ein eigenes Erlebnis zu verarbeiten versuchte. Ganz offen beschreibt er die Situation und seine Gefühle, möglicherweise auch in der Hoffnung, dass die betreffende Frau das Gedicht nach seiner Veröffentlichung zufällig liest und schließlich doch noch von seinen Empfindungen erfährt.

Damit spricht der Dichter ein sehr beliebtes Thema an und trifft sicherlich auf das Interesse vieler Menschen. Nicht nur Gedichte, sondern auch unzählige Filme und Songs handeln von der Liebe. Dabei scheiden sich die Geister: Während die einen am Ende eher ein Happy End bevorzugen, fasziniert die anderen gerade die unerfüllte Liebe, weil sie Raum für Träume und Sehnsüchte schafft. **Schlussgedanke**

Sicherlich gewinnt dieses Gedicht durch die Tatsache, dass die Romanze nicht wahr geworden ist, einen gewissen Reiz. Denn alles weitere bleibt der Fantasie des Lesers überlassen. Wer sagt denn, dass es mit dieser flüchtigen Begegnung getan ist? Schließlich handelt es sich dem Titel zufolge um Teil I, eine Fortsetzung ist also durchaus denkbar. Vielleicht treffen die beiden sich unter günstigeren Umständen wieder und es kommt doch noch zu einer Romanze, schließlich ist nichts unmöglich.

Aufgabe 2: Texte beschreiben – „Der fremde Mann“ (Hansjörg Schneider)

Hinweis zur Herangehensweise

In der Textbeschreibung sollst du den Inhalt, die sprachlich-formale Gestaltung, die mutmaßliche Absicht des Autors sowie die Wirkung des Prosatextes erfassen und diese Aspekte in deinem Aufsatz darstellen. Achte darauf, dass deine Aussagen zu Sprache und Form in engem Bezug zum Textinhalt stehen, belege sie anhand entsprechender Textstellen. Abschließend nimmst du Stellung zu der Frage, worin für dich die zentrale Aussage des Textes besteht.

Mindmap

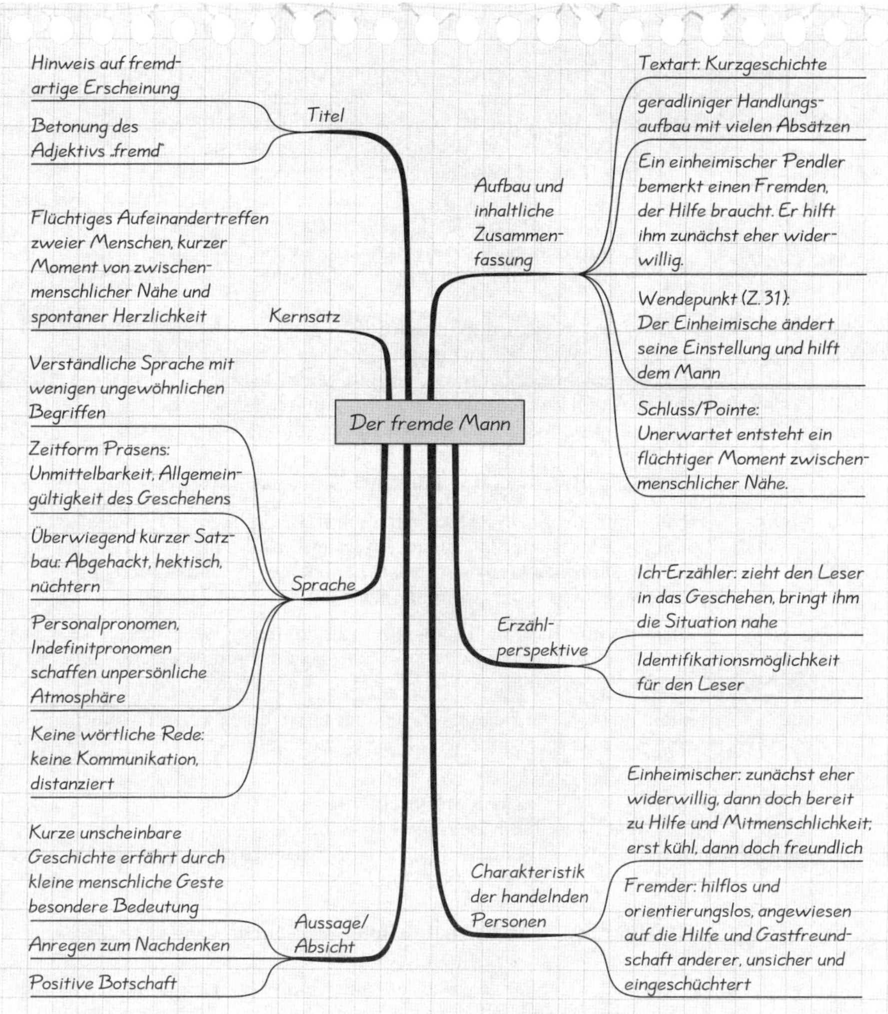

Schreibplan

Einleitung

↓

Nennung von Titel, Textart, Autor, Quelle, Zeit

\+

Kernsatz:

In der anonymen und kalten Atmosphäre eines Bahnhofs bittet ein Fremder einen Einheimischen um Hilfe. Dieser hilft zunächst widerwillig, ändert seine Einstellung jedoch, wodurch ein kurzer Moment zwischenmenschlicher Nähe entsteht.

↓

Hauptteil

Aufbau und kurze inhaltliche Zusammenfassung

- geradliniger Handlungsaufbau, Text ist in sehr viele Absätze unterteilt
- Ein einheimischer Pendler bemerkt einen Fremden, der Hilfe braucht.
- Er hilft ihm zunächst eher widerwillig.
- Wendepunkt: Der Einheimische ändert seine Einstellung und hilft bereitwilliger.
- Pointe: Aus der anfänglich distanzierten Haltung entsteht ein kurzer Moment zwischenmenschlicher Nähe.

↓

Bedeutung der Überschrift

- Betonung des Adjektivs „fremd“
- Hinweis auf fremdartige Erscheinung

↓

Erzählperspektive

- Ich-Erzähler
- Leser erlebt alles unmittelbar mit, keine Distanz
- Leser nimmt Anteil an Gedanken und Überlegungen des Erzählers und sieht alles aus dessen Blickwinkel

↓

Inhaltliche Beschreibung einzelner Sinnabschnitte

1. Sinnabschnitt (Z. 1–30)	Pendler erreicht abends Heimatbahnhof, bemerkt einen hilflosen Fremden, betrachtet ihn zunächst geringschätzig, hilft widerwillig bei der Suche nach einer Adresse, beobachtet dabei den Fremden und macht sich seine Gedanken über ihn
2. Sinnabschnitt (Z. 31–35)	Distanz und Misstrauen schwinden, anfänglicher Widerwille wandelt sich, Einheimischer tut mehr, als der Fremde eigentlich von ihm erbeten hat
Pointe (Z. 36–39)	kühle distanzierte Begegnung schlägt um in einen kurzen Moment von zwischenmenschlicher Nähe und Freundlichkeit

↓

Textart Kurzgeschichte

- unmittelbarer Beginn ohne Einleitung
- Alltagssituation im Mittelpunkt: einschneidendes Erlebnis aus dem Leben zweier Personen
- offener Schluss mit Pointe

↓

Charakteristik der handelnden Personen

- Ich-Erzähler:
  - keine Angaben zu Name und Geschlecht, vermutlich männlich
  - anfangs unfreundlich, mit Vorurteilen behaftet, voreingenommen; hilft nur widerwillig

– sensibel, weil er die Notlage des Fremden erkennt
– hat das Herz am rechten Fleck
– großzügig, weil er sogar die Fahrkarte kauft

• Der fremde Mann:
– ebenso anonym
– nur Äußeres wird beschrieben, lässt auf ein weit entferntes Herkunftsland schließen
– wirkt hilflos und verunsichert
– klammert sich an seinen Koffer mit den wenigen Habseligkeiten aus der Heimat
– Zettel mit Adresse als einzige Orientierung
–bescheiden, möchte nicht auffallen, niemanden belästigen
– weiß nicht, wie er sich verhalten oder am Ende bedanken soll
– erst ganz zum Schluss taut er auf, schöpft Vertrauen

↓

Sprachstil / sprachliche Mittel

• nüchterner und sachlicher Grundtenor passend zur Haltung des Erzählers und zur gesamten Atmosphäre
• Reihung der Sätze, abgehackt, hektisch, spiegelt Geschehen am Bahnhof wider
• Zeitform: Präsens schafft Gegenwärtigkeit, Aktualität des Geschehens, Allgemeingültigkeit einer alltäglichen Geschichte
• Gegenwartssprache, im Allgemeinen gut verständlich mit einzelnen ungewöhnlichen Begriffen (aus der Schweiz)
• Personen bleiben namenlos, deshalb Häufung von Personalpronomen, Indefinitpronomen → Darstellung der Anonymität am Bahnhof
• keine wörtliche Rede: Redesequenzen des Fremden und der Passanten werden vom Erzähler wiedergegeben

↓

Zentrale Aussage / Absicht des Autors

• Schilderung einer kurzen unscheinbaren Geschichte, die durch eine kleine menschliche Geste eine besondere Bedeutung erfährt und sie über die Alltäglichkeit hinaushebt.
• Anregung zum Nachdenken: Wie geht es jemandem, der in ein fremdes Land kommt und auf Hilfe angewiesen ist?
• positive Botschaft im Sinne der Mitmenschlichkeit

↓

Schlussgedanke

• Appell an die eigene Person: Wie würde ich reagieren? Wie begegne ich Fremden?
• Problematik der Nationalität: West-, Süd- gegen Südosteuropäer?

Aufsatzbeispiel

Inhaltliche Schritte

Einleitung
Informationen zum Text mit Kern- / Basissatz

Die Kurzgeschichte „Der fremde Mann" aus dem Jahr 2002 von Hansjörg Schneider stammt aus dem Buch „Im Café und auf der Straße. Geschichten", das im Diogenes Verlag Zürich erschienen ist. Ein Ich-Erzähler schildert darin die flüchtige Begegnung eines Einheimischen mit einem Fremden, der diesen um Hilfe bittet, in der anonymen und kalten Atmosphäre eines Bahnhofs. Anfangs widerwillig kümmert sich der Einheimische um den hilflosen jungen Mann. Die Situation mündet am Schluss der Geschichte in einen kurzen Moment von zwischenmenschlicher Nähe und spontaner Herzlichkeit.

Aufbau und kurze inhaltliche Zusammenfassung

Die Geschichte ist geradlinig erzählt, die Geschehnisse werden chronologisch dargestellt. Auffällig ist die Einteilung des Textes in sehr viele und überwiegend knappe Absätze, deren Inhalt sich relativ kurz wiedergeben lässt: Ein einheimischer Pendler wird abends auf seinem Nachhauseweg am Bahnhof auf einen Fremden aufmerksam, der ganz offensichtlich auf Hilfe angewiesen ist und ihn nach dem Weg fragt. Zunächst hilft er ihm eher widerwillig bei der Suche nach der Adresse. Zunehmend ändert er jedoch seine reservierte Einstellung, kauft ihm sogar eine Fahrkarte für die Straßenbahn und sorgt dafür, dass der Fremde den richtigen Bahnsteig findet. Zum Abschied winken sich die beiden schließlich freundschaftlich zu.

Bedeutung der Überschrift

Die Überschrift „Der fremde Mann" klingt zunächst beliebig und sagt wenig aus. Offenbar handelt es sich um einen besonderen oder bestimmten Mann, von dem die folgende Geschichte handelt. Das Adjektiv „fremd" deutet darauf hin, dass der Mann einen fremdartigen Eindruck erweckt – ganz im Gegensatz zu den anderen Personen, die in der Geschichte erwähnt werden. Offensichtlich ist ihm anzusehen, dass er, wie es später im Text heißt, „vom Balkan oder noch von weiter her" (Z. 10) stammt.

Erzählperspektive Ich-Erzähler

Die Ereignisse werden aus der Sicht eines Ich-Erzählers wiedergegeben. Aus dessen Blickwinkel erlebt der Leser den Ablauf des Geschehens unmittelbar mit. Er hat keine Möglichkeit, sich zu distanzieren und wird hineingezogen in das Geschehen, das nüchtern und knapp erzählt wird. Somit nimmt er Anteil an den Gedanken und Überlegungen des Erzählers und erlebt durch ihn auch die Reaktionen anderer Passanten. Zugleich beobachtet er aus dessen Blickwinkel das Verhalten des Fremden und erlebt am Ende die flüchtige Geste der Menschlichkeit, die diese Geschichte so positiv erscheinen lässt.

Genaue inhaltliche Beschreibung

Aber was macht diese alltäglich erscheinende Geschichte so außergewöhnlich? Was genau passiert eigentlich?

Erster Sinnabschnitt

Ein Mann, vermutlich ein Pendler, erreicht am Abend seinen Heimatbahnhof. Er scheint müde und „abgespannt" (Z. 2), wie die meisten anderen Passanten auch, die hektisch ihren verschiedenen Zielen entgegeneilen. Die ganze Atmosphäre, „diesiges Licht" (Z. 1) und Regenwetter tun ein Übriges dazu, dass die Stimmung unfreundlich und kalt wirkt. Auf dem Weg in Richtung Parkplatz zu seinem Moped, mit dem er seinen Heimweg antreten will, bemerkt der Ich-Erzähler einen Fremden.

Aus seinem ersten schnellen Urteil lässt sich Geringschätzung ablesen: „einer vom Balkan oder noch von weiter her" (Z. 10) Der Vergleich, den er anstellt, zeugt fast schon von Verachtung: „wie ein junger Bauer im Stall" (Z. 14)

Zugleich spürt er aber auch, dass der andere Mann Hilfe braucht. Anscheinend wirkt er auf den Fremden so vertrauenserweckend, dass dieser ihn anspricht, um ihn nach einer Adresse zu fragen. Der Erzähler kennt die Straße allerdings selbst nicht. Unwillig stellt er sich selbst die Frage: „Aber was geht mich das an?" (Z. 18 f.) Dennoch ringt er sich dazu durch, zu helfen, fragt eine Frau nach dem Weg, die jedoch ängstlich und abweisend reagiert, überlegt, was er tun könnte, bis er schließlich einen Mann anspricht, der ihm weiterhelfen kann. Immer wieder beobachtet er dabei den Fremden und macht sich Gedanken über ihn, die zeigen, dass er doch nicht so desinteressiert ist, wie es zunächst den Anschein hatte. Nach wie vor hat er es jedoch eilig, die Angelegenheit hinter sich zu bringen: „Ich winke ab, mich interessieren nur Tramnummer und Richtung. Die Station soll der Tramführer angeben." (Z. 29 f.)

Ein Gespräch zwischen den beiden entwickelt sich nicht; der Einheimische fragt auch nicht nach, woher der Fremde stammt, was er evtl. vorhat oder Ähnliches. Der Fremde ist offenbar zu verlegen, um ein Gespräch in Gang zu bringen.

Nachdem der Erzähler endlich weiß, wo die besagte Straße zu finden ist und welche Straßenbahn dorthin fährt, wandelt sich seine Haltung zusehends. Die Distanz und das Misstrauen schwinden: „Wir gehen zum Billettautomaten hinüber, der Fremde und ich." (Z. 31) Der anfängliche Widerwille schlägt in Freundlichkeit um, denn der Erzähler tut jetzt weit mehr als das, worum ihn der fremde junge Mann gebeten hat. Er hilft ihm beim Lösen der Fahrkarte, bezahlt ihm diese offenbar sogar und zeigt ihm den richtigen Bahnsteig. Mit einem immer noch kühlen, kurzen gegenseitigen „Tschau" (Z. 35) verabschieden sie sich. Zweiter Sinnabschnitt

Möglicherweise ist die Begegnung für die beiden so schnell gegangen, dass ihnen erst im allerletzten Moment, in dem sie auseinandergehen, die Bedeutung des Geschehens bewusst wird. Wenn man so will, besteht die Pointe dieser Geschichte darin, dass erst jetzt, ganz zum Schluss, die kühle distanzierte Begegnung in einen flüchtigen Moment zwischenmenschlicher Nähe und Freundlichkeit umschlägt: „Wir winken uns zu wie alte Freunde, und dann geht ganz deutlich ein Lächeln über sein Gesicht." (Z. 38 f.) Abschließende Pointe

Bei dem vorliegenden Text handelt es sich um eine Kurzgeschichte. Die Handlung beginnt unmittelbar, ohne Einleitung oder Vorgeschichte. Im Mittelpunkt steht eine Alltagssituation (zwei Menschen begegnen sich am Bahnhof), die jedoch für die Figuren zu einem besonderen Erlebnis in ihrem Leben wird. Der Schluss bleibt offen, nach der flüchtigen Begegnung gehen die beiden ihrer Wege. Allerdings bleibt diese nicht ohne Wirkung auf die zwei Menschen, wie die Pointe am Schluss beweist. Textart Kurzgeschichte

An dieser Stelle erscheint es angebracht, die zwei Hauptfiguren näher zu beleuchten. Weitere Figuren, Berufstätige und Geschäftsleute, die am Bahnhof ankommen oder abfahren, werden in der Geschichte erwähnt, spielen aber keine Rolle für den Verlauf der Handlung. Charakterisierung der Hauptpersonen

Auch über den Ich-Erzähler werden dem Leser nähere Angaben vorenthalten. Er erfährt weder einen Namen, noch gibt es direkte Hinweise darauf, ob es sich um einen Mann oder eine Frau handelt. Nur eine Textstelle legt die Vermutung nahe, dass die Hauptfigur männlich ist: Höchstwahrscheinlich würde eine Frau sich nicht „bedroht" (Z. 21) fühlen wie die Reisende am Bahnhof, wenn sie von einer anderen Frau angesprochen würde. Ich-Erzähler

Lediglich aufgrund seines Handelns lässt sich auf den Charakter des Erzählers schließen. Im ersten Moment des Zusammentreffens mit dem Ausländer wirkt er eher unfreundlich, mit Vorurteilen behaftet und voreingenommen. Trotzdem ist er sensibel genug zu erkennen, dass der Fremde auf Hilfe angewiesen ist, weil er sich nicht auskennt und sich nicht verständigen kann. Vermutlich hilft er ihm deshalb, wenn auch zunächst eher widerwillig. Er wirkt wenig entgegenkommend und der Leser gewinnt den Eindruck, dass er die Verantwortung für den Fremden möglichst rasch wieder loswerden möchte. Zum Ende hin beweist der Einheimische dann doch, dass er das Herz am rechten Fleck hat. Die Tatsache, dass er dem Fremden anscheinend auch noch den Fahrschein für die Straßenbahn schenkt, zeugt von Großzügigkeit.

Auch der fremde Mann bleibt anonym. Lediglich aufgrund seiner äußeren Erscheinung erfährt der Leser, dass er aus einem weit entfernten Land, vermutlich vom „Balkan" (Z. 10), stammt. Er ist hilflos, unangemessen gekleidet in der Kälte des regnerischen Abends („dünne Jacke", Z. 24) und wirkt verunsichert. Vielleicht lässt er deshalb seinen Koffer nicht der fremde Mann

los, als wollte er sich festhalten an den wenigen Habseligkeiten, die er aus seiner Heimat in das fremde Land mitgebracht hat.
Ein zusammengefalteter Zettel mit einer Adresse ist der einzige Hinweis, der ihm in der fremden Welt Orientierung gibt. Der Leser erfährt nicht, worum es sich dabei handelt, im Text heißt es lediglich: „eine Adresse mit Namen und Nummer" (Z. 16 f.) Sie kann ihn zu Familienangehörigen führen, zu Freunden oder zu einer neuen Arbeitsstelle. Der Fremde beherrscht die Landessprache nicht oder nur unzureichend, kann aber zumindest eine einfache Frage nach dem Weg stellen und scheint auch die Hinweise des Helfers zu verstehen.
Es klingt im ersten Moment eigenartig, wenn der Ich-Erzähler von ihm behauptet, er wäre „bereit zur Demut" (Z. 10). Aber vielleicht ist es genau dieser Wesenszug, der den Erzähler dazu bewegt, Hilfe zu leisten. Der Fremde ist bescheiden, möchte nicht auffallen, möchte auch niemanden belästigen und muss es doch tun, weil er unbedingt Hilfe benötigt. Seine Gesten verraten, dass ihm das unangenehm ist, dass es ihn verlegen macht: Er „steht da, als würde ihn die Sache nichts angehen" (Z. 23 f.), er „schaut in den dunklen Himmel hinauf" (Z. 26 f.). Er wagt es am Schluss nicht einmal, seinem Helfer zum Abschied die Hand zu geben, und wiederholt stattdessen nur das kurze „Tschau" (Z. 35) seines Gegenübers.
Erst ganz zum Ende, beim letzten Blickkontakt taut er auf, „dann geht ganz deutlich ein Lächeln über sein Gesicht" (Z. 39). Das Eis ist gebrochen, durch die Begegnung mit dem hilfsbereiten Einheimischen lösen sich Angst und Unsicherheit.

Sprache des Textes

Der Grundtenor der Geschichte ist nüchtern und sachlich, wie es für die Darstellung alltäglicher Begebenheiten üblich ist. Damit passt die sprachliche Gestaltung zur eher kühlen Haltung des Erzählers und zu der anonymen Bahnhofsatmosphäre.

Ellipse, kurze Hauptsätze

Gerade zu Beginn der Geschichte spiegelt der Satzbau das hektische Treiben am Bahnhof wider. Die Sätze sind abgehackt: „Am Abend vor dem Bahnhof, diesiges Licht." (Z. 1) Im ersten Satz fehlen sogar jegliche Verben, die Ellipse verstärkt den Eindruck von Hast und Eile. Ansonsten überwiegen kurze aneinandergereihte Hauptsätze, die die Beobachtungen des Erzählers knapp wiedergeben.

Zeitform: Präsens

Als Zeitform hat der Autor das Präsens gewählt, wodurch die Gegenwärtigkeit und die unmittelbare Aktualität des Geschehens besonders zum Ausdruck kommen. Außerdem wird dadurch die Allgemeingültigkeit der Situation hervorgehoben: Eine Szene wie diese könnte jedem jeden Tag in ähnlicher Weise passieren.

ungewöhnliche Begriffe

Der Text ist insgesamt gut verständlich, wenn er auch vereinzelt ungewöhnliche Begriffe enthält, wie „Billett" (Z. 25, 31, 33) oder „Perron" (Z. 32), die wohl in der Schweiz verwendet werden.

Personal-, Indefinitpronomen

Auffällig ist die häufige Verwendung der Personalpronomen „er", „ich" oder auch „wir", womit die Personen benannt werden, da sie namenlos bleiben. Die Anonymität am Bahnhof zeigt sich im Text daran, dass weitere Personen nicht näher charakterisiert werden („einige Männer", „eine Frau") bzw. eine Umschreibung mit dem Indefinitpronomen „man" erfolgt: „Man schaut sich nicht an, man geht sich aus dem Weg." (Z. 2 f.)

keine wörtliche Rede

Trotz der Tatsache, dass in dieser Geschichte mehrere Menschen miteinander kommunizieren, enthält sie keine wörtliche Rede. Die einzige Frage des Fremden, „Bitte, sagt er, wo ist Riehenstraße?" (Z. 15), wird vom Erzähler wiedergegeben. Auch die Antworten der befragten Passanten werden von ihm nur indirekt oder zusammenfassend mitgeteilt. Ebenso werden die Reaktionen des Fremden vom Erzähler interpretiert und Rückschlüsse auf seine Gefühle und Gedanken gezogen, mehrmals in Form rhetorischer Fragen: „Warum stellt er seinen Koffer nicht hin?" (Z. 27)

rhetorische Fragen

Zentrale Aussage / Autorenabsicht

Mit diesen Mitteln gelingt es dem Autor, die besondere Bedeutung der Situation zu veranschaulichen. Er erzählt eine kurze unscheinbare Geschichte, die sich irgendwo irgendwann abspielt und eigentlich nicht der Rede wert wäre, wäre da nicht diese kleine freundschaftliche Geste zum Schluss. Sie verleiht dieser banalen Geschichte über eine flüchtige Begegnung eine Bedeutung, die über die Alltäglichkeit hinausragt.

Dieser Text bietet reichlich Anlass zum Nachdenken. Der eine oder andere Leser mag sich nach der Lektüre vielleicht folgende oder ähnliche Fragen stellen: Wie geht es jemandem, der in ein fremdes Land kommt und auf Hilfe angewiesen ist? Insbesondere, wenn es sich offensichtlich nicht um einen Touristen handelt, sondern um einen Zuwanderer, der auf eine kalte, ungastliche Stimmung trifft.

Zugleich gelingt es dem Autor aber auch, durch diese kurze Szene eine positive Botschaft weiterzugeben. Er zeigt, dass nicht sonderlich viel nötig ist, um einem Menschen, der Hilfe bedarf, Mitmenschlichkeit und Wärme entgegenzubringen.

Schluss

Jeder kann diese Aussage als Appell an sich selbst betrachten: Wie würde ich reagieren, wenn ich auf der Straße von einem Fremden, der meine Sprache nicht beherrscht, um Hilfe gebeten werde? Begegne ich ihm ähnlich misstrauisch wie der Erzähler anfänglich im Text? Oder verhalte ich mich vorurteilsfrei und freundlich?

Sicherlich spielt auch der Aspekt eine Rolle, um welche Nationalität es sich handelt: Behandle ich einen Engländer, Franzosen oder Italiener vielleicht anders als einen Südosteuropäer vom Balkan, weil mir die erstgenannten vertrauter sind? Weshalb mache ich evtl. einen Unterschied? Welche Vorurteile habe ich?

Das alles sind Fragen, die in diesem Zusammenhang interessant sind. Vielleicht lassen sie sich erst dann ehrlich beantworten, wenn man selbst eine ähnliche Situation erlebt hat.

Aufgabe 3: Texte lesen, auswerten und schreiben – Jugendliche und soziales Engagement – Ist Helfen Ehrensache?

Hinweis: *Folgende Schritte zeigen dir, wie du an diese Schreibaufgabe herangehen kannst.*

1. Analysiere die Schreibaufgabe

Lies die Aufgabenstellung genau und kläre, welche Ausgangssituation vorgegeben ist, welche Rolle du einnehmen sollst, welche Textsorte verlangt ist und wer die Adressaten sind. Überlege dir außerdem, welche thematischen Schwerpunkte für deinen Text gefordert sind. Sammle die wichtigsten Informationen z. B. in einer Tabelle:

Ausgangs-situation	Vereine und Kirchen klagen momentan über fehlendes soziales Engagement von Jugendlichen, brauchen also offensichtlich dringend ehrenamtliche Helfer.
Deine Rolle	– Du bist selbst seit Jahren im Ehrenamt engagiert und weißt, wie wichtig (und auch für einen selbst bereichernd) soziales Engagement ist. – Du schreibst als engagierte Jugendliche / als engagierter Jugendlicher einen Artikel für die Schülerzeitung deiner Schule. – Der Grund bzw. die Absicht, warum du den Artikel schreibst, ist, dass du andere Jugendliche zur Übernahme eines Ehrenamts bzw. zu (mehr) sozialem Engagement aufrufen/motivieren willst.
Verlangte Textsorte	Zu schreiben ist ein Artikel für die Schülerzeitung, die vermutlich hauptsächlich von Mitschülern gelesen wird. Merkmale eines Zeitungsartikels gelten aufgrund der Ausgangssituation (Appell) nur bedingt; der Artikel kann im Aufbau eher einer Rede ähneln, d. h., du kannst die Leser auch direkt ansprechen.
Adressaten	Leserinnen und Leser der Schülerzeitung, also hauptsächlich Mitschülerinnen und Mitschüler (eventuell auch Erwachsene: Lehrer, Eltern)
Thematische Schwerpunkte	**Notwendigkeit sozialen Engagements:** – Klage über fehlendes soziales Engagement von Jugendlichen in Vereinen und Kirchen – Welche Konsequenzen für einen selbst und die Gesellschaft hat oder hätte der Wegfall von Ehrenamt? (= Wichtigkeit von sozialem Engagement) – Wo profitieren wir selbst und unser Umfeld von Ehrenamt und Engagement? **Möglichkeiten des Einbringens in die Gemeinschaft:** – Wie und wo kann man sich als Jugendlicher sozial engagieren? – Wie engagiert sich die Verfasserin oder der Verfasser selbst? **Positive Aspekte, „Ehrensache“:** – Warum ist für die Verfasserin oder den Verfasser (und auch für andere Jugendliche) Helfen immer noch Ehrensache? – Warum hat es für Jugendliche Vorteile, sich sozial zu engagieren? Welche? (Nennung von möglichst vielen Gründen/Argumenten für soziales Engagement)

Kritische Aspekte:

- Es besteht die Gefahr der Ausbeutung von engagierten Menschen.
- Es gibt durchaus gute und nachvollziehbare Gründe, die Jugendliche von der Ausübung eines Ehrenamts abhalten.
- Kritiker meinen, dass durch zu viel ehrenamtliche Tätigkeiten Arbeitsplätze im sozialen Bereich abgebaut werden; soziales Handeln wird nicht mehr als Aufgabe des Staates angesehen, sondern sozusagen zur Privatsache erklärt.

Aufruf zu sozialem Engagement:

Z. B. durch ein Fazit oder zusammenfassendes Zitat, beispielsweise: „Gemeinschaft kann nur gelingen, wenn Menschen mit wachen Augen, offenen Herzen und gebenden Händen Teil dieser sind."

2. Wähle geeignete Texte aus.

Am besten geht man bei der Auswahl der konkreten Inhalte/Fakten zunächst von den Impulstexten aus, denn theoretisch müsste die Aufgabe auch anhand der Informationen aus den vorgegebenen Texten umsetzbar sein. Ein richtig guter Text wird es aber natürlich nur, wenn du zusätzliche Informationsquellen einbeziehen kannst. Entscheide also, welche Textinhalte/Zitate/Textbausteine aus dem Kompendium du für deinen Text heranziehen willst.

Aus Impulstext 1:

- Für den **Texteinstieg** könnten die Informationen über eine eher negative Wahrnehmung von Jugendlichen durch die Gesellschaft genutzt werden.

Aus Impulstext 2:

Hier findet man Informationen zu folgenden Punkten:

- Warum ist es für unsere Gesellschaft notwendig, sich sozial zu engagieren?
- Wem nützt mein Einsatz?
- Wo und wie kann sich jeder Einzelne einbringen?
- Welche Motive für soziales Engagement gibt es?
  - Welchen Nutzen hat meine Arbeit für andere?
  - Welchen Gewinn habe ich selbst von meinem Einsatz?
  - Wer engagiert sich bisher am ehesten?

Aus Impulstext 3:

Hier werden Informationen zu diesen Aspekten geliefert:

- Wo kann man sich auch im Ausland engagieren?
- Wem nützt mein Einsatz und wem schadet er gegebenenfalls sogar?
- Welche Motive für soziales Engagement gibt es?
  - Welchen Nutzen hat meine Arbeit für andere?
  - Welchen Nutzen habe ich selbst von meinem Einsatz?
- Wie und durch wen wird meine Arbeit anerkannt bzw. gewürdigt?

Aufgeführt werden müssten sicher weitere kritische Stimmen. Denn Jugendliche haben vermutlich noch andere Gründe, sich eventuell nicht zu engagieren. Beispielsweise:

- Hohe Belastung in der Schule (viele Hausaufgaben, Ganztagsschule, Lernen für Klassenarbeiten, ...)
- Zeitliche Auslastung durch Hobbys
- Einsatz zu Hause (bereits Übernahme von Aufgaben im persönlichen Umfeld, ...)
- Zeit wird für Nebenjob verwendet, da Taschengeld nicht ausreichend ist oder gar nicht zur Verfügung steht
- Eltern sind auch nicht sehr aktiv und/oder fördern zusätzliches Engagement nicht
- Keine Möglichkeit für (interessantes) Engagement gefunden
- Freunde belächeln Engagement
- ...

3. **Erstelle einen Schreibplan.**
Bevor du nun mit dem Schreiben deines eigentlichen Aufsatztextes beginnst, solltest du einen detaillierten Schreibplan entwerfen. Achte dabei immer wieder auf
   - den passenden Adressatenbezug (Wen spreche ich mit meinem Text an?);
   - die richtige Perspektive und Intention (Mit welcher Absicht verfasse ich den Text; will ich informieren, aufklären, kritisieren, zu etwas aufrufen, ...?);
   - die der Situation angemessene Sprechhaltung und Sprachebene (Schreibe ich als Schüler/in, als Vertreter/in der Schule, als Klassensprecher/in?);
   - den logischen Aufbau des Textes;
   - die sinnvolle Einbindung von Fakten, Informationen, Zitaten, Textauszügen.

Schreibplan zur Vorbereitung des ausformulierten Textes

• **Schlagzeile:** Zitat und Appell
• **Einleitung:** Klage über fehlendes soziales Engagement
• Vorstellung der eigenen Person, Funktion
• Anlass des Artikels
• Vorstellung der Gliederung des Textes,
Behauptung: Engagement ist „Ehrensache“
↓
Hauptteil
• heutige Jugendliche sind engagiert, Belege
• Wertvorstellungen: soziale Werte wichtig; Grund: unsichere Zukunft
• Möglichkeiten, sich zu engagieren (im direkten Umfeld, im Ausland, FSJ/FÖJ)
• Wichtigkeit des Engagements
• eigene Erfahrungen
• mögliche Gründe, sich nicht zu engagieren
• Gewinn aus dem Engagement, auch: Befriedigung eigener Bedürfnisse
↓
Schluss
• Fazit: auch kleiner Beitrag wichtig
• Appell zu mehr Engagement

Beispiel für einen Artikel — **Inhaltliche Schritte**

„Gemeinschaft kann nur gelingen, wenn Menschen mit wachen Augen, offenen Herzen und gebenden Händen Teil dieser sind.“ – Sei einer von ihnen! — **Schlagzeile**

Kirchen und Vereine in unserem Umfeld beklagen sich allgemein über fehlendes soziales Engagement, auch und gerade wir Jugendlichen stehen in der Kritik. Denn 64 % aller Jugendlichen engagieren sich offensichtlich nicht[1] oder, um es einmal positiv zu formulieren, noch nicht. — **Einleitung** direkter Einstieg

Mein Name ist Luise Müller, ich gehe in die Klasse 10b und ich wurde vom Pfarramt der evangelischen Kirchengemeinde gebeten, einmal aus meiner Sicht darzustellen, warum Helfen für uns Jugendliche heutzutage noch Ehrensache ist bzw. sein sollte. — Vorstellung der eigenen Person, Anlass des Artikels

1 vgl. Tatjana Meier: Soziales Engagement – Helfen ist Ehrensache. In: Focus Schule 3/2008, 1. 5. 2008. (Impulstext 2)

Ich bin der Meinung, soziales Engagement ist auch für Jugendliche im Zeitalter von iPhone, Facebook und Co. noch „Ehrensache". Ich kann als Beleg für meine Behauptung zum Glück auf viele Studien, Zahlen und Fakten zurückgreifen, sodass meine Ausführungen glaubhaft und sogar wissenschaftlich belegbar sind. Aber Fakten sind nur das eine, vielmehr setze ich auf Erfahrungen, die ich ganz persönlich gemacht habe. *Gliederung des Textes, Behauptung*

So möchte ich hier gerne auf Wertvorstellungen von Jugendlichen eingehen, darauf, wie Jugendliche in der Gesellschaft wahrgenommen werden und welche Fakten es rund ums Ehrenamt bzw. um soziales Engagement gibt. Zudem möchte ich aufzeigen, in welchen Bereichen man sich als Jugendlicher einbringen kann und wo Jugendliche dies vermehrt tun. Ein wichtiger Punkt ist mir auch zu zeigen, was neben der schon im Begriff Ehrenamt steckenden „Ehre" für einen selbst noch alles herausspringen kann.

Hauptteil

„Jugend von heute"

Ist die „Jugend von heute" engagiert oder eine „Null Bock"-Generation? Ein bisschen schwingt ja ein Vorwurf mit, in der Klage über mangelndes Engagement. Ich möchte dem entgegnen: Nein, wir sind keine „Null-Bock-Generation"! Diese Antwort gibt auch die Studie „Jugend. Werte. Zukunft. – Wertvorstellungen, Zukunftsperspektiven und soziales Engagement im Jugendalter" von Dr. Heinz Reinders von der Universität Mannheim. Die Studie besagt, dass die Jugend von heute besser ist als ihr Ruf: Wir sind in einem hohen Maß engagiert und daran interessiert, uns in die Gesellschaft einzubringen. Wenn man bedenkt, dass laut dieser Studie mehr als zwei Drittel der jungen Menschen sozial engagiert sind, können so manche Vorurteile über die Wertvorstellungen heutiger Jugendlicher über Bord geworfen werden.[2] *Beleg für Behauptung*

Es gibt eine Vielzahl von Projekten, in denen das Engagement Jugendlicher erfasst wird und somit sozusagen messbar ist. Beispielhaft kann man hier nennen: „jes – Jugend engagiert sich", „Jugend im Wertall", der „Wettbewerb Berufliche Schulen" sowie die Initiative „Junge Macher" im Rahmen des Wettbewerbs „Echt gut! – Ehrenamt in Baden-Württemberg". *Initiativen, Beispiele für Behauptung*

Ja, sicher gibt es auch „Jugendliche, die Bushaltestellen mit dicken Filzern bemalen, Bierflaschen auf Spielplätzen liegen lassen, alten Menschen keinen Platz in der Straßenbahn anbieten und ihr Geld mit vollen Händen für Computerspiele, Handys und überteuerte Markenklamotten ausgeben."[3] Aber für die Mehrheit von uns genießen soziale Werte wie Gemeinschaft und Verantwortung eine hohe Priorität. Wir leben in einer Zeit, in der es um Selbstverwirklichung geht, aber auch ein großes Bedürfnis nach Sicherheit herrscht.[4] Überall wird Leistung gefordert, überall soll man vorne dabei sein, sich auskennen und punkten, um später als Erwachsener mithalten zu können. Und dabei sehen wir um uns herum, wie vergänglich Erfolg, Reichtum und vieles mehr ist. Wenn man die Nachrichten einschaltet, hört man von Finanzkrise, Staatsschulden und Umweltkatastrophen. Das stimmt nicht gerade zuversichtlich. Umso mehr gibt es deshalb den Wunsch, etwas Sinnvolles zu tun, mit anzupacken, ganz konkret zu helfen und sich einzubringen. *negative Beispiele* *soziale Werte wichtig* *unsichere Zukunft*

---

2 vgl. Heinz Reinders: Jugend. Werte. Zukunft. – Wertvorstellungen, Zukunftsperspektiven und soziales Engagement im Jugendalter. In: http://www.bwstiftung.de/uploads/tx_ffbwspub/jugend_werte_zukunft.pdf, Vorwort (gesehen am 17. 5. 2013)

3 vgl. ebd., S. 9

4 vgl. Ulrike Frenkel: Jugend – In Verruf. In: Stuttgarter Zeitung vom 23. 8. 2010. (Impulstext 1)

Wo also können wir Jugendlichen uns einbringen?

Einsatzmöglichkeiten gibt es eigentlich viele! Man kann sich beispielsweise in der eigenen Schule engagieren, in der Jugendfeuerwehr, in Vereinen, Kirchen, Rettungsdiensten, Umweltschutzverbänden, Jugendhäusern, politischen Parteien oder Altenheimen.[5] Die Art des Einsatzes muss natürlich in erster Linie zu den eigenen Interessen und Fähigkeiten passen. Sogar im Ausland kann man im Rahmen von freiwilligen Diensten aktiv werden. Die unterschiedlichen Möglichkeiten erfährt man z. B. über das Freiwilligenprogramm der Vereinten Nationen.[6] Auch der zeitliche Umfang des Engagements kann ganz unterschiedlich gestaltet sein. Führt man ab und zu den Hund einer älteren Nachbarin aus, wird das sicher nicht so viel Zeit in Anspruch nehmen wie eine aktive Mitgliedschaft bei der Freiwilligen Feuerwehr. Umfangreicher ist natürlich z. B. die Entscheidung für ein Freiwilliges Soziales oder Ökologisches Jahr.

Möglichkeiten für Engagement

Ausland

FSJ / FÖJ

Ohne Ehrenamt würde unser alltägliches Miteinander an ganz vielen Ecken und Enden nicht mehr funktionieren. Man muss nur an die Einsätze der Freiwilligen Feuerwehr denken, an Schulkantinen, in denen fleißige Eltern aktiv sind, an Bewohner von Altenheimen, die ohne Besuch auskommen müssten oder an die – ohne freiwillige Helfer fehlenden – Mitgestaltungsmöglichkeiten im Schulleben (SMV). Vielleicht sollte man auch einmal überlegen, wo man selbst oder eigene Angehörige von Engagement und Ehrenamt profitieren.

Engagement unverzichtbar

Jahrelang waren meine Geschwister und ich in der Kinderkirche, dann in der Jungschar, wir waren Teilnehmerinnen bei Jugendzeltlagern usw. Dort waren wir es, die vom Engagement anderer profitierten. Jetzt leite ich selbst eine Jungschargruppe, die aus 15 Mädchen besteht, und wir freuen uns jeden Mittwochnachmittag immer sehr aufeinander.

eigene Erfahrungen als Motivation

Wenn man sich also einbringen und etwas Gutes für sich und für andere tun möchte – es freuen sich auch in unserer Stadt zahlreiche Vereine und Initiativen über einen engagierten Einsatz: In der bundesweiten Freiwilligendatenbank unter www.aktion-mensch.de lassen sich z. B. zahlreiche geprüfte Ehrenamts-Angebote direkt vor der eigenen Tür finden.

Was lässt manche Jugendliche aber zögern, sich zu engagieren? Ist der schulische Druck zu hoch und hat man daher zu wenig Zeit für soziales Engagement? Hat man ohnehin zu wenig Freizeit für eigene Interessen? Besteht die Angst, ausgebeutet oder zu sehr verpflichtet zu werden? Befürchtet wird auch manchmal, dass ehrenamtliche Helfer Festangestellten den Arbeitsplatz wegnehmen.[7] Vielleicht fühlen manche Helfer sich möglicherweise nicht kompetent genug, sich wirklich nützlich einbringen zu können. All diese Gründe können durchaus zutreffen.

Gründe, sich nicht zu engagieren

Für andere freiwillig unentgeltlich zu arbeiten, das klingt möglicherweise zunächst nicht ganz so verlockend, wenn man nicht gerade Mutter Theresa heißt und auch seine eigenen Bedürfnisse, Wünsche und auch Pflichten im Blick hat. Was also hat man denn nun selbst davon?

Überleitung

Die Antworten, die man von ganz unterschiedlichen Seiten auf diese Frage bekommt, sind alle sehr ähnlich. Jugendliche, die sich sozial engagieren bzw. ein Ehrenamt übernehmen, lernen – auch wenn das etwas abgedroschen klingt –, etwas fürs Leben, denn sie bekommen durch ihre

Gewinn aus eigenem Engagement

---

5 vgl. Impulstext 2

6 vgl. Ursula Kissel: Ehre statt Geld. In: www.dw.de/dw/article/0,,2260404,00.html (erschienen: 4. 12. 2009, gesehen am 24. 8. 2012) (Impulstext 3)

7 vgl. ebd.

Arbeit Einblicke in die soziale Wirklichkeit und übernehmen ganz konkret Verantwortung. Als sehr positiv wird es empfunden, dass man das Gefühl der Dankbarkeit erfährt und emotionale Zuwendung erhält.[8] Viele Jugendliche beschreiben, dass sie einfach den Wunsch haben, etwas Sinnvolles und Gutes zu tun. Jugendliche ergreifen im Zusammenhang mit freiwilligen Diensten außerdem die Möglichkeiten, billig ins Ausland zu reisen und Kompetenzen zu erwerben. Davon und von den erarbeiteten Leistungsnachweisen und Zertifikaten erhoffen sie sich Vorteile bei späteren Bewerbungen.[9]

Jugendliche befriedigen mit ihrem Engagement also stets auch eigene Bedürfnisse, was vollkommen in Ordnung ist. Sie suchen zwar nach sinnvollen Tätigkeiten und wollen helfen, nutzen aber auch die Vorteile, die sich ihnen dadurch bieten. Und das ist doch so gesehen die optimale Mischung aus Geben und Nehmen.

Befriedigung eigener Bedürfnisse

„Geben gibt", wie es das Motto einer Kampagne ganz richtig auf den Punkt bringt. Jeder Einzelne muss aber natürlich seine persönliche Situation in die Entscheidung für eine soziale Tätigkeit mit einbeziehen. Die eigenen Bedürfnisse, Nöte oder Lebensumstände sind Maßstab für das Pensum an Engagement, das jeder bewältigen kann. Aber auch schon im Kleinen kann soziales Verhalten und beherztes Zupacken Früchte tragen. „Gemeinschaft kann nur gelingen, wenn Menschen mit wachen Augen, offenen Herzen und gebenden Händen Teil dieser sind." Jeder von uns ist ein Teil dieser Gemeinschaft, möchte beachtet werden, möchte sein Leben sinnvoll und mit einem guten Gefühl leben. Wer also bisher noch keine zu sich passende Möglichkeit gefunden hat, sich zu engagieren, hat vielleicht heute die eine oder andere Anregung dafür bekommen, was der eigene Beitrag werden könnte. Hoffentlich ist auch für dich bald Helfen – in der ein oder anderen Form – Ehrensache!

Schluss
Umfang der Tätigkeit individuell
Fazit
Zitat
Appell

Luise Müller

8 vgl. Impulstext 2
9 vgl. Impulstext 3

Aufgabe 4: Produktiver Umgang mit Texten – „Nathan und seine Kinder“ (Mirjam Pressler)

Hinweis: *Folgende Schritte zeigen dir, wie du an diese Schreibaufgabe herangehen kannst:*

Analyse der Schreibaufgabe

Die Aufgabe setzt nach der Handlung der Ganzschrift an. Beachte zunächst den konkreten Schreibanlass und mache dir Gedanken zur Situation der Romanfiguren und dazu, wie sie in der Handlung verankert ist.

- Ausgangssituation:
  - Nathan ist Opfer eines heimtückischen Mordanschlags geworden.
  - Hinter den Beteiligten liegen schmerzvolle Trauertage.
  - Recha bedankt sich bei allen, die sie unterstützt und die ihr Trost gespendet haben. Sie fühlt, dass sie nicht allein ist in ihrem Schmerz.
  - Recha hat Angst vor der Zukunft, diese liegt wie eine dunkle Höhle vor ihr: Die Rolle der Tochter wurde ihr genommen, die neue Rolle, also die der Hausherrin, macht ihr noch Angst.
  - Die Handlung setzt ganz am Ende des Romangeschehens an, d. h. es muss keine Handlung des Romans ausgeklammert werden.
- Textsorte und ihre Merkmale:
  - **Rede** Rechas, die sie vor dem Abendessen vor den Bediensteten und Freunden im Hause Nathans hält.
  - Die Struktur der Rede ist durch die Aufgabenstellung schon in etwa vorgegeben: Einleitung (Begrüßung, Klärung des Redeanlasses), Hauptteil (Würdigung Nathans; der Rache abschwören; Blick in die Zukunft), Schluss (z. B. Appell, in Nathans Sinne zu handeln, sein Erbe anzutreten …). Recha wird die Zuhörer immer wieder direkt ansprechen.
- Sprache:
  - Rechas Tonfall kann durchaus vertraulich sein, da sie zu Freunden spricht. Umgangssprachliche Formulierungen, die diese Nähe signalisieren, kannst du daher verwenden.
  - Der Text muss in der Ich-Perspektive verfasst werden: Die Perspektive Rechas wird dargestellt, es dürfen keine anderen Sprecher zu Wort kommen.
  - Ehrliche Gedanken, emotionale Äußerungen können vorkommen.
- Inhaltliche Aspekte: In der Aufgabenstellung werden bereits Themen genannt, auf die Recha in ihrer Rede eingehen wird. Diese musst du beachten und in deinem Text aufgreifen. Eine sinnvolle Reihenfolge kann individuell festgelegt werden.

Halte Stichpunkte zum Inhalt fest

- **Baustein A – Würdigung des Wirkens von Nathan**
  - Die große Zahl der Trauergäste, die sich eingefunden haben, sind Beweis für Nathans Ansehen und Beliebtheit. Alle erzählen von seiner Großherzigkeit.
  - Beispiele für seine Großherzigkeit und Güte könnten aufgeführt werden:
    - Nathan hat Recha eine Familie, also eine Heimat gegeben; obwohl seine Familie von Christen umgebracht wurde, hat er das Kind einer Christin bei sich aufgenommen.
    - Nathan hat dafür Sorge getragen, dass Geschem seine Identität findet. Er hat ihm einen Namen gegeben.
    - Er hat die heimatlose Daja aufgenommen, ihr eine Arbeit, Heimat und Familie gegeben, obwohl sie Teil des Kreuzzuges war.
    - Nathan unterstützte stets Bedürftige, Witwen und Waisen.
  - Beispiele für Nathans Weisheit und Toleranz können genannt werden:
    - Bei der Unterredung mit dem Sultan hat er seine Weisheit unter Beweis gestellt. Die heikle Frage nach der einzig wahren Religion hat er nicht direkt, sondern anhand eines

Gleichnisses beantwortet. Dadurch ergab sich eine Freundschaft zwischen dem Juden Nathan und dem Moslem Saladin.

- Die Auslegung der Ringparabel, die aber im Text nicht so genannt werden sollte (eher: „Gleichnis von dem Ring“) kann angeführt werden. Du könntest Nathans Traum vom friedlichen Miteinander der Religionen und dem Sieg der Vernunft über religiösen Fanatismus bzw. dem Sieg der Toleranz in deinem Text beschreiben. Recha könnte auch darüber sprechen, dass Nathan diesen Gedanken in seinem Haus gelebt und praktiziert hat. Laut Nathan ist Edelmut und Menschlichkeit nicht abhängig von Religionszugehörigkeit.
- Nicht umsonst nannte das Volk Nathan „den Weisen“.

- **Baustein B – Dem Rachegedanken soll abgeschworen werden**
  - Nathan hat am eigenen Leib großes Leid erleben müssen, als Christen seine Familie ermordeten. Seine anfänglichen Rachegedanken hat er aber überwunden.
  - Nathan hat Verzweiflung und Rachsucht in Liebe zu den Menschen verwandelt.
  - Recha könnte überlegen, was die Folge der Rache wäre: Wem wäre damit geholfen? Wer war überhaupt der Täter? Es ist nicht sicher, wer für den Tod von Nathan verantwortlich ist, ob es ein Christ, ein Muslim oder ein Räuber war.
  - Rache macht Nathan nicht wieder lebendig. Recha erinnert sich, dass Nathan nie vom Gott der Rache, sondern nur vom Gott der Liebe gesprochen hat.
- **Baustein C – Ein Blick auf Rechas Zukunft und die Zukunft des Haushalts**
  - Was hätte Nathan gewollt? Wie hätte er sich gewünscht, dass sie handeln sollten? Wie soll es im Privaten wie im Geschäftlichen für sie weitergehen?
  - Rechas Rollenwechsel von der behüteten Tochter hin zum Familienoberhaupt, Haushaltsvorstand und zur Geschäftsfrau muss erwähnt werden.
  - Nathans Ideen/Ideale sollen im Alltag gelebt werden, sein Andenken soll lebendig bleiben.
  - Eventuell können in Rechas Rede Zitate Nathans eingebaut werden.
  - Die Versöhnung der Religionen kann in Rechas Haushalt weiterhin stattfinden, das friedliche Zusammenleben in Nathans bzw. Rechas Haus soll den Anfang machen.
  - Rechas Sohn, den sie sich wünscht, soll Nathan heißen; sie will ihn lehren, dass es nichts Größeres auf der Welt gibt als Liebe und Barmherzigkeit. Nathan der Weise soll in seinen Kindeskindern weiterleben.
  - Recha nimmt ihre neue Rolle als Herrin des Hauses an und bittet um Akzeptanz und Unterstützung für eine gemeinsame, friedliche Zukunft.

Entwirf einen groben Schreibplan, in dem du die inhaltlichen Punkte, die du in deinen Text aufnehmen willst, in eine sinnvolle Reihenfolge bringst.

• Einstieg: Recha wendet sich an ihre „Familie“, die Gemeinschaft in Nathans Haus
• Anlass der Rede: schwierige Zeit, Trauer über Nathans Tod, ihre neue Aufgabe
• Nathans Wünsche für die Bewohner seines Hauses

↓

• Rachegedanken: hätte Nathan nicht gewollt, trotz seiner eigenen schlimmen Erfahrung in der Vergangenheit

↓

• Nathans Verdienste; Ansprechen der Dinge, die die Bewohner untereinander und mit Nathan verbinden:
– er hat Recha als seine Tochter angenommen
– er hat Daja in ihrer größten Not eine Heimat und eine Familie gegeben
– Elijahu als Nathans größte Stütze: Bitte Rechas an ihn, ihr beizustehen
– er hat Geschem geholfen, seine Identität zu finden

↓

• alle sind Teil von Nathans Traum, dass Menschen unterschiedlicher Herkunft und Religion wie Brüder zusammenleben können
• Nathan hat dies gegenüber dem Sultan in seinem Gleichnis formuliert

↓

• Aufgabe, Nathans Ideale im Alltag zu leben und Vorbild zu sein; dadurch soll sein Andenken lebendig bleiben
• wichtig: Gebot der Nächstenliebe

↓

• Rechas Sohn soll Nathan heißen; sie will ihn lehren, dass es nichts Größeres gibt als Liebe und Barmherzigkeit
• Bitte um Unterstützung in ihrer neuen Rolle

Beispiel für eine Rede — **Inhaltliche Schritte**

Liebe Freunde, — **Einleitung**

wie gut es sich anfühlt, dass wir auch am heutigen Abend alle hier zusammensitzen können, dass wir als Familie um einen reich gedeckten Tisch versammelt sind in Nathans Haus, in unserem gemeinsamen Zuhause und nicht nur zu essen, sondern auch einander haben! *(Recha wendet sich an ihre „Familie“)* Schon seit einiger Zeit ist es mir ein Anliegen, ein paar Worte an euch zu richten, nach all dem Leid, das hinter uns liegt und uns immer begleiten wird. *(Anlass der Rede: Trauer über Nathans Tod, schwierige Zeit)* Es fällt mir schwer, und sicher wird es auch euch so ergehen, wieder in einen Alltag zu finden, ganz gewöhnliche Dinge zu tun und weiterzuleben. Weiterzuleben ohne Nathan, ohne den Herrn dieses Hauses, an dessen Stelle nun ich stehe und dessen Platz ich doch nicht einzunehmen vermag. Nun kann und darf ich nicht mehr die gut behütete Tochter sein, deren Leben von der Liebe und Weisheit Nathans geleitet wird, nun muss ich selbst erwachsen sein und handeln. *(Rechas neue Aufgabe)* Viele Gedanken schwirren in meinem Kopf umher, vieles ist noch so ungeordnet, vieles kann mein Verstand überhaupt nicht richtig erfassen, dennoch herrscht in einer Sache Klarheit: Nathan, mein geliebter Vater, euer treuer Freund, euer großherziger Herr, hat nie einen Zweifel offen gelassen darin, wie er uns weiterleben sehen will. Er hätte gewollt, dass wir zusammen bleiben, dass wir weitermachen, dass wir bereit sind, sein Erbe anzutreten. *(Nathans Wille für die Hausgemeinschaft)* Und ich meine hier nicht nur das Erbe der Hausverwaltung oder das Weiterführen der Geschäfte. Er hat noch so viel mehr hinterlassen, das wir fortführen müssen.

Er hätte gewollt, dass wir uns auch nach seinem Tod noch an den Tagen erfreuen, die uns Gott der Herr schenkt, dass wir uns den Aufgaben stellen, die er für uns bereit hält, und dass wir Nathans Werk und seine Träume weiterleben.

Hauptteil

Jeder von euch verspürt beim Gedanken an den heimtückischen Mord, dem er anheimgefallen ist, das Bedürfnis, einen Schuldigen ausfindig zu machen, die Mörder zu entlarven und zu strafen. Das habe ich aus vielen Gesprächen herausgehört. *(Rachegedanken wegen des Mords)* Es ist nicht sicher, wer für den Tod von Nathan verantwortlich ist, ob es Christen im Auftrag des Patriarchen, Muslime im Auftrag von des Sultans Bruder oder nur geldgierige Räuber waren. *(Mörder und Motiv unklar)* Aber wem wäre denn geholfen, wenn wir es wüssten? Rache macht ihn nicht wieder lebendig. In vielen Köpfen, so könnte man fast meinen, überwiegt in der Trauer der Rachegedanke. Doch seid euch gewiss, das hätte Nathan nicht gewollt. Niemals hat Nathan vom Gott der Rache gesprochen, sondern immer vom Gott der Liebe. Dabei hat Nathan am eigenen Leib großes Leid erfahren. Bevor wir seine Familie werden durften, hat Nathan mit seiner Frau und seinen sieben Söhnen in Gath gelebt. Elijahu, auch damals gehörtest du schon zu seinen Treuen. Durch den Angriff brandschatzender Kreuzzügler verlor Nathan alles, was ihm wichtig war. Seine ganze Familie wurde ausgelöscht, alle verbrannten in Nathans Abwesenheit jämmerlich. Aber trotz des Verbrechens an seiner Familie hat er seine anfänglichen Rachegedanken bezwungen und keine Rache verübt. Es ist ihm gelungen, die Verzweiflung zu überwinden und sie in Liebe zu den Menschen zu verwandeln.

Nathans Vergangenheit

Wie viele Trauergäste sich doch bei uns eingefunden haben. Sie sind mir ein Beweis für Nathans Ansehen und Beliebtheit in ganz Jerusalem. Alle erzählen von seiner Großherzigkeit, seiner Toleranz und Güte. Nicht umsonst wird er auch jetzt noch Nathan der Weise genannt.

Zahlreiche Trauergäste: Beweis für Nathans Ansehen

Nathan hat seine Familie verloren, doch im Gegenzug haben wir ihn gewonnen. So scheint doch das ganze Leben ein wechselseitiges Geben und Nehmen zu sein. Mir wurde ein Leben gegeben, mir, die ich von einem Klosterbruder zu ihm gebracht wurde. Weder er noch ich wissen, wer meine Mutter war. Aber ganz offenkundig war sie eine Christin, die von Nathans Wohltaten gehört und ganz auf ihn vertraut hatte. Ich wusste das bis vor einiger Zeit nicht. Für einige von euch mag das jetzt auch neu sein. Nathan, und darüber bin ich über die Maßen dankbar, hat mir bei einem klärenden Gespräch erzählt, dass er mich als Kind angenommen hat, als sein Kind, das Gott ihm in der Stunde von Trauer und Tod geschickt hat. Obwohl seine Familie von Christen umgebracht wurde, nahm er mich, das Kind einer Christin, an Kindes statt an. Er gab mir den Namen, den seine Frau ihrem Kind geben wollte, wenn sie ein Mädchen bekommen hätten. Aber nicht nur mir hat Nathan eine Familie, also eine Heimat gegeben.

Nathans Verdienste

Recha als seine Tochter angenommen

Er hat dich, Daja, die du heimatlos in Jerusalem gelandet bist, aufgenommen, dir als Christin im Haus eines Juden eine Arbeit, eine Heimat und mehr noch, eine Familie gegeben, obwohl du Teil des Kreuzzuges warst. Weine nicht Daja, Nathan hat dich geliebt und dich zu der Person gemacht, die mir eine Mutter ersetzen konnte. Er hätte unbedingt gewollt, dass du auch nach seinem Tod in seinem Hause bleibst. Wie könnte ich auch jemals auf dich, meine engste Vertraute, verzichten?

Dajas Vergangenheit, Rettung durch Nathan

Schon lange vor Daja und mir warst du, Elijahu, der liebste und treuste Freund Nathans, sein Vertrauter, sein Beschützer. Du warst ihm wie ein Bruder. Er hat mir berichtet, wie du ihn in Gath während der vielen Tage der Trauer unterstützt hast. Wie glücklich könnte ich mich schätzen, wenn du mich an der Hand nehmen könntest und mich in die Geschäfte und all das, was ich als neuer Vorstand dieses Hauses lernen muss, einführen würdest und Geduld mit mir haben könntest. Du wirst es jetzt in erster Linie sein, der die Geschäfte in Nathans Sinne weiterführt. Elijahu, nicht nur für meinen geliebten Vater bist du ein Retter gewesen.

Elijahu, Nathans treuester Freund

Bitte an ihn, ihr beizustehen

Geschem, auch dein Platz ist durch Elijahu und Zipora hier bei uns. Dass uns zwei so viel verbindet, hättest du vermutlich nicht gedacht. Ich lange Zeit auch nicht. Wir beide sind im eigentlichen Sinne elternlos, wissen nicht so recht, welche Religion wir die unsre nennen sollen. Auch bei dir hat Nathan dafür Sorge getragen, dass du deine Identität finden kannst, du einen Namen bekommst. Geschem Ben Abraham. Mach dich nicht klein, fühle dich nicht alleingelassen, Nathan wollte, dass Elijahu dich ausbildet, weil er viel von dir gehalten hat. Dein Platz ist hier bei uns.

Geschem

hat von Nathan einen Namen bekommen

Gemeinschaft trotz Unterschieden

So habt ihr alle eines sicher schon bemerkt: Wir alle hier leben bereits einen Teil des Traums, den Nathan träumte. Er hatte den Traum, dass sich eines Tages die Menschheit erhebt und die wahre Bedeutung ihres Glaubensbekenntnisses ausleben wird. Er hatte einen Traum, dass eines Tages die Söhne von Juden, Muslimen und Christen miteinander am Tisch der Brüderlichkeit sitzen können. Er hatte den Traum, dass sich selbst diese Stadt in eine Oase der Freiheit verwandeln wird.

Gleichnis von dem Ring

Nathan, der auf Sultan Saladins Frage nach der einen wahren Religion mit einem weisen Gleichnis antwortete und damit selbst den Sultan, der ihn in eine Falle locken wollte, überzeugte und zum Freund gewinnen konnte. Vom gläubigen Juden Nathan, der unter seinem Dach neben seinem Schachpartner Al-Hafi, dem muslimischen Derwisch, auch das Oberhaupt der Muslime, einen christlichen Tempelritter sowie eine Christin als Gesellschafterin für seine ebenfalls christliche Ziehtochter versammelte, von dem kann zurecht behauptet werden, dass die Versöhnung der Religionen, dass das friedliche Zusammenleben in seinem Haus bereits begonnen hat. Uns bleibt die Aufgabe, Nathans Ideen und Ideale auch in unserem Alltag weiterzuleben. Nur dadurch kann sein Andenken lebendig bleiben.

Versöhnung der Religionen

Unterschiede werden unwichtig

Und wenn wir noch genauer hinschauen, so wissen schlussendlich viele von uns gar nicht mehr mit Gewissheit, welcher Religion sie sich angehörig fühlen. Bin ich, die ich als Christin zur Welt kam und als Jüdin erzogen wurde, nun das eine oder andere? Nathan lehrte uns, dass wir nicht auf die Unterschiede zwischen den Religionen schauen sollen, sondern auf das, was sie eint, nämlich den Glauben an den einen Gott, der Himmel und Erde geschaffen hat, und an das Gebot der Nächstenliebe.

Gebot der Nächstenliebe

Schluss

Rechas Wünsche für ihre eigenen zukünftigen Kinder

Irgendwann werden wieder Kinder dieses Haus bewohnen, meine Kinder, die ich mir wünsche. Bekomme ich einen Sohn, so soll er nach seinem Großvater Nathan heißen. Ich will ihn lehren, dass es nichts Größeres auf der Welt gibt als Liebe und Barmherzigkeit. Nathan der Weise soll in seinen Kindeskindern weiterleben. Ich bin bereit, meine neue Rolle als Herrin des Hauses anzunehmen, und ich bitte euch alle um Akzeptanz und Unterstützung, auf dass wir eine gemeinsame, friedliche Zukunft haben können!

Bitte um Unterstützung

Nun greift aber zu.

Abschlussprüfungsaufgaben Deutsch für Realschulen in Baden-Württemberg
2014 – Haupttermin

Aufgabe 1: Texte beschreiben

Einerlei

„Nichts was nicht neu ist“
sagt ihr:
„Das Alte langweilt“

Nun gut:
Es wurde schon einmal
gelebt
Es wurde schon einmal
geliebt
Es wurde schon einmal
gerufen
zum Aufstand

Es wurde schon einmal
gebangt um ein krankes Kind
schon einmal ein Kampf
um das Recht und die Freiheit
verloren
Es wurde schon einmal
alt geworden
gestorben

Also lohnt es sich nicht mehr
für uns
zu leben zu lieben
uns aufzulehnen
zu hoffen
zu bangen
zu altern
zu sterben

Das alles ist nicht mehr neu
Das langweilt
euch Tote

Erich Fried (1921–1988)

Quelle: Erich Fried: Gesammelte Werke. Gedichte. Band 2.
Berlin: Wagenbach Verlag 1993.

Ein netter Kerl

Ich habe ja so wahnsinnig gelacht, rief Nanni in einer Atempause. Genau wie du ihn beschrieben hast, entsetzlich.

Furchtbar fett für sein Alter, sagte die Mutter. Er sollte vielleicht Diät essen. Übrigens, Rita, weißt du, ob er ganz gesund ist?

Rita setzte sich gerade und hielt sich mit den Händen am Sitz fest. Sie sagte: Ach, ich glaub schon, daß er gesund ist.

Genau wie du es erzählt hast, weich wie ein Molch, wie Schlamm, rief Nanni. Und auch die Hand, so weich.

Aber er hat dann doch auch wieder was Liebes, sagte Milene, doch, Rita, ich finde, er hat was Liebes, wirklich.

Naja, sagte die Mutter, beschämt fing auch sie wieder an zu lachen; recht lieb, aber doch gräßlich komisch. Du hast nicht zuviel versprochen. Rita, wahrhaftig nicht. Jetzt lachte sie laut heraus.

Auch hinten im Nacken hat er schon Wammen, wie ein alter Mann, rief Nanni. Er ist ja so fett, so weich, so weich. Sie schnaubte aus der kurzen Nase, ihr kleines Gesicht sah verquollen aus vom Lachen.

Rita hielt sich am Sitz fest. Sie drückte die Fingerkuppen fest ans Holz. Er hat so was Insichruhendes, sagte Milene. Ich find ihn so ganz nett, Rita, wirklich, komischerweise.

Nanni stieß einen winzigen Schrei aus und warf die Hände auf den Tisch; die Messer und Gabeln auf den Tellern klirrten. Ich auch, wirklich, ich find ihn auch nett, rief sie. Könnt ihn immer ansehn und mich ekeln.

Der Vater kam zurück, schloß die Eßzimmertür, brachte kühle nasse Luft mit herein. Er war ja so ängstlich, daß er seine letzte Bahn noch kriegt, sagte er. So was von ängstlich.

Er lebt mit seiner Mutter zusammen, sagte Rita. Sie platzten alle heraus, jetzt auch Milene.

Das Holz unter Ritas Fingerkuppen wurde klebrig. Sie sagte: Seine Mutter ist nicht ganz gesund, soviel ich weiß. Das Lachen schwoll an, türmte sich vor ihr auf, wartete und stürzte sich dann herab, es spülte über sie weg und verbarg sie lang genug für einen kleinen schwachen Frieden.

Als erste brachte die Mutter es fertig, sich wieder zu fassen. Nun aber Schluß, sagte sie, ihre Stimme zitterte, sie wischte mit einem Taschentuchklümpchen über die Augen und die Lippen. Wir können ja endlich mal von was anderem reden.

Ach, sagte Nanni, sie seufzte und rieb sich den kleinen Bauch, ach ich bin erledigt, du liebe Zeit. Wann kommt die große fette Qualle denn wieder, sag, Rita, wann denn? Sie warteten alle ab.

Er kommt von jetzt an oft, sagte Rita. Sie hielt den Kopf aufrecht. Ich habe mich verlobt mit ihm.

Am Tisch bewegte sich keiner. Rita lachte versuchsweise und dann konnte sie es mit großer Anstrengung lauter als die anderen, und sie rief: Stellt euch das doch bloß mal vor: mit ihm verlobt! Ist das nicht zum Lachen!

Sie saßen gesittet und ernst und bewegten vorsichtig Messer und Gabeln.

He, Nanni, bist du mir denn nicht dankbar, mit der Qualle hab ich mich verlobt, stell dir das doch mal vor!

Er ist ja ein netter Kerl, sagte der Vater. Also höflich ist er, das muß man ihm lassen.

Ich könnte mir denken, sagte die Mutter ernst, daß er menschlich angenehm ist, ich meine, als Hausgenosse oder so, als Familienmitglied.

Er hat keinen üblen Eindruck auf mich gemacht, sagte der Vater.

Rita sah sie alle behutsam dasitzen, sie sah gezähmte Lippen. Die roten Flecken in den Gesichtern blieben noch eine Weile. Sie senkten die Köpfe und aßen den Nachtisch.

*Gabriele Wohmann (*1932)*

Quelle: Gabriele Wohmann: Habgier. Erzählungen.
Düsseldorf: Verlag Eremiten Presse 1973.

Der Text ist entsprechend der Vorlage in alter Rechtschreibung abgedruckt.

Aufgabe 3: Texte lesen, auswerten und schreiben

Generation online – Leben in verschiedenen Welten?

Das Landesmedienzentrum plant, eine Broschüre für Jugendliche zum Thema „Medienkompetenz" herauszugeben. Sie werden gebeten, daran mitzuarbeiten und sollen einen Beitrag unter Berücksichtigung folgender Aspekte verfassen:

- Veränderung des Kommunikations- und Sozialverhaltens durch das Internet
- Abwägung der Chancen und Gefahren dieses Mediums
- verantwortungsvoller Umgang damit

Schreiben Sie diesen Beitrag als jugendliche Expertin bzw. jugendlicher Experte.

Anmerkung:
Zur Bearbeitung der Aufgabe dienen die zu Beginn des Schuljahres mit den Ausführungsbestimmungen für die Realschulabschlussprüfung veröffentlichten Impulstexte und Ihr selbst erstelltes Kompendium.
Legen Sie bitte aus Ihrem Kompendium die Texte, aus denen Sie Textstellen wörtlich übernommen haben, dem Prüfungsaufsatz bei, ebenso Grafiken, Schaubilder, Tabellen o. Ä., auf die Sie Bezug nehmen.

Dirk Kurbjuweit, Zweier ohne

> Ich bin übrigens unverheiratet, auch sonst ungebunden. Ich muss sagen, dass ich mich ein bisschen schwer tue mit Beziehungen.
>
> […]
>
> Was soll's, es geht mir gut. Natürlich vermisse ich Ludwig, aber man darf nicht denken, dass ich deshalb dauernd niedergeschlagen wäre. Trauer ist ja auch eine Form von Gesellschaft, ich bin nie allein. *Kapitel 5*

Quelle: Dirk Kurbjuweit: Zweier ohne. Köln: Kiepenheuer & Witsch 2012.

Johann reflektiert wichtige Bindungen in seinem Leben. Er überlegt, inwiefern seine Beziehungen zu Ludwig und Vera es ihm heute noch schwer machen, Beziehungen zu leben.

Schreiben Sie diesen inneren Monolog.

Anmerkung:
Zur Bearbeitung der Aufgabe darf die zu Beginn des Schuljahres mit den Ausführungsbestimmungen für die Realschulabschlussprüfung veröffentlichte Ganzschrift verwendet werden.

alternativ:

Max Frisch, Andorra

Schreiben Sie anstelle einer kurzen Vordergrundszene einen ausführlicheren Monolog nach dem neunten Bild.

Die Frau des Lehrers (Barblins Mutter und Andris Pflegemutter) tritt beim Gerichtsprozess an die Zeugenschranke. Sie geht auf das Verhältnis zu ihrem Mann und den Kindern ein und ihre vergeblichen Bemühungen, Andri zu retten. Dabei denkt sie auch über ihre Schuld nach.

Schreiben Sie diesen Monolog.

Anmerkung:
Zur Bearbeitung der Aufgabe darf die zu Beginn des Schuljahres mit den Ausführungsbestimmungen für die Realschulabschlussprüfung veröffentlichte Ganzschrift verwendet werden.

Lösungen

Aufgabe 1: Texte beschreiben – „Einerlei“ (Erich Fried)

Hinweis zur Herangehensweise

Eine Textbeschreibung zu einem lyrischen Text muss folgende Bausteine beinhalten:

- *einen Einleitungssatz (Nennung von Titel, Autor, Quelle sowie, knapp zusammengefasst, des Themas)*
- *eine kurze Inhaltsangabe des Gedichts*
- *die Beschreibung des Aufbaus sowie der formalen Aspekte*
- *die Beschreibung und fachliche Benennung von sprachlichen und stilistischen Mitteln in Bezug auf die inhaltliche Aussage*
- *die Deutung der auffälligen Textpassagen*
- *die Nennung einer möglichen Autorintention*
- *einen möglichen Transfer und eine persönliche Stellungnahme*

Lies das Gedicht mehrmals genau durch. Markiere Schlüsselbegriffe sowie auffällige oder auch unklare Begriffe und versuche, ihre Bedeutung zu erschließen. Ordne deine Ergebnisse beispielsweise in einer Mindmap und erstelle anschließend einen Schreibplan für deinen Aufsatz.

Notizen / Schreibplan

Einleitungssatz

+

Thema des Gedichts

Im Gedicht wird die Frage gestellt, ob sich das eigene Leben lohnt, obwohl es eigentlich nur eine Wiederholung von bereits erlebten Erfahrungen anderer ist.

↓

Hauptteil

kurze Inhaltsangabe

Zu Beginn des Gedichts werden Aussagen zitiert, die das Leben als langweilig bezeichnen, weil nichts Neues mehr erlebt werden kann. In den folgenden Strophen wird eingestanden, dass tatsächlich alle Erfahrungen schon einmal gemacht wurden und alle wichtigen Erkenntnisse bereits existieren. Das Fazit daraus ist, dass es sich nicht mehr zu leben lohnt. Das Gedicht endet jedoch mit einem doppeldeutigen Wortspiel, sodass eher diejenigen kritisiert werden, die von vornherein resignieren.

↓

Aufbau und Formales

Das Gedicht umfasst 5 Strophen, die eine unterschiedliche Anzahl von Versen aufweisen. Es ist kein eindeutiges Reimschema erkennbar. In Strophe 1 kommt wörtliche Rede vor; mit Ausnahme der Anführungszeichen bzw. des Doppelpunkts für diese wörtliche Rede und eines Doppelpunkts in Strophe 2 sind in dem Gedicht keine Satzzeichen vorhanden.

↓

Sprachliche Auffälligkeiten und ihre mögliche Deutung

„Einerlei“ (Titel)	– Langeweile, Eintönigkeit, Monotonie, Gleichgültigkeit … – Hinweis auf das Thema: Leben überhaupt (noch) lebenswert?
„sagt ihr“ (V. 2)	– mehrere andere werden direkt angesprochen – die Aussage dieser anderen wird wiedergegeben – steht evtl. im Gegensatz zu eigener Meinung des lyrischen Ichs?
„„Das Alte langweilt“‘ (V. 3)	– das „Alte“: alles, was man gewohnt ist / das alte Leben – das Neue wird nicht näher beschrieben

„gelebt […] geliebt […] gerufen“ (V. 6, 8, 10)	– drei Verben im Passiv Präteritum: Vergangenes wird aufgezählt – wer gelebt, geliebt, gerufen hat, spielt offenbar keine Rolle
„Es wurde schon einmal“ (V. 5, 7, 9, 12, 17)	– Anapher, Wiederholung: alles wiederholt sich, auch dramatische Ereignisse im Leben eines Menschen wurden von anderen schon erlebt – Beispiele stehen vermutlich für verschiedene Personengruppen und deren Erfahrungen
„Also lohnt es sich nicht mehr/für uns“ (V. 20 f.)	– Wendepunkt, Perspektivwechsel: „ihr“ in Strophe 1 schaffte Distanz, „uns“: emotionale Verstärkung des Gesagten – ironisches Fazit: man braucht gar nicht mehr zu leben, da es ja ohnehin alles schon einmal gab, Gutes wie Schlechtes
„zu leben zu lieben“ (V. 22); „zu hoffen/zu bangen/ zu altern/zu sterben“ (V. 24–27)	– Verben im Infinitiv aufgelistet: symbolisieren in knappster Form wichtige Erfahrungen/Erlebnisse im Leben eines Menschen – obwohl sie individuell erlebt werden und unterschiedlich verlaufen, sind sie eine Wiederholung des immer Gleichen
„Das alles ist nicht mehr neu“ (V. 28)	– zusammenfassendes Fazit, pauschales Urteil
„Das langweilt/ euch Tote“ (V. 29 f.)	– eine Gruppe wird direkt angesprochen („euch“) – man erwartet als Leser die Formulierung „Das langweilt euch zu Tode“ → Wortspiel – Doppeldeutigkeit: Wer sind die Toten? Echte Verstorbene oder Menschen, die mit dem Leben abgeschlossen, resigniert haben?

↓

Gesamtaussage und Autorintention

Der Leser soll sich Gedanken machen über das eigene Leben und über dessen Sinnhaftigkeit. Worin liegt der Sinn des eigenen Lebens, wenn es fast identisch abläuft wie das vorheriger Generationen? Ist es trotzdem lebenswert, auch wenn der Ausgang bekannt ist und alles schon einmal dagewesen ist?

↓

Schluss

Transfer

Vor allem als Jugendlicher wird man oft daran erinnert, dass es alles irgendwann schon einmal gab und dass man auf nichts ein Exklusivrecht hat: Die aktuelle Mode gab es schon einmal, verschiedene Trends kehren immer wieder, die Eltern wissen alles besser etc.

Dennoch möchte jeder seine eigenen Erfahrungen machen und den Ratschlag ignorieren, dass man aus den Erkenntnissen anderer alles lernen könnte. Jeder hat das Recht auf ein eigenes Leben, auch wenn es schon ähnliche Lebensverläufe gab.

↓

Stellungnahme

Wie hat das Gedicht auf dich als Leser gewirkt? Welche Bilder/Gedanken hat der Text an welcher konkreten Stelle in dir hervorgerufen? Welche Bezüge zu deinem Leben/deiner Lebenssituation oder deinen Erfahrungen kannst du herstellen?

Aufsatzbeispiel — **Inhaltliche Schritte**

Einleitung
Informationen zum Text mit Kern-/Basissatz

In dem Gedicht „Einerlei“ von Erich Fried, das in Band 2 seiner „Gesammelten Werke“ im Jahr 1993 im Wagenbach Verlag erschienen ist, wird danach gefragt, ob sich das Leben lohnt, auch wenn es nur die Wiederholung von bereits Erlebtem ist.

Hauptteil

kurze inhaltliche Zusammenfassung

Zu Beginn des Gedichts werden Aussagen zitiert, die das Leben als langweilig bezeichnen, weil nichts Neues mehr erlebt werden kann. In den folgenden Strophen wird eingestanden, dass tatsächlich alle Erfahrungen schon einmal gemacht wurden und alle wichtigen Erkenntnisse bereits existieren. Das Fazit daraus ist, dass es sich nicht mehr zu leben lohnt. Das Gedicht endet jedoch mit einem doppeldeutigen Wortspiel, sodass eher diejenigen kritisiert werden, die von vornherein resignieren.

Aufbau und Formales

Das Gedicht umfasst 5 Strophen, die eine unterschiedliche Anzahl von Versen aufweisen. Ein eindeutiges Reimschema ist nicht erkennbar. In Strophe 1 findet sich eine wörtliche Rede. Mit Ausnahme eines Doppelpunkts in Strophe 2 (V. 4) und der Anführungszeichen bzw. des Doppelpunkts für die wörtliche Rede in Strophe 1 sind in dem Gedicht ansonsten keine Satzzeichen vorhanden.

Bedeutung des Titels

Der Titel des Gedichts lautet „Einerlei", womit Langeweile, Eintönigkeit, Monotonie oder auch Gleichgültigkeit gemeint ist. Im Zusammenhang mit dem Thema des Gedichts wird die Frage in den Raum gestellt, ob es nicht „einerlei" ist, wie man sein Leben verbringt.

Sprachliche Auffälligkeiten und Deutung

Strophe 1

In Strophe 1 werden mehrere Personen direkt angesprochen („sagt ihr", V. 2) und deren Aussagen („‚Nichts was nicht neu ist'", V. 1; „‚Das Alte langweilt'", V. 3) wiedergegeben. Daraus, dass das „sagt ihr" in Vers 2 zwischen den beiden Zitaten steht und dadurch hervorgehoben wird, könnte man schließen, dass eine Abgrenzung von diesen Aussagen stattfindet. Das lyrische Ich scheint anderer Meinung zu sein. In Vers 1 handelt es sich um eine Ellipse, denn ausgehend von der zweiten Aussage in Vers 3 könnte man gedanklich ergänzen: „Nichts, was nicht neu ist, <u>zählt</u>" oder „<u>Es gibt nichts</u>, was …". Darüber hinaus wird nicht klar, was mit dem „Alte[n]" (V. 3) gemeint ist: Es könnte sich um das alte Leben handeln oder einfach um all das, was man (bisher) gewohnt ist – jedenfalls löst es Langeweile aus. Etwas Neues scheint derzeit nicht in Aussicht zu sein (vgl. V. 1).

Strophe 2

Zu Beginn der Strophe 2 sieht es so aus, als ob das lyrische Ich den vorangegangenen Aussagen zumindest zum Teil zustimmt, denn es räumt ein: „Nun gut:" (V. 4) Daran anschließend wird aufgezählt, was alles „schon einmal" (V. 5, 7, 9) getan wurde, nämlich „gelebt" (V. 6), „geliebt" (V. 8), „gerufen/zum Aufstand" (V. 10 f.). Auffällig ist die Anapher bzw. die dreimalige Wiederholung der Formulierung „Es wurde schon einmal", die das Wiederkehrende und auch das Eintönige dieser Erfahrungen ausdrückt. Dadurch, dass die Sätze im Passiv („Es wurde […]") stehen und nicht deutlich wird, wer gelebt, geliebt, gerufen hat, wirken sie besonders unpersönlich. Es handelt sich bei den Beschreibungen offenbar um Erfahrungen, die jeder schon einmal gemacht hat und die sich nicht voneinander unterscheiden. Wer diese Handlungen ausgeführt hat, spielt keine Rolle, die Protagonisten sind austauschbar. Die Enjambements, bzw. dass die Verben jeweils alleine einen Vers einnehmen, lenken die Aufmerksamkeit des Lesers auf diese Handlungen.

Strophe 3

In Strophe 3 werden weitere Beispiele für wiederkehrende Handlungen dargestellt. Auch hier findet sich in den Versen 12 und 17 die Anapher „Es wurde schon einmal", in verkürzter Form auch in Vers 14. Die Beispiele für die Erfahrungen werden in dieser Strophe etwas konkreter beschrieben: Es wird beispielsweise nicht nur „gebangt", sondern auch genannt, worum, nämlich „um ein krankes Kind" (vgl. V. 13). Die zentrale Aussage bleibt gegenüber der vorangegangenen Strophe jedoch dieselbe: Alles wiederholt sich, sogar dramatische Ereignisse. Nach wie vor wird nicht klar, wer die Erfahrungen gemacht hat, vermutlich handelt es sich aber um unterschiedliche Personengruppen, z. B. Eltern, die sich um ein krankes Kind sorgen, Widerständler, die den Kampf für die Freiheit gewagt, aber verloren haben, alte Menschen, die gestorben sind. Insgesamt wirkt diese Strophe deutlich negativer, denn der Kampf wurde verloren, die Menschen sind gestorben und der Schluss liegt nahe, dass auch das kranke Kind letztendlich gestorben ist.

Strophe 4

In Strophe 4 wird eine Art Schlussfolgerung („Also […]", V. 20) formuliert, weshalb es sich aufgrund der bisherigen Erkenntnisse nicht mehr lohnt, „zu leben zu lieben" (V. 22), „zu hoffen/zu bangen/zu altern/zu sterben" (V. 24 ff.). Im Gegensatz zu dem Wort „ihr" in Strophe 1, mit dem eine Distanz geschaffen wurde, findet mit der Verwendung von „für uns" (V. 21) ein Perspektivwechsel statt, der eine emotionale Verstärkung des Gesagten zur Folge hat und einen Wendepunkt darstellt. Die Verben werden im Infinitiv Präsens aufgelistet – es geht nun also um Handlungen in der Gegenwart oder der nahen Zukunft. Es ist eine Klimax erkennbar, denn die genannten Gefühle und Erfahrungen steigern sich, bis hin zu „[…] sterben" (V. 27). Es ist also sinnlos, irgendetwas zu fühlen oder zu unternehmen, Gutes und Schlechtes zu erleben.

Strophe 5

In Strophe 5 wird dies als zusammenfassendes Fazit formuliert und es wird ein pauschales Urteil gefällt: „Das alles ist nicht mehr neu." (V. 28) Mehrere andere werden anschließend direkt angesprochen: „Das langweilt/euch Tote" (V. 29 f.) Man erwartet als Leser eigentlich die Formulierung „Das langweilt euch zu Tode". Dieses Wortspiel lässt den Schluss des Gedichts doppeldeutig erscheinen. Einerseits könnten mit den „Toten" echte Tote gemeint sein, nämlich die Verstorbenen früherer Generationen, die alles schon erlebt haben und die gleichsam den heute Lebenden dabei zusehen, wie sie ihre Erfahrungen wiederholen. Es könnten im übertragenen Sinn jedoch auch diejenigen gemeint sein, die in der ersten Strophe geklagt haben, dass alles schon einmal dagewesen und das Leben langweilig ist. Es klingt wie ein Vorwurf an diese „Toten", den anderen den Sinn ihres Lebens absprechen wollen. Man könnte schlussfolgern, dass im Gegensatz dazu die „Lebendigen" das Leben nicht langweilig finden, sondern dass sie gerne ihre eigenen Erfahrungen machen und etwas erleben – auch wenn es sich dabei mitunter um schlechte Erfahrungen handelt.

Autorintention

Der Autor wollte vermutlich erreichen, dass man sich beim Lesen dieses Gedichts Gedanken über das Leben und dessen Sinnhaftigkeit macht. Sind alle Anstrengungen nicht eigentlich vergebens, wenn das eigene Leben fast identisch verläuft wie das der vorherigen Generationen? Ist es dennoch lebenswert, auch wenn man den Ausgang kennt und alles schon einmal dagewesen ist?

Schlussgedanke

Transfer und Stellungnahme

Als Jugendlicher wird man ja häufig daran erinnert, dass es alles irgendwann schon einmal gab und dass man auf nichts ein Exklusivrecht hat: Die aktuelle Mode gab es schon einmal, verschiedene Trends kehren wieder, die eigenen Eltern wissen im Nachhinein alles besser usw. Jeder möchte jedoch seine eigenen Erfahrungen machen und der gutgemeinte Ratschlag, dass man aus den Erfahrungen anderer alles lernen könnte, wird meistens absichtlich ignoriert. Der Autor des Gedichts ruft meiner Ansicht nach dazu auf, dass jeder sein Leben nutzen sollte, auch wenn es schon ähnliche Lebensläufe und Erfahrungen gab.

Aufgabe 2: Texte beschreiben – „Ein netter Kerl“ (Gabriele Wohmann)

Hinweis zur Herangehensweise

Eine Textbeschreibung zu einem Prosatext muss folgende Bausteine beinhalten:

- *einen Einleitungssatz (Nennung von Autor, Titel, Textsorte, Quelle sowie, knapp zusammengefasst, des Themas)*
- *eine kurze Inhaltsangabe des Textes*
- *die Beschreibung des Aufbaus*
- *einen Hauptteil, der u. a. die folgenden Aspekte behandelt: Handlung, Figurenkonstellation, Charakterisierung der Figuren, Ort und Zeit der Handlung, Erzählperspektive, Beschreibung und fachliche Benennung von sprachlichen und stilistischen Mitteln in Bezug auf ihre inhaltliche Bedeutung (jeweils mit Textbelegen/Zitaten)*
- *die Deutung der auffälligen Textpassagen*
- *die Nennung einer möglichen Autorintention*
- *einen möglichen Transfer und eine persönliche Stellungnahme*

Lies den Text mehrmals genau durch. Markiere Schlüsselbegriffe sowie auffällige oder auch unklare Begriffe und versuche, ihre Bedeutung zu erschließen. Ordne deine Ergebnisse beispielsweise in einer Mindmap und erstelle anschließend einen Schreibplan für deinen Aufsatz.

Notizen/Schreibplan

Einleitungssatz

+

Thema des Textes

Ein Mensch wird nach Äußerlichkeiten beurteilt und respektlos behandelt.

↓

Hauptteil

kurze Inhaltsangabe

Ritas Freund hat die Familie erstmals besucht. Nach seinem Besuch machen sich Ritas Eltern und Schwestern über sein Aussehen lustig und äußern sich respektlos über das, was sie nun über ihn wissen. Erst nach einer Weile erklärt Rita ihrer Familie, dass sie sich mit ihm verlobt hat. Die Angehörigen reagieren peinlich berührt und versuchen, ihre Aussagen zu verharmlosen.

↓

Beschreibung der einzelnen Sinnabschnitte

↓

Textsorte

Folgende Merkmale belegen, dass es sich um eine Kurzgeschichte handelt:

- geringer Textumfang
- Ausschnitt aus alltäglicher Gesprächssituation
- kleine Zahl an Protagonisten
- kurze Zeitspanne der Handlung
- gewöhnlicher Handlungsort
- alltägliche Figuren
- Höhe- und Wendepunkt
- offener Schluss

↓

- **Handlungsort:**
  Handlungsort ist das Esszimmer, wo die Familie gemeinsam mit ihrem Gast gegessen hat.

↓

- **Zeit:**
  Die Handlung spielt wohl nach dem Abendessen, da der Gast mit der letzten Bahn nach Hause gefahren ist. Es wird chronologisch erzählt.
  ↓
- **Protagonisten / Figuren / Figurenkonstellation:**
  - Rita: Tochter der Familie, hat den Gast mitgebracht und offenbar auch schon vorher von ihm erzählt; sie ist angespannt, was ihre Körpersprache verrät, dennoch verhält sie sich erstaunlich ruhig und verteidigt ihren Gast nicht
  - Familienmitglieder (Ritas Schwestern Nanni und Milene, ihre Mutter, ihr Vater): machen sich über den Gast lustig, ziehen über ihn her
  - „netter Kerl" = Verlobter von Rita: von ihm wird nur als „er" gesprochen, sein Name ist nicht bekannt; Aussehen wird nur über die negative Beschreibung der Familienmitglieder vermittelt; man erfährt, dass er sich um seine Mutter kümmert

  ↓

Sprachliche Auffälligkeiten und mögliche Deutung:
- hauptsächlich wörtliche Rede (ohne Anführungszeichen): macht das Geschehen lebendiger
- Umgangssprache: Kennzeichen für alltägliches Gespräch innerhalb der Familie
- Wiederholungen in den Aussagen („Genau wie du […]", Z. 1, 7): Bestätigung
- Vergleiche („[…] weich wie ein Molch, wie Schlamm, rief Nanni", Z. 7): Derbheit, Taktlosigkeit von Nanni
- Andeutung („Er kommt von jetzt an oft", Z. 35): Beginn der Enthüllung, Vorbereitung auf den Wendepunkt
- Wendepunkt („Ich habe mich verlobt mit ihm.", Z. 35 f.) – hier außerdem Inversion: Betonung des Wortes „verlobt"
- „Er ist ja ein netter Kerl" (Z. 43): Vater schwenkt um, verharmlost das Gesagte, möchte Harmonie wiederherstellen

  ↓

Deutung / Autorintention
- es ist unangebracht, sich vorschnell ein Urteil zu bilden und sich dabei von Äußerlichkeiten leiten zu lassen
- es kann für einen selbst peinlich werden, wenn man sich auf Kosten anderer lustig macht
- Leser soll sich Gedanken über das Thema machen: Wie geht man selbst mit anderen um, die man (noch) nicht kennt? Wonach beurteilt man selbst andere?

  ↓

Schluss
Transfer und Stellungnahme
- *Ging es dir schon einmal ähnlich? Hast du über jemand anderen (vorschnell) geurteilt oder wurde über dich geurteilt?*
- *Welche Bilder / Gedanken hat der Text in dir hervorgerufen?*

Aufsatzbeispiel

Inhaltliche Schritte

Einleitung – Informationen zum Text mit Kern- / Basissatz

In der Kurzgeschichte „Ein netter Kerl" von Gabriele Wohmann, die 1978 in dem Band „Habgier. Erzählungen" im Rowohlt Verlag erschienen ist, geht es um den respektlosen Umgang mit seinen Mitmenschen und um die Tatsache, dass die Meinung der Gesellschaft über einen anderen Menschen häufig vorschnell anhand von Äußerlichkeiten getroffen wird.

Hauptteil – kurze inhaltliche Zusammenfassung

In der Geschichte geht es um eine Familie, die sich über ihren Besucher, der kurz zuvor gegangen ist, unterhält. Dabei ziehen die Familienmitglieder gehässig über den Mann, der ein Freund der Tochter Rita ist, her.

Als Rita bekannt gibt, sich mit diesem verlobt zu haben, entsteht eine peinliche Situation für den Rest der Familie, die schnell versucht, die vorangegangenen Äußerungen wieder rückgängig zu machen.

inhaltliche Beschreibung

erster Sinnabschnitt

Der Text lässt sich in vier Abschnitte untergliedern. Im ersten Abschnitt (Z. 1–23) lästern die Mutter und Nanni, eine der beiden Schwestern Ritas, über den im Text namenlos bleibenden jungen Mann. Der Vater sowie Ritas andere Schwester Milene finden zwar keine ganz so harten Worte wie die Mutter und Nanni, ihre Sympathie für den Mann scheint allerdings auch nicht besonders groß zu sein. Aus Ritas Verhalten und ihren Äußerungen lässt sich schließen, dass sie einerseits unsicher und angespannt, andererseits aber auch verärgert ist über das Verhalten ihrer Familie.

zweiter Sinnabschnitt

Im zweiten Abschnitt (Z. 24–28) erzählt Rita ihrer Familie, dass ihr Besucher bei seiner Mutter wohnt (vgl. Z. 24), worauf nicht nur die Mutter und Nanni anfangen zu lachen, sondern auch der Vater und Milene.

dritter Sinnabschnitt

Im dritten Abschnitt (Z. 29–34) schlägt die Mutter, die sich als Erste wieder gefasst hat, vor, das Gesprächsthema zu wechseln. Nanni fragt jedoch, wann die „große, fette Qualle" (Z. 33) wiederkomme, womit sie Ritas Freund meint.

vierter Sinnabschnitt

Höhe-/Wendepunkt

Der vierte Abschnitt (Z. 35–48) beginnt mit dem Höhe- und Wendepunkt: Rita lässt eine Bombe platzen, indem sie verkündet, dass sie sich mit ihrem Freund verlobt hat (vgl. Z. 35 f.). Zunächst sind die Familienmitglieder wie erstarrt. Vater und Mutter versuchen schließlich, ihr Verhalten und ihre Äußerungen zu relativieren. Ihnen fällt doch noch Positives über den Freund ein, was sie kundtun. Die Geschichte hat einen offenen Schluss, sodass der Leser im Unklaren bleibt, wie die Familie, speziell Nanni, die sich besonders gehässig gezeigt hat, mit der neuen Situation umgehen wird.

Erzählperspektive

Die Kurzgeschichte ist aus der Perspektive eines neutralen Erzählers geschrieben. Der Erzähler ist zwar eher distanziert und nimmt nur eine Beobachterrolle ein, an einigen Stellen ist jedoch erkennbar, dass er Einblick in Ritas Gefühlswelt hat und dass aus ihrer Sicht erzählt wird. Deutlich wird dies beispielsweise in Z. 37 f., wo ihr Verhalten mit Einblick in ihre Gefühle erklärt wird: Sie lacht „versuchsweise" und „mit großer Anstrengung".

Textsorte Kurzgeschichte

Der Text weist verschiedene Merkmale einer Kurzgeschichte auf. Typisch ist beispielsweise der direkte Einstieg ohne Einleitung oder erklärende Hinweise („Ich habe ja so wahnsinnig gelacht, rief Nanni, …", Z. 1). Der Leser wird nicht darüber informiert, was davor geschah. Auch der offene Schluss ist ein Merkmal der Kurzgeschichte. So kann sich der Leser selbst überlegen, wie die Familie mit der Situation umgehen wird. Auch die kurze Handlungsdauer von wenigen Minuten und die Tatsache, dass nur wenige Figuren im Text vorkommen (Vater, Mutter, Milene, Rita, Nanni und der Verlobte von Rita, auch wenn er selbst nichts sagt) deuten auf eine Kurzgeschichte hin.

Zeit/Ort der Handlung

Im Text befinden sich keine genauen Zeitangaben, allerdings lässt die Aussage des Vaters „Er war ja so ängstlich, dass er seine letzte Bahn noch kriegt […]" (Z. 22 f.) darauf schließen, dass es später Abend ist. Die Handlung umfasst nur ein Gespräch, das ohne längere erläuternde Textpassagen wiedergegeben wird. Die Szene spielt im Esszimmer (vgl. Z. 22), das nicht näher beschrieben wird. Auch die sonstige Lebenssituation der Familie, ob sie z. B. wohlhabend ist, in einem Haus oder einer Wohnung wohnt etc., wird im Text ausgespart. Das Fehlen von genauen

Zeit- und Ortsangaben soll vermutlich verdeutlichen, dass sich eine solche Situation an jedem beliebigen Ort und in jeder beliebigen Familie ereignen könnte.

Charakterisierung der Figuren

Freund von Rita

In dem Text kommen die Mutter, der Vater und ihre drei Töchter Milene, Rita und Nanni vor. Sie alle reden über den Freund von Rita, der gerade zu Besuch war, der jedoch nicht namentlich genannt wird. Die Geschichte dreht sich um diesen Jungen, der offenbar übergewichtig ist („Furchtbar fett für sein Alter“, Z. 3), weiche Haut hat („[…] weich wie ein Molch […]. Und auch die Hand, so weich.“, Z. 7 f.), gesund („Ach, ich glaub schon, daß er gesund ist“, Z. 5 f.) und lieb ist („er hat was Liebes“, Z. 9 f.). Außerdem ist er höflich (vgl. Z. 43) und offenbar fürsorglich, denn er pflegt seine kranke Mutter („Er lebt mit seiner Mutter zusammen […]. Seine Mutter ist nicht ganz gesund […]“, Z. 24 ff.). Da Rita und er sich verlobt haben, werden beide volljährig, vermutlich Anfang bis Mitte 20, sein. Rita ist wahrscheinlich schlank, wie alle in ihrer Familie, beurteilt ihr Gegenüber aber, anders als die anderen, nicht nach dem Äußeren, sondern nach dessen Charakter. Sie ist sehr beherrscht, denn obwohl ihre Familie über ihren Freund lästert, lässt sie sich nichts anmerken. Das Einzige, woran man merkt, dass sie sich ärgert, sind ihre Hände, die sich an den Stuhl krallen („Rita hielt sich am Sitz fest. Sie drückte die Fingerkuppen fest ans Holz.“, Z. 17). Dennoch lässt sie sich nicht einschüchtern oder von ihrem Entschluss abbringen, denn ihre Verlobung gibt sie mit erhobenem Kopf (vgl. Z. 35) bekannt.

Nanni

Nanni ist wahrscheinlich die jüngste der Schwestern. Sie zieht in ihren Beschreibungen des Besuchers seltsame Vergleiche und spricht laut aus, dass sie sich vor ihm geekelt hat. Sie könnte vielleicht in der Pubertät sein, denn sie geht am rücksichtslosesten mit Ritas Gefühlen um. Sie scheint sich als etwas Besseres zu fühlen.

Milene

Milene reagiert anders als ihre Schwester. Sie ist darauf bedacht, die Gefühle von Rita, die den Besucher ja eingeladen hat, nicht zu verletzen, und sagt nur Freundliches über den Mann. Allerdings meint sie nicht alles ernst, was man daran erkennen kann, dass auch sie lachen muss, als sie erfährt, dass der junge Mann bei seiner Mutter wohnt. Trotz allem legt sie ein erwachseneres Verhalten an den Tag, was darauf hindeutet, dass sie Ritas große Schwester sein könnte.

Mutter

Vater

Die Mutter ist anfangs fast ebenso gehässig wie Nanni. Nachdem Rita die Verlobung bekannt gegeben hat, versucht der Vater als Erstes, freundliche Worte für den jungen Mann zu finden. Die Mutter schließt sich an.

Stimmung

Am Anfang des Textes ist die Stimmung heiter, auf Kosten des Besuchers, und fast schadenfroh. Nachdem Rita die Neuigkeit verkündet hat, ist die Stimmung angespannt („Am Tisch bewegte sich keiner.“, Z. 37); bis auf Rita sind alle peinlich berührt angesichts ihrer vorherigen Lästereien („Sie senkten die Köpfe und aßen den Nachtisch.“, Z. 48).

Sprache

Die Geschichte besteht fast ausschließlich aus wörtlicher Rede, die jedoch nicht durch die entsprechenden Satzzeichen gekennzeichnet ist. Die Autorin benutzt Alltagssprache („Naja, sagte die Mutter, […] recht lieb, aber doch gräßlich komisch. Du hast nicht zuviel versprochen. Rita, wahrhaftig nicht.“, Z. 11 f.) und auffällig oft das Wort „sagte“. Letzteres verdeutlicht die Grausamkeit der Aussagen der Familienmitglieder noch mehr, da sie im Kontrast zu dem neutralen „sagte“ stehen.

sprachliche Bilder

Gabriele Wohmann verwendet in ihrem Text verschiedene sprachliche Bilder, zum Beispiel den Vergleich des Lachens mit einer Welle („Das Lachen schwoll an, türmte sich vor ihr auf, wartete und stürzte sich dann herab, es spülte über sie weg und verbarg sie […]“, Z. 26 f.). Außerdem finden sich Vergleiche, z. B. „weich wie ein Molch, wie Schlamm“ (Z. 7) oder „wie ein alter Mann“ (Z. 14). Das Mittel der Ironie findet man einmal in einer Aussage Nannis („Ich auch, wirklich, ich find ihn auch nett […]“, Z. 20) und bei Rita, in der auch deutlich wird, wie sehr sie die Urteile ihrer Familie über ihren Verlobten verletzt haben: „Stellt euch das doch bloß mal vor: mit ihm verlobt! Ist das nicht zum Lachen!“ (Z. 38 f.). Die Ellipse „mit ihm verlobt!“ (Z. 39) und die Inversion „mit der Qualle hab ich mich verlobt“ (Z. 41) betonen jeweils die Aussagen: einerseits die Tatsache der Verlobung, andererseits den bösen Spottnamen, den Nanni dem Verlobten verpasst hat.

Bedeutung des Titels

Unter dem Titel „Ein netter Kerl“ erwartet man vielleicht zunächst eine Geschichte über eine sich entwickelnde Freundschaft, z. B. über einen neuen Schüler in der Klasse oder einen neuen Arbeitskollegen. Mit dem Lesen des Textes wird allerdings schnell klar, dass dies nicht der Fall ist und der Titel ironisch gemeint ist. Er bezieht sich auf das Ende der Kurzgeschichte, wo Mutter und Vater versuchen, ihr vorheriges Verhalten abzumildern, was aber mit der unpersönlichen Floskel, der Verlobte sei „ein netter Kerl“ nicht gelingt.

Schluss

In dem Text geht es um den rücksichtslosen Umgang mit seinen Mitmenschen und um die Tatsache, wie sehr die Meinung der Gesellschaft vom Äußeren einer Person abhängt.

Autorintention

Die Autorin wollte mit dem Text möglicherweise verdeutlichen, dass wir einen Menschen oft zu sehr nach dem Äußeren bewerten und ihn oder sie vorschnell in eine „Schublade“ stecken.

Stellungnahme

Mich spricht bei dem Text an, dass Rita hinnimmt, wie ihre Familie über ihren Verlobten redet, und nicht sofort einen Wutanfall bekommt – so hört sie, wie ihre Familie wirklich über ihren Verlobten denkt. Allerdings ist genau das auch der Punkt, der mich irritiert. Wie kann jemand, der etwas Schlechtes über eine ihm nahestehende Person hört, nichts dagegen sagen?

Vermutlich kommt eine solche Situation in Familien häufiger vor als die meisten glauben. Es ist schade, dass Menschen so oft nach Äußerlichkeiten beurteilt werden.

Aufgabe 3: Texte lesen, auswerten und schreiben – Generation online – Leben in verschiedenen Welten?

Hinweis: *Die Aufgabenstellung beruht auf einer erdachten, jedoch in der Realität möglichen kommunikativen Schreibsituation. Der Schreibanlass ist situativ eingebunden, der Text soll adressatenorientiert, inhaltlich argumentativ und mit einer erkennbaren Autorintention versehen sein. Folgende Schritte zeigen dir, wie du an die Schreibaufgabe herangehen kannst.*

1. **Analysiere die Schreibaufgabe**
   Lies die Aufgabenstellung genau und kläre, welche Ausgangssituation vorgegeben ist, welche Rolle du einnehmen sollst, welche Textsorte verlangt ist und wer die Adressaten sind. Überlege dir außerdem, welche thematischen Schwerpunkte für deinen Text gefordert werden. Sammle die wichtigsten Informationen z. B. in einer Tabelle:

Textsorte	Beitrag in einer Broschüre *(keine formal festgelegte Textsorte)*
Situation / Rolle des Verfassers	Das Landesmedienzentrum plant eine Broschüre für Jugendliche zum Thema „Medienkompetenz", an der Schülerinnen und Schüler als Experten mitarbeiten sollen. Für die Broschüre soll von dir einer der verschiedenen Beiträge verfasst werden.
Schreibziel	In der Broschüre soll Medienkompetenz vermittelt werden, d. h., Jugendliche sollen erfahren, wie sie Medien sinnvoll nutzen und mögliche Gefahren vermeiden können. Du bietest in deinem Text Informationen zum Thema Internet und konzentrierst dich dabei auf die genannten Schwerpunkte.
Adressaten	gleichaltrige Jugendliche
Inhaltliche Schwerpunkte *(argumentativ verknüpft)*	– Veränderung des Kommunikations- und Sozialverhaltens durch das Internet – Nutzen des Internets – Abwägung von Chancen und Gefahren des Mediums – verantwortlicher Umgang – Fazit: Aufforderung zum bewussten Verhalten

2. **Wähle geeignete Texte aus.**
   Am besten geht man bei der Auswahl der konkreten Inhalte / Fakten zunächst von den Impulstexten aus, denn theoretisch müsste die Aufgabe auch anhand der Informationen aus den vorgegebenen Texten umsetzbar sein. Ein richtig guter Text wird es aber natürlich nur, wenn du zusätzliche Informationsquellen einbeziehen kannst. Entscheide also, welche Textinhalte / Zitate / Textbausteine aus dem Kompendium du für deinen Text heranziehen willst.

3. **Erstelle einen Schreibplan.**
   Bevor du nun mit dem Schreiben deines eigentlichen Aufsatztextes beginnst, solltest du einen Schreibplan entwerfen. Achte dabei immer wieder auf
   - den passenden Adressatenbezug (Wen spreche ich mit meinem Text an?);
   - die richtige Perspektive und Intention (Mit welcher Absicht verfasse ich den Text; will ich informieren, aufklären, kritisieren, zu etwas aufrufen, …?);
   - die der Situation angemessene Sprechhaltung und Sprachebene (Schreibe ich als Schüler/in, als Vertreter/in der Schule, als Klassensprecher/in?);
   - den logischen Aufbau des Textes;
   - die sinnvolle Einbindung von Fakten, Informationen, Zitaten, Textauszügen.

Schreibplan zur Vorbereitung des ausformulierten Textes

Schlagzeile: Zitat und Thema des Textes
↓
Einleitung
- eigene Erfahrungen mit dem Internet
- Ziel des Textes

↓
Hauptteil
- Internetnutzung in Zahlen
- Negativbild in Bezug auf Kommunikationsverhalten und -fähigkeiten der Jugend in der Öffentlichkeit
- Spaß an neuen Kommunikationswegen in jeder Generation vorhanden
- Entkräftung typischer Vorbehalte der älteren Generation über die Veränderungen im Kommunikationsverhalten durch das Internet
- Vorteile der Vernetzung
- mögliche Gefahren und Strategien, wie man sie umgehen kann

↓
Schluss
- Fazit: Internet gehört zum Alltag
- Medienkompetenz ist wichtig

Beispiel für einen Beitrag — **Inhaltliche Schritte**

„Wir sind online! Wo seid ihr?" – Die Generation online und das Bedürfnis nach Kommunikation — **Schlagzeile**

Einleitung / eigene Erfahrungen

Verbringst du viel Zeit im Internet? Ist dir der Kontakt zu deinen Freunden wichtig? Möchtest du nichts verpassen? – Bestimmt! Machen deine Eltern sich manchmal Sorgen, weil du oft und gerne chattest und immer online bist? Sorgen Smartphone, Facebook und Co. bei dir zu Hause für Streit? – Damit bist du nicht allein!

Ziele des Textes *(in der Aufgabenstellung genannte Aspekte)*

Im folgenden Text möchte ich erklären helfen, wie die sogenannte digitale Generation denkt, lebt und arbeitet und wie sich das Kommunikations- und Sozialverhalten durch das Internet verändert hat. Ich möchte zeigen, dass man nicht in jede Falle, die das weltweite Netz spinnt, tappen muss, wenn man die wesentlichen Grundregeln verinnerlicht hat, und dass dieses Medium viele Chancen bietet. Ein verantwortungsvoller Umgang ist natürlich nötig, hierfür finden sich im zweiten Teil des Textes wichtige Tipps.

Hauptteil / Zahlen zur Internetnutzung

Neue Medien wie Smartphone, PC, Internet und Co. gehören heute zu den unverzichtbaren Begleitern im Alltag von Kindern, Jugendlichen und Erwachsenen. Das Internet ist längst Teil der Lebensrealität unseres Alltags und zwar generationsübergreifend.

Laut aktueller JIM-Studie haben 98 % aller Haushalte einen Internetzugang. Genutzt wird das Internet von Jugendlichen in erster Linie zur Kommunikation, wobei der größte Anteil der Nutzung von Online-Communities wie Facebook zufällt, gefolgt vom Empfangen und Versenden von E-Mails sowie der Nutzung von Chat, ICQ, Skype oder Twitter.

Danach folgt erst die Nutzung des Internets zur Unterhaltung, zum Spielen und zur Informationssuche. 68 % der 12- bis 19-Jährigen sind täglich im Internet unterwegs, 91 % mindestens mehrmals pro Woche.[1]

„Generation online“: Negativbild in der Öffentlichkeit

Es ist jedoch nachweislich ein Klischee, wenn intensive Computer- und Internetnutzer unter den Jugendlichen in den Medien als einsame Sonderlinge dargestellt werden, die unfähig zu echten Sozialkontakten und zur Teilnahme am wirklichen Leben sind. Gerne werden hier extreme Ausnahmen geschildert und oft der worst case gezeigt. Was in der Nutzung von Smartphone, Handy, Facebook und Co. unseren Großeltern und Eltern auf den ersten Blick neu und fremdartig erscheint, unterscheidet sich von den Bedürfnissen vorausgegangener Generationen aber gar nicht so sehr, denn immer schon ging es um den Wunsch nach Unterhaltung bzw. Kommunikation. Der Austausch mit anderen, das Gewinnen und Pflegen von Freundschaften und die Zerstreuung standen und stehen im Vordergrund.

verändertes Kommunikationsverhalten, aber ähnliche Bedürfnisse wie früher

In einem Zeitungsartikel wurden neulich die „guten, alten“ Poesiealben oder Freundschaftsbücher als „Omas Facebook“ bezeichnet, denn auch hier ging es um das möglichst repräsentative Sammeln von Freunden, auch hier wurden Eintragungen erbeten und gemacht. Unsere Eltern stritten mit ihren Eltern um die scheinbare Dauerbesetzung des Telefons, das damals noch nicht schnurlos war, sondern bewegungsunfähig im Hausflur stand. Auch damals war die ältere Generation schon fassungslos darüber, was man sich denn noch zu sagen haben kann, wenn man schon den ganzen Vormittag in der Schule zusammen verbracht hat. Und auch hier wurde der fehlende direkte Kontakt kritisiert, der auch uns heutigen Jugendlichen häufig vorgeworfen wird, wenn wir über Smartphone oder Computer miteinander kommunizieren.

So scheint jede Generation auf ihre Weise zwar neue Kommunikationswege zu suchen und zu gehen, die Bedürfnisse haben sich jedoch im Laufe der Zeit gar nicht so stark geändert.

Zitat

Der britische Schriftsteller Douglas Adams hat das Problem überspitzt, aber treffend auf den Punkt gebracht: „Alles, was es schon gibt, wenn du auf die Welt kommst, ist normal und üblich und gehört zum selbstverständlichen Funktionieren der Welt dazu. Alles, was zwischen deinem 15. und 35. Lebensjahr erfunden wird, ist neu, aufregend und revolutionär und kann dir vielleicht zu einer beruflichen Laufbahn verhelfen. Alles, was nach deinem 35. Lebensjahr erfunden wird, richtet sich gegen die natürliche Ordnung der Dinge.“[2] Das leuchtet irgendwie ein und erklärt vielleicht, warum die ältere Generation oft Vorbehalte gegenüber manchen Neuerungen hat.

Ratgeber „Netzgemüse“: Entkräftung von Vorurteilen

In ihrem von Eltern für Eltern gedachten Ratgeber mit dem Titel „Netzgemüse. Aufzucht und Pflege der Generation Internet“ wehren sich die Autoren Tanja und Johnny Haeusler gegen die allgegenwärtige Netz-Panikmache. Viele Eltern sind offenbar verunsichert, weil immer wieder behauptet wird, Kinder und Jugendliche würden aggressiv oder verblödeten, weil sie zu viel Zeit mit Computer und Smartphone verbringen. In ihrem Buch wenden sich die Autoren gegen die Panikmache der Medien

1 Sabine Feierabend, Ulrike Karg, Thomas Rathgeb: JIM-Studie 2012. Medienpädagogischer Forschungsverbund Südwest (Hrsg.), www.mpfs.de/fileadmin/JIM-pdf12/JIM2012_Endversion.pdf, gesehen am 8. 8. 2014

2 Douglas Adams: Lachs im Zweifel. Übersetzt von Benjamin Schwarz. Rogner & Bernhard, Hamburg 2003

und die oft einseitigen Expertenberichte und erzählen von ihren eigenen Ängsten und Erfolgserlebnissen als Eltern von sogenanntem „Netzgemüse“. Sie beschreiben z. B., dass ihre Kinder sich übers Internet sehr intensiv mit allen möglichen Themen befassen, dass sie sich Dinge selbst beibringen, indem sie das Prinzip von „trial and error“, also Versuch und Irrtum, anwenden und – oft gemeinsam oder mithilfe von anderen Usern – so lange Lösungsmöglichkeiten ausprobieren, bis das gewünschte Ergebnis gefunden ist.[3]

Chancen und Vorteile der Internetnutzung

Auch der amerikanische Autor Dan Tapscott ist überzeugt: „Netzgeborene können's besser – Die Zukunft wird toll: Die heutige Jugend ist schlauer und sozialer als ihre Eltern – nur durch das Internet.“ Das schreibt er in seinem Buch „Grown up Digital“.[4] Das hört sich doch durchaus positiv und optimistisch an.

Vorteile

Unbestritten ist, dass das sogenannte echte Leben durch die technische Entwicklung rund um das Internet um eine wirklich faszinierende, oft super-nützliche Welt erweitert worden ist. Wir können uns per Smartphone sofort über nahezu alles kundig machen, können Fahrpläne studieren, schon zu Hause Fahrkarten kaufen, können Fotos verschicken, unseren Gesprächspartner sehen, auch wenn er kilometerweit entfernt ist. Wir können uns absprechen, verabreden, kleine Nettigkeiten austauschen, unsere E-Mails jederzeit und an jedem Ort lesen, Hörbücher und Filme herunterladen, unterwegs fernsehen und und und.

Trotz aller Internet-Euphorie und trotz allem Optimismus muss jeder Wanderer im weltweiten Netz natürlich auch bestimmte Spielregeln beachten. Tanja und Johnny Haeusler vergleichen in ihrem Ratgeber das Internet ganz treffend mit einer Stadt. Dort gibt es nette und weniger nette Menschen, dunkle Gassen, aber auch schöne Parks, in denen man Freunde trifft. Nur wer sich auskennt, lernt all das und kann sich schützen. Wer, überbehütet, nichts alleine darf, läuft Gefahr, sich vom erstbesten Ganoven übers Ohr hauen zu lassen. Verbote bringen also nichts, stattdessen muss verstärkt auf „Medienkompetenz“ gesetzt werden.

Gefahren
Cybermobbing

Wie überall, wo Menschen sich austauschen, also miteinander kommunizieren, sind es nicht nur Nettigkeiten, die ausgetauscht werden. Es gibt Gerüchte, die gestreut werden, Beschimpfungen, Streit und Mobbing. Da das Internet eine sogenannte Verstärkerfunktion hat, kann aus jugendlichem Leichtsinn hier schnell unendliches Leid entstehen. Die Tragweite von Verleumdungen im Internet sollte jedem Nutzer deshalb klar sein. Wenn man Zeuge von Cybermobbing wird, darf man nicht wegschauen, denn damit wird man selbst zum Täter. Es ist wichtig, dass man sich – als direkt Betroffener, aber auch als jemand, der so ein Geschehen mitbekommt – an Vertrauenspersonen, an Eltern oder Lehrer wendet, und das Mobbing anprangert.

Verbreitung persönlicher Daten

Ganz grundsätzlich sollte man auf den Schutz der eigenen und fremden Persönlichkeitsrechte achten. Das Internet vergisst nichts und so können beispielsweise peinliche Jugendsünden Jahre später noch zum Problem werden. Der Medienrechts-Experte Viktor Mayer-Schönberger rät deshalb, nur das, „von dem man will, dass es wirklich jeder weiß“[5] ins Netz

3 vgl. Tanja Haeusler, Johnny Haeusler: Netzgemüse. München: Goldmann Verlag 2012
4 vgl. Jan Free: Netzgeborene können's besser. In: www.zeit.de/online/2009/10/internet-grown-up-digital/seite-1, gesehen am 8. 8. 2014
5 Privatsphäre im Netz – „Das Internet erinnert sich ewig. In: www.sueddeutsche.de/digital/privatsphaere-im-netz-das-internet-erinnert-sich-ewig-1.257072, gesehen am 8. 8. 2014

zu stellen. Bei der Verbreitung von persönlichen Daten darf man also nicht leichtsinnig sein.

Internet-Bekanntschaften

Ein gesundes Misstrauen ist bei neuen Internet-Bekanntschaften angebracht, denn ihr wisst nie, wer wirklich dahintersteckt. Besser ist es, überhaupt keine Fremden als Freunde anzunehmen – und wirklich niemals sollte man Menschen, die man nur aus dem Internet kennt, alleine treffen! Falls ihr komische oder unangenehme Nachrichten von Fremden über das Internet erhaltet, solltet ihr den Kontakt sofort abbrechen, den User melden und mit euren Eltern reden.

Schluss
Fazit

Rund 78 % der deutschen Bürger nutzen laut einer ARD-Studie von 2013 das Internet aktiv, bei den 14- bis 19-Jährigen sind es schon seit einigen Jahren 100 %.[6] Somit kann es also nicht darum gehen, das Phänomen Internet allgemein infrage zu stellen. Wie in anderen Bereichen auch ist es aber nötig, sich zu informieren und Bescheid zu wissen, damit man mögliche Gefahren umgehen kann. Haltet also die genannten Grundregeln ein, informiert euch und hinterfragt euer Nutzungsverhalten regelmäßig dahingehend, ob es sicher ist.

6 vgl. www.ard-zdf-onlinestudie.de/, gesehen am 8. 8. 2014

Aufgabe 4: Produktiver Umgang mit Texten – „Zweier ohne“ (Dirk Kurbjuweit)

Hinweis: *Beim produktiven Schreiben setzt die Aufgabenstellung an einer Leerstelle der Ganzschrift an. Folgende Schritte zeigen dir, wie du an die Schreibaufgabe herangehen kannst:*

Analyse der Schreibaufgabe

Überlege zunächst:

- Welche Textsorte wird verlangt? Welche Merkmale müssen berücksichtigt werden?
- Wo ist die Handlung in der Novelle verortet?
- Was ist der konkrete Schreibanlass? In/An welcher Situation setzt die verlangte Handlung an?
- Welche zurückliegenden Ereignisse müssen einbezogen werden? *(Achtung, dein Text soll keine Nacherzählung werden!)*
- Wie müssen die Charaktere und ihre Beziehungen zueinander dargestellt werden?
- Wie könnte eine in der Ganzschrift noch nicht beschriebene Zukunft aussehen?

Textsorte und ihre Merkmale	innerer Monolog (Johanns): – unvollständige Sätze, Umgangs-/Alltagssprache, Gedankensprünge möglich – kann hier auch (teilweise) als Dialog gestaltet werden; Ludwig könnte in Gedanken direkt angesprochen werden
Verortung im Text	– Die Schreibaufgabe setzt am Ende der Novellenhandlung an. – Johann lebt in keiner festen Partnerschaft, weil ihm längere Beziehungen nicht gelingen.
Übergeordnete Thematik	– Johanns Schwierigkeiten mit Beziehungen – Frage, woher diese „Beziehungsunfähigkeit“ kommen könnte (Freundschaft mit Ludwig, Vera, seine Eltern)
Inhaltliche Aspekte	– Johann und Vera hatten lange Zeit eine Beziehung, die sie vor Ludwig verheimlicht haben – erst später konnten sie diese Beziehung offen ausleben – Vera war ein Störfaktor/Streitpunkt in der (zu) engen Freundschaft zwischen Johann und Ludwig – Ludwig war krankhaft eifersüchtig, wollte Johann ganz für sich allein haben und mit niemandem teilen – Zwillingsdasein, Partner im „Zweier ohne“ – Freundschaftssymbole: Turm in Asien, Motorrad, Mutproben auf der Brücke, die Toten – Qualität der Freundschaft? Gleichberechtigung? – Kennenlernen, erste Begegnung in der Schule – negative Aspekte innerhalb der Freundschaft: Eifersucht, Reaktion auf Niederlage beim Rudern, Disziplinlosigkeit Ludwigs vor dem Landesentscheid, … – der Unfall – Johanns Familiensituation (Leben bei der Mutter, neue Familie des Vaters)
Weiterführende Gedanken und Inhalte	– Wie hängen die Ereignisse von damals mit Johanns jetzigem Leben zusammen? – Weshalb fällt es ihm schwer, Beziehungen zu leben? – Was wäre, wenn Ludwig noch leben würde? – Hätte die Freundschaft immer noch Bestand? – …

Schreibplan zur Vorbereitung des ausformulierten Textes

- Einstieg über Situation am Fluss: spielendes Kind erinnert Johann an Ludwig
- Aussehen Ludwigs: großer Kopf, weißblonde Haare wie eine Mütze, platte Nase
- Überlegungen Johanns, eine eigene Familie zu gründen; eigentlich nur mit Vera vorstellbar
- Veras Verdacht
- Rückblick auf Ludwigs ersten Tag in der Schule
- Blick auf die Brücke löst Erinnerungen an dortige Erlebnisse aus (Selbstmörder, Sex mit Vera, Josefine)
- Zwillingsgelübde, Ludwigs Eifersucht auf Josephine und Marco
- Fahrt ohne Führerschein: Johann nahm die Schuld auf sich
- Ludwig half Johann in seiner Angst vor dem Tod
- Turm in Asien, Konkurrenz Ludwig – Vera, Prügelei
- vor dem Unfall: schlechte Laune Ludwigs, Andeutungen auf Selbstmord?
- Sehnsucht Johanns nach Ludwig und Vera

Beispiel für einen inneren Monolog

Inhaltliche Schritte

Erinnerungen an Ludwig

Mmh, das Eis schmeckt wirklich gut! Und die Füße in den Fluss hängen ... Was gibt es Besseres an einem heißen, sonnigen Tag? Wie nett, die Kinder, wie sie fröhlich im Wasser herumtollen ... so unbeschwert wie Ludwig und ich damals ...

Aussehen

Der Junge dort drüben sieht sogar ein wenig aus wie Ludwig. Dieser enorm große Kopf, bei dem man nur spekulieren kann, ob der Kopf an sich so groß ist oder nur so groß scheint, weil die weißblonden Haare so dicht auf ihm wachsen. Wie eine Mütze. Ist ja witzig – der Junge sieht wirklich Ludwig ähnlich, als der in diesem Alter war. Diese etwas platte Nase und die dünnen Lippen – was macht er ... jetzt geht er zu seinen Eltern. Sie sitzen auf einer Decke. Sehen ziemlich glücklich aus. Ich hätte auch gerne eine eigene Familie. Ich bin im besten Alter, eine zu gründen.

Beziehungsunfähigkeit

Doch – ich bin nun mal einfach nicht geschaffen für lange Beziehungen. Hm. Diese schönen Wesen aus der Parfümabteilung ... sind zwar nett anzusehen, aber keine kommt auch nur ansatzweise an Vera heran. Sie war es – meine erste und letzte große Liebe. Ich bedauere es schon zutiefst, dass unsere Beziehung auseinandergegangen ist! Es war die längste Partnerschaft, die ich je hatte. Was wohl gewesen wäre, wenn ich mit ihr in die Staaten gegangen wäre? Schwer zu sagen. Vielleicht hätte ich dann mit ihr eine Familie.

Veras Verdacht gegen Ludwig

Aber das, was sie damals gegen Ludwig gesagt hat, war schon heftig! Ihren eigenen Bruder ... meinen Bruder so zu beschuldigen! Meinen Bruder. Meinen Zwilling. Ludwig und ich waren einfach füreinander geschaffen. Wir waren ein Team – nein, wir waren das perfekte Team – eine Einheit.

Ludwigs erster Tag an der Schule

Schon von dem Augenblick an, als ich ihn das erste Mal sah ... Es war etwas Besonderes zwischen uns! Als ich damals im Deutschunterricht an der „Bürgschaft" fast verzweifelt bin – da stand Ludwig plötzlich im Klassenzimmer. Das war der Augenblick, in dem sich mein Leben von Grund auf änderte. Es war einfach Schicksal, dass er von größeren Geistern, wie wir damals zu den Schülern des Gymnasiums der Nachbarstadt sagten, ausgerechnet zu uns gesandt wurde. Mein Ludwig! Von all den Telefonnummern, die er hatte – Warum er wohl meine ausgewählt hat? Wie glücklich ich war, als er mich angerufen hat! Er war jemand, den man dreimal hintereinander anrufen konnte – und jemand, der mich dreimal hintereinander angerufen hat. Das hat bis zum heutigen Tag niemand gemacht. Es kann einfach keiner Ludwig das Wasser reichen. Er war einzigartig – ein Unikum! Schon damals in der Schule hat es sich gezeigt …

ihre Freundschaft

die Brücke

Ach – er war der Freund, den ich damals gebraucht habe. Er ist aber auch immer noch der Freund, den ich immer haben werde, nach all dem, was wir erlebt haben – ich lasse einfach nicht zu, dass jemand seinen Platz einnimmt. Ich kann es nicht. Unglaublich – da hinten sieht man ja noch ein Stück von der Brücke! Sie hatte schon immer etwas Seltsames. Irgendwie belebt … die Selbstmörder, der tote Bauer, das entführte Mädchen … wie ein dunkler Schleier hat die Aura der Brücke alles überdeckt. Aber wenn das Mädchen nicht entführt worden wäre – wäre ich Vera jemals nähergekommen? Sie war damals sehr traurig wegen der Entführung. Jemand musste sie trösten … dieses Gefühl, als wir uns das erste Mal berührten – bei keiner anderen hatte ich es. Dieses Einschlagen von Blitzen in meinen Körper … Es war einfach immer besonders mit ihr! Von unserem ersten Mal ganz zu schweigen. Wie sie dasaß, auf dem Hocker mit Otto und in ihrem dunkelblauen Kleid, auf dem Blümchen waren. Seitdem, immer wenn ich gelbe Blumen sehe oder den blumigen Duft aus der Parfumabteilung auch nur rieche, denke ich an sie. Ist das normal? Ich kann sie einfach nicht loslassen!

Josefine

Selbst wenn ich Katzen sehe, muss ich daran denken, wie wir miteinander geschlafen haben. Komischerweise ist Otto nämlich immer dort aufgetaucht. Selbst damals … mit Josefine … zuvor hatte auch sie den Kater gestreichelt … Josefine war schon toll, es war schön mit ihr – aber eben nur für ein Mal. Ludwig hatte es gleich erkannt, dass Josefine nichts für die Ewigkeit war. Warum war er damals eigentlich so komisch nach der Sache mit ihr? Er hat immer seltsam reagiert, als ich ihm von meinen Träumen von ihr erzählt habe. Und beim Rudern, als sie mir zugelächelt hat … Vergiss sie, sagte er dann.

Gleichheit

Zwillingsgelübde

Marco

Faszinierend, ich war abgelenkt durch sie, konnte den Rudertakt nicht halten. Wäre nicht weiter aufgefallen, doch Ludwig bemerkte schon die kleinste Änderung. Dass ihm das aufgefallen ist … ein Zeichen für vollkommene Gleichheit … so gleich kann keiner sein, es kann und konnte niemand, nicht mal diese ollen Potsdamer Zwillinge. Aber wenn sie nicht gewesen wären – hätten wir wohl jemals das Zwillingsgelübde geschworen? Hätten wir es jemals zu so einer Gleichheit gebracht? Wären wir zu einem Team geworden, das nur aus uns zwei bestand? Nichts und niemand konnte uns auseinanderbringen … Naja, der Tod. Ludwig war schon immer auch eifersüchtig… die Sache mit Marco… Ludwig hatte aber Recht, Marco hat überhaupt nicht zu uns gepasst. Zugegeben, komisch war es, als er sogar eifersüchtig auf meine Eltern war … Kann man es Eifersucht nennen? Nein, ich wollte es auch so, ich wollte nur noch mit Ludwig Zeit verbringen. Und dass mein Vater uns zu den Regatten fährt, war mir auch peinlich … und meine Mutter sowieso.

Fahrt ohne Führerschein

Hm – die Regatta … als Ludwig und ich ohne Führerschein dorthin gefahren sind und uns die Polizei erwischt hat … Ich habe ihn wirklich sehr geliebt, sonst hätte ich nicht die Schuld auf mich nehmen können. Solch eine hohe Stufe von Freundschaft … das gibt es einfach nicht noch mal … wir haben alles geteilt, Erfahrungen, die Leidenschaft zum anderen und zu Motorrädern. Schon als kleine Kinder spielten wir mit Motorrädern … unter dem Dach neben der Werkstatt … ziemlich makaber eigentlich, wenn man bedenkt, dass ein Motorrad uns auseinandergerissen hat, dass ein Motorrad die Endlosigkeit, unsere endlose Beziehung beendet hat. Nein, das stimmt nicht – Ludwig wird für immer mein

Freund sein, für immer mein Bruder, für immer mein Zwilling. Schon früher war er der, mit dem ich endlos spielen konnte. Aber er war vor allem auch der, der mir gegen die größte meiner Ängste half, den Tod. Mit was für einer Selbstverständlichkeit er der Selbstmörderin die Augen schloss – nichts hat mich je wieder so beeindruckt! Und der tote Bauer damals – die Spannung, die zwischen uns lag – sie hat uns noch mehr verbunden. Ich hatte damals wirklich schreckliche Angst vor dem Tod … der Kasper im Kindergarten hat mir auch immer Angst eingejagt … wie verkrümmt er immer dalag, als die Kinder ihn achtlos in die Ecke warfen – genau so sah die Selbstmörderin aus. Als ich sie da liegen sah, lief mir ein eiskalter Schauer über den Rücken. Ich spüre noch immer, wie warm mir wurde, als Ludwig sie wieder zurechtrückte. Die Zeit mit ihm war die schönste meines Lebens. Die Abende, als wir zusammen Radio hörten und sogar zur Musik tanzten … Tanzen war sehr ungewöhnlich für Jungen in unserem damaligen Alter – aber uns war nichts peinlich voreinander! Angst vor dem Tod

Die Mutproben auf der Brücke – selbst dort nahm er mir die Angst, er nahm mir die Angst vor allem. Die Angst vor der Höhe – wir hatten keine vor ihr – sie hat uns erwachsen gemacht, wir fühlten uns wie Könige! Mutproben

Unser Turm in Asien … auch dort wollten wir uns wie Könige fühlen. Auch Vera hat oft von dem Turm geredet … von dem Turm und mir zusammen, doch das mochte ich nicht. Ich hatte wegen ihr, so schön es mit ihr war, auch immer ein schlechtes Gewissen gegenüber Ludwig. Ob Ludwig wohl von uns wusste? Ich hätte es ihm doch noch gesagt! Wäre es so schlimm gewesen, wenn er es gewusst hätte? Vera und er hatten schon ein schwieriges Verhältnis. Als ich das erste Mal zu ihm nach Hause kam, hat er mir alle vorgestellt, nur Vera nicht. Beim Pfannkuchenessen wollte einer dem anderen unbedingt überlegen sein. Dabei war es eigentlich ein Wettkampf zwischen Ludwig und mir, in den Vera sich eingemischt hat. Warum haben sie sich nie vertragen? Als Vera noch jünger war, stand sie oft so da, dass ihre Füße ein großes T bildeten. Sie übte für ihr Ballett. Verächtliche Kommentare von Ludwig waren die Folge. Das Schlimmste, an das ich mich erinnern kann, ist die Szene, nachdem Vera auf unserem Motorrad gesessen hat. Wir hatten den ganzen Sommer daran geschraubt. Wie hasserfüllt Ludwig auf sie einprügelte … gewisse Neckereien unter Geschwistern sind ja normal, aber war das noch normal? Ludwig war damals schon sehr schlecht gelaunt. Ich weiß nicht, was mit ihm los war. Er hat auch so maßlos gegessen, vor dem Rennen! Maximal fünfundsechzig Kilo durfte er wiegen … damit unser Durchschnittsgewicht 62,5 Kilo betrug, musste ich noch weiter abnehmen … wieder ein Beweis dafür, zu welcher Gleichheit wir es gebracht hatten. Turm in Asien Konkurrenz Vera – Ludwig Ludwig verprügelte Vera

Aber warum hatte er so eine miese Laune? Wusste er doch von mir und Vera? Aber woher? War er sauer, dass ich ihm nichts erzählt habe? Hat er uns vielleicht beobachtet oder uns gehört, z. B. da, als Vera mich gebissen hat und ich geschrien habe? Oder hat er es gehört, oder uns beide bemerkt, als Vera und ich es in der Werkstatt taten und sie versehentlich den Farbeimer umgestoßen hat? Hat er dann am nächsten Morgen den Fleck gesehen und eins und eins zusammengezählt? Ich kann es mir einfach nicht erklären! Und das macht mich fertig! Was, wenn Vera mit ihren Anschuldigungen gegen Ludwig Recht hatte? Ich kann es mir nicht vorstellen, dass er den Unfall absichtlich verursacht hat. Aber die Andeutung mit dem Bremshebel – so etwas sagt man doch nicht einfach schlechte Laune Ludwigs Andeutungen: Selbstmord?

so … „Ein Motorrad ist wie ein Zweier ohne – zwei Leben, ein Schicksal“ … Sollte das auch eine Anspielung auf einen Selbstmord sein?
Das würde Ludwig doch niemals tun … Mord … Doch auch die Sache mit dem Helm ist komisch. Wie kann ein Helm, der extra für solche Unfälle gebaut ist und den ich eigenhändig geschlossen habe, einfach wegrollen? Laut Polizeibericht müsste Ludwig den herannahenden Laster gesehen haben, die Bäume am Straßenrand stellten keine Sichtbehinderung dar. Er war bestimmt einfach durch etwas Anderes abgelenkt, einen Heißluftballon oder so. Allerdings hat er mir nach der kurzen Kaffeepause auch so seltsam – so endgültig – auf die Schulter geklopft. Das hat er sonst nie gemacht … Nein – so etwas darf ich nicht denken! Warum hätte Ludwig das tun sollen? Wegen eines verlorenen Rennens … nein. Aus Eifersucht? Bei unserem Streit damals hatte Vera vermutet, dass Ludwig vielleicht homosexuell und in mich verliebt ist. Die seltsam lange Umarmung am Bootssteg nach dem verlorenen Rennen … Umarmungen gelangen uns sonst nicht, diese jedoch schon, und sie ging von Ludwig aus. Ach, das ist doch alles hirnrissig!

Abschiedsgeste?

Etwas ist noch komisch. Den ganzen Sommer schraubten wir an der Triumph herum, Ludwigs Vater legte aber nicht ein einziges Mal auch Hand an. Warum? Hatte er etwas im Gefühl? Wollte er nicht an dem Grund für den Tod seines Sohnes herumschrauben? Ach, das ist doch auch abwegig! So was wie Vorahnung gibt es nicht! Diese Nachdenkerei macht mich wahnsinnig! Genau jetzt bräuchte ich Vera! Ich bräuchte sie zum Reden. Ich vermisse sie sehr. Genauso wie ich sie früher vermisst habe, als ich auf der Brücke war, um nach Ludwig zu schauen. Als ich den Albtraum hatte und mitten in der Nacht aufgebrochen bin, um sicherzugehen, dass mit Ludwig alles in Ordnung war. Da kam Vera auf die Brücke und sagte, sie müsste mich retten. Zuvor hatten wir uns länger nicht gesehen, länger nicht miteinander geschlafen und wir merkten beide, wie sehr wir uns vermissten. Genauso vermisse ich sie jetzt. Und ich vermisse Ludwig. Mein Bein, das noch nicht vollständig genesen ist, erinnert mich ständig an früher. Richtig traumatisiert war ich … nicht mal den Führerschein konnte ich machen. Und ich fühle mich einsam. Meine Sehnsucht nach Vera und Ludwig und die Erinnerungen, die ich mit ihnen verbinde, lassen einfach nicht zu, jemand Neues kennenzulernen. Die beiden waren – sind – einfach einmalig!

Ludwigs Vater

Sehnsucht nach Vera und Ludwig

Vielleicht sind auch meine Eltern mit der Grund, warum ich schlecht in Beziehungen leben kann … Eine harmonische Partnerschaft haben sie mir ja nicht gerade vorgelebt. Ich lebe schon irgendwie im Sinne von Ludwig … er hätte es auch nicht gewollt, dass ich einen neuen Freund hätte … Ludwig lebt in mir weiter, denn nicht mal Klone könnten sich so gleichen wie Ludwig und ich. Um mit einer anderen Frau eine lange, ernste Partnerschaft einzugehen, liebe ich Vera einfach noch zu sehr. Ich verbinde mit ihr die schönste Zeit meines Lebens. Ich bin sicher, dass keiner mir noch mal so eine Zeit schenken kann. Ich ertappe mich dabei, wie ich in Redepausen, in denen keiner weiß, was er sagen soll und mit denen ich früher große Probleme hatte, in Gedanken Ludwig und Vera hinterherhänge. Denn mit ihnen war sogar Schweigen schön. – Meine Füße sind ja schon ganz schrumpelig vom Wasser! Die Eltern mit dem Kind, das aussieht wie Ludwig … sie gehen jetzt …

Johanns Eltern

Aufgabe 4: Produktiver Umgang mit Texten – „Andorra" (Max Frisch)

Hinweis: *Beim produktiven Schreiben setzt die Aufgabenstellung an einer Leerstelle der Ganzschrift an. Folgende Schritte zeigen dir, wie du an die Schreibaufgabe herangehen kannst:*

Analyse der Schreibaufgabe

Überlege zunächst:
- Wo ist die Handlung im Drama verortet?
- Was ist der konkrete Schreibanlass? In/An welcher Situation setzt die verlangte Handlung an?
- Welche zurückliegenden Ereignisse müssen einbezogen werden? *(Achtung, dein Text darf keine Nacherzählung werden!)*
- Wie müssen die Charaktere und ihre Beziehungen zueinander dargestellt werden?
- Wie könnte eine in der Ganzschrift noch nicht beschriebene Zukunft aussehen?

Textsorte und ihre Merkmale	Monolog (von Cans Frau): – Parallelen zum inneren Monolog: unvollständige Sätze, Umgangs-/Alltagssprache, Gedankensprünge können vorkommen – kann hier auch (teilweise) als Dialog gestaltet werden; eine andere Figur kann direkt angesprochen werden (z. B. „Hohes Gericht", „Herr Richter", „Oh Can!") – Regieanweisungen sind möglich
Verortung im Text	– der Monolog soll als Vordergrundszene nach dem neunten Bild eingearbeitet werden – da die Vordergrundszenen nach der eigentlichen Handlung, also nach der Ermordung Andris spielen, können in diesem Monolog theoretisch alle Aspekte der Handlung vorkommen; es muss also nicht berücksichtigt werden, was die Figur zu diesem Zeitpunkt wissen kann – in der Aufgabenstellung werden Aspekte genannt, mit denen sich die Frau des Lehrers in ihrem Monolog auseinandersetzt: das Verhältnis zu ihrem Mann und den Kindern, ihre Bemühungen, Andri zu retten, und ihre eigene Schuld
Inhaltliche Aspekte	In den Überlegungen/Gedanken der Frau des Lehrers könnten folgende Aspekte eine Rolle spielen: – Sie liebte Andri wie einen leiblichen Sohn. – Sie erfuhr erst relativ spät die ganze Wahrheit über Andri. – Sie konfrontierte Can mit seiner Schuld, verließ ihn aber nicht. – Sie wollte innerhalb der Familie vermitteln. – Sie war bemüht, sowohl Andri als auch ihren Mann von unüberlegten Äußerungen abzuhalten. – Es gelang ihr nicht, Andri vor seinem Schicksal bewahren. – Sie erlebte Cans inneren Zwiespalt und sein Versagen als Vater. – Sie musste tatenlos zusehen, wie Barblin gegen das Verhalten der Andorraner anzukämpfen versuchte. – Ihr war klar, dass aus der Liebe zwischen Barblin und Andri Freundschaft werden muss.
Weiterführende Gedanken und Inhalte	– Vorwurf und Selbstanklage – Hass, Verzweiflung, Wut … – …

Schreibplan zur Vorbereitung des ausformulierten Textes

- Lüge des Lehrers: Andri war sein leiblicher Sohn
- Folgen für Andri: alle behandelten ihn schlecht (Tischler, Soldat), weil er angeblich Jude war
- Beziehung zwischen Andri und Barblin: Verbot der Hochzeit für beide unverständlich
- ihre eigene Schuld: die Mutter macht sich Vorwürfe
- Andri war nicht mehr von seiner wahren Herkunft zu überzeugen (Gespräch mit dem Pater)
- Besuch der Senora
- Judenschau: niemand hat Andri geholfen
- Feigheit der Andorraner im Gegensatz zu ihren Aussagen
- Selbstbild Andris: sah die Vorurteile bestätigt
- Verhältnis der Mutter zu ihrem Pflegesohn
- Fazit: alle tragen Mitschuld an Andris Tod

Beispiel für einen Monolog — **Inhaltliche Schritte**

Die Mutter tritt an die Zeugenschranke:

Es ist kaum zu glauben, was alles passiert ist, hier in Andorra. Ich habe meinen Mann Can, den Lehrer, geliebt, sogar dann noch, als ich erfahren habe, dass er ein Kind mit einer anderen Frau hat. Früher galt er als Held in Andorra, weil er allen erzählt hat, wie er das Judenkind vor den Schwarzen und damit vor dem Tod gerettet hat. Dafür habe ich ihn natürlich nur noch mehr geliebt. Doch als dann herauskam, dass Andri doch kein Judenkind war, war ich sehr böse auf ihn. Andri hatte es so schwer! Und das nur, weil sein Vater ein Held sein wollte. Mein Mann hat zwar vorbildlich für Andri gesorgt und immer gesagt, dass er Andri wie seinen eigenen Sohn liebe – doch das ist ja nicht schwer, wenn man tatsächlich der Vater ist. *(Lüge über Andris Herkunft)*

Von den meisten anderen Andorranern wurde Andri dagegen sehr schlecht behandelt. Der Tischler zum Beispiel wollte 50 Pfund für die Tischlerlehre und als Can das Geld endlich beisammen hatte, steckte er Andri in den Verkauf, da Juden seiner Meinung nach besser Geld verdienen könnten als zum Beispiel einen Stuhl bauen. Dabei war Andri so talentiert! Der Soldat hat Andri immer beleidigt und beschimpft. Denn als Jude sei man schlechter als ein Andorraner, meinte er immer. Aber jetzt, nachdem alle wissen, dass Andri gar kein Jude ist und ihn vielleicht anders behandeln würden, lebt er nicht mehr, er wurde an den Pfahl gebracht. Und die Schuld daran trägt mein Mann. Wir hatten eigentlich ein sehr gutes Verhältnis zueinander, doch nicht einmal mir hat er etwas davon erzählt, dass Andri sein leiblicher Sohn ist. Vielleicht hätten wir kein so gutes Verhältnis mehr gehabt, wenn ich gewusst hätte, dass Can ein Kind mit einer Schwarzen hat. Vermutlich wollte Can genau das nicht. Er wollte einfach nur der Retter des kleinen Judenkindes sein. *(Andri litt unter den Vorurteilen; Beziehung Mutter – Lehrer)*

Zu Barblin hatte Andri ein sehr gutes Verhältnis. Die beiden waren wie richtige Geschwister. Als sie kleiner waren, haben sie immer miteinander gespielt und für Barblin war es zudem gut, jemanden zum Spielen und Reden zu haben. Aber dann wollten sie heiraten. Ich fand das toll, weil sie sich ja wirklich ineinander verliebt hatten und sie so ein schönes Paar waren, doch Can war sofort dagegen. Damals habe ich ihn nicht verstanden, doch jetzt verstehe ich ihn natürlich sehr gut. Aber auch dabei hat er immer nur an sich gedacht und Andri musste leiden. Dass er ihm die Hochzeit einfach verboten hat, konnte Andri nicht verstehen. Lügen erzeugen Leid. Lügen laden Schuld auf den Lügner. *(Verhältnis Andri – Barblin; Verbot der Hochzeit)*

eigene Schuld

Ich habe auch Schuld auf mich geladen. Ich hätte ja Can genauer fragen können, wo Andri herkommt und wie er ihn damals gerettet hat, doch daran habe ich gar nicht gedacht. Und keiner hat nachgefragt. Aber ich hätte doch merken müssen, dass mit Can etwas nicht stimmt. Hätte ich nicht auch merken müssen, dass Andri Cans Fleisch und Blut ist? Hätte ich es nicht sehen, nicht fühlen müssen? Und außerdem hätte ich Andri bei der Judenschau helfen müssen, denn da wusste ich ja schon, dass er kein Jude ist. Als Can das erste Mal erwähnt hat, dass Andri sein Sohn ist, habe ich ihm das nicht geglaubt. Und es war auch schon zu spät, Andri von seiner wahren Herkunft zu überzeugen, denn er hatte seinen neuen Glauben, seinen Stempel angenommen.

Gespräch mit dem Pater

Selbst der Pater konnte Andri nicht mehr vom Gegenteil überzeugen. Vielleicht hätte ich mit ihm reden sollen, doch ich war so wütend auf meinen Mann, weil er Andri die Wahrheit erst so spät erzählt hat. Niemand hat Andri geholfen …

Judenschau

Bei der Judenschau hätte ich ihm helfen können. Doch ich hatte Angst, getötet oder, wie meine Tochter, geschoren zu werden. Barblin, die nun keine Haare mehr hat und geisteskrank ist, weil Andri und ihr Vater tot sind … Was bin ich nur für eine Mutter! Alles habe ich nun verloren, alles. Mein jämmerliches Leben ist nichts mehr wert. Barblin und ich, wir hatten immer so ein gutes Verhältnis und konnten über alles reden.

Besuch der Senora

Doch jetzt ist alles anders. Kein Stein liegt mehr auf dem anderen. Seit die Senora da war, ist alles anders. Mir war nicht gleich klar, dass die Senora Andris leibliche Mutter war, doch da sie Can kannte und Andri, vermutlich als Zeichen ihrer Verbundenheit, ihren Ring schenkte, wurde mir allmählich bewusst, was mein Mann Andri all die Jahre angetan hat.

Schweigen des Lehrers

Aber er hat mir gegenüber nicht ein Wort erwähnt oder eine Andeutung gemacht. Er hielt es nicht für notwendig, die Wahrheit zu sagen. Wenn die Senora nicht gekommen wäre … sie hatte die Gerüchte über das angebliche Judenkind gehört und wusste gleich, wer gemeint war.

Jetzt habe ich niemanden mehr, außer der armen Barblin, der man das Herz gebrochen und den Verstand geraubt hat.

Ich als Pflegemutter hätte Andri einfach mehr helfen müssen und ich hätte in Kauf nehmen müssen, zu sterben oder meine Haare zu verlieren. Dann wären Andri und Can womöglich noch am Leben. Ich habe mich bemüht, ihm zu helfen, doch es war zu wenig. Es hätte doch sein können, dass ich auch noch getötet werde und dann hätte Barblin gar niemanden mehr, der für sie da ist.

macht sich Vorwürfe

Ich mache mir trotzdem große Vorwürfe und überlege mir, wie ich mich anders hätte verhalten können. Und ich überlege auch, wer die Senora umgebracht hat, denn Andri kann es nicht gewesen sein. Er führte zu diesem Zeitpunkt ein Gespräch mit dem Pater. Doch der Wirt hat Andri beschuldigt. Und es hätte ihm sowieso niemand geglaubt. Weil ihm niemand glauben wollte. Die Wahrheit ist dehnbar wie …

niemand hat Andri verteidigt

Weder der Pater, noch Can, noch ich haben ihn verteidigt. Wir hätten einfach nur sagen müssen, dass er zu diesem Zeitpunkt zu Hause war. Ich habe es gesagt, aber keiner wollte es hören. Und der Pater hat auch nichts gesagt. In diesem Augenblick hätten wir Andri beschützen müssen. Wir haben alle versagt. Und sonst hat auch niemand eingegriffen. Weder der Tischler, noch sein angeblicher Freund Fedri oder sonst ein Andorraner. Obwohl die meisten von ihnen wussten, dass Andri gar kein Jude ist, denn Barblin hat es überall erzählt, sie hat als Einzige versucht, Andri zu retten. Sie wollte, dass wir alle unsere Tücher vom Kopf nehmen und uns der Judenschau verweigern, doch keiner machte mit. Ich auch nicht, da ich Angst hatte. Doch vielleicht hätten wir Andri so retten können ... Wir alle zusammen, nur so, nur gemeinsam. Die sonst so vorlauten Andorraner hatten alle Angst und haben Andri nicht geholfen. Sie sagen immer, sie konnten ja nicht wissen, dass Andri kein Jude ist, denn Can hatte doch immer das Gegenteil behauptet. Sie wussten auch nicht, was sie glauben sollten. Aber in diesem Moment habe auch ich Andri nicht geholfen. Ich war feig, genauso wie die anderen Andorraner. So feige wie der Wirt, der Tischler oder der Soldat. Die Andorraner behaupten zwar immer, sie wären stolz und nur Juden seien feig, doch sie haben selbst nichts getan. Sie haben Andri so weit gebracht, dass er selbst schon glaubte, ein Jude zu sein, obwohl er gar keiner war.

Die Andorraner meinten immer, Andorra sei so ein friedliches Land. Niemand würde Andorra angreifen. Wir hätten ja niemandem etwas getan. Die Schwarzen hätten keinen Grund, uns anzugreifen, denn wir seien stolz und könnten unser Land verteidigen. Doch beim Einmarsch der Schwarzen hat man genau das Gegenteil erlebt. Niemand hat das Land verteidigt, alle waren zu feige. Sie haben nur immer Andri beschimpft und beleidigt, nur weil er angeblich anders war. Da sieht man mal, wie weit es mit der Tapferkeit in Andorra her ist. Und Andri hat natürlich irgendwann alles geglaubt und sich so gegeben, wie alle wollten, denn er beobachtete sich und überprüfte das, was alle ihm zuschrieben, und fand heraus, dass es stimmte. Der Tischler behauptete zum Beispiel, dass Juden immer ans Geld denken. Und Andri dachte an Geld, da er geplant hatte, mit meiner Tochter abzuhauen und ein neues Leben anzufangen. Barblin versuchte immer, es Andri auszureden. Anfangs klappte dies auch, da er noch Selbstvertrauen hatte. Doch am Ende hatte er keines mehr und Barblin schaffte es auch nicht, ihm diese Vorurteile auszureden. Dadurch glaubte Andri es irgendwann, dass er Jude ist, und nahm seine angebliche Herkunft, sein Schicksal an. Can oder ich hätten es ihm auch ausreden können, doch wir haben es nicht getan. Nur Barblin hat es immer wieder vergeblich versucht.

Feigheit der Andorraner

Selbstbild Andris

Wenn aber auch alle, bis auf eine oder zwei Personen, gegen einen sind, dann ist es schwer, sich durchzusetzen. Ich hätte ihn einfach davon überzeugen sollen, dass das, was die anderen sagen, nur Vorurteile sind und nicht stimmen, denn das Verhältnis zwischen mir und Andri war gut, obwohl er nur mein Pflegesohn war. Wir haben oft miteinander geredet und Andri hat mir auch immer viel erzählt. Eigentlich war er fast wie ein Sohn für mich. Meine eigene Tochter Barblin liebte und liebe ich mehr als Andri, das kann man als Mutter nicht leugnen. Doch er hat es nie zu spüren bekommen! Und es ist doch verständlich, dass ich meine eigene Tochter etwas mehr liebe. Wir haben alle Fehler gemacht. Zusammen hätten wir es aber bestimmt geschafft, das Leben von Andri und meinem Mann zu retten. Doch da man in Andorra in gefährlichen Situationen nicht zusammenhält, sondern jeder nur an sich denkt, musste es so kommen. Diese Schande wird ewig an uns kleben, an mir, an den Andorranern, wie Pech, das man nicht abwaschen kann.

Verhältnis der Mutter zum Pflegesohn

alle tragen eine Mitschuld

Abschlussprüfungsaufgaben Deutsch für Realschulen in Baden-Württemberg 2015 – Haupttermin

Aufgabe 1: Texte beschreiben

Schule

Die Schule ist, das weiß man ja,
in erster Linie dazu da,
den Guten wie den Bösewichtern
den Lehrstoff quasi einzutrichtern;
allein – so ist's nun mal hinieden*:
die Geistesgaben sind verschieden.

Mit Löffeln, ja, sogar mit Gabeln
frißt *Kai* die englischen Vokabeln;
Karl-Heinz hat aber erst nach Stunden
die Wurzel aus der Vier gefunden.

Und doch! *Karl-Heinz*, als dumm verschrien,
wird Chef – und man bewundert ihn,
und *Kai*, in Uniform gezwängt,
steht an der Drehtür und empfängt
und braucht in Englisch höchstens dies:
„Good morning, Sir!" und manchmal: „Please!"

Hieraus ersieht der Dümmste klar,
daß der, der „dümmer", klüger war!

Heinz Erhardt (1909–1979)

Quelle: Heinz Erhardt: Das große Heinz Erhardt Buch. Hannover: Fackelträger Verlag 1970.

* *hinieden: auf dieser Erde, im Diesseits*

Das Gedicht ist entsprechend der Vorlage in alter Rechtschreibung abgedruckt.

Der Schritt zurück

Er stand ganz am Rand. Unter ihm die gleißende Wasseroberfläche. Wie geschmolzenes Blei sah es aus. In seinen Schläfen hämmerte es. Er hatte Angst, nackte Angst. Hinter sich hörte er die Stimme seines Trainers: „Spring!“ Das Pochen nahm zu, gleich musste es seinen Kopf sprengen. Zwischen ihm und der Wassermasse gab es nur dieses kleine schwankende Brett, zehn Meter hoch.

Leute starrten nach oben. Sie warteten. Ihre Gesichter waren feindlich. Trotzdem fühlte er sich ihnen verpflichtet. Er musste springen, damit sie ihre Sensation bekamen. Er fühlte, dass er es nicht schaffen würde. Er war noch nicht so weit. Aber er musste beweisen, dass er ein Mann war. Lieber tot sein, als sich vor diesen Gesichtern zu blamieren. Nur noch ein paar Sekunden atmen, dachte er, mehr verlange ich gar nicht. Er blickte nach unten. Warum lächelte niemand? Lauter gespannte weiße Ovale mit harten Augen. Sie wissen, dass ich es nicht kann. Es wurde ihm schlagartig klar. Sie wissen, dass etwas passieren wird. Warum rief ihn niemand zurück?

Plötzlich tauchte ein neuer Gedanke in seinem Hirn auf. Hatten so die Leute ausgesehen, die einer Hinrichtung beiwohnten? Waren ihre Augen so hart, so unbeteiligt gewesen? Ich bin doch einer von ihnen, warum rief ihn niemand zurück? Sie wollten, dass ich mich selbst vernichte für sie. Sie verlangten, dass ich meine Angst bestrafe. Aber was werden sie nachher tun? Wenn etwas passiert ist, will niemand etwas dafür können.

In ihm kam das Bedürfnis auf zu schreien, die Menschen da unten aus ihrer Starre zu schreien. Sie sollten nicht das Recht haben, schuldlos an seinem Unglück zu sein. Wenn sie geschrien hätten, die Opfer der Millionen Hinrichtungen, sie hätten ihnen dieses Recht genommen. Die Übelkeit in seinem Magen verstärkte sich, nicht mehr aus Angst, sondern aus Ekel vor der Feigheit der Masse da unten. Er hätte ausspucken mögen. Stumm, wie eine Herde blöder Schafe standen sie da unten und warteten.

Aber wenn er jetzt sprang und sich für ihre Gier opferte, war er dann nicht auch so feig wie sie? Ein Schritt nur, ein Schritt. Er war so einsam. Hätte ihn jetzt jemand gerufen, wäre noch alles gut gegangen, aber sie schwiegen. Seine Verachtung stieg ins Unermessliche. Er forschte in seinem Gewissen. Wenn er sprang, war irgendetwas damit erreicht? Tat er damit etwas Falsches? Etwas Richtiges? Er wusste, was er tun sollte, warum sträubte er sich dagegen? Aber war das Springen heldenhaft, hatte es einen Sinn? Ein Schritt nur!

Sein Fuß schob sich langsam vor. Dann ging ein Ruck durch seine Gestalt. Er richtete sich auf und drehte sich um. Ganz bewusst. Seine Unsicherheit war von ihm gewichen, der Druck, der auf ihm lastete, verschwand. Langsam kletterte er die Leiter hinab und schritt durch die starre Gruppe.

Zum ersten Mal in seinem Leben trug er den Kopf hoch. Er begegnete den Blicken der anderen mit kühler Gelassenheit. Keiner sprach ein Wort oder lachte gar. Er fühlte sich so stark, als hätte er gerade die wichtigste Prüfung in seinem Leben bestanden. Er spürte so etwas wie Achtung vor sich selbst. Eines Tages würde er auch springen, das wusste er plötzlich.

Quelle: Annette Rauert: Der Schritt zurück. In: Lore Graf u. a. (Hrsg.): Geschichten zum Nachdenken. Christian Kaiser Verlag, München und Matthias Grünewald Verlag, Mainz 1987.

Der Text wurde der aktuellen Rechtschreibregelung angepasst.

Das Glück in der Fremde suchen: Gehen oder bleiben?

„Anstatt das Glück in der Fremde zu suchen, sollen Jugendliche erst einmal in der Heimat eine berufliche Perspektive entwickeln." Diese Aussage hat ein Redner bei seinem Vortrag während einer Jobbörse getätigt.

Als jugendlicher Zuhörer bzw. als jugendliche Zuhörerin können Sie dieser These nur eingeschränkt zustimmen. Deshalb schreiben Sie dem Redner eine ausführliche E-Mail, in der Sie sich kritisch mit dieser Aussage auseinandersetzen.

Schreiben Sie diese E-Mail.

Anmerkung:
Zur Bearbeitung der Aufgabe dienen die Impulstexte und Ihr selbst erstelltes Kompendium. Legen Sie bitte aus Ihrem Kompendium die Texte, aus denen Sie Textstellen wörtlich übernommen haben, dem Prüfungsaufsatz bei, ebenso Grafiken, Schaubilder, Tabellen o. Ä., auf die Sie Bezug nehmen.

Michael Gerard Bauer, Running Man

> „[…] Danke, Joseph, dass du für Tom da warst, als er dich brauchte, und danke auch für das wunderbare Porträt, das du von ihm angefertigt hast. Durch deine Augen werden auch andere Menschen in der Lage sein, Tom so zu sehen, wie er wirklich war – ein sanfter, großartiger Mensch." *Kapitel 17*

Quelle: Michael Gerard Bauer: Running Man. Aus dem Englischen von Birgitt Kollmann. München: dtv 2012 (© Nagel & Kimche im Carl Hanser Verlag, München 2007).

Am Abend der Beerdigung geht Joseph noch einmal auf den Friedhof.
Dort trifft er auf Mrs Mossop.

JOSEPH: Mrs Mossop, Sie hier?

MRS MOSSOP: Joseph, Carolines Rede hat mich bewegt.
Ich möchte versuchen, Tom mit anderen Augen zu sehen …

JOSEPH: …

Schreiben Sie dieses Gespräch.

Anmerkung:
Zur Bearbeitung der Aufgabe darf die im Unterricht behandelte Ganzschrift verwendet werden.

alternativ:

Friedrich Dürrenmatt, Der Besuch der alten Dame

Nach der Szene am Bahnhof, Ills Laden

> DER ERSTE: Aufschreiben. Ihr Mann, Frau Ill? Sah ihn lange nicht.
>
> FRAU ILL: Oben. Geht im Zimmer herum. Seit Tagen. *3. Akt*

Quelle: Friedrich Dürrenmatt: Der Besuch der alten Dame. Eine tragische Komödie. Neufassung 1980. Zürich: Diogenes Verlag 1999. (Copyright © 1986 Diogenes Verlag AG Zürich).

Nach den Ereignissen am Güllener Bahnhof setzt sich Ill intensiv mit seiner Angst, seiner Schuld und dem Verhalten der Güllener auseinander.

Er vertraut diese Gedanken seinem Tagebuch an.

Schreiben Sie diesen Tagebucheintrag.

Anmerkung:
Zur Bearbeitung der Aufgabe darf die im Unterricht behandelte Ganzschrift verwendet werden.

Lösungen

Aufgabe 1:

Hinweis zur Herangehensweise

Eine Textbeschreibung zu einem lyrischen Text muss folgende Bausteine beinhalten:

- *einen Einleitungssatz (Nennung von Titel, Autor, Quelle sowie, knapp zusammengefasst, des Themas)*
- *eine kurze Inhaltsangabe des Gedichts*
- *die Beschreibung des Aufbaus sowie der formalen Aspekte*
- *die Beschreibung und fachliche Benennung von sprachlichen und stilistischen Mitteln in Bezug auf die inhaltliche Aussage*
- *die Deutung der auffälligen Textpassagen*
- *die Nennung einer möglichen Autorintention*
- *einen möglichen Transfer und eine persönliche Stellungnahme*

Lies das Gedicht mehrmals genau durch. Markiere Schlüsselbegriffe sowie auffällige oder auch unklare Begriffe und versuche, ihre Bedeutung zu erschließen. Ordne deine Ergebnisse beispielsweise in einer Mindmap und erstelle anschließend einen Schreibplan für deinen Aufsatz.

Notizen / Schreibplan

Einleitungssatz	– *Autor, Titel* (Heinz Erhardt: Schule), *Quelle* – *Thema des Gedichts:* schulischer und beruflicher Erfolg hängen nicht unbedingt zusammen
Aufbau und Form	– 4 Strophen mit unterschiedlich vielen Versen – Paarreim (auch mit englischen Wörtern) – Kursivdruck der Namen
Titel	„Schule“: zunächst wenig aussagekräftig und neutral, erst mit dem Lesen des Gedichts wird Kritik deutlich
Strophe 1	– Schule allgemein: Funktion und Vorgehensweise (V. 1–4) – Gegensatz: „Gute“ und „Bösewichte“ (V. 3) – Metapher „eintrichtern“, Einschränkung „quasi“: Infragestellen der reinen Vermittlung des Lehrstoffs (V. 4) – Gedankenstrich zum Innehalten (V. 5) – Doppelpunkt deutet Schlussfolgerung an: Intelligenz unterschiedlich, Hinweis auf weiteren Inhalt des Gedichts – Elision „ist’s“: Rhythmus / Alltagssprache
Strophe 2	– unterschiedliche schulische Leistungen von Kai und Karl-Heinz – Metapher V. 7/8: Kai ist ein eifriger, guter Schüler – Hyperbel V. 9/10: Karl-Heinz als Gegenstück zu Kai – Kai: „Guter“, Karl-Heinz: „Bösewicht“ (vgl. V. 3)
Strophe 3	– Ellipse „Und doch!“ (V. 11): Überraschung / Widerspruch – Karl-Heinz ist Chef, also in der Schule wohl zu Unrecht abgestempelt worden („als dumm verschrien“, V. 11) – „[…] in Uniform gezwängt, / steht an der Drehtür […]“: Kai arbeitet als Portier (Hotel? Firma?) – Drehtür auch Symbol für die Wendung im Leben der beiden, die Umkehr der schulischen „Rangfolge“

	– Ellipse „steht an der Drehtür und empfängt“ (V. 14): Wen empfängt er? – Kais gute Englischkenntnisse nicht von Nutzen, nur noch einfache Floskeln nötig, unterwürfiges Verhalten gefordert (V. 15 f.)
Strophe 4	– kurze Strophe, nur zwei Verse: Pointe – Fazit / Schlussfolgerung / Moral: Wer in der Schule schlecht ist, ist nicht zwangsläufig im Berufsleben zum Scheitern verurteilt. – Wortspiel: „[…] ersieht der Dümmste klar, / daß der, der ‚dümmer‘, klüger war!“ – Anführungszeichen bei „dümmer“ (V. 18): nur vermeintlich → Karl-Heinz am Ende der „Klügere“
Schluss / Stellungnahme	– Absicht des Autors: kritisch aber humorvoll anmerken, dass schulische Leistungen nicht unbedingt Auskunft über Intelligenz und Lebenserfolg geben, Leser zum Nachdenken anregen – eindrücklich dargestellt, Humor macht Kritik erträglich, macht Mut – Transfer: Sicht der Gesellschaft auf schulischen Erfolg oder Misserfolg, Situation der Zehntklässler (Abschlussprüfung), Schule ist heute anders als früher („Eintrichtern“)

Lösungsvorschlag

Inhaltliche Schritte

Einleitung
Informationen zum Text mit Kern- / Basissatz

In seinem Gedicht „Schule“, das 1984 in „Das große Heinz Erhardt Buch“ im Goldmann Verlag erschienen ist, beschreibt Heinz Ehrhardt in humoristischem Tonfall, dass schulischer und beruflicher Erfolg nicht unbedingt zusammenhängen.

Hauptteil
kurze inhaltliche Zusammenfassung

Die Schüler Kai und Karl-Heinz werden zunächst miteinander verglichen und es wird herausgestellt, dass Kai ein fleißiger und guter Schüler ist, Karl-Heinz jedoch keinen besonderen schulischen Erfolg vorweisen kann. Später im Berufsleben ist der vermeintlich dumme Karl-Heinz jedoch weitaus erfolgreicher als sein fleißiger ehemaliger Mitschüler.

Aufbau und Formales

Das Gedicht umfasst vier Strophen, die eine unterschiedliche Anzahl von Versen aufweisen: Die erste Strophe hat sechs Verse, die zweite vier, die dritte wieder sechs und die vierte nur zwei Verse. Die letzte und auch kürzeste Strophe stellt eine Art Schlussfolgerung oder Pointe dar. Ein durchgängiges Reimschema ist vorhanden: Es liegt ein Paarreim vor, z. B. mit den Reimwörtern „ja“ und „da“ (V. 1/2). Auffällig ist, dass in der dritten Strophe auch ein englisches Wort in dieses Reimschema eingefügt wurde: „Please“ (V. 16) reimt sich auf „dies“ (V. 15). Die Namen der beiden Schüler, Kai und Karl-Heinz, sind im Gedicht immer kursiv geschrieben und werden so leicht erkannt. Diese Schreibweise legt aber auch die Vermutung nahe, dass sie durch beliebige andere Namen ersetzt werden könnten.

Bedeutung des Titels

Der Titel des Gedichts verrät zunächst nur wenig. Der Leser kann lediglich herauslesen, dass das Gedicht in irgendeiner Form von der Schule handelt, weshalb er sich sicherlich Gedanken zur eigenen Schulzeit macht. Je nachdem, wie die eigenen Erfahrungen waren, werden es schöne oder weniger gute Erinnerungen sein. Beim Lesen des Gedichts bemerkt man dann schnell, dass hier ein kritischer Blick auf die Schule geworfen wird, der am Ende sogar in einen Beweis für den Unsinn der Institution Schule übergeht. Denn im Gedicht steht der schulische Erfolg konträr zum späteren beruflichen Erfolg.

sprachliche Auffälligkeiten und Deutung Strophe 1

Die erste Strophe zeigt einen allgemeinen Blick auf die Schule, in welcher – „das weiß man ja“ (V. 1), also allen bekannt – hauptsächlich der „Lehrstoff“ (V. 4) an die Schüler vermittelt werden soll. Die Schüler werden als die „Guten“ und die „Bösewichter“ (V. 3) bezeichnet, wobei mit letzteren vermutlich die Schüler gemeint sind, die im Unterricht stören, keine guten Leistungen erzielen und nicht fleißig sind. Diese strikte Einteilung in zwei gegensätzliche Gruppen, die keine Übergänge zulässt, verleitet den Leser schon ein wenig zum Schmunzeln und trägt zum humoristischen Ton des Gedichts bei. Auch der verwendete Paarreim, der an Büttenreden im Fasching erinnert, verstärkt den heiteren Ton.

„Eintrichtern“ von Unterrichtsstoff Metapher

Dass in der Schule die Inhalte nicht nur vermittelt, sondern „eingetrichtert“ werden (vgl. V. 4), wirft kein gutes Licht auf die Unterrichtsmethoden. Diese Metapher zeichnet ein Bild vom Schüler als leerem Gefäß, der das Wissen eingeflößt bekommt. Im übertragenen Sinn heißt das, dass den passiven Schülern das Wissen aufgezwungen wird. Dies widerspricht dem heutigen Verständnis von Schule und Unterricht, war jedoch in der Vergangenheit durchaus üblich. Mit dem Wort „quasi“ (V. 4) wird diese Vorgehensweise infrage gestellt. Der Leser kann den Schluss ziehen, dass bloßes Eintrichtern wohl kaum zum Erfolg führen wird.

Gedankenstrich, Doppelpunkt

Der fünfte Vers beginnt mit dem Wort „allein“ (V. 5), auf welches ein Gedankenstrich folgt. Der Leser hält an dieser Stelle inne und überlegt sich, was nun als Einschränkung zum eben Beschriebenen folgen könnte. Nach dem Doppelpunkt am Ende des fünften Verses erhält er die Antwort: „die Geistesgaben sind verschieden.“ (V. 6) Die Intelligenz der Schüler ist also sehr unterschiedlich. Hier wird schon angedeutet, dass dadurch auch der schulische Erfolg unterschiedlich ausfallen wird, wie im weiteren Verlauf des Gedichts näher ausgeführt wird. Die Bemerkung „so ist's nun mal hinieden“ (V. 5) zeigt, dass sich diese Tatsache auch nicht ändern lässt. In diesem Vers liegt eine Elision vor, also das Auslassen eines Buchstabens innerhalb eines Wortes. Eigentlich müsste es „ist es“ statt „ist's“ heißen. Dieses Stilmittel sorgt zum einen dafür, dass der Rhythmus des Gedichts erhalten bleibt, zum anderen aber auch dafür, dass die Sprache alltäglicher klingt und der Leser sich so besser mit dem Sprecher des Gedichts identifizieren kann.

unterschiedliche Intelligenz der Schüler

Elision

Alltagssprache

Strophe 2

Die zweite Strophe des Gedichts beschreibt, wie verschieden die schulischen Leistungen der beiden exemplarischen Schüler ausfallen: Kai, der gute Schüler, scheint mühelos Englisch zu lernen. Die Metapher „Mit Löffeln, ja, sogar mit Gabeln / frißt *Kai* die englischen Vokabeln“ (V. 7 f.) basiert auf der Redewendung „die Weisheit mit Löffeln fressen“, was bedeutet, dass jemand sehr schlau ist und sich Wissen mühelos aneignet. Diese Redewendung wird hier noch gesteigert, indem „sogar mit Gabeln“ eingefügt wird. Das Essen mit einer Gabel ist schwieriger als mit einem Löffel, sodass die herausragende Leistung und Strebsamkeit von Kai nochmals betont wird. Die Wendung klingt dadurch aber auch sehr ironisch, da die metaphorische Äußerung wörtlich genommen wird. Es bleibt offen, ob Kais Talent vielleicht nur einseitig ist oder ob er zwar sehr fleißig, aber nicht so schlau ist. Dies scheint jedoch wegen der vorangegangenen Einteilung in zwei gegensätzliche Schülergruppen unwahrscheinlich.

Metapher

Redewendung

Kais Strebsamkeit

Ironie

Karl-Heinz' Dummheit

Kais Gegenpart, Karl-Heinz, findet in den Versen 9 und 10 Beachtung: Er braucht vier Stunden, um die Wurzel aus Vier zu finden, obwohl das eine recht einfache mathematische Aufgabe ist. Dieses Beispiel soll seinen Mangel an den in Strophe 1 genannten „Geistesgaben" (V. 6) veranschaulichen. Dabei verwendet der Autor eine Hyperbel, denn mehrere Stunden sind hier ein klare Übertreibung, die verdeutlichen soll, dass Karl-Heinz nicht so strebsam ist wie andere Schüler, allen voran der vorbildliche Kai.

Hyperbel

Bezogen auf die Einteilung der Schüler in Strophe 1 ist die Zuordnung eindeutig: Kai ist einer der „Guten", wohingegen Karl-Heinz zu den „Bösewichtern" (V. 3) gehört.

Der elliptische Ausruf „Und doch!" (V. 11), mit dem die dritte Strophe beginnt, lässt durch das Auslassen von Wörtern wieder Spielraum für die Gedanken des Lesers. Man fragt sich, was nun kommen mag, denn der Ausruf zeugt davon, dass nun eine überraschende Tatsache zu erwarten ist. Diese wird in den nächsten Versen beschrieben: Der schlechte Schüler Karl-Heinz wird „Chef" (V. 12) und der gute Schüler Kai ergreift einen Beruf, für den die guten schulischen Leistungen unerheblich sind.

Strophe 3
Ellipse

Gegenüberstellung der beruflichen „Karrieren"

Dass Karl-Heinz in der Schule wohl Unrecht getan wurde, geht aus der Formulierung „als dumm verschrien" (V. 11) hervor. Das Wort „verschreien" beinhaltet, dass er als dumm abgestempelt wurde, dies aber ein Irrtum war, weil Karl-Heinz gar nicht so dumm ist wie von allen gedacht. Dies beweist er ja dadurch, dass er eine erfolgreiche berufliche Karriere hat und nicht – wie man erwartet hätte – eine Tätigkeit für schlecht qualifizierte Menschen ausübt.

Genau dies passiert jedoch dem guten Schüler Kai, der an einer „Drehtür [...] empfängt" (V. 14). Entgegen der Erwartungen, die man an ihn hatte, arbeitet er nun am Empfang und trägt widerwillig, wie das Wort „gezwängt" (V. 13) zeigt, eine Uniform. Diese steht schon sinnbildlich dafür, dass er eine eher niedere Tätigkeit ausübt, bei der er nicht als Individuum gesehen werden soll, sondern eher zum Inventar des Firmengebäudes oder Hotels gehört, an dessen Drehtüre er steht. Er scheint keine andere Wahl zu haben, keinen besseren Beruf gefunden zu haben, sonst würde er sich vermutlich nicht in eine Uniform zwängen lassen. Mit der Formulierung „steht an der Drehtür und empfängt" (V. 14) liegt eine Ellipse, also ein unvollständiger Satz vor. Damit wird deutlich, dass es keine Rolle spielt, wen Kai empfängt, da er mit den Besuchern oder Gästen sowieso nicht näher in Kontakt kommt. Seine guten Englischkenntnisse, die in Strophe 2 erwähnt wurden, nützen ihm hier nichts, da er über einfache Wendungen wie „Good morning, Sir!" oder „Please!" (V. 16) hinaus kein Englisch benötigt. Sein Fleiß hat ihm im späteren Leben somit nichts gebracht. Bezeichnend ist hierbei auch, dass die genannten englischen Phrasen zugleich an einen Dienstboten erinnern, denn sie sind äußerst höflich und zuvorkommend, fast schon unterwürfig, z. B. das Wort „Sir" als besonders hochachtungsvolle Anrede eines Herrn.

Ellipse

englische Phrasen

Die erwähnte „Drehtür" (V. 14) könnte auch als Symbol für den gedrehten Lebenslauf der beiden Schüler gesehen werden, die sich so anders entwickelt haben als gedacht. In der Schule wurde sicherlich Kai für seine guten Leistungen bewundert, später aber ist es Karl-Heinz, der Anerkennung erfährt (vgl. V. 12). Die mit dem Ausruf zu Beginn der Strophe angedeutete Überraschung könnte die von Menschen sein, die Kai und Karl-Heinz schon länger nicht mehr gesehen haben und mit einer solchen Entwicklung nicht gerechnet hätten.

Symbol der Drehtür

Die letze Strophe stellt nun so etwas wie eine Moral, ein Fazit dar: Wer in der Schule schlecht ist, ist nicht automatisch zum Scheitern im Be-

Strophe 4
Moral / Fazit

rufsleben verurteilt, sondern hat dort vielleicht trotzdem Erfolg. Der Autor verwendet dafür die Steigerungsformen der Adjektive „dumm“ und „klug“ und scheibt, dass „der, der ‚dümmer‘, klüger war“ (V. 18). Diese Formulierung verwirrt zunächst, denn ein und dieselbe Person wird hier sowohl als „dümmer“ als auch als „klüger“ bezeichnet. Die Anführungszeichen beim Wort „dümmer“ machen aber sogleich klar, dass diese Eigenschaft demjenigen nicht wirklich zugeschrieben werden kann. Sie ist nur das Etikett, das ihm fälschlicherweise zugewiesen wurde. Und so ist auch klar, dass hier von Karl-Heinz, dem ehemals schlechten Schüler die Rede ist. Dass dies nun also auch „der Dümmste“ (V. 17) sehen muss, zeugt wieder vom Witz des Autors, da hier mit der Wiederholung und flexiblen Verwendung der Wörter „dumm“ und „klug“ gespielt wird.

Autorintention

Auf ironisch-kritische Weise zeigt der Autor mit seinem Gedicht sehr eindrücklich, dass man aufgrund schulischer Leistungen nicht vorschnell Schlüsse über die Intelligenz und den späteren beruflichen Erfolg Einzelner ziehen soll. Gut gelungen ist es, den Leser zum Nachdenken über seine eigenen Einstellungen anzuregen und darüber, wie aussagekräftig Schulnoten tatsächlich sind. Gute Noten und Leistungen in der Schule erleichtern sicherlich vieles im späteren Leben, für eine erfolgreiche berufliche Karriere sind jedoch auch andere Dinge notwendig, z. B. Teamfähigkeit, Ehrgeiz und ein gutes Gefühl für die eigenen Stärken. In der Schule und auch von der Gesellschaft wird dies manchmal übersehen, indem angenommen wird, ein schlechter Schüler könne es zu nichts bringen – wie bei Karl-Heinz in dem Gedicht, von dem niemand erwartet hätte, dass er einmal eine Führungsposition innehaben würde.

berufliche Karriere von vielen Faktoren abhängig

Kritik

Es ist Heinz Erhardt gelungen, dies anzumahnen, jedoch so humorvoll verpackt, dass man ihm die scharfe Kritik, die in seinem Gedicht steckt, nicht verübeln kann. Besonders schön ist es auch, dass er damit all jenen Mut macht, die vielleicht gerade in einer Phase sind, in der sie keinen so großen Erfolg haben, denn Erhardt zeigt mit seinem Gedicht, dass sich Biografien auch verändern können und dass überraschende Wendungen möglich sind – dies gilt allerdings auch für Verschlechterungen bei einstigen „Überfliegern“.

Schlussgedanke

Transfer und Stellungnahme

Gerade für uns Zehntklässler ist das Thema des Gedichts sehr aktuell, denn auch bei uns geht es gerade darum, einen möglichst guten Abschluss mit guten Noten zu schaffen. Aber – wie man an Heinz Erhardts Gedicht sieht – es ist noch nicht gesagt, dass diejenigen von uns, die die Schule mit hervorragenden Noten verlassen, auch im Berufsleben die Nase vorn haben werden. So schwächt das Gedicht die Wichtigkeit der Schule ein klein wenig ab, was durchaus ein beruhigender Gedanke ist. Tröstlich ist auch, dass sich die Schule heute sicherlich anders zeigt als zu Zeiten, in denen Heinz Ehrhardt Schüler war. Damals war es vermutlich noch so, dass den Schülern das Wissen in strengem Frontalunterricht „eingetrichtert“ wurde, heute jedoch dürfen die Schüler mehr entdeckend lernen und sind nicht mehr so passiv wie damals. Dadurch sind vielleicht auch die schulischen Leistungen heute aussagekräftiger als früher, da nicht mehr nur reines Auswendiglernen zählt und die Beurteilungen umfassender sind.

Aufgabe 2: Texte beschreiben

Hinweis zur Herangehensweise

Die Textbeschreibung Prosa beinhaltet die folgenden Aspekte:

- *einen Einleitungssatz (Nennung von Titel, Autor, Quelle sowie, knapp zusammengefasst, des Themas)*
- *eine kurze Inhaltsangabe des Textes*
- *die Beschreibung und Untersuchung von Handlung und Figuren, Ort und Zeit, sprachlich-stilistischer Gestaltung und Erzählperspektive (jeweils mit Textverweisen und Zitaten)*
- *die mögliche Deutung auffälliger Textpassagen*
- *die Nennung der vermuteten Intention des Textes bzw. des Autors*
- *einen möglichen Transfer*
- *eine persönliche Stellungnahme*

Lies den Text genau durch. Markiere Schlüsselbegriffe sowie auffällige oder auch unklare Begriffe und versuche, ihre Bedeutung zu erschließen. Ordne deine Ergebnisse beispielsweise in einer Mindmap und erstelle anschließend einen Schreibplan für deinen Aufsatz.

Notizen / Schreibplan

Einleitungssatz	– *Autor, Titel:* Annette Rauert, „Der Schritt zurück“ – *Textsorte:* Kurzgeschichte – *Thema:* Ein Jugendlicher hört auf seine innere Stimme, lässt seine Ängste zu und entscheidet sich, entgegen der Erwartungen anderer zu handeln.
Inhaltsangabe	– Jugendlicher steht im Schwimmbad auf dem Zehnmeterturm und ringt mich sich, ob er springen soll – Zuschauer und Trainer erwarten, dass er springt – er entscheidet sich, nicht zu springen, und steigt die Leiter wieder hinunter – sein Entschluss zur Verweigerung stärkt sein Selbstbewusstsein
Aufbau und Formales	– typische Merkmale der Kurzgeschichte, z. B. geringer Umfang, knappe Handlung, Ausschnitt aus dem Leben einer Figur – nachvollziehbare Einteilung in sechs Sinnabschnitte
Handlung	– innere Handlung: Gedanken und Ängste des Jugendlichen, der Hauptfigur – äußere Handlung: Reaktionen der Zuschauer (aus der Wahrnehmung der Hauptfigur)
Figuren	<u>Jugendlicher:</u> – namenlos, „er“ genannt – glaubt, beweisen zu müssen, dass er ein Mann ist (vgl. Z. 8 f.) – ängstlich, fühlt sich noch nicht reif für den Sprung (vgl. Z. 2/8) – er glaubt, den Erwartungen der anderen entsprechen zu müssen (vgl. Z. 6 f.) – fühlt sich wie das Opfer einer Hinrichtung (vgl. Z. 14 f.) – bezieht aus der Verweigerung neues Selbstbewusstsein (vgl. Z. 35 ff.) <u>Trainer:</u> – nur dessen Stimme und seine Aufforderung, zu springen, werden erwähnt (vgl. Z. 2 f.)

	Zuschauer: – werden als anonyme Masse beschrieben – werden mit den Zuschauern bei einer Hinrichtung verglichen – vom Jugendlichen als feindlich, sensationsgierig, feige und ohne Empathie charakterisiert (vgl. Z. 6 f., 11, 23) – auf Gesichter und Augen reduziert (vgl. Z. 6, 11) – sind am Ende von der Handlung des Protagonisten vermutlich beeindruckt (vgl. Z. 33 ff.)
Ort	– Freibad/Schwimmbad, Sprungbrett in 10 Metern Höhe: erzeugt Angst; Distanz zu den Zuschauern – Beschreibung des Wassers wirkt bedrohlich (vgl. Z. 1 f., 4)
Zeit	– keine genauen Angaben, spielt vermutlich im Sommer (vgl. Z. 1) – Erzählzeit und erzählte Zeit sind annähernd deckungsgleich: kurze Momentaufnahme, Moment des Zögerns und der Entscheidung – chronologisch erzählt
Sprachliche Gestaltung	– Verwendung des Präteritums: Handlung ist abgeschlossen; Ausnahme: Gedanken des Jugendlichen (vgl. Z. 11 f.) – wörtliche Rede: Aufforderung des Trainers (Z. 3) – Zeitangaben („Plötzlich", V. 14; „Dann", V. 31; „Zum ersten Mal", V. 35): weisen auf Veränderung der Situation hin – Wiederholungen: Ausdruck des Gedankenkreisens; „Er" → Junge steht im Mittelpunkt, bleibt aber anonym und damit austauschbar – Fragen: verdeutlichen Selbstgespräch, stehen für die Unentschlossenheit des Jugendlichen – Erzählperspektive: personaler Erzähler; Abweichung in Z. 11 f.: Gedanken des Jugendlichen
Titel	– eigentliche Bedeutung: Ausweichen oder Aufgeben – in der Geschichte jedoch: mutige Tat, die das Selbstbewusstsein stärkt
Deutungsmöglichkeiten/ Intention des Autors	– Aufruf, zu seinen Grenzen zu stehen und hieraus Stärke zu entwickeln – Ermutigung, sich auf seine innere Stimme, auf das eigene Gefühl zu verlassen – Mut haben, die Erwartungen anderer nicht zu erfüllen
Transfer/ Stellungnahme	– persönlicher Umgang mit Erwartungen und dem Druck anderer – wichtig: auf sich selbst vertrauen und danach handeln – *individuelles Urteil*

Lösungsvorschlag

Inhaltliche Schritte

Einleitung
Informationen zum Text mit Kern-/Basissatz

Die Kurzgeschichte „Der Schritt zurück" von Annette Rauert, die im Jahr 1987 im Band „Geschichten zum Nachdenken" im Christian Kaiser Verlag München und Matthias Grünewald Verlag in Mainz erschienen ist, handelt davon, dass es richtig ist, sich nicht von den Erwartungen anderer unter Druck setzen zu lassen. Auf seine innere Stimme zu hören, stellt meistens die bessere Alternative dar.

Hauptteil
kurze inhaltliche Zusammenfassung

Die Geschichte beginnt mit der Beschreibung eines Jugendlichen, der im Schwimmbad auf dem Zehnmeterturm steht und mit sich ringt, ob er springen soll. Er hat große Angst, ist unsicher und will es eigentlich nicht tun, doch die Zuschauer und sein Trainer erwarten, dass er springt.

Sie geben ihm das Gefühl, er müsse es tun. Der Jugendliche denkt, dass er mit dem Sprung beweisen muss, dass er ein Mann ist, und er hat Angst, sich vor den anderen zu blamieren. Der Gedanke, das Opfer einer Hinrichtung zu sein, lässt in ihm Verachtung für das sensationsgierige Publikum aufkommen. Dies führt dazu, dass er sich letztendlich entschließt, entgegen der an ihn gerichteten Erwartungen zu handeln und die Leiter wieder hinunterzusteigen. Der Junge beweist dadurch Mut und gewinnt Selbstvertrauen.

Die Kurzgeschichte lässt sich in sechs Sinnabschnitte gliedern. Sie beginnt ohne Einleitung, der Leser befindet sich sofort beim Protagonisten, der auf dem Sprungbrett steht. Die Wasseroberfläche unter ihm sieht wie „geschmolzenes Blei" (Z. 1 f.) aus – geschmolzenes Blei ist heiß, gefährlich und tödlich. Mit diesem Vergleich wird also zum ersten Mal klar, wie groß die Angst des Protagonisten vor dem Sprung ist und wie er sein Umfeld wahrnimmt. Er denkt, dass er sterben wird, wenn er dort hinunterspringt, er fühlt „nackte Angst" (Z. 2). „Das Pochen nahm zu, gleich musste es seinen Kopf sprengen" (Z. 3 f.) – mit dieser Hyperbel wird deutlich, dass er die Situation kaum mehr ertragen kann. inhaltliche Beschreibung Abschnitt 1

In diesem Abschnitt wird auch der Trainer erwähnt, der neben der Hauptfigur die einzige explizit genannte Person im Text ist, aber ebenfalls namenlos bleibt. Das Verhältnis, in dem die beiden stehen, ist nicht ganz klar. Ein Trainer ist eigentlich eine Bezugsperson, die sich um den Sportler und dessen Leistung kümmert und oftmals ein gutes, wenn nicht sogar freundschaftliches Verhältnis zu seinem Schützling hat. Im Text ist der Trainer jedoch der einzige in der Menge, der „Spring!" (Z. 3) schreit, was einerseits bedeuten könnte, dass er besonders an den Jugendlichen glaubt. Andererseits könnte es besagen, dass er den Jungen zusätzlich unter Druck setzen will. Figuren

Der nächste Abschnitt wird damit eingeleitet, dass sich der Blick des Jugendlichen auf die Zuschauer richtet, die nach oben „starren" und deren Gesichter er als „feindlich" (Z. 6) empfindet. Die Zuschauer werden nicht näher charakterisiert, sondern nur als „Leute", „Sie", „Gesichter" (vgl. Z. 6) bezeichnet. Man könnte vermuten, dass es z. B. Besucher des Bads, andere Sportler oder Konkurrenten sind. Der Jugendliche fühlt sich „ihnen verpflichtet", denn sie warten offenbar auf eine „Sensation" (Z. 7). Mit dem Sprung möchte er beweisen, dass er ein Mann ist – wodurch der Leser den Hinweis bekommt, dass es sich bei dem Protagonisten um einen Jugendlichen handeln muss –, doch er fühlt, dass er es nicht schaffen wird (vgl. Z. 8 f.). Er ist hin- und hergerissen zwischen seiner Angst vor dem Sprung und der Angst vor einer Blamage. Sein Wunsch, „[n]ur noch ein paar Sekunden atmen" zu dürfen (Z. 9 f.), könnte ausdrücken, dass er sich sicher ist, sterben zu müssen, wenn er springt. Die Gesichter kommen ihm jetzt wie „gespannte weiße Ovale mit harten Augen" (Z. 11) vor, was ihm nochmals bewusst macht, dass die Zuschauer kein Mitgefühl mit ihm haben. Und in diesem Augenblick wird ihm „schlagartig" (Z. 12) klar, dass sie nicht auf einen guten Sprung, sondern auf sein Versagen warten. Sein Entsetzen darüber wird in der Frage „Warum rief ihn niemand zurück?" (Z. 13) deutlich. Abschnitt 2

„Plötzlich" (Z. 14) kommt ihm angesichts der Zuschauer, deren Augen „hart" und „unbeteiligt" (vgl. Z. 15) auf ihn blicken, der Gedanke, bei einer Hinrichtung zu sein. Er ist bestürzt darüber, dass ihn keiner zurückhalten will, obwohl er „einer von ihnen" ist, und schließt daraus, dass die Zuschauer ihn scheitern sehen wollen, ja sogar, dass er sich für Abschnitt 3 sie „vernichten" (vgl. Z. 17) soll. Er ist sich sicher, dass danach niemand schuldig sein will.

Abschnitt 4

Dieser Gedanke weckt in ihm das Bedürfnis, aufzuschreien (vgl. Z. 19), um auf sich aufmerksam zu machen und den Zuschauern das Recht zu nehmen, sich unschuldig zu fühlen. Seine Angst wandelt sich in „Ekel vor der Feigheit" (Z. 23) der Zuschauer, die er im Folgenden als „Masse" und „Herde blöder Schafe" (Z. 23 f.) bezeichnet.

Abschnitt 5

Im nächsten Abschnitt wägt er noch einmal ab, ob es richtig oder falsch wäre, zu springen. Einerseits hat er das Gefühl, sich damit nur für die Gier der Zuschauer zu opfern, andererseits wäre es vielleicht „heldenhaft" (Z. 30). Obwohl seine Verachtung für das Publikum „ins Unermessliche" (Z. 27) steigt, sieht es zunächst so aus, als hätte er den Entschluss zum Sprung gefasst. Das Ausrufezeichen nach dem Ausdruck „Ein Schritt nur!" (Z. 30), die Wiederholung eines vorher bereits zögerlicher formulierten Gedankens (vgl. Z. 26), lässt diesen Schluss zu.

Abschnitt 6
Höhe-/Wendepunkt

Doch er entschließt sich mit einem „Ruck" (Z. 31), also sehr bestimmt, dazu, nicht zu springen. Dies ist der Wendepunkt der Geschichte. Die Unsicherheit fällt von ihm ab und er geht langsam die Leiter herunter. Anschließend geht er „[z]um ersten Mal in seinem Leben" (Z. 35) aufrecht, mit erhobenem Kopf durch die Menge der Zuschauer, d. h., er hat an Selbstsicherheit gewonnen. Die „kühle Gelassenheit" (Z. 36), mit der er den Blicken der anderen begegnet, zeigt, dass er sich nichts aus dem Urteil der Umstehenden macht – die ihrerseits, anders als erwartet, stumm bleiben. Der Jugendliche fühlt sich stark, er hat an Selbstachtung gewonnen. Er weiß jetzt sogar, dass er eines Tages springen wird – aber erst, wenn er dazu bereit ist.

Erzählperspektive

Es fällt leicht, die Situation der Hauptfigur nachzuvollziehen, da die Autorin die Erzählhaltung des personalen Er-Erzählers gewählt hat. Die Gefühle des Jugendlichen, seine Angst, Wut und schließlich der Entschluss werden zudem durch die erlebte Rede deutlich, in der die Gedanken des Protagonisten wiedergegeben werden (vgl. z. B. Z. 14 ff.). Wörtliche Rede kommt hingegen nur ein einziges Mal vor, bei der Aufforderung des Trainers (vgl. Z. 3).

innere / äußere Handlung

Der Text besteht hauptsächlich aus der inneren Handlung, also den Gedanken und Ängsten des Jugendlichen, der Hauptfigur. Auch das Umfeld und die Reaktionen der Zuschauer sind zumeist aus der Sicht des Protagonisten dargestellt. Nur wenige Sätze in der Kurzgeschichte beschreiben eine äußere Handlung, also Dinge, die beobachtbar sind, z. B. dass der Jugendliche auf dem Turm steht oder die Zuschauer zu ihm nach oben starren (vgl. Z. 1, 6).

Erzählzeit/erzählte Zeit

Die Erzählzeit und die erzählte Zeit sind annähernd deckungsgleich. Es handelt sich um eine kurze Momentaufnahme, um den Moment des Zögerns des Jugendlichen, seine Gedanken währenddessen und schließlich die Entscheidung. Es wird chronologisch erzählt und es gibt einige Zeitadverbien („Plötzlich", V. 14; „Dann", V. 31; „Zum ersten Mal", V. 35), die jeweils Hinweise auf einen Umschwung in der Gefühlswelt des Protagonisten geben.

Zeitangaben

Ort und Zeit

Darüber hinaus befinden sich im Text jedoch keine genauen Orts- bzw. Zeitangaben. Es ist offensichtlich, dass die Handlung in einem Schwimmbad bzw. Freibad stattfindet, da der Jugendliche auf einem „schwankende[n] Brett, zehn Meter hoch" (Z. 4 f.) über einer Wasserfläche steht. Es wird jedoch nicht genannt, in welcher Stadt die Geschichte spielt. Auf die Jahreszeit, den Sommer, lässt sich durch die „gleißende

Wasseroberfläche“ (Z. 1) schließen, die offenbar das Sonnenlicht reflektiert.

Das Fehlen von genauen Orts- und Zeitangaben soll die Übertragbarkeit der Geschichte sicherstellen – ein typisches Merkmal einer Kurzgeschichte. Weiterhin lässt sich die Textsorte z. B. am unmittelbaren Anfang belegen, denn der Leser wird sofort und ohne Einleitung mit der Gedankenwelt des Protagonisten konfrontiert. Auch der Schluss bleibt offen, die tatsächlichen Reaktionen der Zuschauer und wie es mit dem Jugendlichen weitergeht erfährt der Leser nicht. Die Anzahl der Figuren ist klein und die Geschichte behandelt nur einen kleinen Ausschnitt aus dem Leben des Jugendlichen, eine alltägliche Situation, die in alltäglicher Sprache dargeboten wird. Textsorte

Die Kurzgeschichte ist – wie für Erzähltexte üblich – im Präteritum erzählt. Eine Ausnahme stellen die Gedanken des Jugendlichen dar, die im Präsens verfasst sind (vgl. Z. 11 f.). Wörtliche Rede kommt in der Kurzgeschichte nur an einer Stelle vor, nämlich bei der Aufforderung des Trainers: „Spring!“ (Z. 3) Sie steht stellvertretend für den Druck und die Erwartungen der Außenwelt, die der Jugendliche empfindet. Sprache

Im Text finden sich viele Wiederholungen des Personalpronomens „Er“, was einerseits zeigt, dass der Junge im Mittelpunkt der Geschichte steht. Andererseits lässt dies den Protagonisten austauschbar erscheinen, wodurch die Geschichte auf persönliche Erfahrungen des Lesers übertragbar wird. Zudem sind Wiederholungen als Teil der erlebten Rede Ausdruck der kreisenden Gedanken des Jungen („Er musste […]“, „Er fühlte […]“, „Er war noch nicht […]“, Z. 7 f.). In diesem Selbstgespräch finden sich außerdem viele Fragen, die die Unentschlossenheit des Jugendlichen verdeutlichen, die z. T. auch wiederholt werden, z. B.: „Warum rief ihn niemand zurück?“ (Z. 13), „Ich bin doch einer von ihnen, warum rief ihn niemand zurück?“ (Z. 15 f.) Wiederholungen Fragen

Auffällig sind zudem Ellipsen, die ebenfalls die Gedankenwelt des Protagonisten abbilden, z. B. „Unter ihm die gleißende Wasseroberfläche.“ (Z. 1), „Etwas Richtiges?“ (Z. 29), „Ein Schritt nur!“ (Z. 30). Einige Vergleiche sind in den Text eingearbeitet, die z. B. die Bedrohlichkeit der Situation verdeutlichen (Wasseroberfläche: „Wie geschmolzenes Blei“, Z. 1 f.) oder die Abscheu des Jugendlichen vor den Zuschauern zeigt („wie eine Herde blöder Schafe“, Z. 23 f.). Die Hyperbel „Das Pochen nahm zu, gleich musste es seinen Kopf sprengen“ (Z. 3 f.) veranschaulicht, wie unerträglich die Situation für den Jugendlichen ist. Ellipsen Vergleiche Hyperbel

Ein „Schritt zurück“ kann, wie in diesem Fall, ziemlich mutig sein. Meistens macht man einen Schritt zurück allerdings dann, wenn man sich *nicht* traut, etwas zu tun. Man weicht etwas aus, fühlt sich einer Aufgabe nicht gewachsen und denkt, dass es besser oder leichter wäre, einfach auf- bzw. nachzugeben. Diese Deutung der Formulierung „Ein Schritt zurück“ kommt einem beim ersten Lesen der Überschrift wohl zuerst in den Sinn. Vertieft man sich jedoch in den Text und empfindet die Gefühle der Hauptfigur nach, wird einem bewusst, dass die Entscheidung nicht einfacher und leichter war, sondern dass es Stärke braucht, sich vor anderen Menschen seine Angst einzugestehen und dem eigenen Bauchgefühl zu vertrauen. Bedeutung des Titels

Mir persönlich gefällt die Geschichte sehr gut, da sie sofort zum Nachdenken anregt. Ich denke, jeder war schon einmal in der Situation, nicht zu wissen, was das Richtige ist, und in der man innerlich mit sich kämpft. Keiner möchte als „Weichei“ dastehen, weshalb man oftmals Stellungnahme

Dinge tut, die man eigentlich nicht möchte, nur, um es anderen recht zu machen. Häufig gibt es auch so etwas wie „Gruppenzwang", aber generell sollte man in solchen Situationen nichts tun, was man nicht selbst für richtig hält – auch wenn es vielleicht schwerfällt. Richtig ist es erst dann, wenn man mit der Entscheidung leben kann und dabei geht es nicht darum, ob man vielleicht vor den anderen dumm dasteht. Es ist wichtig, auf sich selbst zu vertrauen und danach zu handeln. Dies ist meiner Meinung nach die Aussage der Geschichte. In meinem Leben gab es schon viele Situationen, in denen ich nicht so gehandelt habe, wie ich eigentlich wollte, aber ich habe schon oft festgestellt, dass ich mit meinen eigenen Entscheidungen besser leben kann. Der Text unterstützt mich in dieser Ansicht.

Aufgabe 3: Texte lesen, auswerten und schreiben

Hinweis: *Die Aufgabenstellung beruht auf einer erdachten, jedoch in der Realität möglichen kommunikativen Schreibsituation. Der Schreibanlass ist situativ eingebunden, der Text soll adressatenorientiert, inhaltlich argumentativ und mit einer erkennbaren Autorintention versehen sein. Folgende Schritte zeigen dir, wie du an die Schreibaufgabe herangehen kannst.*

Analyse der Schreibaufgabe

Lies die Aufgabenstellung genau und kläre, welche Ausgangssituation vorgegeben ist, welche Rolle du einnehmen sollst, welche Textsorte verlangt ist und wer die Adressaten sind. Überlege dir außerdem, welche thematischen Schwerpunkte für deinen Text gefordert sind. Sammle die wichtigsten Informationen vorab z. B. in einer Tabelle:

Textsorte und ihre Merkmale	E-Mail: – höfliche Anrede des Adressaten – Vorstellung der eigenen Person – Anlass des Schreibens – abschließende Grußformel
Situative Einbettung	Du verfasst eine E-Mail an einen nicht namentlich genannten Redner, dessen Vortrag du während einer Jobbörse gehört hast. Eine bestimmte Aussage des Redners ist Anlass für deine Mail.
Schreibziel	Zu der vom Redner getätigten Aussage „Anstatt das Glück in der Fremde zu suchen, sollen Jugendliche erst einmal in der Heimat eine berufliche Perspektive entwickeln" sollst du Stellung nehmen. Es ist bereits vorgegeben, dass du der These des Redners „nur eingeschränkt" zustimmen kannst. Du solltest also Bedenken (und eine teilweise Zustimmung) äußern.
Adressat	(namentlich nicht genannter) Redner, dessen Vortrag du während einer Jobbörse gehört hast
Inhaltliche Schwerpunkte	Das durch die Arbeit an den Impulstexten und weiteren Texten erworbene Wissen sollst du argumentativ verknüpfen und formal richtig durch geeignete Textverweise untermauern. Dabei solltest du, ausgehend von der Aufgabenstellung, folgende Überlegungen anstellen: – Kann man diese Aussage so pauschal hinnehmen? – Passt sie im Zeitalter der Globalisierung noch?

- Muss wirklich zuerst in der Heimat eine berufliche Perspektive entwickelt werden, um danach in die Fremde zu gehen? Kann sich nicht beides gegenseitig ergänzen?
- Gibt es Beispiele, die die Aussage widerlegen?

Entscheide zum Schluss, ob das Thema mit dem Verfassen der E-Mail abgehandelt ist oder ob du auf eine Antwort des Redners Wert legen würdest.

Auswahl geeigneter Texte
Am besten geht man bei der Auswahl der konkreten Inhalte/Fakten zunächst von den Impulstexten aus, denn theoretisch müsste die Aufgabe auch anhand der Informationen aus den vorgegebenen Texten umsetzbar sein. Ein richtig guter Text wird es aber natürlich nur, wenn du zusätzliche Informationsquellen einbeziehen kannst. Entscheide also, welche Textinhalte/Zitate/Textbausteine aus dem Kompendium du für deinen Text heranziehen willst.

Erstellen eines Schreibplans
Bevor du nun mit dem Schreiben deines eigentlichen Aufsatztextes beginnst, solltest du einen Schreibplan entwerfen. Achte dabei immer wieder auf

- den passenden Adressatenbezug (Wen spreche ich mit meinem Text an?);
- die richtige Perspektive und Intention (Mit welcher Absicht verfasse ich den Text; will ich informieren, aufklären, kritisieren, zu etwas aufrufen, …?);
- die der Situation angemessene Sprechhaltung und Sprachebene (Schreibe ich als Schüler/in, als Vertreter/in der Schule, als Klassensprecher/in?);
- den logischen Aufbau des Textes;
- die sinnvolle Einbindung von Fakten, Informationen, Zitaten, Textauszügen.

Schreibplan zur Vorbereitung des ausformulierten Textes
Einleitung

- Anlass der E-Mail: Vortrag während der Jobbörse
- Vorstellung der eigenen Person; persönliche Situation: Schulabschluss in naher Zukunft, Auseinandersetzung mit der Möglichkeit eines Auslandsaufenthalts während des Unterrichts

↓

Hauptteil

- Frage nach den Gründen für die Aussage des Redners: seine Empfehlung, Ausbildung zu machen? → Ausbildung im Ausland möglich
- Auslandsaufenthalt als „Auszeit" zur Orientierung
- Studienergebnisse: vielfältige positive Auswirkungen eines Auslandsaufenthalts
- weitere Vorteile (nach Eurodesk):
  - Sprachkenntnisse verbessern
  - interkulturelle Kompetenz erwerben
  - Horizont erweitern
  - Persönlichkeitsentwicklung
  - Kontakte knüpfen

↓

Schluss

- durch Auslandsaufenthalt: Attraktivität für zukünftige Arbeitgeber erhöht
- unvergessliches Erlebnis, von dem man nicht abraten sollte

Lösungsvorschlag — **inhaltliche Schritte**

Sehr geehrter Herr Müller, — **Anrede**

Einleitung
Anlass: Vortrag während Jobbörse

vor zwei Tagen habe ich während der Jobbörse in Stuttgart Ihren Vortrag gehört. Sie vertraten darin die Meinung, dass Jugendliche erst einmal ihre berufliche Perspektive in ihrer Heimat entwickeln sollen, bevor sie evtl. ihr Glück in der Fremde suchen. Da mir Ihre Aussage nicht mehr aus dem Kopf geht, ist es mir jetzt ein Anliegen, Ihnen meine Gedanken bzw. Bedenken dazu mitzuteilen.

Vorstellung

Gerne stelle ich mich zunächst kurz vor. Mein Name ist Sandra Mattisen und ich bin Schülerin der Realschule Rutesheim, wo ich zurzeit die 10. Klasse besuche.

Bezug zum Thema

Da unser Schulabschluss unmittelbar bevorsteht, haben wir uns in der Klasse damit auseinandergesetzt, ob man nach der Schulzeit sein Glück nicht zunächst in der Fremde suchen kann. Die Möglichkeiten für Jugendliche, einen Auslandsaufenthalt zu unternehmen, haben wir intensiv recherchiert. Selbstverständlich haben wir auch das Für und Wider einer solchen „Auszeit" abgewogen. Sie können sich sicher sein, dass ich mich mit den vielen Facetten, die dieses Thema hat, mehr als gründlich beschäftigt habe.

Besuch der Jobbörse

Auch der Besuch bei der Jobbörse war dazu gedacht, weiter zu recherchieren und mich eingehend zu informieren. In diesem Zusammenhang habe ich mir Ihren Vortrag angehört.

Aussage des Redners

Ihre Aussage „Anstatt das Glück in der Fremde zu suchen, sollen Jugendliche erst einmal in der Heimat eine berufliche Perspektive entwickeln" habe ich sogar wörtlich mitgeschrieben. Dieser These kann ich jedoch nur sehr bedingt zustimmen. Hierzu möchte ich Ihnen einige kritische Fragen stellen und Ihnen gleichzeitig meinen Standpunkt darlegen. Ich hoffe sehr, Sie sind an einem Feedback interessiert und nehmen sich die Zeit, meine Ausführungen zu lesen.

Hauptteil
Begründung für die Aussage?

Als Erstes würde mich interessieren, warum Sie der Ansicht sind, dass Jugendliche schnellstmöglich mit einer beruflichen Laufbahn in Deutschland beginnen sollten. Könnte es vielleicht sein, dass es Ihre eigentliche Absicht ist, Jugendliche zu überreden, eine Ausbildung zu machen? Für mich kam diese Möglichkeit in Betracht, weil allerorten darüber geklagt wird, dass es in Deutschland so viele offene Ausbildungsplätze gibt. Sicher liegt das teilweise auch daran, dass so viele Jugendliche erst einmal ins Ausland gehen oder studieren wollen. Laut dem Teens-Magazin von Travelworks ist die Anzahl der Jugendlichen, die eine gewisse Zeit als Austauschschüler im Ausland verbracht haben, in den letzten Jahren gestiegen. Im Schuljahr 2003/2004 waren es noch 13 000 Jugendliche, 2014/2015 hingegen 18 000 Jugendliche[1].

Ausbildung im Ausland

Aber warum sollen Jugendliche denn nicht im Ausland eine berufliche Perspektive entwickeln? Auch dort können sie schließlich eine Ausbildung machen. Diesen Punkt habe ich in Ihrem Vortrag vermisst. Ich finde es sehr schade, dass Sie so einseitig über dieses Thema berichtet haben und mit keinem Wort auf die Vorteile einer Zeit im Ausland eingegangen sind.

Vorteile:
Orientierung

Für Jugendliche, die noch nicht wissen, welche Art von Berufsausbildung sie machen oder ob sie studieren wollen, ist ein Auslandsaufenthalt doch eine gute Alternative zu einem Freiwilligen Sozialen Jahr oder Ähnlichem. Durch eine Zeit im Ausland verbessern sich nicht selten die Chancen in der Berufswelt, da für Arbeitgeber (vor allem in großen Firmen) ein Mitarbeiter mit Auslandserfahrung sehr attraktiv ist. Auch bei der Bewerbung auf einen Studienplatz kann es die Chancen erhöhen.

In der Studie „Langzeitwirkungen der Teilnahme an internationalen Jugendbegegnungen auf die Persönlichkeitsentwicklung"[2] wurde untersucht, ob Jugendaustauschprogramme und längere Auslandsaufenthalte eine dauerhafte Wirkung auf die Persönlichkeitsentwicklung der Teilnehmer/innen hatte. Dafür wurden Teilnehmer verschiedener Auslandsprogramme 10 Jahre nach ihrem Auslandsaufenthalt befragt. Die Ergebnisse zeigen deutlich, dass viele nachhaltig positive Effekte erzielt werden konnten, beispielsweise der Zugewinn an Selbstvertrauen und interkultureller Kompetenz, die Verbesserung der Sprachkompetenz sowie die Aufnahme von weiterführenden Aktivitäten (z. B. ehrenamtliches Engagement in Austauschorganisationen). Auch in der Biografie der Teilnehmenden hat der Auslandsaufenthalt bleibende Spuren hinterlassen. Studienergebnisse

Die Studie konnte also jede Menge positive, jedoch keinerlei negative Auswirkungen nachweisen. So sollte man doch in jedem Fall die Teilnahme an einer wie auch immer gearteten Auslandsbegegnung junger Menschen gutheißen und die jungen Leute viel eher ermuntern, als ihnen davon abraten. Denn ein bisschen Mut gehört sowohl auf Seiten der Jugendlichen als auch seitens der Eltern dazu. Da kann ein bisschen Zuspruch nicht schaden. angesichts der positiven Auswirkungen: Ermutigung nötig

Bisher wagen ohnehin eher Gymnasiasten diesen Schritt und viel seltener Realschüler, die meist direkt nach der Schule mit einer Berufsausbildung beginnen. Auch sind es oft Kinder aus gutbetuchten Elternhäusern, die mit der elterlichen Unterstützung den Schritt ins Ausland wagen. Angesichts der vielen Vorteile sollte man doch auch den anderen Jugendlichen Wege aufzeigen, wie für sie ein Auslandsaufenthalt möglich werden kann.

Gerne möchte ich nun noch weitere Vorteile eines Auslandsaufenthalts genauer beleuchten und bewerten. Hilfreich war hierbei eine Auflistung der Organisation EURODESK[3].

An erster Stelle stehen für mich ganz klar die Sprachkenntnisse, die man verbessert. Wenn man sich für eine Auslandszeit entscheidet und währenddessen eventuell eine Schule oder einen Sprachkurs besucht, erwirbt man wertvolle, umfassende Fremdsprachenkenntnisse. Man trainiert und festigt sein Hörverstehen sowie seine Lese-, Sprech- und auch Schreibkompetenz der Fremdsprache in Schule und Freizeit und das oft ganz nebenbei. Es ist ganz sicher ein Erfolgserlebnis, wenn man beginnt, ganz selbstverständlich in der neuen Sprache zu sprechen. Vorteile: Sprachkenntnisse

Ein weiterer Vorteil eines Auslandsaufenthalts ist, dass man interkulturelle Kompetenz erwirbt. Dies meint, dass man ein Verständnis für andere Kulturen entwickelt. Man lernt mit der Zeit, warum Menschen in anderen Ländern anders handeln oder anders denken als man selbst. Vor allem bedeutet interkulturelle Kompetenz auch, dass man dieses andere Verhalten akzeptieren und mit ihm umgehen kann. Auf diese Weise wird man weltoffener und toleranter. Beides sind doch, und da müssen Sie mir sicher recht geben, unverzichtbare Eigenschaften in einer zunehmend globalisierten Welt – auch für das spätere Berufsleben. interkulturelle Kompetenz

Als dritten Punkt möchte ich den „Blick über den Tellerrand" anführen. Während eines Auslandsaufenthaltes verlässt man die engen Grenzen des bisherigen Lebens und erweitert seinen persönlichen Horizont. Dies führt oft dazu, dass man intensiver über sich selbst, die eigene Kultur und sein Herkunftsland nachdenkt. Im Ergebnis gewinnt man einen gesunden Abstand zu beidem und sieht möglicherweise vieles in einem neuen Licht. Horizont erweitern

Wer ein Auslandsjahr absolviert, lernt viel hinzu – und viel über sich selbst. In allen Erfahrungsberichten ist zu lesen, dass man im fremden Land immer wieder vor neuen und oftmals herausfordernden Situationen steht, die es zu meistern gilt. Als Jugendliche/r wird man dadurch mit seinen Schwächen konfrontiert, lernt aber auch seine Stärken besser kennen. Die meisten dieser schwierigen Situationen muss man ganz allein, ohne die Hilfe der Eltern, bewältigen, und Entscheidungen treffen. Wenn man schließlich vom Auslandsaufenthalt in sein Heimatland zurückkehrt, hat man immer auch an Selbstständigkeit gewonnen und ist deshalb nach seiner Rückkehr gegenüber den Mitschülern oft im Vorteil.

Persönlichkeitsentwicklung

Man kann Jugendlichen auch nur raten, ihre Auslandszeit zu nutzen, um Kontakte mit Einheimischen zu knüpfen. Über solche Beziehungen erhält man ein tiefes „Insiderwissen" über das Leben im Land. Unter Umständen können diese Kontakte in der Zukunft einmal sehr nützlich sein, z. B., wenn man später dort studieren oder arbeiten möchte. Man kann die Zeit im Ausland aber auch dazu nutzen, mit Firmen oder Universitäten vor Ort in Kontakt zu treten.

Kontakte knüpfen

Ich hoffe sehr, Sie überzeugt zu haben, dass ein Auslandsaufenthalt für junge Leute von Vorteil sein kann, nicht nur, weil sie dann für zukünftige Arbeitgeber aufgrund ihrer Vorerfahrungen attraktiver sind.

Schluss
Vorteil bei zukünftigen Bewerbungen

Wenn man aufgeschlossen und flexibel ist, kann ein Auslandsaufenthalt nach der Schule unvergesslich werden. Nicht umsonst berichten Erwachsene, die als Jugendliche im Ausland waren, dass sie sich ihr ganzes Leben lang gern an diese Zeit zurückerinnern.[4]

unvergessliche Zeit

Alles in allem gibt es für viele Jugendliche sicher gute Gründe, weshalb sie sich zuerst um eine berufliche Perspektive im Heimatland kümmern. „Reisefreudige" oder Unentschlossene sollte man aber keinesfalls um diese Chance bringen.

Mit freundlichen Grüßen
Sandra Mattisen

Quellenverzeichnis

1 www.travelworks.de/teens-magazin/schueleraustausch-statistik.html (gesehen am 28. 10. 15)
2 https://www.ijab.de/was-wir-tun/publikationen-service/forschungsdatenbank/forschung/a/show/flyer-zur-positiven-langzeitwirkungen-internationaler-jugendbegegnungen-neu-aufgelegt/ (gesehen am 28. 10. 2015)
3 vgl. www.auslandsjahr.org/vorteile-eines-auslandsjahres.html (gesehen am 28. 10. 15)
4 vgl. ebd.

Aufgabe 4: Produktiver Umgang mit Texten – „Running Man“ (Michael Gerard Bauer)

Hinweis: *Bei der Aufgabe „Produktiver Umgang mit Texten“ geht es darum, einen eigenen Text zu verfassen, der die behandelte Lektüre quasi „weiterschreibt“ oder etwas darin ergänzt. Die Aufgabenstellung setzt an einer solchen „Leerstelle“ der Ganzschrift an.*

Analyse der Schreibaufgabe

Überlege zunächst:

- Welche **Textsorte** wird verlangt? Welche **Merkmale** müssen berücksichtigt werden?
- Wo kann die Situation im Roman **verortet** werden?
  → Zeitpunkt im Verlauf der Handlung, an dem der konkrete Schreibanlass einsetzt; Bezug auf Ereignisse, die vorher stattgefunden haben
- Was ist der konkrete Anlass? In welcher **Situation** setzt die verlangte Handlung an?
- Welche **Inhalte**/Ereignisse aus dem Roman sollten einbezogen werden?
  → Übereinstimmung mit den Inhalten der Lektüre
- Wie müssen die **Charaktere** und ihre Beziehung zueinander dargestellt werden?
  → glaubhafte Darstellung
- Wie könnte eine in der Ganzschrift noch nicht beschriebene **Zukunft** aussehen?

Textsorte und ihre Merkmale	<u>Dialog:</u> – es ist deutlich gekennzeichnet, wer spricht – die Äußerungen sind jeweils in der Ich-Perspektive verfasst – beide Figuren tragen zur Weiterentwicklung des Gesprächs bei, die Redeanteile sind ähnlich groß – die Figuren gehen aufeinander ein; es werden Fragen/Rückfragen gestellt, es wird auf zuvor Gesagtes eingegangen – Regieanweisungen können eingebaut werden – einfache Sätze, Unterbrechungen, Alltagssprache, teilweise auch Umgangssprache sind möglich – ein Dialog sollte keine zu langen Erzählpassagen enthalten
Verortung	Die Aufgabenstellung setzt ganz am Ende der Handlung an; es kann daher die komplette Romanhandlung einbezogen werden.
Situation	Der Dialog findet nach der eigentlichen Romanhandlung, am letzten Handlungstag, statt. Tom Leyton wurde an diesem Tag beerdigt. Am Abend begegnen sich Joseph und Mrs Mossop an seinem Grab.
Inhalte/ Charaktere	<u>Mrs Mossop:</u> – sie hat ein schlechtes Gewissen, weil sie die Gerüchte über Tom in Umlauf gebracht hat – sie möchte möglicherweise etwas aus Toms früherem Leben in Erfahrung bringen, die Wahrheit hören (Vietnam, angebliches unsittliches Verhalten) – sie überdenkt ihr Bild von Tom Leyton – Mrs Mossops Biografie spielt eine Rolle für ihr Verhalten (vermutlich eigenes Missbrauchserlebnis) – Mrs Mossops Haltung gegenüber Joseph zu Beginn der Romanhandlung und am Ende wird deutlich – ihre Gründe für die ablehnende Haltung gegenüber der Verbindung von Joseph und Tom Leyton

	Joseph: – Mrs Mossops Äußerung („Hasenfuß“) hat dazu geführt, dass er Tom überhaupt kennengelernt hat – Josephs Erlebnisse mit Tom: Seidenraupenzucht, Porträtsitzungen, Gedicht, Schmücken des Maulbeerbaums – Erkenntnisse und Lehren Josephs aus den Begegnungen mit Tom: veränderte Sicht auf den Running Man, Überlegungen zu Vorurteilen, gegenseitige Hilfe, Hoffnung – Josephs Schuldgefühle wegen Toms Tod, Carolines Reaktion darauf
Weiterführende Gedanken und Inhalte	– Ändert Mrs Mossop ihre Haltung und ihr Verhalten? – Wie gehen die beiden Gesprächspartner auseinander? – Wie sieht Josephs Zukunft aus?

Schreibplan zur Vorbereitung des ausformulierten Textes

- Einstieg: Mrs Mossop möchte ihre Sicht auf Tom verändern; ihr Wille, die Vorurteile abzulegen, stehen am Beginn *(Die Aufgabenstellung gibt den Anfang des Dialogs bereits vor, an diesen solltest du nahtlos anknüpfen.)*
- Mrs Mossops Vorurteile gegenüber Tom Leyton, ihr schlechtes Gewissen
- Mrs Mossops Biografie (Missbrauchsopfer)
- Schuldgefühle Josephs wegen Toms Tod (Schmücken des Maulbeerbaumes)
- Freundschaft zu Joseph hat Tom geholfen
- Toms Hilfe für Joseph in seiner Angst vor dem Running Man
- Mrs Mossops Vorbehalte gegenüber Joseph → Einfluss auf dessen Entscheidung, das Porträt anzufertigen
- Missbrauchsvorwurf gegen Tom → Klärung
- Annäherung von Joseph und Tom über die Seidenraupen und das Gedicht
- Ausblick: Mrs Mossop will ihr Verhalten überdenken, Joseph möchte Porträt von seinem Vater zeichnen

Lösungsvorschlag

	Inhaltliche Schritte
JOSEPH: Mrs Mossop, Sie hier?	
MRS MOSSOP: Joseph, Carolines Rede hat mich bewegt. Ich möchte versuchen, Tom mit anderen Augen zu sehen …	Mrs Mossop möchte ihre Vorurteile ablegen
JOSEPH: Das ist gut. Er hat das verdient. Es wurde schon zu viel Schlechtes über ihn gedacht und gesagt.	
MRS MOSSOP *(seufzt)*: Ja, ich weiß. Ich weiß, dass das auch meine Schuld ist. Ich wollte niemandem Unrecht tun, Joseph. Ich war einfach sicher, dass mein Bild von Tom das richtige ist. Aber als ich Carolines Worte gehört habe, wurde mir klar, dass ich euch beiden Unrecht getan habe. Ich hätte dich nicht so herablassend behandeln sollen …	schlechtes Gewissen wegen ihrer Vorverurteilung
JOSEPH: Nein, das stimmt … aber es war auch nicht richtig von mir, Sie zu beleidigen. Ich konnte einfach nicht ertragen, wie Sie über Tom gesprochen haben, ohne ihn wirklich zu kennen. Und ich wollte es nicht wahrhaben, dass mich Ihre Enthüllungen an Tom haben zweifeln lassen. Es tut mir leid, dass ich so unhöflich war.	
MRS MOSSOP *(schüttelt den Kopf)*: Das muss es nicht, wirklich nicht. Ich habe mich an meine Vorurteile geklammert und mich von meinen	Mrs Mossops Biografie

eigenen schlechten Erfahrungen leiten lassen. Weißt du, es ist nicht leicht, anderen zu vertrauen, wenn man selbst missbraucht wurde. Wenn man erfahren hat, dass Menschen wirklich Monster sein können. Aber nun bin ich bereit, zu glauben, dass Tom Leyton nicht zu diesen Menschen gehörte. Er war sanft und großartig, sagte Caroline. Du siehst das auch so?

JOSEPH *(zögert einen Moment)*: Ja. Ja, das tue ich. Er war wirklich großartig und er hat … alles für mich geopfert. Alles, verstehen Sie? Es ist meine Schuld, dass er tot ist.

Schuldgefühle Josephs wegen Toms Tod

MRS MOSSOP: Deine Schuld, Joseph? Wie kannst du das glauben?! Er hatte ein schwaches Herz, das hat doch nichts mit dir zu tun.

JOSEPH: Er hat sich überanstrengt, weil ich zu stur und zu verbittert war, seinen Worten zu glauben. Ich war so verzweifelt, wegen Dad, und da wollte mir Tom wieder Hoffnung schenken. Er hat sein Wunder für mich wahr werden lassen und das war zu viel für ihn.

MRS MOSSOP: Sein Wunder?

JOSEPH: Wir haben viel geredet in den letzten Wochen. Über seine Kindheit und sein Leben. Und auch darüber, dass er als Kind vergeblich auf das Wunder hoffte, einmal eine Seidenraupe an einem Maulbeerbaum zu finden. Deshalb …

MRS MOSSOP: … deshalb der Baum im Garten der Leytons! Das hat er für dich getan, ihn geschmückt? Wie schön, Joseph …

Schmücken des Baums: Toms „Wunder“

JOSEPH *(traurig)*: Schön? Es hat ihn sein Leben gekostet. Verstehen Sie nicht, ich bin schuld an seinem Tod!

MRS MOSSOP: Ach Joseph, du hast keine Schuld. So wie ich Caroline verstanden habe, hast du ihm so viel gegeben. Und mit einem kranken Herzen, weißt du, da kann es jederzeit zu Ende gehen. Hast du mit Caroline darüber gesprochen?

JOSEPH: Ja, schon.

MRS MOSSOP: Und? Was hat sie gesagt?

JOSEPH: Sie sagt, ich soll mir keine Vorwürfe machen. Ich hätte sein Leben vorher schon gerettet.

Joseph hat Tom gerettet

MRS MOSSOP: Siehst du? Denkst du nicht, dass Tom es auch so gesehen hätte?

JOSEPH: Ich weiß nicht … vielleicht. Er wusste, dass er stirbt, aber er war ganz ruhig. Er schien fast froh. Er hat unser Gedicht zitiert, „Die Seidenraupen“ von Douglas Stewart. Ein „Blitz von Freude“ kurz vor seinem Tod …

MRS MOSSOP: Manchmal ist es in Ordnung, zu gehen. Tom Leyton war wohl bereit. Lass ihn in Frieden gehen und verdirb dir nicht das Andenken mit Schuldgefühlen. Du hast ihm so geholfen, ihm sein altes Ich wiedergegeben, denke daran!

Trost für Joseph

JOSEPH: Er hat mir auch geholfen. Ich konnte mit ihm über Dinge sprechen, die ich keinem anderen sagen konnte. Er hat mich verstanden und mich befreit … Ohne ihn würde ich immer noch in Furcht vor dem Running Man leben und …

Toms Hilfe für Joseph

Josephs Angst vor dem Running Man

MRS MOSSOP: Der Running Man? Wer ist das?

JOSEPH: Das spielt nun keine Rolle mehr. Ich verstehe ihn jetzt, sehe ihn ganz anders, ich fürchte ihn nicht mehr. Jedenfalls hat Tom mich mindestens so gerettet, wie ich ihn. Ich vermisse ihn.

MRS MOSSOP: Wer hätte gedacht, dass aus einer Hausaufgabe solch eine Freundschaft wird, was? Dass du dich überhaupt darauf eingelassen hast, hat mich damals wirklich erstaunt.

JOSEPH *(lächelt)*: Da kann ich mich eigentlich bei Ihnen bedanken, Mrs Mossop. Ohne Sie wäre das nie passiert!

MRS MOSSOP: So? Das wundert mich. Ich hatte dir und deiner Mutter doch deutlich davon abgeraten, habe euch noch gewarnt. Obwohl ich sowieso nicht gedacht habe, dass so ein …

Mrs Mossops Warnung vor Tom Leyton

JOSEPH: … so ein Hasenfuß wie ich sich das traut? Das war es ja. Ich hatte es so satt, dass alle mich für so still und schüchtern hielten. Ich wollte einfach beweisen, dass ich mutig bin. *(Joseph fängt an zu lachen.)* Ich habe es hinterher gleich bereut, dass ich mich zu einer solchen Reaktion habe hinreißen lassen, aber da war es schon zu spät.

Entscheidung für das Porträt

MRS MOSSOP: Ich hielt Tom Leyton wirklich für einen schlechten Menschen, das musst du mir glauben. – Joseph?

JOSEPH: Ja?

MRS MOSSOP: Hast du …? Ich meine, ich will nicht tratschen, verstehst du, aber ich würde gerne wissen … Die Geschichte mit dem Jungen, Toms Schüler … Hast du herausgefunden, wie es wirklich war? Alles sprach doch gegen ihn …

Missbrauchsvorwurf gegen Tom

JOSEPH: Ja, das habe ich. Aber ich werde Ihnen nicht die ganze Geschichte erzählen. Das ist Toms Geschichte. Was ich Ihnen sagen kann, ist, dass es nichts mit unsittlichem Verhalten zu tun hatte. Tom hat im Krieg schreckliche Dinge erlebt und eines dieser Erlebnisse hing mit einem vietnamesischen Jungen zusammen, der durch Tom starb. An diesen Jungen hatte ihn der Schüler erinnert. Es hat seine Schuldgefühle und die ganzen Gräuel des Kriegs wieder heraufbeschworen und deshalb brach er zusammen. Ein Kind missbrauchen, das hätte Tom niemals getan!

MRS MOSSOP *(betroffen)*: Also hatte es doch mit Vietnam zu tun. Er hat dir die Wahrheit gesagt. Ich habe lieber an das Böse geglaubt, als das Gute überhaupt in Betracht zu ziehen …

JOSEPH: Er hat mir immer die Wahrheit gesagt, so war er. Entweder er sagte nichts oder er sagte, wie es wirklich war. Anfangs hat er kaum mit mir gesprochen. Höchstens über die Seidenraupen und über das Gedicht. Darüber sind wir uns überhaupt erst nähergekommen.

Annäherung über die Seidenraupen und das Gedicht

MRS MOSSOP: Ich bin froh, dass du nicht auf mich gehört hast, Joseph. Du hast ein wirklich gutes Werk getan, indem du dich auf Tom Leyton eingelassen hast. An ihm und an seiner Schwester.

JOSEPH: Ich sagte ja schon, er hat mir mindestens so sehr geholfen wie ich ihm.

MRS MOSSOP: Trotzdem. Ich bewundere dich dafür. Wenn ich bedenke, dass ich mit meinem Gerede noch dazu beigetragen habe, den Mann so abzustempeln … Es sieht so aus, als ob ich einiges überdenken muss, was mein Verhalten gegenüber anderen angeht.

Bewunderung Mrs Mossops

JOSEPH: Das haben Sie doch schon, oder nicht? Sonst würden wir hier nicht stehen, an Toms Grab, und nicht diese Unterhaltung führen.

MRS MOSSOP: Und du, Joseph? Was wird aus dir? Wirst du dich weiter dem Porträtzeichnen widmen? Das hat dir letztlich doch viel Gutes getan. Und es ist wirklich schön geworden, das Porträt. Wie Caroline sagte, hilft es sicher vielen, Tom anders zu sehen.

Josephs Zukunft

JOSEPH: Danke. Ich habe es Caroline geschenkt. Zumindest ein weiteres Porträt möchte ich zeichnen, das habe ich mir vorgenommen. Danach wird man sehen.

MRS MOSSOP: Und wen wirst du diesmal zeichnen?

Joseph und sein Dad

JOSEPH *(lächelt)*: Meinen Dad.

Aufgabe 4: Produktiver Umgang mit Texten – „Der Besuch der alten Dame“ (Friedrich Dürrenmatt)

Hinweis: *Bei der Aufgabe „Produktiver Umgang mit Texten“ geht es darum, einen eigenen Text zu verfassen, der die behandelte Lektüre quasi „weiterschreibt“ oder etwas darin ergänzt. Die Aufgabenstellung setzt an einer solchen „Leerstelle“ der Ganzschrift an.*

Analyse der Schreibaufgabe

Überlege zunächst:

- Welche **Textsorte** wird verlangt? Welche **Merkmale** müssen berücksichtigt werden?
- Wo kann die Situation im Roman **verortet** werden?
  → Zeitpunkt im Verlauf der Handlung, an dem der konkrete Schreibanlass einsetzt; Bezug auf Ereignisse, die vorher stattgefunden haben
- Was ist der konkrete Anlass? In welcher **Situation** setzt die verlangte Handlung an?
- Welche **Inhalte**/Ereignisse aus der Tragikomödie sollten einbezogen werden?
  → Übereinstimmung mit den Inhalten der Lektüre
- Wie müssen die **Charaktere** und ihre Beziehung zueinander dargestellt werden?
  → glaubhafte Darstellung
- Wie könnte eine in der Ganzschrift noch nicht beschriebene **Zukunft** aussehen?

Textsorte und ihre Merkmale	<u>Tagebucheintrag:</u> – hier: Tagebuch als Ersatz für einen vertrauenswürdigen „realen“ Ansprechpartner – persönliche Auseinandersetzung mit den Ereignissen; Ausgangspunkt ist die vorliegende Textpassage – Gefühls- bzw. Gemütslage von Ill in der entsprechenden Situation – Gedankensprünge, unvollständige Sätze, unbeantwortete Fragen sind denkbar – Anrede „Liebes Tagebuch,“ möglich, aber kein Muss – Ich-Form – Datum (z. B. „5. Mai 1956“ oder: „Güllen, in der Woche meines Todes“)
Situative Einbettung	– Alfred Ill verschanzt sich seit längerer Zeit in der Wohnung, man kann seine nervösen Schritte hören; er denkt angestrengt nach (Verortung der Szene: S. 93) – Ills Umfeld nimmt seine Ängste und Bedenken nicht ernst – Tagebuchschreiben eventuell als Ventil – vielleicht als Niederschrift für die „Nachwelt“ gedacht – er greift gedanklich die Szene am Güllener Bahnhof (Ende des 2. Akts, ab S. 80) auf und thematisiert u. a. seine Gefühle und Gedanken in dieser Situation – Fluchtversuch am Bahnhof könnte Anlass für die Notwendigkeit des Tagebucheintrags sein
Inhaltliche Schwerpunkte	**Szene am Güllener Bahnhof (Ende 2. Akt) und seine Angst** – er hat große Angst, sogar Panik; fühlt sich verfolgt (scheinbar zufälliges Auftauchen der Bürger am Bahnhof), obwohl keiner der Bürger ihn tatsächlich angegriffen hat

- Hilferuf per Post ist bereits gescheitert, ebenso die Gespräche mit Bürgermeister, Polizist und Pfarrer (von dem auch der Rat stammt, er solle flüchten)
- fühlt sich wie gelähmt, war unfähig zu fliehen, erkennt die Ausweglosigkeit seiner Lage
- Annahme, dass die Güllener seinen Fluchtversuch gewaltsam verhindert hätten
- neuer Fluchtversuch scheint zwecklos (Claire würde ihn überall finden, genauso wie sie die bestochenen Zeugen gefunden und bestraft hat)
- Güllener wollen, dass er bleibt, damit sie Claires Bedingung erfüllen können → sie sind zu einem Mord bereit, ihr Verhalten lässt keinen Zweifel daran, dass sie mit dem Geldsegen rechnen
- er hat Angst vor dem Tod, vor dem ungewissen „Wie?“ und „Wann?“
- die Güllener sind unter dem Vorwand, Gerechtigkeit zu üben, dazu bereit, ihn zu töten, um sich selbst zu bereichern

Ills Schuld

- Ill muss sich eingestehen, dass er selbst der Verlockung des Geldes unterlag und bereit war, sein früheres Verhältnis zu Claire auszunutzen
- Ill ließ sich zu Beginn von den Güllenern instrumentalisieren, damit sich alle an Claire bereichern können
- seine ganze Existenz basiert auf Lügen und Heuchelei und bricht nun in sich zusammen
- er hat die damaligen Ereignisse (Klaras Schwangerschaft und die Vaterschaftsklage) offenbar gekonnt verdrängt
- er hat sich damals seiner Verantwortung nicht gestellt, hat seine Liebe verraten und ein junges Mädchen ins Unglück gestürzt; hat Klara zu dem gemacht, was sie heute ist
- er hat mit der Heirat die bequeme Variante (wohlhabende Mathilde und Laden) gewählt

das Verhalten der Güllener

- sie beteuern, das Angebot abzulehnen; ihr Verhalten besagt jedoch etwas anderes
- vor Kurzem war er noch der beliebteste Bürger von Güllen und sollte Bürgermeister werden, jetzt spricht man ihm jedoch das Vertrauen ab
- mehr und mehr wenden sich die Güllener von ihm ab
- sie geben Geld aus, das sie (noch) nicht haben und lassen bei ihm anschreiben
- auch der Polizist, der Bürgermeister und sogar der Pfarrer haben sich neue Sachen gekauft; der Konsum in Güllen steigt
- der Pfarrer riet ihm zur Flucht
- immer mehr Güllener schlagen sich auf Claires Seite und sind empört über Ills damaliges Verhalten (obwohl sie ja auch eine Mitschuld haben)

mögliche Perspektiven

- letztlich erkennt Ill seine Schuld gegenüber Claire an und „akzeptiert“ die für ihn daraus resultierenden Konsequenzen
- Resignation, Ill nimmt sein Schicksal an
- Gedanken über seine bevorstehende Hinrichtung und deren Verlauf

Schreibplan zur Vorbereitung des ausformulierten Textes

- Ills ist in Todesangst, fühlt sich nicht mehr sicher
- Rückblick: vor Kurzem noch beliebtester Bürger Güllens, zukünftiger Bürgermeister; Plan, Claire auszunehmen
- niemand nimmt seine Angst ernst, er spürt keine Solidarität
- Aussagen des Polizisten und des Bürgermeisters bestätigen ihn in seiner Annahme, Rat des Pfarrers zur Flucht
- der Fluchtversuch scheitert an den Güllenern; Ill erkennt die Gier, von der die Güllener getrieben werden
- Erkenntnis, dass auch er käuflich ist: damalige Entscheidung für Mathilde
- Schuld gegenüber Klara; er hat Claire zu dem gemacht, was sie heute ist
- Claires langgehegter Racheplan, Mord an Alfred als Finale
- Jagd auf den Panther als Symbol für die spätere Ermordung Alfreds
- Ills Resignation, wird den Güllenern die Schuld nicht abnehmen

Lösungsvorschlag

Inhaltliche Schritte

Güllen, kurz vor meinem Tod

Angst und Ungewissheit

Ich bin am Ende. Dies wird mein Ende! Ich stehe mit dem Rücken zur Wand. Zwar bin ich in der Wohnung hier oben momentan in Sicherheit, aber die Angst frisst mich auf, die Ungewissheit, diese lauernde Ungewissheit. Ich finde keinen Schlaf mehr, sogar im Traum verfolgen mich die Ereignisse. Kann man auch an Angst sterben?

Rückblick auf Zeit vor Claires Besuch

Noch vor Kurzem war ich der beliebteste Bürger Güllens und ich wurde als Nachfolger des Bürgermeisters gehandelt. In mich setzte man alle Hoffnungen, weil ich ein Jugendfreund der Milliardärin Claire Zachanassian war. Dass ich sie nochmals einlullen könnte, hat man fest geglaubt. Selbst ich habe daran geglaubt, dass wir sie gemeinsam zu einer üppigen Spende bringen könnten. Und nun soll es mir an die Gurgel gehen.

Todesangst

Auf meinen Tod ist Kopfgeld ausgesetzt, eine öffentliche Jagd hat begonnen und keiner der ach so ehrenwerten Herren nimmt meine Todesangst für bare Münze. Von wegen Rechtsstaat und man sei schließlich an die Gesetze gebunden!

Einen Ansprechpartner habe ich nicht mehr, keine Solidarität, alte Freundschaften haben offenbar ihren Wert verloren. So bleibe nur ich mir selbst und so schreibe ich einfach nieder, was mich so ungeheuer umtreibt.

Polizist

Da erdreistet sich der feine Herr Polizist doch zu sagen, dass eine Anstiftung zum Mord nur dann vorliegt, wenn der Vorschlag, mich zu ermorden, ernst gemeint sei. Todernst ist der gemeint, todernst! Beim leisesten Verdacht einer Bedrohung will die Polizei einschreiten, dass ich nicht lache! Der Verdacht ist schon so laut, dass er in ganz Güllen zu hören sein muss. Aber von der Polizei ist keinerlei Hilfe zu erwarten.

Bürgermeister

Und da rät mir der Herr Bürgermeister, dass ich mehr Vertrauen in die Gemeinde setzen soll, dass ich an die Werte der humanistischen Tradition glauben soll. Wo sich doch schon ganz Güllen vor Gier die Hände reibt. Und im selben Atemzug packt er selbst die Keule aus, hält mich für seine Nachfolge mit einem Mal für ungeeignet, findet, dass meine Vergehen mir das Recht absprechen, eine Verhaftung von Klara zu fordern. Sagt, ich sähe Gespenster. Möchte das Ganze am liebsten totschweigen. Mein Tod und sein Schweigen. Vom Bürgermeister habe ich ebenfalls keine Hilfe zu erwarten.

An die Polizei, dann an die Verwaltung und zu guter Letzt noch an den Herrn Pfarrer habe ich mich gewendet. Die Panik hat mir da schon fast die Kehle zugeschnürt. Sie sind bereit, mich zu töten. Sie werden mich töten. Auch vom Pfarrer, von Kirche und Gewissen, ist keine Hilfe zu erwarten. Vielleicht hat der Pfarrer recht und die Hölle ist in mir und der einzige Zufluchtsort liegt nicht in Güllen. Zuflucht und Flucht, wie nah liegt das beieinander. Pfarrer

Ich war bereit, Güllen auf schnellstem Wege zu verlassen. Meine Anwesenheit sollte die Menschen nicht länger in Versuchung bringen. Doch plötzlich waren sie alle da, wie zufällig, versperrten mir den Weg, wie zufällig, umringten mich, trieben mich in die Enge. Ich konnte einfach nicht in den Zug einsteigen, man hätte mich zurückgehalten, einer hätte sich nicht mehr beherrschen können. Sie hätten ihr fettes Täubchen nicht davonfliegen lassen. Nicht, ehe sie es geschlachtet haben. Sie haben alle Blut geleckt, die Gier steht jedem Einzelnen ins Gesicht geschrieben. Ich bin das Pfand, ohne das sie ihren Gewinn nicht einstreichen können. Fluchtversuch

Alle sind sie käuflich, alle sind wir käuflich. Auch ich war käuflich, habe damals Mathilde und ihren Wohlstand samt Ladengeschäft der Ungewissheit, die mich mit Klara und unserem Kind erwartet hätte, vorgezogen. Und jetzt dachte ich, dass mit dem Anknüpfen an ein paar Sentimentalitäten die Kuh gemolken werden kann. Doch die erdrückende Schuld lag zentnerschwer auf mir – wie konnte ich sie so lange verdrängen? Habe nicht ich aus Klara das gemacht, was Claire heute ist? Habe nicht ich selbst den Glauben an Humanität und Gerechtigkeit und sogar Liebe mit Füßen getreten? Ein junges Ding, schwanger von ihrer großen Liebe … Dann der Schock, der Geliebte will nichts von dieser Angelegenheit wissen. Und noch schlimmer, er wendet sich nicht nur ab, er lässt es auf eine Vaterschaftsklage ankommen und manipuliert diese auf teuflische Weise. Sodass am Ende das Mädchen ohne Liebe, ohne einen Vater für ihr Kind dasteht und entehrt verstoßen wird. Ich habe sie vernichtet, habe ihr ihre Menschlichkeit genommen. Entscheidung für Mathilde; Schuld gegenüber Klara

Oh, was für ein feiger Lump ich doch war! Und noch bin? Aber sie hat es mir heimgezahlt, mit jeder Faser ihres Seins heimgezahlt. Wie groß muss dieser Hass, dieser Vernichtungsdrang sein, dass sie nicht nur die damalige Schmach, den Tod des Kindes, mehrere gescheiterte Ehen und Unfälle überstanden hat, sondern auch ihren Racheplan so geduldig ausführen konnte. Wie eine Spinne, die im Netz auf ihre Beute wartet. Sie hat die falschen Zeugen aufgespürt und vernichtet, hat den Richter gekauft und kauft nun die Güllener, die auch zugelassen haben, was ihr widerfahren ist. Sie sind nun beides, Opfer und Täter. Sie sind genau wie die anderen aus ihrem Gefolge nur Werkzeuge. Sie werden gefügig gemacht von der Aussicht auf Reichtum, vom Geruch des Geldes. Und wie ihnen schon das Wasser im Mund zusammenläuft! Wie sie alle kaufen und kaufen. Neue Schuhe, bessere Zigarren, Vollmilch, Weißbrot, Schokolade. Seidenkrawatte, Goldzahn, eine neue Schreibmaschine und sogar eine neue Kirchenglocke. Und geplant wird auf Teufel komm raus. Das kann man nicht mehr stoppen, diese Lawine kann nicht mehr aufgehalten werden. Sie reißt bereits alles mit sich. Auch meine Familie ist nicht besser als die anderen. So fühlt sich also Verrat an. Und das Finale bin ich. Mich hat sie sich für das krönende Ende aufgehoben. Claires Hass und ihr Racheplan

Der Panther, die Jagd gilt nicht ihm, sie gilt mir. „Mein schwarzer Panther“, wie sie mich immer nannte. So kann ich den Tod schon ein wenig betrachten, bevor er mich holt. Ein feiner Plan. Einer, der aufgeht. Ich kann, will und werde mich nicht mehr wehren. Flucht ist zwecklos, denn einen Ort, an den ich fliehen könnte, gibt es nicht auf der Welt. So kann ich nur mein Schicksal annehmen, es abwarten. Aber Güllener, lasst es euch gesagt sein, eure Schuld nehme ich euch nicht ab. Soll es einen Mord geben, so müsst ihr schon die Mörder sein!

Jagd auf den Panther als Sinnbild

Resignation

Schuld der Güllener an seinem Tod

Alfred Ill